Lightroom-Praxis

Als engagierter Hobbyfotograf beschäftigt sich Marc Altmann schon länger mit verschiedenen Bereichen der digitalen Bildbearbeitung und hat sich in Vorträgen und Artikeln für die c't-Spezial mit Themen wie Farbmanagement, nichtdestruktive Bildbearbeitung in Photoshop, Raw-Daten u. Ä. befasst. Darüber kam er ganz automatisch zur Beschäftigung mit Adobes neuem Produkt Lightroom. Er steht kurz vor dem Ende seines Studiums der Filmwissenschaft und Informatik (Magister) in Berlin.

Marc Altmann

Lightroom-Praxis

**Foto-Workflow mit Adobe Lightroom 2
und Photoshop**

dpunkt.verlag

Marc Altmann
mail@marcaltmann.com

Lektorat: Barbara Lauer, Bonn
Copy-Editing: Alexander Reischert (Redaktion ALUAN, Köln)
Umschlaggestaltung: Helmut Kraus, www.exclam.de
Satz: Petra Strauch, Bonn
Herstellung: Frank Heidt, Birgit Bäuerlein
Druck und Bindung: LegoPrint, Lavis, Italien

Bibliografische Information Der Deutschen Bibliothek
Die Deutsche Bibliothek verzeichnet diese Publikation in der Deutschen
Nationalbibliografie; detaillierte bibliografische Daten sind im Internet über
http://dnb.ddb.de abrufbar.

ISBN 978-3-89864-477-8

1. Auflage 2009
Copyright © 2009 dpunkt.verlag GmbH
Ringstraße 19 B
D-69115 Heidelberg

Fotos im Inhaltsverzeichnis und an den Kapitelanfängen: © iStockphoto.com/Rinelle
(Kapitel 1)/doriy (Kapitel 2)/Hanis (Kapitel 3)/wdstock (Kapitel 4)/luoman (Kapitel 5)

5 4 3 2 1 0

Inhalt

1 Einleitung

*»Weniger Zeit am Computer und mehr Zeit hinter der Linse«
(von der Lightroom-Verpackung)*

1.1 Lightrooms Eigenschaften

Was brauchen professionelle Digitalfotografen? Die Antwort für die Lightroom-Entwickler war: einen schnellen Weg, viele Bilddateien auszusortieren (also die Spreu vom Weizen zu trennen), rudimentär zu bearbeiten und zu drucken. Lightroom ist deshalb auch als drei Programme in einem konzipiert: Es umfasst Bildverwaltung, Bildbearbeitung und automatisierte Bildausgabe. Ich will hier kurz auf Lightrooms Kerneigenschaften in diesen drei Bereichen eingehen:

Für die Bildverwaltung verwendet Lightroom **Kataloge,** in denen es seine eigenen Organisationsstrukturen wie **Sammlungen** (vor Lightroom 2 Kollektionen genannt), **Stapel** und **virtuelle Kopien** anlegen kann. Fotos werden dazu referenziert und in den Katalog eingetragen, können aber an Ort und Stelle verbleiben. Lightroom verfügt zudem über viele Werkzeuge zur schnellen Sichtung, kurzfristigen Auswahl und langfristigen Bewertung von Fotos, sodass man schnell und effizient erledigen kann, was früher auf dem Leuchttisch gemacht wurde: unüberschaubar viele Fotos auf die wirklich lohnenden zu reduzieren.

Lightrooms wichtigste Eigenschaft liegt jedoch in der Bildbearbeitung, genauer in seiner **nichtdestruktiven Arbeitsweise.** Während in traditionellen Programmen wie Photoshop die Originaldateien durch die bearbeiteten Dateien ersetzt oder neue Dateien auf die Festplatte geschrieben werden, lässt Lightroom die Originaldateien unverändert und schreibt auch keine neuen Dateien auf die Festplatte (von Ausnahmen abgesehen), sondern arbeitet mit sogenannten **Entwicklungseinstellungen.** Diese Einstellungen beschreiben nur die Veränderungen, die an den Fotos gemacht wurden, anstatt dass diese Veränderungen tatsächlich vollzogen werden wie in Photoshop. Mit diesem einstellungsbasierten Bildbearbeitungskonzept ist Lightroom jedoch nicht gänzlich in der Lage, komplexe Bildbearbeitungsprogramme wie Photoshop zu ersetzen. Für spezielle Bildbearbeitungstechniken muss man daher auf entsprechende Programme zurückgreifen (was jedoch seltener nötig sein könnte, als man denkt).

Die Bildausgabe, die in einem der drei **Ausgabemodule** Diashow, Druck und Web oder über den **Exportieren-Dialog** geschehen kann, ist auf den automatischen Export vieler Fotos gleichzeitig ausgelegt. Diese automatische Behandlung von Bildern nennt sich auch **Stapelverarbeitung:** Man trifft die Einstellungen für nur ein Foto, und der Rest wird entsprechend verarbeitet.

Für alle drei Bereiche sind in Lightroom **Metadaten** unentbehrlich (»Metadaten« ist ein Überbegriff für alle Daten, die wiederum andere Daten, in unserem Fall Bilddateien, beschreiben). In Lightroom lassen sich für die Bildverwaltung Fotos anhand von Stichwörtern sowie EXIF- und IPTC-Metadaten organisieren. Die Bildbearbeitung geschieht vollständig über Metadaten, denn um nichts anderes handelt es sich bei den eben beschriebenen Entwicklungseinstellungen. Und auch für die Bildausgabe werden Metadaten benötigt, um automatisch Copyright- oder Bildinformationen für das jeweilige Foto in der Diashow, auf der Druckseite oder auf der Webseite unterzubringen.

1.2   Inhaltsübersicht

Lightroom unterscheidet sich von klassischen Bildbearbeitungsprogrammen vor allem durch Konzepte wie nichtdestruktive Bildbearbeitung, Metadaten, Katalogverwaltung und eine etwas eigenwillige Oberfläche. Wie Lightroom arbeitet – und wie man mit Lightroom arbeitet – erkläre ich daher zunächst in einem **Grundlagen-Kapitel.**

Lightroom besteht aus fünf Modulen: Bibliothek, Entwickeln, Diashow, Drucken und Web. Entsprechend teilt sich der Hauptteil des Buches in drei Kapitel, wobei ich die drei letzten Module zusammen in einem Kapitel behandle. Lightrooms Modulkonzept hat mich an Räume eines »Hobby-Fotokellers« erinnert. Jeder Raum hat seine eigenen Nutzungsmöglichkeiten, und man muss einen Raum verlassen, um in den anderen zu kommen.

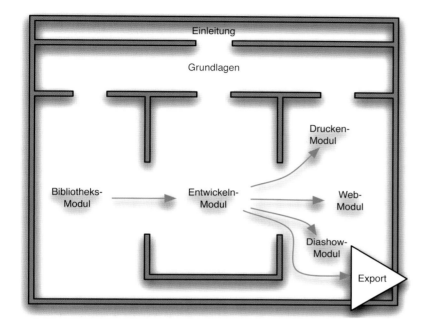

Abb. 1–1 *Verschiedene Räume: Lightrooms Modulkonzept*

Im ersten Raum, **Bibliotheksmodul,** geht es um drei Dinge: Umgang mit Katalogen; Aufbau eines beständigen Fotoarchivs; Sichten von Bildern und Vorbereiten fürs Archiv (digitaler Leuchttisch).

Im zweiten Raum, **Entwickeln-Modul und Photoshop,** geht es ebenfalls um drei Dinge: die Arbeit im Entwickeln-Modul, Bildbearbeitung mit den Entwicklungseinstellungen, worauf der Schwerpunkt des Kapitels liegt, und die Bildübergabe an und Weiterbearbeitung mit einigen Funktionen aus Photoshop.

Im dritten Raum, **Ausgabemodule und Export,** geht es um die drei Ausgabemodule Diashow, Drucken und Web und um den Exportieren-Dialog Lightrooms. Der Exportieren-Dialog lässt sich zwar am einfachsten vom Bibliotheksmodul aus aufrufen, es geht bei ihm aber – wie bei den drei Ausgabemodulen auch – um die Ausgabe von Bildern, weshalb ich ihn in diesem Kapitel behandle.

Jeder dieser vier Teile besteht aus **Funktionsteilen** und **Workflow-Teilen.** In den Funktionsteilen, die den Hauptteil des Buches ausmachen, geht es um Konzepte, Werkzeuge und Arbeitsweisen von Lightroom. Sie sollen einen möglichst umfassenden Blick auf Lightroom und dessen Möglichkeiten bieten. Ergänzt wird diese Darstellung durch praktische Beispiele für bestimmte Funktionen oder Arbeitsweisen in den Workflow-Teilen. Sie sollen mögliche Vorgehensweisen in konkreten Situationen zeigen. Ich hoffe, mit diesem »zweigleisigen« Ansatz Ihnen Lightroom verständlicher machen zu können als mit einem reinen Lehr- oder einem reinen Übungsbuch.

1.3   Tastaturkürzel

Die Tastaturkürzel in Lightroom unterscheiden sich auf den beiden Plattformen Windows/Mac, sind aber im Allgemeinen übersetzbar: Der Strg-Taste unter Windows entspricht auf dem Mac die Befehls-Taste (bzw. Command- oder Apfel-Taste); außerdem heißt auf dem Mac die Alt-Taste Option- bzw. Wahl-Taste.

Um den Text lesbarer zu gestalten, habe ich darauf verzichtet, explizit jedes Mal die Windows- und die Mac-Kürzel zu schreiben. Stattdessen habe ich 1) Strg und Befehl zu Strg|Befehl zusammengefasst; 2) bei Alt und Option einfach Alt geschrieben, da das Alt auch auf der Option-Taste der Mac-Tastatur gedruckt ist.

Das Kürzel Shift-Alt-Strg|Befehl-A bedeutet also unter Windows Shift-Alt-Strg-A, auf dem Mac hingegen Shift-Option-Befehl-A.

1.4   Danke

Herzlichen Dank an alle, die an der Schaffung dieses Buches beteiligt waren, insbesondere an Alexander Altmann, Ralph Altmann, Anna Grodecki, Verena Schulz sowie meine Lektorin Barbara Lauer und das dpunkt-Verlagsteam.

2 Grundlagen

2.1 Einleitung

Heutige Computer erlauben normalerweise die komfortable Erledigung einzelner Aufgaben. Aber mehrere zusammenhängende Aufgaben, also Arbeitsabläufe oder »Workflows«, am Computer hintereinander auszuführen, kann extrem frustrierend sein. Allzu oft muss der Mensch die Funktion des Bindeglieds zwischen verschiedenen Programmen übernehmen und stupide Aufgaben manuell verrichten, die eigentlich der Computer übernehmen könnte (wo er doch dafür gemacht ist).

Lightroom ist in diesem Zusammenhang Teil einer meiner Meinung nach erfreulichen Entwicklung. Denn was Lightroom vor allem ausmacht – wenn man alle technischen Neuerungen beiseite lässt –, ist der Wille zur Integration. Die einzelnen Komponenten – Bildverwaltung über Kataloge, nichtdestruktive Bildbearbeitung, flexible Ausgabe über Stapelverarbeitung – sind nicht neu. Neu ist, dass sich alles in einem Programm befindet und daher ineinander verschränkt ist und gut zusammenspielt.

Wie bereits erwähnt, arbeitet Lightroom mit einem einstellungsbasierten Bildverarbeitungskonzept, das sich von Photoshops Konzept grundlegend unterscheidet. Im ersten Abschnitt, »Entwicklungseinstellungen und Entwicklungsprozess«, dieses Kapitels zeige ich genauer, worin die Unterschiede zu Photoshop bestehen, was diese Art der Bildverarbeitung nichtdestruktiv macht und wie Lightroom intern die vielen notwendigen Bildbearbeitungsschritte für ein einzelnes Bild durchführt, von denen man als Benutzer nichts mitbekommt.

Wo und wie diese Entwicklungseinstellungen – zusammen mit all den für die Bildverwaltung wichtigen Metadaten (denn Entwicklungseinstellungen sind nur ein Metadatentyp unter einigen weiteren) – gespeichert werden, darum geht es im zweiten Abschnitt, »Kataloge«. Hierbei wird es auch darum gehen, wie die Kombination von Bildverwaltung und einstellungsbasierter Bildverarbeitung die gleichzeitige Bearbeitung mehrerer Bilder radikal vereinfacht.

Nicht nur unter der Haube, sondern auch an der Oberfläche, an Lightrooms Benutzeroberfläche, gibt es einiges zu entdecken. Adobe weicht hier mit einem recht eigenwilligen Konzept stark von den Benutzeroberflächen seiner übrigen und auch anderer Programme ab. Im dritten Abschnitt, »Lightrooms Oberfläche«, gehe ich also auf die grundlegenden Oberflächenelemente und Tastaturkürzel von Lightroom ein.

Welche Metadatentypen gibt es? Was ist XMP? Was sind Bitmap-Dateien, und was sind die Vorteile von Raw gegenüber JPEG? Wozu sind Farbprofile nützlich? Diese grundlegenden und ebenfalls zum Verständnis von Lightroom beitragenden Fragen beantworte ich in weiteren, als Kästen eingestreuten Abschnitten.

Dieses Kapitel soll Sie ausrüsten, nicht nur für die Lektüre des restlichen Buches, sondern auch für die Arbeit mit Lightroom, wenn dieses Buch schon längst nicht mehr aktuell ist. Denn obwohl sich Software ständig weiterentwickelt, gibt es immer einige Dinge mit Bestand. Dies ist bei Lightroom nicht anders.

2.2 Entwicklungseinstellungen und Entwicklungsprozess

2.2.1 Was ist einstellungsbasierte Bildbearbeitung?

Wie bereits erwähnt, unterscheidet sich Lightrooms Arbeitsweise der *einstellungsbasierten Bildbearbeitung* (auch *parametrische Bildbearbeitung* oder *Metadaten-Bildbearbeitung*) stark von der Arbeitsweise traditioneller Bildbearbeitungsprogramme wie Photoshop. Um zu sehen, worin diese Unterschiede bestehen, sei hier kurz Photoshops Arbeitsweise vereinfacht dargestellt: In Photoshop bearbeitet man im Allgemeinen eine Bilddatei auf einmal mit allerlei Werkzeugen. Am Ende des Vorgangs steht eine veränderte Bilddatei, mit der man die alte Datei überschreiben kann (dann ist das Original unwiederbringlich verloren), oder man sichert die veränderte Datei als »Kopie« (mit *Speichern unter*).

Abb. 2–1 *Traditionelle …*

Bilddatei   destruktive Bildbearbeitung   neue Bilddatei

Während der Bearbeitung verändert man also den Inhalt der Datei selbst. Dies hat Konsequenzen, da die allermeisten Operationen nicht rückgängig gemacht werden können. Ein mit dem Weichzeichner bearbeitetes Bild bekommt man nicht mehr genau so scharf, wie es einmal war (es sei denn, man benutzt das Protokoll – aber darum geht es mir hier nicht). Es ist ähnlich wie mit dem Falten eines Papierbootes aus einem Blatt Papier: Wenn man einen Fehler macht, kann man das Papier wieder auseinanderfalten und von vorne anfangen, aber die Qualität des Ausgangsmaterials ist nicht mehr die beste.

Diese nicht rückgängig zu machenden Änderungen während der Bearbeitung sind nicht per se »schlecht«. Informationsverluste, wie sie durch die Anwendung des Weichzeichners, der Schärfung oder der Helligkeits- und Kontrastanpassung fast immer vorkommen, sind ein normaler Bestandteil des Bildbearbeitungsprozesses. Sie stellen also kein Problem dar, solange man bei jedem Bearbeitungsschritt genau das »Richtige« macht. Andernfalls ist es besser, mit einem neuen »Blatt Papier«, d.h. nach einem misslungenen Bildbearbeitungsversuch mit der Originaldatei, wieder anzufangen.

In Lightroom dagegen sind es nur *die Parameter für die bevorstehende Bearbeitung,* die durch die Regler verändert werden (siehe Abbildung 2–2). Die Parameter sind die Entwicklungseinstellungen, die ich bereits weiter oben erwähnt habe. Die Originaldateien werden bei dieser Art der Bearbeitung nie verändert (deshalb heißt es nichtdestruktive Bildbearbeitung)

Dabei wird in Lightroom jedes Bild immer im bearbeiteten Zustand angezeigt. Um dies zu erreichen, arbeitet es mit einem ausgefeilten System von Vorschaudateien. Jedes Mal, wenn sich die Entwicklungseinstellungen eines Fotos ändern, z. B. wenn ein Regler im Entwickeln-Modul bewegt wird, wird das Foto neu »entwickelt«, und eine neue Vorschaudatei wird erstellt (bzw. eigentlich mehrere Vorschaudateien in unterschiedlichen Größen). Wenn Lightroom dann dieses Foto anzeigen muss, kann es einfach die entsprechende Vorschaudatei laden. Ohne dieses Vorschausystem wäre ein vernünftiges Arbeiten auch gar nicht möglich, zumal wenn im Bibliotheksmodul die *Thumbnails* (Bildminiaturen) von mehreren Dutzend Fotos auf einmal angezeigt werden müssen.

Abb. 2–2 *… und einstellungsbasierte Bildbearbeitung*

Dabei zieht Lightroom fürs »Entwickeln« jedes Mal aufs Neue das Original heran, überschreibt es aber nie, sondern erzeugt immer eine neue eigenständige Bilddatei, sei es eine Vorschaudatei, eine Datei für den Export oder für eines der Ausgabemodule. Interessanterweise entspricht dieses Konzept erstaunlich stark dem Arbeiten in der analogen Zeit: Auch »damals« zog man beim Erstellen von Abzügen immer wieder das Negativ heran, wenn ein Abzug misslang oder wenn man mehrere unterschiedliche Versionen eines Abzugs machen wollte. Dabei veränderte man jedoch (im Allgemeinen) nie das Negativ selbst.

Abb. 2–3 Die »Entwicklungs-Engine« wird nur bei Bedarf angeworfen, d. h., wenn sich Einstellungen geändert haben.

Einstellungsbasierte Bildbearbeitung hat einige Vorteile gegenüber dem traditionellen Ansatz. Dadurch, dass immer nur die Entwicklungseinstellungen gespeichert werden, lassen sich verschiedene Versionen eines Fotos extrem platzsparend anfertigen – man legt einfach mehrere Einstellungssätze für dieselbe Bilddatei an. Lightroom bietet hier sehr viele Möglichkeiten, die dieses Prinzip entsprechend ausnutzen. So kann man im Bibliotheksmodul *virtuelle Kopien* anlegen, im Entwickeln-Modul lassen sich Zwischenstadien der Bearbeitung über das *Protokoll* und die *Schnappschüsse* speichern. Es ergeben sich auch ganz neue Möglichkeiten für die gleichzeitige Bearbeitung mehrerer Fotos, auf die ich in Kapitel 2.3.1 eingehen werde.

Das Einstellungskonzept hat jedoch auch Nachteile: So können die Originaldateien zwar außerhalb von Lightroom weiterhin verwendet werden, Lightrooms Bearbeitungen daran sind jedoch dann nicht sichtbar. Um die Bearbeitungen nach außen für alle Programme sichtbar zu machen, muss man die Fotos exportieren und damit neue Bilddateien generieren, auf welche die Entwicklungseinstellungen dann bereits angewendet sind.

Es gibt hierfür jedoch zwei Ausnahmen: Zum einen kann Photoshops Raw-Konverter *Camera Raw* die Entwicklungseinstellungen lesen und interpretieren, sofern diese als Metadaten in die Bilddateien eingebettet wurden (mehr dazu in Kapitel 2.3.2). Außerdem kann Lightroom bei Benutzung des DNG-Formats, eines von Adobe entwickelten Standardformats für Raw-Dateien, Vorschauen in die Bilddateien einbetten, die von manchen Bildverwaltungsprogrammen, z. B. Microsoft Expression Media, ausgelesen und angezeigt werden können (mehr zum DNG-Format in Kapitel 3.3.1).

In Abbildung 2–3 habe ich den Prozess der Raw-Konvertierung und Bildbearbeitung als »Black Box« illustriert. Schauen wir uns im nächsten Abschnitt einmal näher an, wie es im Inneren dieser Black Box aussieht.

2.2.2 Welchen Prozess durchläuft ein einzelnes Bild?

Von außen bekommen wir nur so viel mit: Ein Bild wird importiert, und ein Thumbnail erscheint. Eine Reglereinstellung wird geändert, und das Thumbnail oder die Einzelbildansicht des Bildes passen sich entsprechend an. Intern wird dabei – unter Verwendung der momentanen Entwicklungseinstellungen des Fotos – eine Kette an Bildbearbeitungsschritten in Gang gesetzt.

Farbmanagement-Grundlagen

Ohne Farbmanagement ergeben die bloßen RGB-Werte der Pixel in den Bitmap-Dateien allein weder konkrete Farben noch konkrete Helligkeiten. Die Farbwiedergabe ist abhängig vom ausgebenden Gerät, ähnlich ist es mit der Helligkeitswiedergabe: Meistens ist das Verhältnis zwischen zwei verschiedenen Helligkeitswerten nämlich keineswegs linear.

Beides, die Helligkeitsverteilungs- und die Farbinterpretation, wird über ein sogenanntes Farbprofil, oder auch ICC-Profil (International Color Consortium), beschrieben. Das Farbprofil ordnet den RGB-Werten in der Bilddatei konkrete, genormte Farben und eine sogenannte Helligkeitsverteilungskurve (gleichbedeutend mit »Gamma«) zu. Es spannt einen sogenannten Farbraum auf, der sich auch visualisieren lässt. So lassen sich Farbräume vergleichen.

Farbprofile können in die Bilddatei eingebettet werden. In diesem Fall sind Farb- und Helligkeitswerte in der Datei klar definiert, andernfalls sind sie Interpretationssache. Farbprofile kann man für alle Ein- oder Ausgabegeräte selbst erstellen: für Digitalkameras (Lightroom unterstützt keine Farbprofile für Raw-Dateien) und Scanner wie für Monitore, Drucker- oder Ausbelichtungsmaschinen.

Bei Eingabegeräten lassen sich die Farben dieser Geräte mithilfe des Profils richtig interpretieren. Bei Ausgabegeräten sorgt die Konvertierung ins entsprechende Profil für die Ausgabe der richtigen Farben.

Der Profilierungsprozess sieht für jede Geräteklasse anders aus und erfordert unterschiedlich teure Hard- und/oder Software. Die eigene Monitorprofilierung zumindest ist preislich für viele vertretbar. Für viele Drucker werden häufig allgemeine Profile mitgeliefert. Die Profile für unterschied-

R 24,2 G 22,3 B 24,1 %

Abb. 2–4 *In Lightroom kann man sich die Helligkeitswerte der Rot-, Grün- und Blaukanäle anzeigen lassen. Doch was bedeuten »Rot«, »Grün« und »Blau« eigentlich?*

liche Geräteklassen, die alle ihre jeweiligen Stärken und Schwächen haben, spannen mitunter recht verschiedene Farbräume auf. Ziel von Farbmanagement ist es, jedes Gerät optimal zu nutzen.

Für die Bildbearbeitung arbeitet man nicht in diesen, sondern in geräteunabhängigen Farbräumen, sogenannten Zwischen- oder Arbeitsfarbräumen wie sRGB, Adobe-RGB und ProPhoto-RGB (bzw. Melissa-RGB), um dann für die Ausgabe wieder in Monitor- oder andere Ausgabeprofile zu konvertieren.

Abb. 2–5 *Bildbearbeitung in Lightroom findet fast ausschließlich über Regler statt.*

Wenn wir uns nun das Innere dieser »Entwicklungs-Engine« anschauen, ist es notwendig, ein wenig Grundwissen über Raw- und Bitmap-Dateien, Farbmanagement, den »Gamma« und über den Unterschied zwischen 8- und 16-Bit-Bearbeitung zu haben, um das Folgende zu verstehen. Ich habe versucht, das meiste davon in Kästen zu erklären.

Falls Sie hier nur wenig verstehen sollten, ist das auch kein Problem: Es ist nicht unbedingt notwendig, genau zu wissen, wie Lightroom intern arbeitet, um mit dem Programm sinnvoll arbeiten zu können. Allerdings kann ein vertieftes Verständnis nicht nur dazu beitragen, das Programm optimal zu nutzen, sondern auch dabei helfen, die Arbeit »in Fleisch und Blut« übergehen zu lassen. Einige Themen greife ich auch im weiteren Verlauf dieses Buches noch einmal auf, sodass sich das Bild dann evtl. erst vervollständigt.

Im Folgenden werden wir drei Dinge genauer betrachten: 1) Zuerst sehen wir uns an, was passiert, wenn ein Bild »entwickelt« werden soll und die Originaldatei zum Lesen der Bilddaten herangezogen wird. Was wird also getan, *bevor* sie bearbeitet wird? 2) Danach werfen wir einen Blick auf Lightrooms Arbeitsfarbraum *Melissa-RGB*, in dem die eigentlichen Bildbearbeitungsschritte stattfinden. 3) Zum Schluss schauen wir uns an, was *nach* der Bearbeitung passiert, wenn die Vorschaudateien bzw. die exportierten Dateien bzw. die Bilddateien für die Ausgabemodule erstellt werden.

Raw- und JPEG-Dateien

Die meisten etwas anspruchsvolleren Digitalkameras können anstelle von JPEG-Dateien auch Raw-Dateien ausgeben. Für diese gibt es unzählige Formate, jeder Kamerahersteller hat bekanntlich sein eigenes oder seine eigenen Formate (Canon CR2, Nikon NEF etc.). Adobe hat vor einigen Jahren das DNG-Format vorgestellt, das im Gegensatz zu den proprietären Formaten offen dokumentiert ist (das heißt, alle Bestandteile des Dateiformats sind beschrieben und nicht geheim). Die Arbeit im DNG-Format bietet viele Vorteile und auch einige Nachteile für die Arbeit mit digitalen Fotos. Mehr dazu im Abschnitt über DNG in Kapitel 3.3.1.

Raw-Dateien liegen gewissermaßen eine Stufe vor den Bitmap-Dateien. Die Daten, die der Sensor wiedergibt, müssen erst in eine normale RGB-Bitmap-Datei konvertiert werden. Dies heißt aber auch: Jede Bitmap-Datei aus einer Kamera war mal eine Raw-Datei. Wenn die Kamera JPEGs ausgibt, so macht sie lediglich die Raw-Konvertierung allein, und dies auf der Grundlage der Einstellungen in den Kamera-Menüs und/oder von Automatiken.

Es spricht wenig gegen die direkte Ausgabe von JPEGs, wenn die Bilder immer genauso aus der Kamera kommen, wie man sie haben will. Aber dies ist ja relativ selten der Fall, und daher ist Raw letztlich das für die Digitalfotografie geeignetere Dateiformat.

Einlesen der Original-Bilddatei

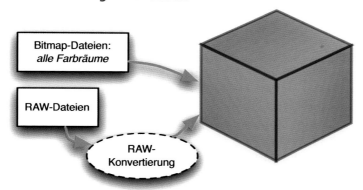

Abb. 2–6 *Die Behandlung von Raw- und Bitmap-Dateien in Lightroom*

Zunächst wird die Original-Bilddatei gelesen (sie wird wie gesagt immer nur gelesen, niemals mit den veränderten Bilddaten überschrieben). Hierbei wird zwischen Bitmap-Dateien (JPEG, TIFF, PSD) und Raw-Dateien unterschieden.

Die Bitmap-Dateien werden danach unterschieden, ob sie über ein eingebettetes Farbprofil verfügen. Wenn dies der Fall ist, kann Lightroom die Bilddaten direkt in Melissa-RGB (siehe unten) konvertieren.

Andernfalls sind die Farben in der Bilddatei eigentlich unklar und Interpretationssache. Ich sage »eigentlich«, weil in diesen Fällen meistens davon ausgegangen werden kann, dass die Datei im sRGB-Farbraum vorliegt, dieses Profil jedoch nicht in die Datei eingebettet wurde. Vor allem bei JPEGs ist dies meist der Fall. Jedenfalls geht Lightroom – ohne zu fragen oder einen Warnhinweis auszugeben – davon aus, dass es sich um eine sRGB-Datei handelt. Damit sind die Farben auch in diesem Fall klar definiert, und die Bilddaten können in Melissa-RGB konvertiert werden.

Da Raw-Dateien gewissermaßen eine Vorstufe zu Bitmap-Dateien darstellen, muss bei ihnen ein wenig mehr getan werden. In einem ersten Schritt erfolgt der Raw-Konvertierungsprozess, der aus den reinen Sensordaten eine normale Bitmap-Datei macht (bei fast allen Arten von Raw-Dateien ist dies gleichbedeutend mit dem sogenannten *Demosaicing*-Prozess).

In einem zweiten Schritt müssen die Farben interpretiert werden. Raw-Dateien, die gerade aus der Kamera kommen, haben keine eingebetteten Farbprofile, deshalb sehen die Konvertierungsergebnisse von Raw-Dateien auch bei jedem Konverter leicht verschieden aus.

Lightroom (und Camera Raw) arbeiten hierfür mit fest eingebauten Farbprofilen, die für jedes Kameramodell unterschiedlich sind. Nachdem über diese Profile die Farben des Fotos klar definiert sind, werden die Bilddaten ebenfalls in Melissa-RGB konvertiert (diese internen Profile lassen sich seit Lightroom 2 übrigens auch durch externe Farbprofile ersetzen, sodass sich die Farbinterpretation verändern lässt. Mehr dazu siehe Kapitel 4.3.7).

Bevor der eigentliche Bildbearbeitungsprozess beginnt, liegen die Bilddaten also, egal woher sie stammen, in Melissa-RGB vor. Das ist bemerkenswert, weil es bedeutet, dass Lightroom – sobald die Raw-Konvertierung geschehen ist – Raw- und Bitmap-Dateien weitgehend gleich behandelt. Die Integration in diesem Punkt geht so weit, dass man innerhalb des Programms nur an wenigen Stellen auf Anhieb erkennen kann, ob es sich um eine Raw- oder eine Bitmap-Datei handelt.

»Entwickeln« der Bilddatei in Melissa-RGB

Abb. 2–7 *Melissa-RGB; hier finden intern alle Bildbearbeitungsschritte statt.*

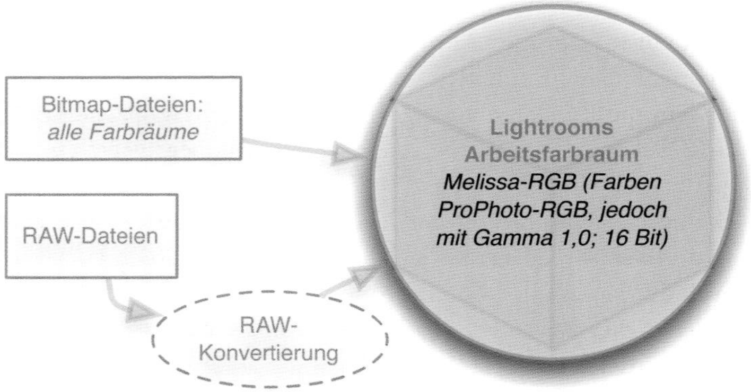

Kommen wir jetzt zum wirklichen Inneren der Black Box, also der Umgebung, in der alle Bildbearbeitungen stattfinden. Diese Umgebung geht zurück auf die Entwicklung von Camera Raw, aus der dann die Entwicklung von Lightroom erfolgte. Für den Raw-Konverter suchte man einen gemeinsamen Arbeitsfarbraum, in dem alle Raw-Dateien bearbeitet werden konnten. Das Resultat, das später von den Ingenieuren *Melissa-RGB*

getauft wurde, hatte die folgenden grundlegenden Eigenschaften: 1) Farben von ProPhoto-RGB, einem der größten RGB-Farbräume, die es gibt; 2) lineare Helligkeitsverteilung (Gamma 1,0); 3) Arbeit in 16 Bit Farbtiefe.

ProPhoto-RGB als Grundlage für diesen Arbeitsfarbraum zu nehmen, war eine weitsichtige Wahl: Er ist so groß, dass kein Monitor oder Drucker oder ein anderes mir bekanntes Ausgabegerät ihn jetzt oder in Zukunft auch nur annähernd ausnutzen würde, anders als sRGB, einer der kleinsten RGB-Farbräume überhaupt. Viele Farben, die Fotodrucker und zunehmend auch Monitore heute darstellen können, passen nicht in sRGB, die entsprechenden Farben könnten also mit Lightroom nicht genutzt werden (siehe Abbildung 2–10, der Monitorfarbraum entspricht hier fast genau dem sRGB-Farbraum).

Dabei hielten die Camera Raw-/Lightroom-Ingenieure es jedoch für vorteilhaft, alle Bildbearbeitungen nicht in ProPhoto-RGB selbst, sondern in einem Farbraum mit linearer Helligkeitsverteilung durchzuführen, d.h. in einem Farbraum mit Gamma 1,0 (ProPhoto-RGB hat einen Gamma von 1,8). Zum einen ist dies praktisch, da Raw-Dateien ohnehin linear vorliegen. Vor allem aber ist ein linearer Farbraum bei bestimmten Bildbearbeitungen von Vorteil. So führt er z. B. bei der Schärfung zu gleichmäßigeren Ergebnissen in unterschiedlich hellen Bildbereichen.

Lightroom/Camera Raw führen dabei stets alle Bearbeitungen in 16 Bit Farbtiefe durch. Dies ergibt sich zwar nicht direkt aus dem verwendeten Farbraum, ist aber fast schon eine Notwendigkeit: In einem kleinen Farbraum wie sRGB reichen 8 Bit zur Repräsentation der Farben im Allgemeinen aus, bei einem sehr großen wie Melissa-RGB könnten mit 8 Bit die Farben nur in so groben Abstufungen repräsentiert werden, dass dies zu sichtbaren Qualitätseinbußen führen könnte.

Nachdem die Bilddaten aus den Bitmap- oder Raw-Dateien also in Melissa-RGB konvertiert wurden, werden alle Bildbearbeitungsschritte durchgeführt, abhängig von den momentan für dieses Foto geltenden Entwicklungseinstellungen: Tonwert- und Farbkorrekturen, Rauschentfernung und Schärfung, Freistellen des Bildes, lokale Korrekturen usw. Erst am Ende werden die Bilddaten in einen anderen Farbraum konvertiert. Welcher dies ist, hängt davon ab, wofür die entwickelte Bilddatei verwendet werden soll.

Nachbereiten der entwickelten Datei

Wenn alle Bildbearbeitungsschritte in Melissa-RGB erledigt worden sind, muss die Vorschaudatei bzw. die exportierte oder in den Ausgabemodulen verwendete Datei erstellt werden, und hier gibt es wiederum eine weitere Farbkonvertierung, da die Bilddateien niemals in Melissa-RGB ausgegeben werden.

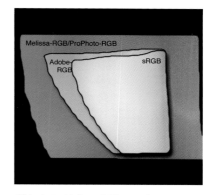

Abb. 2–8 *Melissa-RGB ist nicht nur einer der größten RGB-Farbräume, die es gibt, und nimmt damit andere wie Adobe-RGB und vor allem sRGB locker in sich auf.*

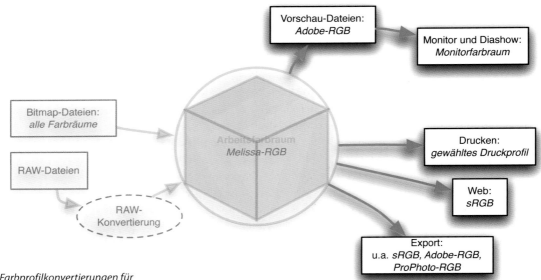

Abb. 2–9 *Farbprofilkonvertierungen für Lightrooms unterschiedliche Ausgabemöglichkeiten*

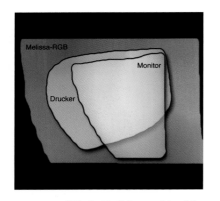

Abb. 2–10 *Wie man hier sieht, kann ein Monitor nicht unbedingt alle Farben darstellen, die ein Fotodrucker ausgeben kann.*

Die Vorschaudateien werden in Adobe-RGB konvertiert und gespeichert, für die Bildschirmausgabe werden diese dann in das im Betriebssystem eingestellte Monitorprofil konvertiert. Alles, was Lightroom ausgibt, hängt also von der Qualität dieses Profils ab (siehe dazu auch Kasten in diesem Kapitel).

Für die Monitordarstellung verwendet Lightroom die *relativ farbmetrische* Konvertierung. Dies bedeutet, dass diejenigen Farben, die der Monitor darstellen kann, auch korrekt angezeigt werden (eine korrekte Profilierung vorausgesetzt). Man sollte aber im Kopf behalten, dass unter Umständen nicht alle Farben des Bildes angezeigt werden können. Dies äußert sich darin, dass in den entsprechenden Bildbereichen mit stärker gesättigten Farben keine Details mehr zu erkennen sind (mehr zu den Konvertierungsmethoden in Kapitel 5.4.4).

Der Prozess fürs Diashow-Modul sieht im Grunde genauso aus wie die Monitorausgabe. Lightroom verwendet hierfür die gespeicherten Vorschaudateien und konvertiert diese ins Monitorprofil bzw. ins Profil, das für den Projektor eingestellt ist. Im Webmodul konvertiert es die Bilddateien immer in sRGB. Nur im Drucken-Modul lässt sich explizit ein Ausgabeprofil für den Drucker angeben.

Für exportierte Bilddateien lassen sich im Exportieren-Dialog drei Standardfarbräume, *sRGB*, *Adobe-RGB* oder *ProPhoto-RGB*, sowie die meisten anderen auf dem Computer installierten Farbräume wählen, in erster Linie jedoch Ausgabeprofile für Drucker.

Monitorkalibrierung

Der oft als Monitorkalibrierung bezeichnete Prozess besteht eigentlich aus zwei Teilen, der Kalibrierung und der Profilierung. Kalibrierung heißt, die sich im Betrieb immer wieder verändernden Eigenschaften des Monitors wie Lampenhelligkeit, Farbtemperatur und »Gamma« auf Standardwerte (und dabei möglichst optimale Werte) einzustellen.

Profilierung heißt, ein Ausgabeprofil zu erstellen, das die Eigenschaften des Monitors beschreibt. Lightroom, Photoshop und andere farbmanagementfähige Software benutzen dieses Profil für die Ausgabe, d.h., jedes Foto in Lightroom wird zum Zweck der Anzeige in das Monitorprofil konvertiert.

Windows und Mac OS X verfügen beide über eine betriebssystemseitige Einstellung für ein Standardmonitorprofil, das von jedem farbmanagementfähigen Programm benutzt wird: unter Mac OS unter *Systemeinstellungen* → *Monitore* hinter dem Farben-Reiter; unter Windows XP unter *Systemsteuerung* → *Anzeige*, dann auf *Erweitert* klicken und den Reiter *Farbverwaltung* auswählen; unter Windows Vista unter *Systemsteuerung* → *Farbverwaltung*.

Da jedes Foto in Lightroom »durch« das Monitorprofil angezeigt wird, ist die Qualität des Profils recht wichtig, zumindest wenn man genaue Farboptimierungen durchführen will. Die genaue Anpassung der Farbtemperatur beispielsweise nützt nicht viel, wenn das Monitorprofil zu weit von der Wirklichkeit entfernt ist.

Ein genaues Profil lässt sich mit einer reinen Softwarelösung wie Adobe Gamma oder dem Kalibrierungs-Assistenten unter Mac OS X jedoch nicht erstellen. Diese arbeiten sehr grob und benutzen das Auge als Messgerät, das durch seine hohe Anpassungsfähigkeit nicht dazu geeignet ist.

Hardwarelösungen, bestehend aus Messgerät und Software, helfen zuerst bei der genauen Kalibrierung und vermessen dann eine Reihe von Farbkästen, um aus diesen Messungen ein Profil zu erstellen. Die Qualität des Profils mag sich je nach Produkt unterscheiden, die Unterschiede untereinander sind aber minimal im Vergleich zur Verwendung einer Softwarelösung.

Hardwarelösungen gibt es im Preisbereich von ca. 80–250 Euro, z.B. das *Spyder3 Pro* (Datacolor), das *Eye-One Display 2* (X-Rite) oder das *Pantone Huey* (Pantone). Oft gibt es mehrere Versionen desselben Produkts mit unterschiedlichen Preisen, wobei die Unterschiede dann meist nur in der mitgelieferten Software bestehen. So wird am unteren preislichen Ende oft die Funktionalität künstlich eingeschränkt.

Manche Kalibriergeräte verfügen zusätzlich über die Möglichkeit einer Umgebungslichtmessung. Dafür wird ein Diffusor auf den Sensor gesteckt und das Gerät umgedreht. Mithilfe der Umgebungslichtmessung lassen

Abb. 2–11 *Ein Messgerät (Eye-One Display 2) im Einsatz*

sich Farbtemperatur sowie Beleuchtungsstärke des Monitors und der Umgebung aneinander annähern, was sinnvoll sein kann, wenn man Druckerergebnisse beurteilen möchte.

Noch ein paar Tipps für die Kalibrierung:

Was die Helligkeit betrifft, sind die meisten Displays viel zu hell und damit auch viel zu kontrastreich für die Fotobearbeitung eingestellt. Die empfohlene Einstellung für LCDs liegt bei 100–120 cd/m² (dieser Wert lässt sich mit dem Messgerät überprüfen). Bei meinem relativ neuen Display ist dies eine Helligkeitseinstellung von nur 12 %!

Die Regel, den Monitor eines Macs auf Gamma 1,8 einzustellen, bezieht sich auf die alten Macintosh-Computer aus den 80er- und 90er-Jahren, hält sich aber hartnäckig. Heute hingegen ist auf beiden Systemen ein Gamma von 2,2 ein empfehlenswerter Standard.

2.3 Kataloge

2.3.1 Kataloge und Metadaten

Lightroom verwendet für die Bildverwaltung Kataloge. Im Grunde unterteilen sich Bildverwaltungsprogramme in solche mit und ohne Kataloge. Letztere, sogenannte *Bild-Browser*, legen (Ausnahmen bestätigen die Regel) keine eigenen Informationen auf der Festplatte ab. Sie nutzen die bereits vorhandene Ordnerstruktur des Dateisystems für die Bildverwaltung. Solche mit Katalogen, sogenannte *DAMs* (von *Digital Asset Management)*, hingegen verwalten die Bilder nach ihren eigenen Strukturen, deren Informationen sie in einer Katalogdatei ablegen. Diese programmeigenen Organisationsstrukturen sind jedoch auch nur im entsprechenden Programm sichtbar.

Dazu kommt, dass DAMs ihre eigenen Vorschaudateien für die zu verwaltenden Fotos anfertigen und somit Bilder auch verwalten können, wenn im Moment nicht auf die Bilddateien an sich zugegriffen werden kann. Dies geht mit Bild-Browsern nicht. Ein Nachteil hingegen ist, dass jedes Bild, das vom DAM verwaltet werden soll, erst *importiert* werden muss, sonst ist es innerhalb des Programms nicht sichtbar. Bei Bild-Browsern ist dies nicht notwendig, sie sind daher besser für die schnelle Durchsicht geeignet als DAMs.

Das Katalogkonzept an sich ist also nichts Neues. Da es sich bei Lightroom um ein DAM handelt, müssen auch hier Bilder erst importiert werden. Nur ist der Begriff »Importieren« ein wenig irreführend. Die Bilddateien werden dabei nicht kopiert oder verschoben, sondern nur referenziert bzw. »verlinkt«.

Lightroom durchforstet während des Importprozesses die Bilddateien, sammelt Informationen, generiert Vorschaudateien und speichert die Position der Bilddatei, sodass es – wenn es sie für die Bildbearbeitung heranziehen muss – darauf zugreifen kann. Wenn die Bilddateien nicht verfügbar sein sollten, kann Lightroom die Fotos trotzdem verwalten und über die Vorschaudateien auch anzeigen (eine Bearbeitung, also eine Änderung der Entwicklungseinstellungen, ist dann für die betreffenden Fotos allerdings nicht möglich).

Abb. 2–12 Der Bild-Browser Adobe Bridge, wie er mit Photoshop mitgeliefert wird

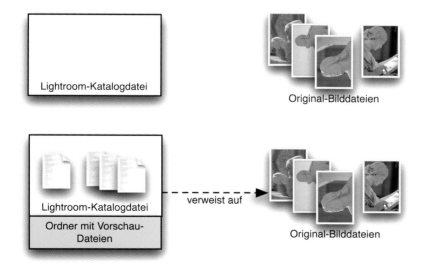

Abb. 2–13 Vor dem ersten Import ist der Katalog leer, und die Bilddateien befinden sich irgendwo – auf einer externen Festplatte, auf einem Netzlaufwerk, auf derselben Festplatte oder sogar im selben Ordner wie der Katalog.

Abb. 2–14 Nach dem Import befinden sich die Bilddateien … immer noch an derselben Stelle.

Lightroom speichert im Katalog zu jedem verwalteten Foto eine Menge an Informationen – *Metadaten*. Diese Informationen werden teilweise schon von der Kamera eingetragen (EXIF-Metadaten), teilweise trägt man sie selbst ein (z. B. IPTC-Metadaten). Mithilfe von Metadaten, z. B. Stichwörtern, Bewertungsinformationen, aber auch EXIF-Metadaten, wie Aufnahmedatum oder ISO-Zahl, lassen sich Fotos wesentlich vielfältiger und effizienter verwalten als nur mithilfe des Dateisystems.

Metadaten-Typologie

Automatisch eingetragene Metadaten (EXIF) umfassen einen Satz an Zusatzinformationen zum Foto, die hauptsächlich direkt von der Kamera bereitgestellt werden. Hierzu gehören neben Aufnahmedatum und -zeitpunkt unter anderem Belichtungszeit, Blende, ISO-Wert, Brennweite, verwendetes Objektiv und Kameramarke sowie evtl. GPS-Daten, wenn diese mit aufgenommen wurden.

Da EXIF-Daten vollkommen automatisch generiert werden, sind sie die komfortabelsten Metadaten überhaupt. Sie informieren über Belichtungsdaten einzelner Bilder, über sie lässt sich der Bildbestand automatisch kategorisieren oder sortieren. Abgesehen davon ermöglichen sie eine gewisse »Intelligenz« des Computers: Daten wie der ISO-Wert des Bildes, das Kameramodell und auch die Kameraseriennummer können in Lightroom benutzt werden, um automatisch beim Import verschiedene *Standardentwicklungseinstellungen* zu vergeben, z. B. Rauschunterdrückungswerte abhängig von der ISO-Zahl (mehr dazu in Kapitel 4.2.2).

Selbst einzutragende Metadaten (IPTC & Co.) umfassen nicht technische, sondern inhaltliche Informationen zum Bild (Bildtitel, Bildbeschreibung, Stichwörter) und zum Autor (Name, Kontaktinformationen, Copyright-Hinweise). Diese Art von Metadaten wird auch als IPTC-Metadaten (International Press Telecommunications Council) bezeichnet, weil sie ursprünglich aus dem Umfeld von Nachrichtenagenturen stammen. Hinzu kommen Metadaten zur Bewertung und Kategorisierung von Fotos (Bewertungssterne und Farbetiketten).

Ein Bildverwaltungsprogramm kann das Eintragen dieser Art von Metadaten erheblich vereinfachen. In Lightroom lassen sich beispielsweise die Daten mehrerer Bilder auf einmal bearbeiten oder Metadatenvorgaben erstellen, die automatisch während des Imports eingetragen werden können.

Entwicklungseinstellungen (CRS): Alle Bildbearbeitungen existieren in Lightroom ausschließlich in Form von Metadaten. Die Entwicklungseinstellungen werden an derselben Stelle gespeichert wie EXIF- und IPTC-Informationen auch.

Lightrooms Entwicklungseinstellungen sind 100%ig kompatibel mit denen von Adobe Camera Raw (daher auch deren Name: CRS – Camera Raw Settings), solange die richtige Version vorliegt. Für Lightroom 2.0 ist z. B. mindestens Version 4.5 von Camera Raw notwendig.

Lightroom-eigene Metadaten sind alle Informationen über Fotos, die nur in Lightroom sichtbar sind und nicht in die Bilddateien geschrieben werden können, vor allem die Zugehörigkeiten zu Lightroom-internen Organisationsstrukturen wie virtuelle Kopien, Sammlungen und Stapel, aber auch Metadatenfelder, die durch Plugins hinzugefügt wurden.

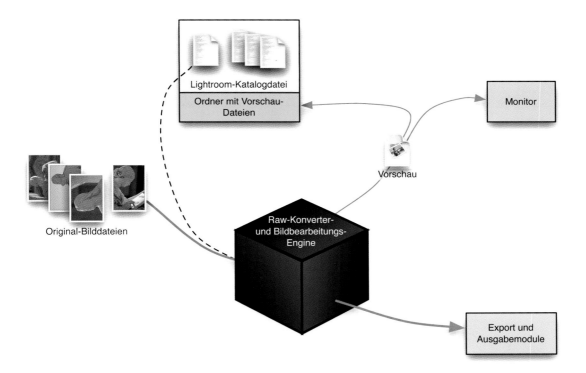

Auch die nichtdestruktive Bildbearbeitung erfolgt über Metadaten. Viele der Werkzeuge, die Lightroom für die gleichzeitige Vergabe von Metadaten an mehrere Fotos anbietet, gibt es auch für die Entwicklungseinstellungen. Hierdurch ist Lightroom in der Lage, auf ganz andere Art und Weise als z. B. Photoshop auf mehrere Bilder gleichzeitig einzuwirken.

Neben der Möglichkeit, mehrere Bilder direkt gleichzeitig zu bearbeiten, kann man Entwicklungseinstellungen von einem Bild auf mehrere andere übertragen. Ein weiteres Werkzeug sind *Entwicklungsvorgaben*, Entwicklungseinstellungen, die keinem Bild fest zugeordnet sind, sich aber sehr schnell auf ein oder mehrere Fotos anwenden lassen, z. B. schon während des Imports.

Abb. 2–15 *Lightrooms Arbeitsweise im Zusammenhang*

Abb. 2–16 *In diesem Beispiel wurden die Entwicklungseinstellungen für die Farbtemperatur innerhalb weniger Sekunden vom Bild oben links auf die übrigen Bilder übertragen.*

Einstellungen von einem Bild auf Hunderte andere zu übertragen, ist ohne Weiteres innerhalb von Sekunden möglich. Nur die Neuerstellung der Vorschaudateien kostet Lightroom etwas mehr Zeit, die man aber bereits sinnvoll mit anderen Aufgaben verbringen kann, da diese Arbeit im Hintergrund abläuft.

Für diese Massenbearbeitungen ist es auch nicht notwendig, die betreffenden Bilder zu öffnen. In Lightroom öffnet man nicht einzelne Bilder wie in Photoshop, sondern Kataloge, und mit dem Öffnen des Katalogs sind auch alle darin enthaltenen Fotos »geöffnet« und für die Bearbeitung verfügbar.

2.3.2 Metadaten bei den Bilddateien

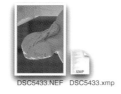

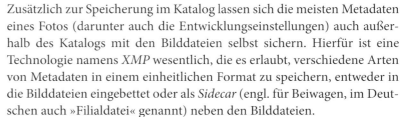

Abb. 2–17 *Einbetten oder Filialdokument? Einbetten hat den Vorteil, dass die Datei nicht verloren gehen kann. Dies geht aber bei Raw-Dateien nur mit dem DNG-Format.*

Zusätzlich zur Speicherung im Katalog lassen sich die meisten Metadaten eines Fotos (darunter auch die Entwicklungseinstellungen) auch außerhalb des Katalogs mit den Bilddateien selbst sichern. Hierfür ist eine Technologie namens *XMP* wesentlich, die es erlaubt, verschiedene Arten von Metadaten in einem einheitlichen Format zu speichern, entweder in die Bilddateien eingebettet oder als *Sidecar* (engl. für Beiwagen, im Deutschen auch »Filialdatei« genannt) neben den Bilddateien.

Ob die Metadaten eingebettet oder als Sidecar gespeichert werden, hängt ausschließlich vom Format der Bilddateien ab. In Bilddateien, die in den Formaten JPEG, TIFF, PSD und DNG vorliegen, kann Lightroom die XMP-Textabschnitte direkt einbetten. Dies liegt daran, dass Lightroom die Struktur dieser Dateiformate kennt und weiß, wo zusätzliche Daten untergebracht werden können. Daher werden hier die XMP-Daten immer direkt in die Datei geschrieben.

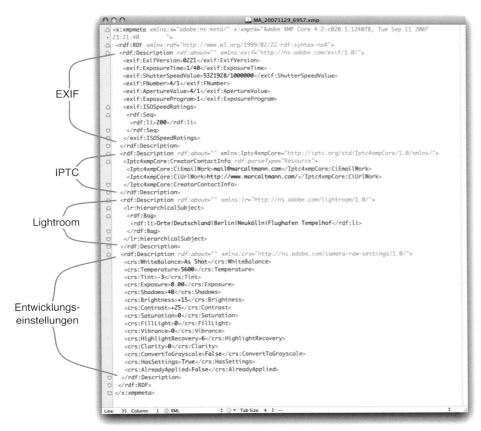

EXIF

IPTC

Lightroom

Entwicklungs-
einstellungen

Abb. 2–18 *Ein (stark gekürztes) XMP-Packet, das von Lightroom erstellt wurde. Zu sehen sind einige EXIF- und IPTC-Daten, Entwicklungseinstellungen und ein Lightroom-spezifischer Eintrag (ein hierarchisiertes Stichwort).*

XMP

XMP *(Extensible Metadata Platform)* ist ein »Metastandard« zur Speicherung von Metadaten. XMP selbst umfasst keine fest definierten Metadatenfelder, sondern setzt sich aus mehreren Unterstandards zusammen, welche die einzelnen Metadatenfelder ausmachen. Daher ist es über XMP auch sehr leicht möglich, neue Metadaten einzuführen.

Beim XMP-Standard werden alle Metadaten für ein einzelnes Bild in ein sogenanntes *XMP-Packet* geschrieben. Dies ist ein einfacher (auf XML basierender) Textabschnitt in einem maschinenlesbaren – und einigermaßen menschenlesbaren – Format (siehe Abbildung 2–18). Der XMP-Text basiert auf Unicode-Zeichen und unterstützt daher alle Sonderzeichen, was z. B. für Stichwörter oder Bildbeschreibungen von Vorteil ist.

In Bilddateien, die in den proprietären Raw-Formaten der Kamerahersteller (z. B. NEF oder CR2) vorliegen, schreibt Lightroom hingegen grundsätzlich nichts hinein, da die genaue Struktur dieser Formate nicht

Abb. 2–19 Metadaten zentral im
Archiv (d.h. im Katalog) gespeichert ...
(© iStockphoto.com/simplearts)

Abb. 2–20 ... und optional
»in den Träger eingebettet«
(© iStockphoto.com/shorrocks)

bekannt ist. Deshalb werden in diesem Fall die XMP-Abschnitte als Side-car-Datei gespeichert. Das Sidecar ist eine Textdatei, die mit jedem Editor lesbar ist. Sie trägt denselben Namen wie die dazugehörige Bilddatei, aber die Endung *.xmp*.

Die Metadaten-Speicherung in Sidecars ist natürlich eine weniger elegante Art und Weise der Speicherung als die direkte Einbettung. Mit Lightroom kann man jedoch Dateien aller Raw-Formate ins DNG-Format konvertieren (mehr dazu in Kapitel 3.3.1).

Wozu ist die Speicherung von Metadaten bei den Bilddateien gut? Zum einen ist sie wichtig im Hinblick auf eine eventuelle Migration des Bildbestands in ein anderes Verwaltungsprogramm. Wenn man Light-room nicht mehr verwenden möchte, sollte man immerhin seine Daten mitnehmen können. Einige Lightroom-interne Metadaten können aller-dings nicht auf diese Weise gesichert werden (siehe Kasten »Metadaten-Typologie«).

Darüber hinaus lässt sich auf ausgelagerte Metadaten von »außen« zu-greifen. Bis auf die Entwicklungseinstellungen können die meisten Bild-bearbeitungs-, Verwaltungs- oder Anzeigeprogramme diese Metadaten lesen und verarbeiten. Die Entwicklungseinstellungen können von Camera Raw gelesen werden. Umgekehrt kann Camera Raw Entwick-lungseinstellungen in die Dateien einbetten, und Lightroom kann diese beim Import erkennen oder, wenn die Datei bereits im Katalog ist, die eigenen Einstellungen abgleichen.

Lightroom kann nicht nur Metadaten aus dem Katalog bei den ent-sprechenden Bilddateien speichern, sondern auch umgekehrt die Meta-daten des Katalogs durch die bei den Bilddateien gespeicherten Daten ersetzen. Normalerweise stellen die Daten im Katalog zwar immer den aktuellen Stand dar. Wenn aber ein Bild z. B. mit Camera Raw bearbeitet wird und dieses Programm die Veränderungen als *XMP-Packet* in die Datei einbettet, so stellen diese Änderungen die aktuelle Version dar und können dann in den Lightroom-Katalog zurückgeschrieben werden.

Abb. 2–21 Der Metadatenabgleich
zwischen Katalog und den bei den
Bilddateien gesicherten Metadaten ist in
beide Richtungen möglich.)

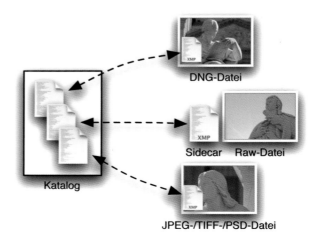

DNG-Datei

Sidecar   Raw-Datei

Katalog

JPEG-/TIFF-/PSD-Datei

Ein solcher Metadatenabgleich kann auch zwischen zwei Katalogen statt-finden, die dieselben Fotos verwalten. Ein solcher Fall tritt z. B. auf, wenn man einen Hauptkatalog mit dem gesamten Fotoarchiv auf dem Desk-top-Rechner hat und einen Katalog mit nur einem Teil der Fotos auf dem Laptop. Wenn man in einem der beiden Kataloge Änderungen an den Fotos vornimmt, kann man die Katalog-Metadaten später miteinander abgleichen (siehe Funktion *Aus Katalog importieren* in Kapitel 3.2.2).

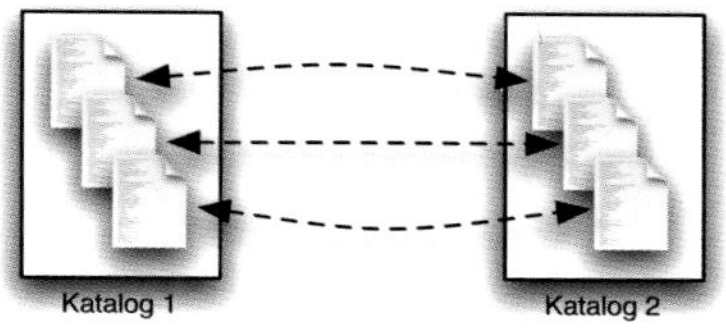

Abb. 2–22 *Metadatenabgleich zwischen zwei Katalogen*

Metadaten-Begriff

Der Begriff Metadaten funktioniert auf mehreren Ebenen: Ganz allgemein bezeichnet er alle Informationen, die über eine Bilddatei existieren. Manch-mal sind jedoch nur diejenigen Metadaten gemeint, die sich in den Bildda-teien selbst speichern lassen als eingebettetes XMP-Packet oder -Sidecar.

Auch in Lightroom selbst umfasst der Begriff mindestens zwei Ebenen: Im Bibliotheksmodul von Lightroom, wenn von Metadaten-Palette oder Metadaten-Synchronisation die Rede ist, sind damit nicht die Entwick-lungseinstellungen gemeint, sondern nur die Bildverwaltungs-Metadaten, also EXIF-, IPTC- und anderen Metadaten sowie Stichwörter. Der Meta-datenabgleich in Lightroom (d.h. die Sicherung in den Bilddateien selbst) bezieht sich wiederum auf alle Metadaten, die in den Bilddateien gespei-chert werden können, also auch Entwicklungseinstellungen.

2.4   Lightrooms Oberfläche

2.4.1   Bildschirmaufteilung

Übersicht

Die Bildschirmaufteilung in Lightroom ist recht einheitlich. Alle Bildschirmelemente, also Modulwähler, Palettenspalten, Filmstreifen, Werkzeugleiste und Arbeitsfläche, unterscheiden sich von Modul zu Modul nur leicht.

Oben befindet sich der »Modulwähler«. Mit ihm wählt man zwischen den fünf Modulen Bibliothek, Entwicklung, Diashow, Drucken und Web, je nachdem, wo man gerade arbeiten möchte. Auf der linken Seite des Modulwählers befindet sich das Lightroom-Logo, das sich durch eine eigene sogenannte Erkennungstafel, also einen Schriftzug oder eine Gra-fik mit dem eigenen Namen oder Logo, ersetzen lässt.

In der Mitte befindet sich die eigentliche Arbeitsfläche, die je nach gewähltem Modul und Ansichtsmodus aus Thumbnails, einem oder mehreren Fotos oder aus der Vorschau für Druck, Diashow oder Web-seite bestehen kann. Links und rechts von der Arbeitsfläche befinden sich die Palettenspalten. Die angebotenen Paletten unterscheiden sich von Modul zu Modul.

Abb. 2–23 *Lightrooms Bildschirmaufteilung*

Abb. 2–24 *Während der Bearbeitung, z. B. beim Import oder Export von Bildern, wird das Lightroom-Logo durch eine Statusanzeige ersetzt, die den aktuellen Stand anzeigt.*

Ganz unten ist der Filmstreifen zu sehen, der in allen Modulen dasselbe anzeigt – die aktuelle Auswahl an Fotos, die sich im Bibliotheksmodul verändern lässt. Und zwischen Arbeitsfläche und Filmstreifen befindet sich, wenn sie eingeschaltet ist, die Werkzeugleiste, die – abhängig von Modul und Ansicht – bestimmte Werkzeuge und Informationen anzeigt.

Paletten

Paletten lassen sich durch einen Klick auf deren Überschrift ein- oder ausklappen. Durch Einschalten des *Solomodus* (im Kontextmenü, erreichbar durch Rechtsklick auf eine Palettenüberschrift) ist immer nur eine Palette aufgeklappt. Über das Kontextmenü lassen sich auch einzelne Paletten vollkommen aus der Spalte entfernen oder wieder hinzufügen.

Abb. 2–25 *Kontextmenü für die Paletten*

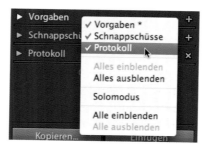

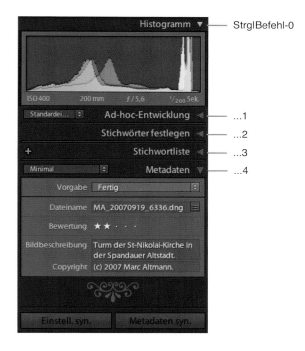

StrglBefehl-0

...1

...2

...3

...4

Abb. 2–26 *Die rechte Palettenspalte im Bibliotheksmodul; Histogramm- und Metadaten-Paletten sind auf-, die anderen beiden sind zugeklappt. Die Tastaturkürzel gelten für die rechte Palettenspalte. Für die linke Spalte nimmt man die Shift-Taste (Windows) bzw. die Ctrl-Taste (Mac) hinzu.*

Filmstreifen

Um Fotos für die Arbeit bereitzustellen, verfügt Lightroom über eine Art Zwischenablage oder »temporären Leuchttisch«, den Filmstreifen. Fotos, mit denen gearbeitet werden soll, können dem Gesamtfotobestand entnommen und auf den Filmstreifen »gelegt« werden.

Dies geschieht im Bibliotheksmodul, wo über die Paletten auf der linken Seite (Katalog-, Ordner- und Sammlungen-Paletten) eine Quelle für den Filmstreifen ausgewählt wird. In den einzelnen Modulen dient der Filmstreifen dann als Bildquelle, aus der die Fotos für die Bearbeitung (Entwickeln-Modul) oder die Zusammenstellung einer Diashow, eines Druckauftrags oder einer Webseite entnommen werden.

Über die Tasten Pfeil-links und Pfeil-rechts lässt sich im Filmstreifen das aktive Bild verändern. Mehrere Bilder kann man durch Halten von Shift und Auswählen des Bereichs über die Pfeiltasten selektieren. Anschließend lässt sich innerhalb der selektierten Bilder bei gedrückter Strg-/Befehlstaste mit den Pfeiltasten navigieren.

Abb. 2–27 *Der Filmstreifen*

Oben rechts im Filmstreifen kann dessen Inhalt nach verschiedenen Kriterien für Bewertungssterne, Etiketten und Flaggenmarkierungen gefiltert werden. Hierdurch lässt sich die Auswahl, die man vorher im Bibliotheksmodul getroffen hat, weiter einschränken.

Diese Filterungsoptionen stellen einen kleinen Teil der Filterungsmöglichkeiten dar, die das Bibliotheksmodul bietet. Dort lässt sich über die hinzuschaltbare Filterleiste die Bildauswahl noch wesentlich genauer einschränken.

Werkzeugleiste

Abb. 2–28 Werkzeugleiste im
Bibliotheksmodul (Rasteransicht)

Die Werkzeugleiste befindet sich am unteren Ende der Arbeitsfläche und ist über die T-Taste zu- oder abschaltbar. Ihr Inhalt ist nicht nur abhängig vom Modul, sondern manchmal auch vom jeweiligen Arbeits- oder Ansichtsmodus (z.B. unterscheidet sie sich im Bibliotheksmodul je nachdem, ob die Raster- oder die Lupenansicht eingestellt ist). Sie enthält z.T. sehr unterschiedliche Dinge, Wahlschalter für Ansichtsmodi, Werkzeuge, Elemente zur Bildbewertung oder Buttons zum Drehen des Bildes. Einzelne Elemente der Werkzeugleiste können über das Dreieck ganz rechts an- oder ausgeschaltet werden.

Abb. 2–29 Werkzeugleistenelemente, die
im Bibliotheksmodul in der
Rasteransicht ein- oder ausgeschaltet
werden können

Anpassen der Bildschirmelemente/Bildschirmmodi

Die Position der Bildschirmelemente lässt sich nur eingeschränkt oder meist gar nicht verändern. Die Paletten lassen sich z.B. nicht »entkoppeln« und verschieben, wie das in Photoshop der Fall ist. Lediglich in der Breite lassen sich die Palettenspalten verändern, in der Höhe der Filmstreifen (mit der Maus in den Zwischenraum begeben und ziehen).

Zusätzlich lassen sich alle vier Elemente an den Bildschirmrändern, also Modulwähler, Filmstreifen und die Palettenspalten links und rechts, einzeln ein- oder ausblenden (mit Mausklick auf das kleine Dreieck am jeweiligen Bildschirmrand bzw. über die Tasten F5 bis F8). Mittels der Tab-Taste lassen sich die beiden Palettenspalten zusammen ein- oder ausblenden. Shift-Tab blendet alle vier Elemente gemeinsam ein oder aus.

Ein ausgeblendetes Element kann kurzzeitig wieder hervorgerufen werden, indem man mit der Maus an den entsprechenden Rand fährt. Auf diese Weise kann man ohne störende Elemente arbeiten und hat trotzdem die Möglichkeit, relativ schnell an Werkzeuge heranzukommen.

F5

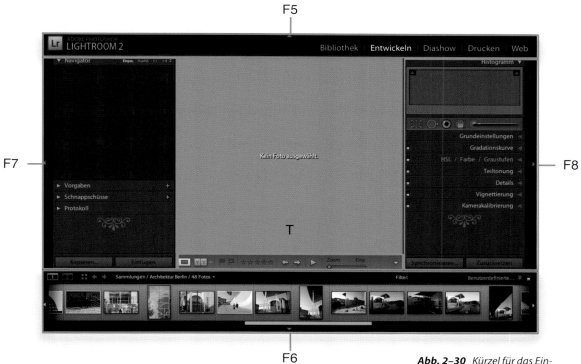

F7

F8

F6

Abb. 2–30 *Kürzel für das Ein- und Ausblenden von Benutzer- oberflächenelementen*

Lightroom kann in drei verschiedenen Bildschirmmodi betrieben wer- den: in einem normalen Fenster; bildschirmfüllend mit Menüleiste oder bildschirmfüllend ohne Menüleiste. Mittels Druck auf die F-Taste lässt sich von einem zum nächsten Modus schalten.

Der Modus lässt sich auch über das Drop-down-Menü hinter dem mit 1 markierten Monitor- bzw. Fenstersymbol oben links im Filmstreifen einstellen (siehe Abbildung 2–31). Hinter dem mit 2 markierten Symbol liegen die Einstellungen für die Sekundäranzeige (siehe dazu Kapitel 2.4.3).

Abb. 2–31 *Die Auswahlmöglichkeiten für den Hauptmonitor. Im Bibliotheks- und Entwickeln-Modul lassen sich von hier aus auch direkt die einzelnen Ansichten wählen.*

2.4.2 Module

Lightroom liegt ein Modulkonzept zugrunde, anders als z. B. Apples Kon- kurrenzprogramm Aperture. Dies bedeutet, dass man sich für verschie- dene Aufgaben oder auch für verschiedene Stufen im »Bearbeitungspro- zess« der Fotos in verschiedene Bereiche des Programms begeben muss.

Abb. 2–32 *Verschiedene Räume:*
Lightrooms Modulkonzept. Aufgrund
ihrer Ähnlichkeit habe ich die
drei Ausgabemodule zusammengefasst;
sie sind natürlich selbstständige Module.

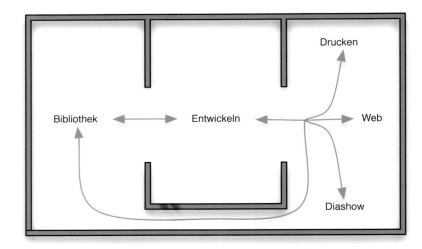

Abb. 2–33 *Bibliotheksmodul:*
Import, Export, Auswahl der Bilder für
den Filmstreifen, Filterung, Organisation
und Suche, Bewertung, Schlagwörter,
Schnellbearbeitung

Überblick über die fünf Module

Es folgen die Module im Einzelnen (hier dargestellt sind nur die jeweiligen Arbeitsflächen; Paletten, Filmstreifen und Modulwähler sind aus Platzgründen ausgeblendet):

Abb. 2–34 *Entwickeln-Modul: Genaue Bearbeitung einzelner Bilder, Erstellung von Entwicklungsvorgaben*

Abb. 2–35 *Diashow-Modul: Gestalten und Abspielen von Diashows mit Text- und Grafikelementen und Musikuntermalung*

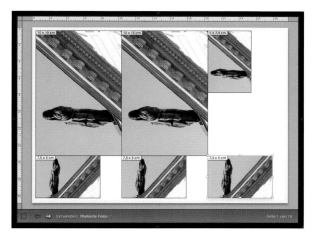

Abb. 2–36 *Drucken-Modul: Seitengestaltung und Druck von Einzelbildern bis hin zu »Kontaktbögen«*

Abb. 2–37 *Webmodul: Erstellung und Upload von Webgalerien im HTML- und Flash-Format*

Module schnell wechseln

Abb. 2–38 Der Modulwähler:
Über Alt-Strg|Befehl-Pfeil hoch gelangt
man ins vorherige Modul und kann
so zwischen zwei Modulen hin- und
herschalten.

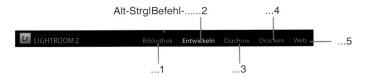

Alt-StrglBefehl-......2   ...4

...5

...1   ...3

Abgesehen vom Wechsel der Module über den Modulwähler und die Tastaturkürzel in Abbildung 2–38 lassen sich auch von allen Modulen aus bestimmte Funktionen in den einzelnen Modulen direkt anspringen:

▪ Bibliotheksmodul: G – Rasteransicht, E – Lupenansicht, C – Vergleichsansicht
▪ Entwickeln-Modul: D – Wechsel ins Modul ohne bestimmtes Werkzeug, R – Freistellen-Werkzeug, K – Korrekturpinsel (lokale Korrekturen), W – Weißabgleichs-Werkzeug (Letzteres nur vom Bibliotheks- und Entwickeln-Modul aus)
▪ Diashow-Modul: Strg | Befehl-Return – Momentan selektierte Fotos als Diashow anzeigen

Wenn ich zum Beispiel gerade ein Bild im Bibliotheksmodul betrachte, das beschnitten oder gedreht werden muss, kann ich einfach über die R-Taste direkt das Freistellen-Werkzeug des Entwickeln-Moduls aufrufen. Ich beschneide mein Bild mit der Maus und drücke E, und schon bin ich mit dem fertig beschnittenen Bild wieder im Lupenmodus des Bibliotheksmoduls.

Abb. 2–39 Mittels Tastenkombination
Strg | Befehl-< (oder im Menü Hilfe →
Tastaturbefehle) lässt sich in jedem
Modul eine Kurzübersicht über weitere
Tastaturbefehle anzeigen.

Bibliotheks-Tastaturbefehle

Tastaturbefehle anzeigen

Esc	Vorherige Ansicht wiederherstellen
Eingabe	Lupe oder 1:1-Darstellung aktivieren
E	Lupenansicht aktivieren
C	Vergleichsmodus aktivieren
G	Rastermodus aktivieren
Befehl + Eingabe	Modus "Frei gestaltete Diashow" aufrufen
F	Zum nächsten Bildschirmmodus wechseln
Befehl + Wahl + F	Normalen Bildschirmmodus wiederherstellen
L	Modi für ausgeschaltete Beleuchtung durchlaufen
Befehl + J	Rasteransicht-Optionen
J	Rasteransichten durchlaufen
M	Filterleiste ein-/ausblenden

Tastaturbefehle für Bewertung

1-5	Bewertung festlegen
Umschalt + 1-5	Bewertungen festlegen und zum nächsten Foto gehen
6-9	Farbbeschriftungen festlegen
Umschalt + 6-9	Farbbeschriftungen festlegen und zum nächsten Foto gehen
0	Bewertungen auf 'Keine' zurücksetzen
,	Bewertung verringern
.	Bewertung erhöhen

Tastaturbefehle werden markiert

'	Markierungsstatus wechseln
Befehl + Nach-oben-Taste	Markierungsstatus erhöhen
Befehl + Nach-unten-Taste	Markierungsstatus verringern

Tastaturbefehle für Zielsammlung

B	Der Zielsammlung hinzufügen
Befehl + B	Zielsammlung anzeigen
Befehl+Umschalt+B	Schnellsammlung löschen

Foto-Tastaturbefehle

Befehl + Umschalt + I	Fotos importieren
Befehl + Umschalt + E	Fotos exportieren
Befehl + ,	Nach links drehen
Befehl + .	Nach rechts drehen
Befehl + E	In Photoshop bearbeiten
Befehl + S	Metadaten in Datei speichern
Befehl + -	Auszoomen
Befehl + Y	Einzoomen
Z	In voller Größe anzeigen
Befehl + G	Fotos stapeln
Befehl + Umschalt + G	Fotostapel aufheben
Befehl + R	In Finder anzeigen
Löschen	Aus der Bibliothek entfernen
F2	Datei umbenennen
Befehl + Umschalt + C	Entwicklungseinstellungen kopieren
Befehl + Umschalt + V	Entwicklungseinstellungen einfügen
Befehl + Nach-links-Taste	Vorheriges ausgewähltes Foto
Befehl + Nach-rechts-Taste	Nächstes ausgewähltes Foto
Befehl + L	Bibliotheksfilter aktivieren/deaktivieren

Paletten-Tastaturbefehle

Tab	Seitenbedienfelder ein-/ausblenden
Umschalt + Tab	Alle Paletten ein-/ausblenden
T	Werkzeugleiste ein-/ausblenden
Befehl + F	Suchfeld aktivieren
Befehl + K	Stichworteingabefeld aktivieren
Befehl+Wahl+Nach-oben-Taste	Zum vorherigen Modul zurückkehren

Die drei Hauptkapitel des Buches sind ebenfalls an den Modulen orientiert; dem Bibliotheksmodul, dem Entwickeln-Modul und den drei Ausgabemodulen.

2.4.3 Sekundäranzeige/Zweimonitorbetrieb

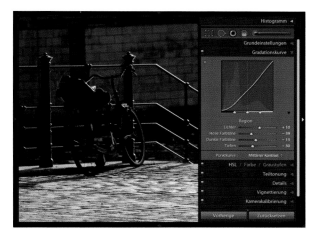

Lightrooms Oberfläche besteht immer aus der Hauptanzeige, wie sie in den vorherigen Abbildungen zu sehen war, und wahlweise aus einer sekundären Anzeige, die mit Lightroom 2 hinzugekommen ist. Die sekundäre Anzeige ist in erster Linie für die Arbeit mit zwei Monitoren vorgesehen, kann aber auch in einem zusätzlichen Fenster mit nur einem Monitor benutzt werden.

Die Sekundäranzeige ist als zusätzliche, unterstützende Arbeitsfläche gedacht, auf der sich die vier Ansichten des Bibliotheksmoduls und bei angeschlossenem zweiten Monitor eine Diashow-Ansicht anzeigen lassen. Auf der Hauptanzeige kann währenddessen jedes der fünf Module aktiv sein.

Abb. 2–40 *Eine Beispielkonfiguration für die Arbeit mit zwei Anzeigen: links die Hauptanzeige, rechts die Sekundäranzeige als »großer Filmstreifen« (Rastermodus). Unten links wird die aktuelle Sicht, genau wie im Filmstreifen, angezeigt. Unten rechts befinden sich Werkzeuge, die auf die jeweilige Ansicht zugeschnitten sind (in diesem Fall ein Regler für die Thumbnail-Größe).*

Betriebssystemeinstellungen für Zweimonitorbetrieb

Welcher der angeschlossenen Monitore als erster und welcher als zweiter Monitor eingestellt ist, wird nicht in Lightroom, sondern in den Betriebssystemeinstellungen festgelegt.

Unter Windows lässt sich dies in der Systemsteuerung unter *Anzeige* einstellen, hinter dem Reiter *Einstellungen*. Mit *Dieses Gerät als primären Monitor verwenden* lässt sich der Hauptmonitor zuordnen.

Auf dem Mac geht man unter *Systemeinstellungen* → *Monitore* auf *Anordnen*. Der Monitor mit der angedeuteten Menüleiste ist der Hauptmonitor. Um ihn zu ändern, zieht man die Menüleiste mit der Maus auf den gewünschten Monitor.

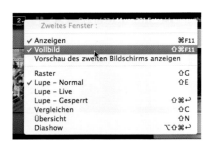

Abb. 2–41 *Hinter der 2 befindet sich noch ein Kontextmenü mit allen Einstellungen, die man zur Sekundäranzeige treffen kann. Diese Einstellungen sind auch über das Menü Fenster → Sekundäranzeige erreichbar.*

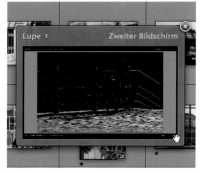

Abb. 2–42 *In den Einstellungen zur Sekundäranzeige befindet sich auch die Option Vorschau auf zweitem Bildschirm anzeigen, die (Vorsicht: Übersetzungsfehler) eine Vorschau der Sekundäranzeige auf dem Hauptmonitor anzeigt. Diese Funktion ist in erster Linie für professionelle Zwecke gedacht: So kann der Fotograf etwa einem Kunden auf einem zweiten, von ihm abgewandten Monitor Fotos zeigen oder eine Diashow vorspielen und dabei dennoch sehen, was der Kunde gerade sieht.*

Ein- und Ausschalten lässt sich die Sekundäranzeige durch einfachen Klick auf das Symbol mit der 2 links oben im Filmstreifen oder über F11 (Windows) bzw. Befehl-F11 (Mac). Über Shift-F11 bzw. Shift-Befehl-F11 lässt sich die Anzeige zwischen Fenster- und Vollbildmodus umschalten (soweit ein zweiter Monitor überhaupt vorhanden ist).

Die Ansichten der Arbeitsfläche der sekundären Anzeige lassen sich mit den Tastaturkürzeln Shift-G, Shift-E, Shift-C und Shift-N umschalten. Dies entspricht also den schon bekannten Kürzeln zum Umschalten der Ansichten im Bibliotheksmodul bei zusätzlich gedrückter Shift-Taste. Es ist dabei egal, in welchem Modul man sich gerade befindet, denn die sekundäre Anzeige verändert sich bei einer Moduländerung nicht.

Die Funktionalität der sekundären Anzeige mag etwas eingeschränkt erscheinen, da man z. B. nicht das Entwickeln- oder eines der Ausgabemodule aufrufen kann, doch neben der Verwendung als »großem Filmstreifen« wie in Abbildung 2–40 sind durch die relativ freie Kombinierbarkeit viele Einsatzmöglichkeiten denkbar, z. B.:

- Hauptanzeige in Rasteransicht mit Thumbnails; Sekundäranzeige in Lupenansicht, das ganze Foto anzeigend
- Hauptanzeige in Lupenansicht, das ganze Foto anzeigend, mit Filmstreifen unten; Sekundäranzeige als große Lupe (1 : 1 oder 2 : 1)
- Hauptanzeige im Entwickeln-Modul; Sekundäranzeige in Lupen-, Vergleichen- oder in Bewertungsansicht
- Hauptanzeige im Bibliotheksmodul; Sekundäranzeige spielt Diashow; diese Möglichkeit steht nur bei angeschlossenem zweiten Monitor oder Projektor zur Verfügung.

Die Sekundäranzeige bietet noch einige zusätzliche Funktionen für die verschiedenen Ansichten, die ich an den entsprechenden Stellen in Kapitel 3.4 genauer vorstellen werde.

2.4.4 Weitere Bedienungstipps

L-Taste für Licht dämmen und Licht aus: Der Licht-dämmen-Modus erlaubt es, die Benutzeroberfläche abzudunkeln oder ganz auszublenden. Dadurch bleiben nur das selektierte oder – in der Rasteransicht im Bibliotheksmodul – die selektierten Fotos hell. Mittels Drücken auf L lassen sich die Modi (normal → Licht dämmen → Licht aus) durchlaufen.

Abb. 2–43 *Links der Licht-dämmen-, rechts der Licht-aus-Modus*

Alt-Taste verändert Oberfläche: Hält man die Alt-Taste gedrückt, ändert sich mitunter die Belegung eines Knopfes oder eines anderen Benutzeroberflächenelements. So sind die Buttons am unteren Ende der Palettenspalten über diese Taste mehrfach belegt. Die Einstellungs-Paletten im Entwickeln-Modul hingegen verbergen hinter der Taste jeweils eine Zurücksetzen-Funktion für die Werte der aktuellen Palette. Es gibt noch einige andere Beispiele für diese Art der Mehrfachbelegung. Mehr dazu an entsprechender Stelle.

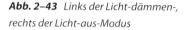

Abb. 2–44 *Ohne (links) und mit (rechts) gedrückter Alt-Taste*

Rechte Maustaste für Kontextmenüs: Oft verbergen sich wichtige Funktionen hinter einem Klick mit der rechten Maustaste (bzw. Mausklick bei gedrückter Ctrl-Taste auf Macs mit Ein-Tasten-Maus). Es lassen sich nicht nur Kontextmenüs zu Thumbnails oder Einzelbildern in der Arbeitsfläche aufrufen. Auch Paletten, Palettenelemente wie Entwicklungsvorgaben und viele andere Benutzeroberflächenelemente haben ein entsprechendes Kontextmenü.

Abb. 2–45 *Das Kontextmenü eines Thumbnails im Bibliotheksmodul*

Voreinstellungen zur Oberfläche: Die Voreinstellungen zu Lightroom ruft man unter dem Menüpunkt *Lightroom* → *Voreinstellungen* auf dem Mac (oder Befehl-,) und unter *Bearbeiten* → *Voreinstellungen* (oder Strg-U) auf Windows auf. Speziell unter dem Reiter *Benutzeroberfläche* lässt sich noch einiges bezüglich der Oberfläche einstellen, unter anderem die Farbe und der Abdunklungsgrad für den Licht-dämmen-Modus.

3 Bibliotheksmodul

3.1 Einleitung

Bevor die Arbeit mit Lightroom beginnen kann, müssen Bilder in einen Katalog importiert werden. Dies geschieht im Bibliotheksmodul. Ich habe daher die Kapitelaufteilung so gewählt, dass ich mit dem Bibliotheksmodul und dementsprechend den Bildverwaltungsanteilen von Lightroom beginne. Falls die Themen dieses Kapitels Sie ermüden sollten (Themen wie »Backup« werden mitunter als recht trocken empfunden ...), wechseln Sie zunächst ruhig in andere, für Sie interessantere Kapitel (Entwickeln-Modul oder Ausgabemodule) oder in die Workflow-Teile.

Das hervorstechendste Merkmal im Bibliotheksmodul ist sicherlich das sogenannte *Sichtenkonzept,* mit dem Lightroom das kurzzeitige Zusammenstellen von Fotos im Filmstreifen erlaubt. Der Begriff »Sicht« (engl. view) stammt aus der Datenbankwelt und trifft hier wortwörtlich zu, da es sich bei Lightroom-Katalogen um Datenbanken handelt. Eine Sicht lässt sich nach verschiedenen Kriterien zusammensetzen, nach dem Prinzip: »Zeige mir alle Bilder mit dem Stichwort ›Wasser‹« oder »alle Bilder in der Sammlung ›Urlaub 2007‹«.

In Lightroom werden diese Kriterien im Bibliotheksmodul mithilfe der Paletten auf der linken Seite festgelegt und dann optional über die Filterleiste verfeinert. Jeder Eintrag in einer der Paletten Katalog, Ordner und Sammlungen bildet eine spezielle Sicht. Diese kann sehr einfach aufgebaut (alle Fotos des Katalogs, alle Fotos in Sammlung XYZ), aber mithilfe von Smart-Sammlungen, die in sich schon nach komplexen Kriterien aufgebaut sein können, auch schon sehr komplex sein.

Filterleiste (M)

aktives Foto

aktuelle
Bildquelle

Stichwörter

Metadaten

Ansichts-Modi

Abb. 3–1 *Das Bibliotheksmodul. In der*
Mitte befindet sich die Arbeitsfläche, für
die zwischen vier verschiedenen Ansichts-
modi – hier die Rasteransicht – gewählt
werden kann. Die linke Seite beherbergt
Paletten zur Auswahl der Bildquelle. Hier
wurde die Smart-Sammlung Pflanzen als
Quelle ausgewählt.
Die Anzahl der Fotos der Sammlung wird
eingeschränkt über die Filterleiste, die im
oberen Teil der Arbeitsfläche zu sehen ist.
Hier wurde einfach über die Textsuche
nach dem Begriff »Sonnenblumen«
gesucht, sodass nur Fotos angezeigt
werden, in denen das Wort als Stichwort
vorkommt.
Die aktuelle Sicht ergibt sich aus der
Kombination von Bildquelle und den
Einschränkungen in der Filterleiste, also
alle Fotos aus der Sammlung »Pflanzen«,
die über das Stichwort »Sonnenblumen«
verfügen.
In den Paletten auf der rechten Seite
lassen sich Informationen oder Einstellun-
gen zu den selektierten Fotos – hier ist nur
eines selektiert – ablesen und verändern.
Der Filmstreifen ist ausgeblendet.

Ausgehend von einer der Sichten dieser drei Paletten lässt sich zusätzlich eine Filterung über die Filterleiste (oder die Filterungsoptionen des Film-streifens) vornehmen, d.h., die Sichten lassen sich weiter verfeinern. Die Paletten und die Filterleiste sind die beiden Orte, an denen Sie aus dem großen Fotokatalog diejenigen Fotos auswählen, mit denen Sie gerade ar-beiten (d.h. sichten, verschlagworten, entwickeln, ausgeben etc.) möch-ten und die demnach im Filmstreifen erscheinen sollen.

Im ersten Teil dieses Kapitels geht es um die Kataloge an sich, zu-nächst um Aufbau, Einstellungen und Sicherungsmöglichkeiten. Dann wird es um den Import gehen (Lightroom bietet mehrere Importmög-lichkeiten). Danach folgen, wie man den Katalog aktuell hält sowie der Abgleich zwischen den Metadaten des Katalogs und den XMP-Metadaten bei den Bilddateien. Am Schluss des ersten Teils stehen die katalogin-ternen, nur innerhalb von Lightroom sichtbaren Verwaltungsmöglichkeiten (neben *Sammlungen* sind dies *Stapel* und *virtuelle Kopien*).

Es ist immer sinnvoll, neben dem Katalog und seinen Organisations-möglichkeiten eine zuverlässige Ordnung innerhalb des Dateisystems mit konsistenten Ordner- und Dateinamen zu pflegen. Denn hier herrscht die größtmögliche Sichtbarkeit (alle Programme können die Dateisystem-struktur lesen). Im zweiten Teil, »Fotoarchiv«, geht es deshalb um sinn-volle Ordnerstrukturen und Namensgebungen und darum, wie Lightroom dabei helfen kann, diese konsistent und bequem umzusetzen (unter anderem mithilfe von Importieren-Dialog und Ordner-Palette). Vorher allerdings besprechen wir die beiden Grundlagen für jedes digitale Ar-chiv, Redundanz und Migrierbarkeit. In diesem Zusammenhang werden das DNG-Format und Lightrooms Umgang damit zum Thema.

Im dritten und längsten Teil, »Digitaler Leuchttisch«, dreht es sich vor allem um den Sichtungs- und Bewertungsprozess, der aus einer unüberschaubaren Menge von Fotos eine überschaubare Auswahl von Fotos machen und so eine zielgerichtete Arbeit im Entwickeln- und in den Ausgabemodulen ermöglichen soll. Am Anfang dieses Teils gehe ich genauer auf die Rasteransicht, die Filterleiste und den Filmstreifen ein sowie auf effiziente Techniken zur schnellen Selektion und Markierung von Fotos, bevor es um den eigentlichen Sichtungsprozess inklusive Ansichtsmodi, Bewertungssystemen und Möglichkeiten zur grundlegenden Bearbeitung von Bildern im Bibliotheksmodul gehen wird. Zum Schluss geht es darum, Fotos mit Metadaten und Stichwörtern auszustatten, eine Arbeit, die sinnvollerweise größtenteils nach der Sichtung stattfindet, wenn die Menge von Fotos bereits überschaubar ist.

3.2 Lightrooms Kataloge

3.2.1 Umgang mit Katalogen

Aufbau

Wenn Lightroom zum ersten Mal aufgerufen wird, erzeugt es automatisch einen Katalog im Bilder-Unterordner des Benutzerordners. Dieser Katalog enthält wie jeder neue Katalog noch keine Fotos, denn diese müssen erst importiert werden. Auf den Import komme ich in Kapitel 3.2.2 zu sprechen, vorher möchte ich auf den Umgang mit den Katalogen eingehen.

Ein Lightroom-Katalog besteht aus der Katalogdatei und einem Ordner mit Vorschaudateien, die beide wiederum in einem Ordner zusammengefasst sind, wie in Abbildung 3–2 zu sehen ist. Bilddateien können auch Bestandteil dieses Ordners sein, im Regelfall sind sie dies aber sinnvollerweise nicht. Denn Bilddateien werden zugunsten einer größeren Flexibilität normalerweise unabhängig vom Katalog gelagert, unter Umständen auf mehreren Festplatten/Partitionen (mehr zum Thema Organisation des Fotoarchivs in Kapitel 3.3).

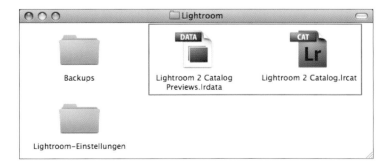

Abb. 3–2 *Ein Katalogordner: Backup-Ordner und Einstellungsordner sind »optional«, oben rechts ist der eigentliche Katalog, oben Mitte der Ordner mit den Vorschaudateien.*

Die Katalogdatei mit der Endung *.lrcat* enthält alle wichtigen Informationen über den Katalog, alle Daten, Metadaten, Entwicklungseinstellungen etc. Sie ist der eigentliche Katalog. Auf sie gilt es also acht zu geben. Zwar können die meisten Informationen über die Fotos auch in den Bilddateien selbst eingebettet werden. Aber erstens ist dies nur für einen Teil der Katalogdaten möglich, zweitens ist die Wiederherstellung eines Katalogs eine langwierige Angelegenheit. Die Vorschaudateien hingegen können jederzeit wieder aus den Katalogdaten und den dazugehörigen Fotos generiert werden, was bei einigen Tausend Bildern aber mehrere Stunden dauern kann.

In Abbildung 3–2 befinden sich auch noch die Ordner *Backups* und *Lightroom-Einstellungen*. Zu den Backups komme ich weiter unten, im Einstellungsordner sind die verschiedenen Vorgaben, z. B. Metadaten- oder Entwicklungsvorgaben, enthalten, die man in Lightroom anlegen kann.

In Lightrooms Voreinstellungen gibt es unter dem Vorgaben-Reiter die Wahl, ob dieser Lightroom-Einstellungsordner so wie in der Abbildung zu sehen in den Katalogordnern oder global für alle Kataloge gespeichert werden soll (Option *Vorgaben mit Katalog speichern)*.

Katalog-Handling

In den Voreinstellungen unter dem Reiter *Allgemein* kann man auswählen, welchen Katalog Lightroom beim Start auswählen soll. Die Einstellung *Nach Programmstart folgenden Katalog verwenden* bietet hier nicht nur die Möglichkeit, den zuletzt geöffneten zu laden oder einen speziellen Katalog fest auszuwählen, sondern auch, beim Start jedes Mal einen Frage-Dialog aufzurufen.

Abb. 3–3 Der Frage-Dialog erscheint auch, wenn beim Start von Lightroom die Alt-Taste gedrückt wird.

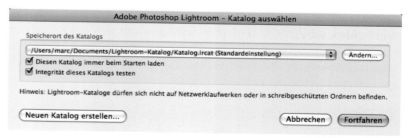

Neben der Möglichkeit, einen neuen Katalog zu erstellen, verfügt der Dialog über die Option, die Integrität des gewählten Katalogs zu überprüfen. Offenbar macht Lightroom dies nicht automatisch, und so ist es sinnvoll, diese Option von Zeit zu Zeit zu verwenden. (Man kann die Integrität auch während der Katalogsicherung testen lassen; siehe weiter unten.)

Auch nach dem Start von Lightroom lässt sich über das Datei-Menü ein anderer Katalog auswählen oder ein neuer erstellen. Auf diese Weise kann man beliebig viele Kataloge anlegen. Es kann jedoch immer nur ein Katalog gleichzeitig in Lightroom geöffnet sein (mit der Frage, wie viele Kataloge überhaupt sinnvoll sind, ein großer oder mehrere kleine, beschäftige ich mich im Zusammenhang mit dem Fotoarchiv in Kapitel 3.2.4).

Lightroom schreibt in der Regel sofort alle Änderungen in die Katalogdatei, ohne dass sie eigens gesichert werden müssen (Strg | Befehl-S hat daher eine andere Funktion, nämlich das Sichern von Metadaten in den Bilddateien). So bleiben auch bei einem gewaltsamen Beenden des Programms oder einem Absturz im Regelfall alle vorhergehenden Änderungen erhalten.

> **Alte Lightroom-Kataloge aktualisieren**
>
> Ein mit einer früheren Version als Lightroom 2 erstellter Katalog wird von Lightroom beim ersten Aufruf aktualisiert, d.h. in das neue Katalogformat konvertiert. Für die Aktualisierung wird die alte Katalogdatei nicht überschrieben. Stattdessen wird eine neue Katalogdatei erstellt, standardmäßig im Verzeichnis des alten Katalogs.
>
> Lightroom 2 kann alle früheren Katalogversionen konvertieren, von Version 1.0 bis hin zur öffentlichen Beta-Version von Lightroom 2.

Katalogeinstellungen

Lightroom unterscheidet zwischen globalen Voreinstellungen für das gesamte Programm und katalogspezifischen. Die Letzteren finden sich unter *Bearbeiten → Katalogeinstellungen* (Windows) bzw. *Lightroom → Katalogeinstellungen* (Mac) oder Alt-Strg | Befehl-,. Der Reiter *Dateihandhabung* enthält einige Einstellungen über die Vorschaudateien, die angelegt werden, sobald Bilder in Lightroom importiert werden.

Abb. 3–4 *Katalogspezifische Einstellungen in Lightroom*

Standardvorschaugröße: Lightroom unterscheidet Vorschauen in drei Größen: *Minimalgröße* (bis 480 Pixel Kantenlänge), *Standardgröße* (deren maximale Kantenlänge ist hier wählbar) und *1 : 1* (bis zur Größe des Originalbildes).

Aus Platzgründen ist es vorgesehen, dass 1 : 1-Vorschauen bei Bedarf erzeugt und dann nach einer Zeit, die unter **1 : 1-Vorschauen automa-**

tisch verwerfen einstellbar ist, wieder gelöscht werden. Standardvorschauen sind hingegen immer verfügbar, sobald sie einmal erzeugt wurden. Dadurch kann Lightroom Bilder schneller anzeigen, solange sie nicht größer als »Full Screen« angezeigt werden, und braucht erst in der 1:1-Ansicht etwas länger Zeit. Eine höhere Standardvorschaugröße, ebenso wie eine höhere **Vorschauqualität**, verbraucht mehr Platz im Vorschauenordner und ist vor allem langsamer zu laden.

Zu den anderen Katalogeinstellungen komme ich an geeigneter Stelle, z. B. wenn es um XMP-Metadatenspeicherung geht.

Lightrooms Geschwindigkeit verbessern

Um Lightrooms Geschwindigkeit zu verbessern, kann man – ohne mehr Speicher oder einen neuen Computer zu kaufen – bereits eine Reihe von Maßnahmen ergreifen:

Camera-Raw-Cache vergrößern: In den Voreinstellungen unter *Dateiverwaltung* befinden sich Einstellung zum Camera-Raw-Cache. Dieser Cache wird von Lightroom und – sofern installiert – Camera Raw benutzt, um die Raw-Konvertierung zu beschleunigen. In den Voreinstellungen lassen sich der Ort auf der Festplatte und die Größe des Caches einstellen.

Eine Vergrößerung des Caches kann Geschwindigkeitsvorteile bringen, wenn Fotos im Entwickeln-Modul angewählt und verändert werden. Allerdings reicht die Standardcache-Größe von 1 GB bereits für einige Hundert Fotos aus, sodass also nicht in jedem Fall mit spürbaren Zuwächsen zu rechnen ist.

Mehrere Festplatten nutzen: Wenn Sie über mehrere Festplatten (gemeint sind physikalische Platten, nicht Partitionen) verfügen, ist es im Allgemeinen empfehlenswert, Katalog und Bilddateien auf verschiedenen Platten zu beherbergen. Ideal wäre es, auch noch das Camera-Raw-Cache-Verzeichnis auf einer separaten Platte zu haben. Ist dies nicht möglich, kann es sinnvoll sein, dieses Verzeichnis nicht auf die Katalog-Festplatte, sondern mit auf die Bilddateien-Platte zu legen.

Antivirusprogramme unter Windows: Falls Sie unter Windows arbeiten und Lightroom bei Ihnen ungewöhnlich langsam sein sollte, kann das daran liegen, dass es sich nicht mit einem laufenden Antivirenprogramm verträgt. Viele Benutzer berichteten bereits über Performance-Probleme, die offenbar im Zusammenhang mit diesen Programmen stehen.

Die meisten Virenprogramme sind in der Lage, bestimmte Ordner von der Virenüberwachung auszuschließen. Es empfiehlt sich, zum einen den oder die Katalogordner (inklusive der Katalogdatei und der Vorschaudateien), zum Zweiten den oben angesprochenen Camera-Raw-Cache-Ordner auszuschließen. Manche Benutzer schließen auch die Ordner mit den Bilddateien aus.

Sicherungsfunktion des Katalogs

Lightroom fertigt zu bestimmten Zeitpunkten eine Sicherungskopie der Katalogdatei an. Ob und wann, lässt sich in den Katalogeinstellungen unter *Allgemein* → *Sicherung* festlegen. Es handelt sich bei dieser Funktion, obwohl in Lightroom als Sicherung (Backup) bezeichnet, eher um ein richtiges Archiv. Denn Lightroom löscht die alten Sicherungen nicht, wenn es eine neue macht.

Standardmäßig speichert Lightroom die archivierten Kataloge in den Katalogordner selbst (Unterordner *Backups*). Dies schützt zwar vor ungewollten Änderungen am Katalog oder vor Inkonsistenzen der Datenbank, aber nicht vor dem Ausfall einer Festplatte oder versehentlichem Löschen des ganzen Ordners oder (unter Windows) vor Virenbefall, geschweige denn vor Diebstahl oder Beschädigung des Computers durch Feuer etc. Hierfür ist die Sicherung auf einem anderen Datenträger notwendig. Den Sicherungspfad kann man aber vor jeder Sicherung (es erscheint vorher immer ein Dialog) neu setzen, Lightroom merkt sich dann diesen neuen Pfad.

Abb. 3–5 *Bei der Archivierung lässt sich die Integrität der Katalogdatei überprüfen. Im Fall eines Fehlers kann Lightroom dann versuchen, den Katalog zu reparieren.*

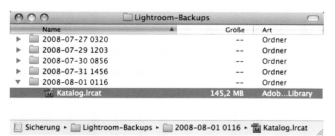

Abb. 3–6 *Lightrooms Katalog-Backups werden nach Datum und Uhrzeit abgelegt. Die einzelnen Ordner enthalten jeweils nur die Katalogdatei.*

Natürlich kann man die Sicherung des Katalogs auch über eine andere Software durchführen lassen. Diese sollte dann allerdings auch eine Archiv-Funktion beherrschen. Wenn man dies macht, lässt sich die Integritätsüberprüfung allerdings nur bei Programmstart vornehmen, wenn der *Katalog auswählen*-Dialog aktiviert ist.

Export von Fotos als Katalog

Mit dem Katalogexport lässt sich ein neuer Katalog erzeugen, der einen Teil der Daten des Originalkatalogs enthält. Dies ist gewissermaßen die Umkehrung der Funktion *Aus Katalog importieren* (siehe Kapitel 3.2.2).

Ein häufiger Anwendungsfall für diese Funktion ist, dass ein Teil des Katalogs auf den Laptop kopiert werden soll, um z. B. unterwegs Bilder zu bearbeiten oder außer Haus eine Diashow mit Lightroom zu veranstalten. Der Ausgangskatalog bleibt dabei natürlich unverändert.

Die Funktion wird aufgerufen über *Datei → Als Katalog exportieren*. Im anschließenden Dialog kann man wählen, ob entweder alle momentan angezeigten oder nur die selektierten Fotos Bestandteil des neuen Katalogs sein sollen.

Abb. 3–7 *Katalogexport*

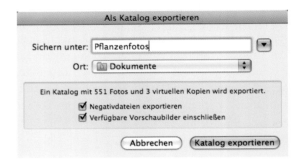

Meistens ist es am sinnvollsten, die Bilddateien mit zu exportieren *(Negativdateien exportieren)*. Für viele Tätigkeiten kommt Lightroom jedoch auch ohne die Bilddateien aus. Es kommt auf den Verwendungszweck des exportierten Katalogs an. Will man z. B. unterwegs auf dem Laptop Fotos bewerten oder mit Metadaten versehen, kann man auch auf die Bilddateien verzichten. Auch eine Diashow ist ohne die Originale möglich (bei ausreichender Qualität der Vorschauen, siehe dazu das Workflow-Beispiel in Kapitel 5.3.3).

Abb. 3–8 *Der exportierte Katalogordner mit Katalogdatei, Bilddateien und Vorschauen*

Wenn die Originale nicht mit exportiert werden, ist es umso wichtiger, die Vorschaudateien zu exportieren *(Verfügbare Vorschaubilder einschließen)*, ansonsten sieht man außer grauen Thumbnails nämlich überhaupt nichts von den exportierten Fotos. Auch wenn die Originale mit exportiert werden, ist es sinnvoll, zusätzlich die Vorschauen einzuschließen, da Lightroom sie sonst neu erstellen müsste.

Über die Paletten links im Bibliotheksmodul lassen sich übrigens mit der rechten Maustaste (Kontextmenü) auf einfache Weise ganze Ordner oder Sammlungen *(Diese(n) Ordner/Sammlung als Katalog exportieren)*. Mehr zum Katalogexport auch im Workflow-Teil in Kapitel 5.3.3.

Die normale Exportieren-Funktion im Bibliotheksmodul, mit der sich Fotos z.B. als TIFF- und JPEG-Dateien ausgeben lassen, behandle ich in Kapitel 5.6, da es sich im Grunde um eine Ausgabefunktion ähnlich den drei Ausgabemodulen handelt.

3.2.2 Fotos importieren

Wenn Sie Bilder in Lightroom bearbeiten wollen, müssen Sie sie zuerst importieren. Dies ist auf verschiedene Arten möglich. Im Folgenden sehen wir uns den »normalen« Import von einem beliebigen Datenträger, den Import direkt von der Speicherkarte, aus einem bereits existierenden Katalog heraus *(Aus Katalog importieren)* und den automatischen Import an.

Standard-Importdialog

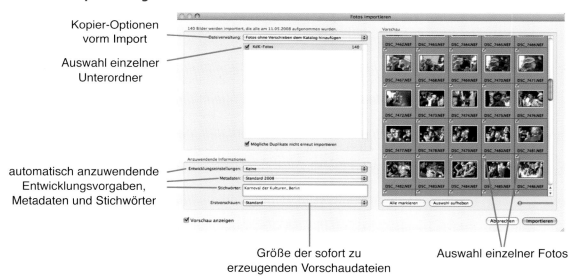

Kopier-Optionen vorm Import

Auswahl einzelner Unterordner

automatisch anzuwendende Entwicklungsvorgaben, Metadaten und Stichwörter

Größe der sofort zu erzeugenden Vorschaudateien

Auswahl einzelner Fotos

Der normale Import-Dialog wird über den Importieren-Button im Bibliotheksmodul oder über Shift-Strg|Befehl-I aufgerufen. Kopieroption, Backup-Option und die automatische Dateiumbenennung werden alle in Kapitel 3.3 behandelt. Kommen wir also zuerst zu den anderen Teilen des Dialogs.

Abb. 3–9 *Der Import-Dialog*

Vorschau anzeigen: Nicht alle Fotos, die im Import-Dialog angezeigt werden, müssen zwangsläufig importiert werden. Es ist möglich, individuelle Ordner vom Import auszuschließen. Wenn die Option *Vorschau anzeigen* aktiviert ist, kann man außerdem auf der rechten Seite des Dialogs direkt die zu importierenden Bilder eines Ordners als Miniaturen durchsehen und einzeln ein- oder ausschließen.

Mögliche Duplikate nicht erneut importieren: Mit dieser Option kann man das versehentliche mehrmalige Importieren desselben Bildes – z. B. wenn ein Bild mehrfach auf der Festplatte vorhanden ist oder wenn man vergessen hat, nach dem letzten Import die Speicherkarte zu formatieren – verhindern. Im Falle eines gefundenen Duplikats wird dieses nochmals in einem speziellen Dialog am Ende des Importvorgangs angezeigt.

Schon während des Imports lässt sich – abgesehen von der DNG-Konvertierung – eine Reihe von Vorbereitungen für die Bilder durchführen, was Metadaten, Entwicklungseinstellungen und Vorschauen betrifft.

Entwicklungseinstellungen: Hier lässt sich eine Entwicklungsvorgabe einstellen, die auf die importierten Bilder angewendet wird. Diese Vorgaben kann man im Entwickeln-Modul anlegen, oder man greift auf eine der mitgelieferten Vorgaben zurück.

Wenn *Keine* ausgewählt wird, bedeutet dies nicht, dass die Bilder gar keine Einstellungen erhalten, sondern dass die jeweilige Standardentwicklungseinstellung verwendet wird. Dies sind grundlegende »Starteinstellungen«, die sich auch anpassen und nach Kamera und ISO-Wert ausrichten lassen (mehr zu Vorgaben und Standardeinstellungen in Kapitel 4.2.2). *Keine* ist im Regelfall die sinnvollste Option.

Metadaten: Hier lässt sich eine Metadatenvorgabe wählen. Ähnlich wie Entwicklungsvorgaben fassen Metadatenvorgaben immer wieder benötigte Standardwerte zusammen, nur hier für Metadaten.

In Abbildung 3–9 ist meine Standardvorgabe für 2008 zu sehen, die nur meinen Namen, die Adresse meiner Webseite und einen Copyright-Hinweis enthält. Da ich sie beim Import immer verwende, werden alle meine Fotos automatisch mit diesen Daten versehen.

Stichwörter: In diesem Feld lassen sich direkt ein oder mehrere (durch Kommata getrennte) Stichwörter eingeben, die dann bei allen importierten Bildern eingetragen werden. Prinzipiell gilt zwar, je früher Stichwörter eingegeben werden, desto besser, denn es ist eine Aufgabe, die gerne vernachlässigt wird. Aber dies geht natürlich nur, wenn diese auch auf alle zu importierenden Bilder zutreffen.

Auch merkt sich Lightroom die in den Importdialog eingetragenen Stichwörter, sodass man sie beim nächsten Importvorgang löschen oder ändern muss, wenn sie nicht mehr zu den Fotos passen sollten (dadurch besteht auch die Gefahr, durch Vergesslichkeit die falschen Stichwörter einzutragen).

Mehr zu Stichwörtern und Metadaten in Kapitel 3.4.3.

Erstvorschauen: Hier lässt sich die Vorschaugröße (*Minimal, Standard* oder *1:1*) wählen, die Lightroom gleich während des Imports erzeugen soll. Die Vorschauen in Standard- und 1:1-Größe werden normalerweise bei Bedarf erzeugt. Dies gleich beim Import zu machen, dauert natürlich länger, geht aber dann beim Durchsehen der Bilder erheblich schneller.

Die Einstellung *Eingebettete und Filialdateien* bewirkt, dass Lightroom die von der Kamera in die Raw-Dateien eingebetteten Vorschauen oder, bei Raw+JPEG-Ausgabe, die JPEGs ausliest, um während des Imports schneller Vorschaubilder anzeigen zu können. Ist der Import abgeschlossen, generiert Lightroom seine eigenen Vorschaudateien (in Minimalgröße).

Vorschauen manuell erzeugen und löschen

Vorschauen werden normalerweise automatisch im Anschluss an den Importprozess erzeugt, aber über die Menüpunkte *Bibliothek → Vorschauen → Vorschauen in Standardgröße rendern* bzw. *1:1-Vorschauen rendern* lassen sich nachträglich die mittlere und die große Vorschaugröße erzeugen, wenn z. B. beim Import nur die Minimalgröße erzeugt wurde.

Dazu werden die betreffenden Thumbnails mit der Maus oder der Tastatur selektiert (Strg | Befehl-A selektiert alle momentan im Filmstreifen vorhandenen Fotos), bevor einer der Menüpunkte aufgerufen wird. Da 1:1-Vorschauen recht viel Platz einnehmen, lassen sie sich auch manuell wieder löschen (1:1-Vorschauen verwerfen). Die betreffenden Fotos verfügen danach nur noch über Vorschauen in Standardgröße.

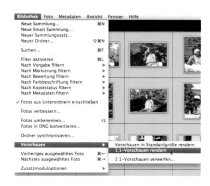

Abb. 3–10 *Per Menübefehl kann nachträglich eine andere Vorschaugröße vergeben werden.*

Import direkt von Speicherkarte

Dieser Dialog (siehe Abbildung 3–11) funktioniert im Wesentlichen genauso wie der normale Import-Dialog und sieht auch fast genauso aus. Er wird normalerweise automatisch aufgerufen, wenn eine Speicherkarte gefunden wurde (dieses Verhalten lässt sich in den Voreinstellungen unter dem Import-Reiter auch abstellen). Andernfalls wird man beim Drücken des Importieren-Buttons gefragt, ob man von der Speicherkarte importieren möchte.

Natürlich kann man beim Import von der Speicherkarte die Dateien nicht an Ort und Stelle belassen, und so wird diese Option auch gar nicht erst angeboten. Man muss sie an eine andere Stelle kopieren, wahlweise gleich als DNG-Datei.

Der zweite Unterschied ist die sehr komfortable Option *Karte nach Import auswerfen,* welche die Karte nach dem Importvorgang vom Dateisystem abmeldet, sodass man sie ohne Weiteres aus dem Kartenlesegerät entfernen kann. Mit dem Auswerfen-Button ganz unten lässt sich die Karte auch direkt auswerfen und der Vorgang damit abbrechen.

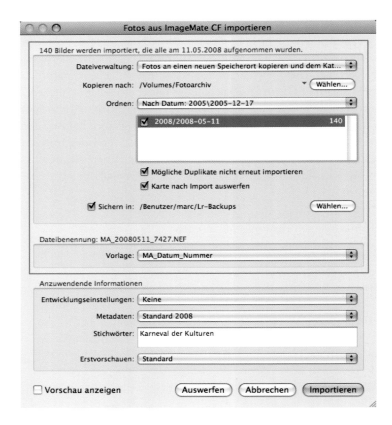

Import aus existierendem Katalog

Diese Importart *(Datei → Aus Katalog importieren)* kann in vielen unterschiedlichen Fällen verwendet werden. Es geht hier aber vor allem um den Abgleich von Katalogen, d.h. im Grunde um eine Synchronisation. Wenn ein kleiner Katalog (vom Laptop) in einen großen Katalog (Hauptrechner mit Fotoarchiv) integriert werden soll, z. B. nachdem man den Laptop zum Fotografieren dabeihatte und die neuesten Fotos darauf schon mit Lightroom bearbeitet hat, ist diese Funktion enorm nützlich.

Diese Importart unterscheidet sich deutlich von den oben genannten. Es ist hierbei nicht ein Ordner von Bilddateien, sondern ein anderer Katalog Quelle für den Import (z. B. auf dem Laptop), d.h., es stehen in diesem bereits Katalogeinträge mit Metadaten inklusive Entwicklungseinstellungen für die Fotos zur Verfügung, die evtl. in den aktuellen Katalog übernommen werden können.

Dadurch kann es zu einer Reihe von »Konfliktsituationen« kommen, d.h. verschiedene Fälle von Katalogkonstellationen, für die man eine bestimmte Vorgehensweise wählen muss. Konkret ergeben sich drei Kategorien von Fotos, *neue, vorhandene* und *fehlende*. Für alle drei Arten kann man die Behandlung beim Import getrennt festlegen.

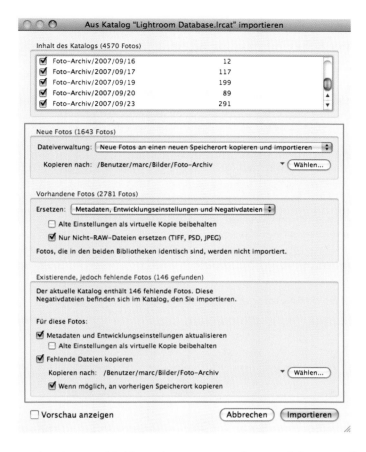

Abb. 3–12 *Aus anderem Katalog importieren*

In der obigen Abbildung des Import-Dialogs sind die Einstellungen für alle drei Arten von Fotos zu sehen. Das heißt auch, dass dieser Importfall alle drei verschiedenen Arten beinhaltet. Dies muss jedoch nicht immer der Fall sein.

Neue Fotos

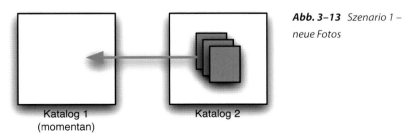

Abb. 3–13 *Szenario 1 – neue Fotos*

Wenn Lightroom im Quellkatalog Fotos findet, die im aktuellen Katalog nicht vorhanden sind, spricht es von »neuen Fotos«. Dieser Fall tritt zum Beispiel immer dann auf, wenn man unterwegs beim Fotografieren seinen Laptop dabeihatte und bereits dort einen Lightroom-Katalog hat, auf den die neuen Fotos transferiert wurden. Zu Hause soll dann der Hauptkatalog auf den neuesten Stand gebracht werden.

Für diese Fotos gibt es drei verschiedene Behandlungsmöglichkeiten:

- **Neue Fotos am aktuellen Speicherort importieren** macht dasselbe wie die Option im normalen Import-Dialog. Die Bilddateien selbst werden nirgendwohin kopiert. Beide Kataloge referenzieren im Resultat dieselben Bilddateien.
- **Neue Fotos an einen neuen Speicherort kopieren und importieren** kopiert die Originale an den angegebenen Ort (wobei die Unterordnerstruktur erhalten bleibt). Die Kataloge sind also nachher komplett unabhängig voneinander.
- **Keine neuen Fotos importieren** importiert gar keine Fotos dieses Typs und belässt es damit dabei, dass im Quellkatalog Fotos existieren, die es im aktuellen Katalog nicht gibt.

Fotos, die in beiden Katalogen vorhanden sind

Abb. 3–14 Szenario 2 –
vorhandene Fotos

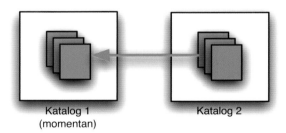

Hier geht es um Fotos, die bereits in beiden Katalogen existieren, die aber womöglich nicht identisch sind, d.h., die entweder nicht identische Bilddateien oder unterschiedliche Metadaten und Entwicklungseinstellungen haben. Ein Szenario hierfür ist, dass man womöglich dieselben Fotos auf unterschiedlichen Rechnern (z. B. auch Desktop- und Laptop-Rechner) bearbeitet und verwaltet. Mit dem Import-Dialog kann man dann den aktuellen Katalog an den Quellkatalog angleichen.

Unter **Ersetzen** gibt es wiederum drei grundlegende Behandlungsmöglichkeiten:

Nichts ignoriert Fotos, die im aktuellen Katalog schon vorhanden sind, komplett.

Nur Metadaten und Entwicklungseinstellungen bedeutet, dass zwar Metadaten und Entwicklungseinstellungen, also alle Daten, die im Quellkatalog über die Fotos existieren, übernommen werden, die Bilddateien des aktuellen Katalogs aber in Ruhe gelassen werden.

Hiermit kann man ein »Update« der Einstellungen machen. Dies ist z. B. sinnvoll, wenn man zwischendurch mal Bilder am Laptop bearbeiten oder sichten (und dafür einen Teilkatalog exportiert) und die Änderungen dann in den Hauptkatalog zurückschreiben will. Hierbei ist es zusätzlich möglich, die alten Einstellungen des aktuellen Katalogs als virtuelle Kopie zu sichern. Dies bedeutet zwar mehr Sicherheit, aber zu jedem betroffenen Foto wird eine zusätzliche virtuelle Kopie erzeugt.

Bei **Metadaten, Entwicklungseinstellungen und Negativdateien** passiert dasselbe, nur dass zusätzlich die Bilddateien ersetzt werden. Ein Verfahren, das dann wichtig ist, wenn die Bilddateien außerhalb von Lightroom ernsthaft verändert wurden.

Sinnvoll in diesem Zusammenhang ist daher die Option, die Raw-Dateien aus dieser Behandlung ausschließt *(Nur Nicht-Raw-Dateien ersetzen)*. Zumindest wenn man nicht DNG verwendet, kann man ja an der Raw-Datei an sich nichts ändern. Über diese Option werden also nur Bitmap-Dateien kopiert, die man ja mit Photoshop o. Ä. erheblich verändert haben könnte.

Fotos, die im aktuellen Katalog existieren, aber deren Bilddateien fehlen

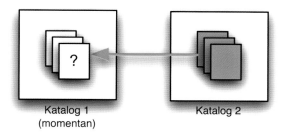

Abb. 3–15 *Szenario 3 – existierende, jedoch fehlende Fotos*

Dies betrifft Fotos, die zwar ebenfalls bereits in beiden Katalogen existieren, deren Bilddateien im aktuellen Katalog jedoch fehlen, im Quellkatalog hingegen vorhanden sind. Dies ist der Fall, wenn die Fotos *offline* verwaltet werden. Die Bilddateien waren einmal zugänglich, sind es aber momentan nicht.

Will man z. B. auf dem Laptop ebenfalls eine Auswahl oder auch alle seine Fotos verwalten, kann man auf der zumeist kleinen internen Platte nicht alle Bilddateien aufbewahren. Mit der Zeit muss man sich evtl. von den nicht mehr aktuellen Bilddateien trennen, hat aber die Fotos noch im Katalog. Mit dem Import-Dialog kann man jetzt die entsprechenden Dateien vom Hauptkatalog nachladen, z. B. um sie auf dem Laptop zu bearbeiten.

Mit der Option **Fehlende Dateien kopieren** kann man die entsprechenden Bilddateien kopieren. Hierbei kann man entweder die Unterordnerstruktur des Quellkatalogs übernehmen oder versuchen, die alte Ordnerstruktur wiederherzustellen. Mit alter Ordnerstruktur meine ich die Ordnerstruktur, die bestand, als die Bilddateien noch zugänglich waren. Die alten Referenzen auf die Fotos bestehen ja noch, d.h., Lightroom hat für jedes Foto noch den ursprünglichen Pfad der fehlenden Bilddatei gespeichert und kann versuchen, die übernommene Bilddatei in den entsprechenden Ordner zu kopieren.

Die Option **Metadaten und Entwicklungseinstellungen aktualisieren** ersetzt genau wie vorhin die momentanen Daten durch die im Quellkatalog existierenden. Dies ist sicher sinnvoll, wenn die Bilddateien kopiert werden, aber nicht notwendig. Wie vorhin auch lassen sich die alten Einstellungen dabei als virtuelle Kopien speichern.

Die Option ist übrigens unabhängig davon, ob man die fehlenden Bilddateien überhaupt kopieren möchte. Schließlich kann man Metadaten und Einstellungen auch aktualisieren, ohne dass die Bilddateien dabei kopiert werden (hierbei werden die Vorschauen mit kopiert).

Automatischer Import

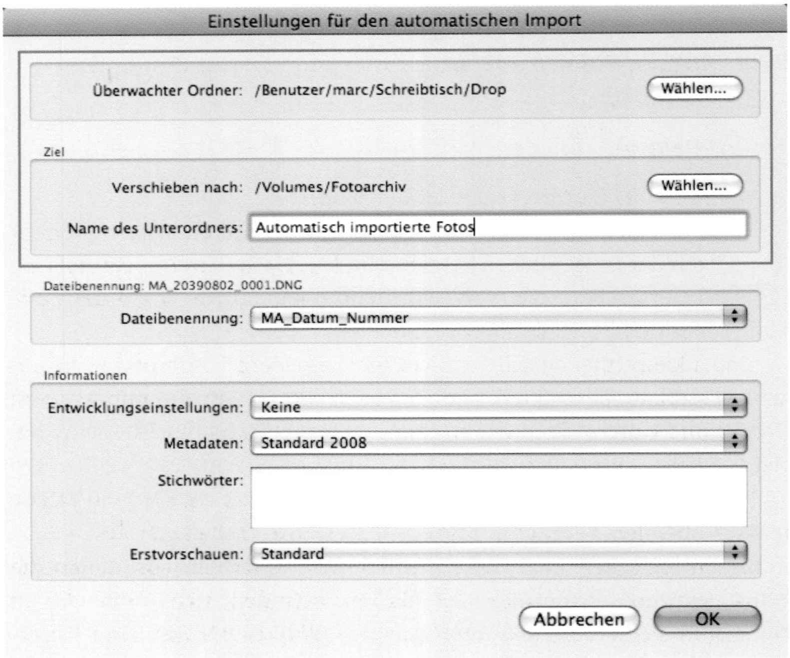

Abb. 3–16 *Auto-Import-Einstellungen*

Das klassische Szenario für die Auto-Import-Funktion ist die direkte Kopplung von Kamera und Computer, z. B. ein Laptop im Studio, also ohne Umweg über die Speicherkarte. Mit dieser Option erscheinen gerade geschossene Fotos bereits wenige Sekunden später in Lightroom und können dort – eventuell von einer anderen Person – schon während des Shootings bearbeitet werden. Für die Kopplung und Datenübertragung auf den Computer wird jedoch in jedem Fall Zusatzsoftware benötigt, welche die Bilder in den von Lightroom überwachten Ordner befördert. Oft bieten die Kamerahersteller diese Software zusätzlich an, z. B. Nikon mit Camera Control Pro.

Die Auto-Import-Funktion muss vorab über den Menübefehl *Datei →
Automatisch importieren → Einstellungen* für den automatischen Import
konfiguriert werden und wird dann über *Automatischen Import aktivieren,* ebenfalls im Menü *Automatisch importieren,* ein- und ausgeschaltet.

In den Einstellungen legt man vor allem zwei Dinge fest:

1. Unter *Überwachter Ordner* den Ordner, den Lightroom bezüglich
   neuer Bilddateien überwachen soll, also den Ordner, in dem die Zusatzsoftware die von der Kamera übertragenen Bilder ablegt.
2. Unter *Verschieben nach* in Kombination mit *Name des Unterordners*
   einen Ordner, in den die ankommenden Dateien vor dem Import verschoben werden sollen, z. B. einen Unterordner im Fotoarchiv. Es ist
   nicht möglich, sie im überwachten Ordner zu belassen.

Die restlichen Einstellungen sind dieselben wie im normalen Import-
Dialog.

3.2.3 Ordner-Palette und Aktualisierung von Katalog und Metadaten

Ordner-Palette

Darstellung des Dateisystems in Lightroom
Die Ordner-Palette im Bibliotheksmodul auf der linken Seite entspricht
am meisten der tatsächlichen Dateihierarchie. Nach dem Import stellt sie
die importierten Fotos als Verzeichnisbaum dar, so wie er auf der Festplatte (oder den Festplatten) vorhanden ist.

Dabei kann man allerdings nicht wie bei einem Fotobrowser die gesamte Festplatte betrachten, sondern sieht immer nur die importierten
Ordner und Unterordner. Die angezeigte Ordnerhierarchie ist also in den
meisten Fällen nur ein unvollständiger Ausschnitt.

Wie in Abbildung Abbildung 3–17 zu sehen, ist die Ordner-Palette
auf der obersten Hierarchieebene über »Laufwerksbalken« klar in die
einzelnen logischen Laufwerke (Partitionen) unterteilt, von denen die
Fotos stammen. Unterhalb der Balken befinden sich dann die in
Lightroom sichtbaren, also importierten (Wurzel-)Ordner und Unterordner.

In welcher Form die Wurzelordner angezeigt werden, lässt sich übrigens über das +-Symbol rechts oben in der Palette einstellen: Entweder
wird nur der Ordnername, der komplette Pfad des Ordners oder beides
angezeigt.

Ansonsten ist die Ordnerhierarchie ziemlich selbsterklärend: Ein
Klick auf einen Ordner zeigt dessen Fotos und die Fotos seiner Unterord-
ner im Filmstreifen/in der Rasteransicht an, sofern die Option *Bibliothek
→ Fotos aus Unterelementen einschließen* gesetzt ist. Andernfalls werden
nur die Fotos des Hauptordners angezeigt oder gar keine, wenn nur die
Unterordner Fotos enthalten.

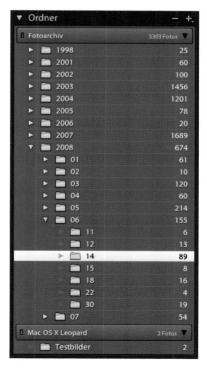

Abb. 3–17 *Ordner-Palette*

*Abb. 3–18 Hier wurden die Laufwerks-
balken so konfiguriert, dass sie den
freien und den Gesamtspeicherplatz des
jeweiligen Laufwerks anzeigen.*

Laufwerksbalken

Etwas erklärungsbedürftiger sind die eben angesprochenen Laufwerksbalken. Sie fungieren zum einen als oberstes Hierarchieelement, das mittels Klick auf die Balken auch auf- und zuklappbar ist, und dienen zugleich als Statusanzeige. Auf der linken Seite verfügt jeder Balken über eine kleine »LED«, die in verschiedenen Farben leuchten kann: Grün bedeutet, dass das Laufwerk angeschlossen (gemounted) und alles in Ordnung ist. Gelbe, orange und rote LEDs signalisieren mit zunehmender Dringlichkeit, dass das Laufwerk fast voll ist. Eine ausgeschaltete LED, also gar keine Farbe, bedeutet, dass das Laufwerk nicht angeschlossen (offline) ist.

Auf der rechten Seite jedes Balkens lassen sich zusätzliche Statusinformationen anzeigen, wobei man mittels Kontextmenü des Balkens zwischen den folgenden Informationen wählen kann: entweder der freie Speicherplatz und der Gesamtspeicherplatz des Laufwerks, die Gesamtanzahl der Fotos (wie in Abbildung 3–17) oder der Online-Status (online/offline), wie er ja schon durch die LED auf der linken Seite angezeigt wird.

Übrigens lassen sich alle Wurzelordner eines Laufwerks selektieren, wenn man bei gedrückter Alt-Taste den Laufwerksbalken anklickt. Klickt man auf eines der Dreiecke neben einem Ordnersymbol bei gedrückter Alt-Taste, öffnen bzw. schließen sich alle Unterordner dieses Ordners gleichzeitig.

Angezeigte Hierarchiestufe anpassen

Wie oben schon gesagt, zeigt die Ordner-Palette immer nur einen Teil der Ordnerhierarchie des Dateisystems an. Die Darstellung in der Palette hängt weiterhin davon ab, welchen Überordner man beim Import angegeben hat. Nehmen wir z. B. eine Ordnerstruktur mit einzelnen Ordnern für Jahre, Monate und Tage, z. B. *2008/April/30.* Wenn ich beim Import den Unterordner *30* angebe, wird in der Ordner-Palette direkt dieser Ordner ohne seine beiden Überordner angezeigt. Importiere ich hingegen den ganzen Ordner *2008,* wird mir die gesamte Ordnerstruktur angezeigt.

Über die Funktion *Übergeordneten Ordner hinzufügen* im Kontextmenü eines Ordners lässt sich ein nicht angezeigter Überordner nachträglich zur Anzeige hinzufügen. Umgekehrt lassen sich Überordner über den Menüpunkt *Unterordner in eine höhere Ebene verschieben* auch wieder aus der Ansicht entfernen. Wenn sich in diesem Ordner Fotos befinden, die in Lightroom importiert wurden, werden diese allerdings aus der Katalogverwaltung entfernt (Lightroom gibt in diesem Fall einen Warnhinweis aus).

Beide Funktionen ändern nichts an der Struktur der Ordner im Dateisystem. Es wird jeweils nur die Art und Weise, wie diese Ordnerstruktur in Lightroom dargestellt wird, verändert.

Über das Kontextmenü lassen sich noch viele andere Aktionen für Einträge in der Ordner-Palette auslösen. Die meisten davon sind recht selbsterklärend

Aktualisierung des Katalogs

Fehlende Ordner und Fotos suchen

Abb. 3–19 *Hier sind alle Ordner als fehlend markiert, weil die betreffende externe Festplatte nicht gefunden wurde. In diesem Fall reicht es, die Festplatte zu aktivieren.*

Ordner

Wenn ein ganzer Ordner in Lightroom nicht gefunden werden kann, z. B. weil er verschoben wurde oder er sich auf einem gerade nicht aktiven Datenträger befindet, wird er in der Ordner-Palette mit einem Fragezeichen angezeigt.

Wenn von Lightroom verwaltete Fotos gerade offline sind, z. B. weil eine externe Festplatte gerade nicht angeschlossen ist, ist dieses Verhalten ganz normal. Sind die Fotos wieder verfügbar, braucht man nur einmal auf den betreffenden Ordner zu klicken, woraufhin er wieder aktiviert wird.

Kann ein Ordner dauerhaft nicht gefunden werden, weil er z. B. mithilfe des Explorers bzw. Finders verschoben wurde, kann man den betreffenden Ordner neu zuweisen. Dazu ruft man das Kontextmenü des Ordners auf und wählt *Fehlenden Ordner suchen,* woraufhin man die neue Position des Ordners im Dateiauswahl-Dialog angeben kann. Es reicht hier die ungefähre Position, z. B. die Partition, auf welcher der Ordner sich irgendwo befindet. Lightroom sucht sich den Ordner dann allein.

Ein Ordner muss übrigens nicht als fehlend gekennzeichnet sein, um ihn neu zuzuweisen. Die Kontextmenü-Funktion *Speicherort des Ordners aktualisieren* macht genau dasselbe wie *Fehlenden Ordner suchen,* nur mit einem Ordner, der (noch) nicht fehlt.

Fotos

Nicht nur fehlende Ordner, auch einzelne fehlende Bilddateien lassen sich neu zuweisen. Fehlende Bilddateien werden durch ein Fragezeichensymbol im Thumbnail des Fotos signalisiert. Nach einem Klick auf das Fragezeichen kann man die betreffende Bilddatei lokalisieren.

Wählt man im Dateiauswahl-Dialog *Nach zugehörigen fehlenden Fotos suchen* aus, versucht Lightroom, auch alle fehlenden Fotos, die sich im selben Unterordner befinden, neu zuzuweisen. Dann macht die Funktion ungefähr dasselbe, als wenn man den Unterordner direkt neu zuordnen würde.

Entfernen von Fotos und Ordnern aus dem Katalog

In den Katalog importierte Fotos lassen sich wieder entfernen, indem sie selektiert werden und der Menüpunkt *Foto → Fotos aus Katalog entfernen* aufgerufen wird oder einfacher über die Delete-Taste bei gedrückter Alt-Taste.

Beim einfachen Entfernen von Fotos handelt es sich nur um ein Entfernen der Datensätze aus dem Katalog. Bilddateien werden dabei nicht gelöscht. Etwaige Metadaten und Entwicklungseinstellungen gehen jedoch verloren, solange sie nicht per Metadatenabgleich (siehe nächster Abschnitt) in die Bilddateien eingebettet wurden.

Ganze Ordner lassen sich entfernen, indem ein Ordner in der Ordner-Palette angewählt und dann das --Symbol oben rechts bzw. das Kontextmenü *Entfernen* ausgewählt wird.

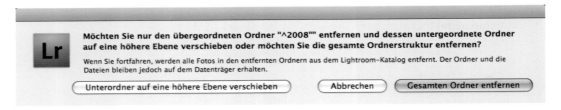

Abb. 3–20 *Die Funktion zum Entfernen von Ordnern löscht den Ordner nur aus der Katalogverwaltung; er bleibt mit all seinen Dateien auf der Festplatte.*

Enthält der zu entfernende Ordner weitere Unterordner, besteht die Möglichkeit, entweder auch diese Ordner zu entfernen oder diese in der dargestellten Hierarchie um eins nach oben zu rücken (*Unterordner auf eine höhere Ebene verschieben*).

Ordner-synchronisieren-Funktion

Über die Funktion *Ordner synchronisieren* lassen sich neue Dateien in einem bereits importierten Ordner erkennen und importieren und der Katalog generell auf dem neuesten Stand halten. Sie wird über das Kontextmenü des Ordners aufgerufen (rechte Maustaste), woraufhin unten stehender Dialog erscheint.

Abb. 3–21 *Mit der Funktion Ordner synchronisieren kann man einzelne Ordner des Katalogs auf dem neuesten Stand halten.*

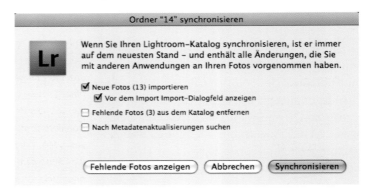

Er enthält vier mögliche Operationen:

Neue Fotos im Ordner importieren: Diese Fotos können seit dem Import dazugekommen sein, z. B. durch Arbeit mit Photoshop, was Lightroom nicht immer automatisch erkennt. Jetzt können sie nachimportiert werden. Wenn man sich den Import-Dialog nicht anzeigen lässt, werden die zuletzt verwendeten Importeinstellungen verwendet. Da ich nie weiß, was meine zuletzt verwendeten Einstellungen waren, lasse ich mir den Dialog jedes Mal anzeigen.

Fehlende Fotos aus dem Katalog entfernen: Löscht die Datensätze von Fotos in Lightroom, deren Originaldateien nicht mehr gefunden werden können. Dies kann z. B. dann der Fall sein, wenn Fotos außerhalb von Lightroom direkt mit dem Finder bzw. dem Explorer gelöscht wurden.

Diese Option ist ein bisschen mit Vorsicht zu genießen, denn Fotos könnten auch nur verschoben worden sein oder aus anderen Gründen temporär fehlen.

Nach Metadatenaktualisierungen suchen: Schaut in den XMP-Metadaten der Originale nach, ob es dort abweichende Daten gibt, und überschreibt damit die Daten im Katalog. Hiermit kann man den Lightroom-Katalog wieder auf den neuesten Stand bringen, wenn die Daten mit externen Programmen verändert wurden. Doch Vorsicht: So lassen sich auch aus Versehen aktuelle Einstellungen im Katalog mit veralteten Einstellungen in den Bilddateien ersetzen. Diese Option hat dieselbe Funktion wie der Menüpunkt *Metadaten → Metadaten aus Datei(en) lesen*, der sich jedoch noch gezielter auf alle selektierten Fotos anwenden lässt.

Fehlende Fotos anzeigen: Dies ist der Button ganz unten links im Dialog. Wenn man ihn drückt, wird der Dialog verlassen und keine Ordnersynchronisation durchgeführt. Stattdessen wird ein neuer Eintrag in der Katalog-Palette erstellt, der die fehlenden Fotos dieses Ordners enthält, d. h. die Fotos, auf deren Bilddateien Lightroom momentan keinen Zugriff hat.

Aktualisierung der Metadaten bei den Bilddateien

Abgleichsfunktionen

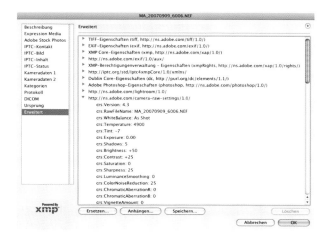

Abb. 3–22 *Die Metadaten in Sidecar-Dateien lassen sich mit jedem Texteditor anzeigen. Eingebettete Metadaten hingegen kann man z. B. mit Photoshops Bild-Browser Bridge, mittels Datei → Dateiinformationen, anzeigen und verändern. Die Erweitert-Ansicht zeigt die Metadaten-Felder so an, wie sie abgespeichert werden, nämlich in ihre jeweiligen Unterstandards aufgeteilt. Hier im Bild zu sehen sind Entwicklungseinstellungen.*

Die Metadaten des Katalogs stimmen nicht immer mit denen in den jeweiligen Bilddateien überein, weshalb es in Lightroom Funktionen zum Abgleich zwischen den beiden gibt. Mit den folgenden beiden Befehlen im Metadaten-Menü lassen sich die bei den Bilddateien gesicherten Metadaten manuell an den Katalog anpassen:

Metadaten in Datei(en) speichern oder einfach Strg|Befehl-S schreibt die Metadaten für alle selektierten Fotos aus dem Katalog in die Dateien. Sobald diese Sicherung erfolgt ist, lassen sich Metadaten und Stichwörter von anderen Programmen erkennen und bearbeiten. Mit den Entwicklungseinstellungen können jedoch nur Photoshop und Bridge mithilfe von Adobe Camera Raw etwas anfangen.

DNG-Vorschau und Metadaten aktualisieren funktioniert nur bei DNGs und macht dasselbe wie »Metadaten speichern«, jedoch wird eine aktuelle Vorschau in das DNG eingebettet bzw. aktualisiert (nach den in *Voreinstellungen* ➔ *Importieren* eingestellten DNG-Optionen). Somit lässt sich das Aussehen der Fotos in Lightroom auch in anderen Programmen anzeigen, vorausgesetzt sie unterstützen DNGs ausreichend (mehr zu diesem Thema im DNG-Teil in Kapitel 3.3.1).

Einstellungen zum Abgleich

Abb. 3–23 *Einstellungen zum Metadatenabgleich*

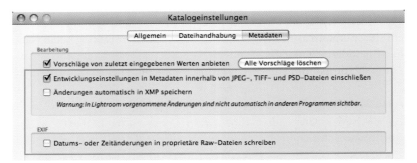

In den Einstellungen zum aktuellen Katalog (*Datei* ➔ *Katalogeinstellungen*) lassen sich hinter dem Metadaten-Reiter drei Optionen zum Metadatenabgleich einstellen (die oberste Option, *Vorschläge …*, hat nichts mit dem Metadatenabgleich, sondern mit dem Eintragen von Metadaten zu tun; mehr dazu in Kapitel 3.4.3).

Entwicklungseinstellungen in Metadaten innerhalb von JPEG-, TIFF- und PSD-Dateien einschließen legt fest, ob in Bitmap-Dateien nur die normalen Metadaten und Stichwörter oder auch, wie bei Raw-Dateien, Lightrooms Entwicklungseinstellungen gespeichert werden sollen. Diese Möglichkeit hat einen philosophischen und einen praktischen Aspekt. Zum einen muss man sich fragen, inwieweit man das Raw-Konverter-Konzept auf reguläre Bitmap-Bilder übertragen will. Denn Lightrooms Entwicklungseinstellungen sind ursprünglich Einstellungen für Raw-Dateien, die nicht wie Bitmap-Dateien direkt verändert werden konnten. Eine Bitmap-Datei, könnte man sagen, ist hingegen, »wie sie ist«. Sie sollte auch ohne Interpretation von Metadaten so aussehen, wie sie aussehen soll.

Die praktische Fragestellung betrifft Photoshops Umgang mit Bitmap-Dateien, die Entwicklungseinstellungen beinhalten. Wenn Photoshop eine Bitmap-Datei mit eingebetteten Entwicklungseinstellungen öffnen soll, öffnet es nämlich automatisch Camera Raw, denn nur damit kann es die Einstellungen interpretieren. Wen dieses Verhalten stört, der sollte die Option also deaktivieren.

Die Option **Änderungen automatisch in XMP speichern** sorgt für einen automatischen Metadatenabgleich, d.h., dass bei jeder Änderung eines Fotos in Lightroom sofort die Metadaten mit der Bilddatei gesichert werden. Ist die Option aktiviert, stimmen Metadaten des Katalogs und der Dateien theoretisch jederzeit miteinander überein, gesetzt den Fall, Lightroom kommt mit dem Schreiben hinterher. Man muss also nie mehr manuell Metadaten speichern. Beim erstmaligen Aktivieren der Option kann es passieren, dass Lightroom eine ganze Weile zu tun hat, da der ganze Katalog aktualisiert werden muss, was etwas länger dauern kann.

Wenn die Fotos ausschließlich mit Lightroom bearbeitet werden, ist diese automatische Synchronisierung jedoch keinesfalls notwendig – gesetzt den Fall, der Katalog selbst wird ausreichend redundant gesichert (am besten auch ältere Versionen über eine Archivierungsfunktion). Ich habe diese Option abgeschaltet, weil ich die Metadaten nur im Bedarfsfall in den Bilddateien brauche.

Bei **Datums- oder Zeitänderungen in proprietäre Raw-Dateien schreiben** geht es speziell um das EXIF-Metadatenfeld, das den Aufnahmezeitpunkt (also Datum und Uhrzeit) beinhaltet. Obwohl es sich um ein EXIF-Metadatenfeld handelt, kann der Aufnahmezeitpunkt in Lightroom nachträglich verändert werden (siehe Kapitel 3.4.3).

Diese Option betrifft nur das Verhalten von Lightroom bezüglich proprietärer Raw-Dateien (also alle ausschließlich DNG-Dateien). Normalerweise werden hier veränderte Aufnahmezeitpunkte beim Sichern von Metadaten mit den anderen Metadaten zusammen als XMP-Filialdatei geschrieben. Wenn diese Option aktiviert ist, werden jedoch zusätzlich die Aufnahmezeitpunkte in den Raw-Dateien selbst geändert.

Diese Option stellt also sicher, dass die Änderungen auch dann noch wirksam sind, wenn Katalog und Filialdatei eines Fotos plötzlich abhanden kommen würden oder wenn das Foto mit einem Programm geöffnet wird, das keine XMP-Filialdateien lesen kann. Auf der anderen Seite weicht dieses Verhalten von Adobes Prinzip ab, proprietäre Raw-Dateien grundsätzlich nicht zu verändern, und nicht allen Benutzern ist diese Funktionalität geheuer. Dies ist auch der Grund, weshalb sich die Funktion über die Voreinstellungen ein- oder ausschalten lässt. Ich persönlich würde diese Option nicht ohne zwingenden Grund einschalten, da die veränderte Datums-/Zeitinformation in jedem Fall in den XMP-Metadaten gespeichert wird und dies in der Regel genügt.

Interne, nicht synchronisierbare Metadaten

Es gibt Daten im Katalog, die beim Metadatenabgleich nicht in die Bilddateien geschrieben werden, da dies technisch schwierig oder unmöglich ist.
Informationen über Stapel, Sammlungen, virtuelle Kopien und das Protokoll (siehe Kapitel 4.2.2) gehören dazu. Auch die Flaggenmarkierungen
(siehe Kapitel 3.4.1) werden nicht mit exportiert. Weiterhin werden alle
Metadatenfelder, die durch Plugins hinzugefügt wurden, nicht mit exportiert. Eine verlorene Katalogdatei ausschließlich aus den in den Bilddateien
vorhandenen Metadaten wiederherzustellen (durch Neuanlegen und Importieren) ist also weitgehend, aber lange nicht vollständig möglich.

3.2.4   Kataloginterne Bildverwaltung

Die Organisationsmöglichkeiten für Fotos in einem Lightroom-Work-
flow lassen sich grob unterteilen in drei Arten:

1. Die Dateisystemhierarchie, die überall auf jedem Computer ohne spezielle Software sichtbar ist; ihr widmen wir uns in Kapitel 3.3.2.
2. Eine Organisation auf der Grundlage von Standardmetadaten wie
   EXIF, IPTC, Stichwörtern und Bewertungsinformationen. Sie können
   vollständig in den Bilddateien eingebettet oder als XMP-Sidecars gespeichert werden und lassen sich von vielen anderen Programmen
   auslesen und verwerten. Sie sind somit für langfristige Organisation
   besonders geeignet. Ihnen widmen wir uns in Kapitel 3.4.3.
3. Eine Organisation innerhalb der jeweiligen Lightroom-Katalogdateien,
   die dementsprechend auch nur in Lightroom nutzbar ist. Dies sind die
   Einträge in der Katalog-Palette, Sammlungen, Stapel und virtuelle
   Kopien. Sie sind eher für die kurz- und mittelfristige Organisation
   geeignet. Ihnen widmen wir uns im Folgenden.

Katalog-Palette

Die Katalog-Palette ist eine der drei Paletten auf der linken Seite im Bibliotheksmodul, über die man Fotos für den Filmstreifen bzw. die Rasteransicht der Arbeitsfläche auswählen kann (die anderen beiden sind die
Ordner- und die Sammlungen-Palette). Sie erlaubt den schnellen Zugriff
auf alle Fotos im Katalog sowie auf einige spezielle temporäre »Zusammenstellungen« von Fotos, z. B. alle Fotos, die beim letzten Import hinzugefügt wurden. Die Katalog-Palette ist der erste Anlaufpunkt nach dem
Import von Fotos, denn Lightroom springt nach einem Import automatisch in die Zusammenstellung *Vorheriger Import*. Daneben gibt es noch
die Einträge *Alle Fotos* und *Schnellsammlung*. Letztere ist ein virtueller
Ordner, in den man Fotos legen kann, die man später z. B. exportieren,
drucken oder bearbeiten möchte (siehe unten).

Diese Einträge stellen auch bereits einfache Fälle des in der Einleitung erwähnten Sichtenkonzepts dar: Fotos können in mehreren Einträgen, z. B. *Alle Fotos* und *Vorheriger Import,* gleichzeitig vorhanden sein, ohne dass sie physisch mehr als einmal vorhanden sind (eine Eigenschaft, die in der Ordner-Palette nicht gegeben ist).

In bestimmten Fällen kann die Katalog-Palette mehr als diese drei Einträge haben. Wurden z. B. Fotos als Katalog exportiert, erscheint ein weiterer Eintrag *Vorheriger Export als Katalog* wie in Abbildung 3–24 zu sehen.

Auch die Funktion *Ordner synchronisieren* aus der Ordner-Palette kann auf Wunsch einen temporären Eintrag mit den fehlenden Fotos eines Ordners erzeugen. Solche temporären Einträge können über ihr Kontextmenü (rechte Maustaste) wieder entfernt werden.

Abb. 3–24 *Über die Katalog-Palette kann man schnell auf häufig benutzte Sichten zugreifen. Jeder Eintrag zeigt rechts die aktuelle Anzahl der Fotos dieser Sicht.*

Sammlungen

Normale Sammlungen

Sammlungen, in Lightroom 1.x Kollektionen genannt, sind »virtuelle Ordner«. Sie funktionieren ähnlich wie Ordner aus dem Dateisystem, existieren aber im Gegensatz zu diesen nur in Lightroom selbst. Da sie nicht auf dem Dateisystem, sondern auf der Datenbank von Lightrooms Katalogen basieren, sind sie deutlich flexibler als richtige Ordner. Ein Foto lässt sich beliebig vielen Sammlungen gleichzeitig zuordnen, ohne dass es dafür mehrfach vorhanden sein muss.

Dabei existiert eine Sammlung normalerweise nur in dem Katalog, in dem sie erstellt wurde. Falls man mehrere Kataloge benutzt, gilt sie nicht katalogübergreifend. Mittels der Funktionen *Als Katalog exportieren* und *Aus Katalog importieren* (siehe Kapitel 3.2.2) werden jedoch auch Sammlungen zwischen Katalogen übertragen, sobald Fotos, die Sammlungen angehören, exportiert oder importiert werden.

Neue Sammlungen lassen sich am einfachsten über das +-Symbol der Sammlungen-Palette oder über die Tastenkombination Strg│Befehl-N erstellen. Dabei lassen sich über *Ausgewählte Fotos einschließen* selektierte Bilder gleich zur Sammlung hinzufügen (andernfalls ist die Sammlung zunächst einmal leer).

Abb. 3–25 *Sammlungen werden über die Sammlungen-Palette auf der linken Seite im Bibliotheksmodul verwaltet. Diese funktioniert ähnlich wie die Ordner-Palette.*

Ausgabespezifische Sammlungen

Sammlungen lassen sich auch aus den drei Ausgabemodulen heraus anlegen. Sie sind dann für immer mit dem Modul verbunden, in dem sie erstellt wurden. Ein Doppelklick auf den Eintrag in der Palette führt dann direkt in das entsprechende Ausgabemodul. Mit ausgabespezifischen Sammlungen lassen sich Diashows, Druckaufträge und Webgalerien einfacher verwalten (siehe hierzu Kapitel 5.2.2).

Abb. 3–26 *Selektierte Fotos lassen sich per Drag and Drop zu einer Sammlung hinzufügen.*

Wenn hierzu auch noch *Neue virtuelle Kopien erstellen* aktiviert ist, werden für alle selektierten Fotos virtuelle Kopien erstellt, die dann anstelle der eigentlich selektierten Fotos der Sammlung hinzugefügt werden. Dies zu tun, ist jedoch im Normalfall wenig sinnvoll, da Fotos ohnehin beliebig vielen Sammlungen zugeordnet werden können, ohne dass virtuelle Kopien erzeugt werden.

Sammlungen sind in erster Linie für zweckgebundene Zusammenstellungen von Bildern sinnvoll, z. B. um eine große Menge von Fotos für die Sichtung aufzuteilen oder Fotos für eine Ausstellung zusammenzustellen.

Die Sammlungszugehörigkeit wird jedoch nicht in den Metadaten der Bilddateien gesichert. Dadurch sind Sammlungen für andere Bildverwaltungsprogramme nicht direkt erkennbar (man kann sie jedoch erkennbar machen, indem man für alle Bilder einer Sammlung ein bestimmtes Stichwort vergibt). Ich benutze Sammlungen daher vorwiegend als kurz- oder mittelfristige, Stichwörter hingegen als langfristige Organisationshilfe.

Ein oder mehrere Kataloge?

Die Frage, ob man seinen gesamten Bildbestand in mehrere Kataloge aufteilt oder alles in einem verwaltet, ist zum einen eine Geschmacksfrage, zum anderen hängt es vom Anwendungsfall ab.

Viele professionelle Fotografen legen z. B. einen Katalog für jeden Auftrag oder jeden Kunden an. Dies ist dann sinnvoll, wenn die Fotos aus einem Katalog nichts mit den Fotos aus den anderen Katalogen zu tun haben. In diesem Fall würden die anderen Fotos nur stören und die Bildverwaltung unter Umständen durch die großen Kataloge, die vielen Stichwörter in der Hierarchie etc. erschwert.

Auch kann es bei dieser Vorgehensweise durchaus sinnvoll sein, Bilddateien und Katalog in einem Ordner zu speichern. Auf diese Weise kann man abgeschlossene Projekte, auf die man nur noch selten zugreift, gut archivieren.

Sobald aber die Fotos aus mehreren Katalogen irgendwie miteinander in Verbindung stehen, hat das Vorgehen den Nachteil, dass alle Suchanfragen bzw. Sichten nicht mehr alle Fotos erfassen, die eigentlich erfasst werden sollten. Legt man z. B. für jedes Jahr (2006, 2007, 2008 …) einen eigenen Katalog an, wird es unmöglich, die besten Fotos aus mehreren Jahren auf einmal anzuzeigen.

Daher sehe ich persönlich im nichtprofessionellen Bereich nur in besonderen Fällen einen Vorteil in der Verwendung mehrerer Kataloge; z. B. wenn man ein großes Fotoprojekt während der intensiven Sichtungsphase in einem eigenen Katalog haben möchte und es später in den Hauptkatalog integriert o. Ä.

Schnellsammlung und Zielsammlung

Schnellsammlung

Die Schnellsammlung ist ein Spezialfall unter den Sammlungen. Es gibt nur eine Schnellsammlung, sie selbst kann nicht gelöscht werden, nur ihr Inhalt, und eine Reihe von Tastaturkürzeln erlaubt ein schnelles Arbeiten mit der Schnellsammlung. Sie ist gut geeignet, wenn Bilder schnell für einen bestimmten Zweck zusammengestellt werden müssen; Wenn klar wird, dass für die Zusammenstellung länger benötigt wird, kann die Schnellsammlung in eine richtige Sammlung umgewandelt werden.

Der Inhalt der Schnellsammlung ist per Maus über die Katalog-Palette abrufbar. Hierhin lassen sich auch Bilder per Drag and Drop ziehen, um sie der Schnellsammlung hinzuzufügen.

Schneller lässt sich über Tastaturkürzel auf die Schnellsammlung zugreifen. Diese beinhalten praktischerweise alle die B-Taste.

Abb. 3–27 *Die Schnellsammlung wird nicht in der Sammlungen-Palette, sondern in der Katalog-Palette angezeigt. Über das Kontextmenü kann sie geleert oder als permanente Sammlung gesichert werden.*

- B – Foto(s) hinzufügen bzw. entfernen
- Strg | Befehl-B – Schnellsammlung anzeigen
- Shift-Strg | Befehl-B – Schnellsammlung leeren
- Alt-Strg | Befehl-B – Schnellsammlung als richtige Sammlung speichern

Auch in den Thumbnails in der Rasteransicht kann die Zugehörigkeit eines Fotos zur Schnellsammlung direkt angezeigt werden. Der Schnellsammlungsmarker ist ein kleiner grauer Kreis rechts oben im Thumbnail. Ist er zu sehen, ist das Foto Bestandteil der Schnellsammlung. Der Marker ist auch »klickbar«. Per Mausklick auf ihn kann man ein Foto zur Schnellsammlung hinzufügen oder entfernen.

Damit der Schnellsammlungsmarker sichtbar ist, müssen in den Rasteransichtsoptionen (Strg | Befehl-J) unter den Zellsymbolen die Optionen *Miniaturkennzeichen* und *Schnellsammlungsmarker* gesetzt sein (mehr zu den Ansichtsoptionen in Kapitel 3.4.1).

Abb. 3–28 *Schnellsammlungsmarker*

Zielsammlung

Die Schnellsammlung hat zwar den Vorzug, dass man sehr komfortabel und schnell mit ihr arbeiten kann. Dies gilt jedoch nur in Situationen, in denen man mit einer leeren Sammlung anfängt. Oft kann es allerdings notwendig sein, einer bereits bestehenden Sammlung Fotos hinzuzufügen. Dies erleichtert die sogenannte Zielsammlung. Über das Kontextmenü einer Sammlung lässt sich diese als Zielsammlung festlegen, was bedeutet, dass diese temporär die Position der Schnellsammlung einnimmt.

Solange eine Sammlung als Zielsammlung festgelegt ist, beziehen sich alle Tastaturkürzel der Schnellsammlung und die Schnellsammlungsmarker auf diese Sammlung.

Abb. 3–29 *Eine als Zielsammlung eingestellte Sammlung wird in der Sammlungen-Palette mit einem kleinen + markiert. Smart-Sammlungen können nicht als Zielsammlung eingestellt werden.*

Um wieder die eigentliche Schnellsammlung zu aktivieren, kann man entweder übers Kontextmenü der Sammlung das Häkchen unter *Als Zielsammlung festlegen* entfernen, oder man benutzt direkt das Tastaturkürzel Shift-Alt-Strg | Befehl-B.

Smart-Sammlungen

Abb. 3–30 *Einige nützliche Smart-Sammlungen, z. B. alle Fotos ohne Stichwörter oder alle Fünf-Sterne-Fotos, sind in Lightroom bereits voreingestellt.*

Mit Lightroom 2 hat Adobe die Smart-Sammlungen eingeführt. Diese funktionieren grundlegend anders als die normalen Sammlungen. Während diese manuell gefüllt werden, man also Fotos selbst hinzufügt oder entfernt, geschieht dies in Smart-Sammlungen automatisch: Der Inhalt der Smart-Sammlungen wird dabei von Lightroom nach Regeln bestimmt, die beim Erzeugen der Sammlung festgelegt werden. Ihr Inhalt ist also dynamisch, nicht statisch wie bei den normalen Sammlungen, und wird laufend angepasst.

Das Konzept ist vielen sicher u. a. von den intelligenten Wiedergabelisten aus dem Programm iTunes bekannt. Doch worauf beziehen sich die Regeln in Lightroom? Die Regeln, die sich beim Erzeugen der Sammlung festlegen lassen, beziehen sich immer auf die Metadaten der Fotos. Dabei lassen sich nahezu alle Metadaten eines Fotos in die Regeln einbeziehen, von Stichwörtern über EXIF- und IPTC-Metadaten bis hin zu (rudimentären) Entwicklungseinstellungen.

Beispielsweise könnte man eine Smart-Sammlung erstellen, die alle Fotos mit dem Stichwort »Urlaub« enthält oder alle Fotos, die im Jahr 2005 aufgenommen wurden. Diese beiden Regeln ließen sich auch zusammensetzen zu einer Smart-Sammlung, die alle Fotos mit dem Stichwort »Urlaub«, die im Jahr 2005 aufgenommen wurden, enthält. Smart-Sammlungen beziehen sich dabei grundsätzlich immer auf den gesamten Katalog als Quelle für die Anwendung dieser Regeln, nicht z. B. auf einen einzelnen Ordner.

Smart-Sammlungen eignen sich gut für Fotos, auf die man immer wieder zugreifen möchte. Für einmalige Bildzusammenstellungen und für die weitere Verfeinerungen von Sammlungen gibt es die Filterleiste bzw. die Filterungsoptionen im Filmstreifen (siehe Kapitel 3.4.1), die ebenfalls mit den Metadaten der Fotos arbeiten.

Normale Sammlung oder Smart-Sammlung?

Dadurch, dass sie sich direkt auf die Metadaten des Fotos beziehen, sind Smart-Sammlungen besser für die langfristige Bildverwaltung geeignet als normale Sammlungen. Ein Beispiel: Angenommen, ich organisiere alle Fotos, die ich im Urlaub aufgenommen habe, in einer normalen Sammlung mit dem Titel »Urlaubsfotos«. Die Zugehörigkeit zu dieser Sammlung wird nicht in den Metadaten der betreffenden Fotos gespeichert. Die Gruppierung ist also nur in Lightroom sichtbar.

Anders die Smart-Sammlung: Da sie sich direkt auf Metadaten bezieht, erstelle ich eine Smart-Sammlung, die alle Fotos mit dem Stichwort »Urlaub« enthält. Die Zugehörigkeit eines Fotos zu dieser Sammlung hängt dann nur davon ab, ob es dieses Stichwort enthält. Auch außerhalb von Lightroom ist dieses Stichwort sichtbar (vorausgesetzt, die Metadaten werden mittels Strg | Befehl-S mit dem Foto gespeichert).

Ich verwende daher normale Sammlungen nur für kurz- und mittelfristige Bildzusammenstellungen, bei denen ich entweder noch nicht weiß, ob ich für diese Fotos ein spezielles Stichwort verwenden will, oder bei denen ich von vornherein nicht vorhabe, sie langfristig zu gruppieren.

Normale Sammlungen haben gegenüber Smart-Sammlungen auch Vorteile: Fotos lassen sich schneller hinzufügen und entfernen, die freie Veränderung der Reihenfolge der Fotos ist möglich (Benutzerreihenfolge), und der Status der Flaggenmarkierungen für ein und dasselbe Foto kann in jeder normalen Sammlung unterschiedlich sein.

Neue Smart-Sammlung erstellen

Eine neue Smart-Sammlung wird wie die normalen Sammlungen auch über den +-Button der Sammlungen-Palette erstellt *(Smart-Sammlung erstellen)*. Neben dem Namen der Sammlung müssen für die Smart-Sammlung die Regeln für ihren Inhalt angegeben werden.

Im Dialog ist bereits eine Regel vorhanden, die sich frei verändern lässt. Weitere Regeln lassen sich über den +-Button ganz rechts hinzufügen. Für mehrere Regeln gibt es einen einfachen und einen komplexen Modus. Der einfache Modus beinhaltet alle Regeln in einer flachen Hierarchie.

Abb. 3–31 *Smart-Sammlung erstellen. Wie man sieht, besteht eine Regel immer aus drei Elementen nach dem Prinzip »Subjekt, Verb, Objekt«, wobei Subjekt für ein Metadatenfeld des Fotos und Objekt für einen möglichen Wert dieses Feldes steht. Das Verb bestimmt, in welchem Verhältnis die beiden zueinander stehen müssen, damit die Regel erfüllt ist.*

Oberhalb der Regeln lässt sich dann der Auswertungsmodus einstellen, »jeder« oder »mindestens einer«. »jeder« bedeutet, dass alle Regeln zutreffen müssen, damit das betreffende Foto in der Smart-Sammlung auftaucht. »mindestens einer« hingegen heißt, dass es ausreicht, dass eine einzige Regel zutrifft, damit das Foto in die Sammlung aufgenommen wird.

Wenn ich z. B. alle Fotos aus dem Jahr 2005 aufnehmen will, die das Stichwort »Urlaub« enthalten, muss ich »jeder« verwenden, da ich nur Fotos einschließen will, die beide Kriterien erfüllen. Verfüge ich hingegen über zwei Zoomobjektive und will in einer Smart-Sammlung alle Fotos festhalten, die ich mit Zoomobjektiven gemacht habe, trage ich beide Objektive ein und muss jetzt »mindestens einer« verwenden (»jeder« würde gar keine Fotos anzeigen, da kein Foto mit zwei Objektiven geschossen werden kann).

Diese beiden Auswertungsarten sind nicht nur Mathematikern als die logischen Operatoren UND und ODER bekannt. Im einfachen Modus lassen sich nur die beiden eben beschriebenen logischen Ausdrücke verwenden. Lightroom verfügt jedoch über einen komplexeren Modus: Drückt man während des Klicks auf das +-Symbol die Alt-Taste, wird nicht eine weitere Regel, sondern ein weiterer »Knoten« oder Hierarchiezweig hinzugefügt, den man dann auf UND, ODER oder NICHT (bzw. »mindestens eine«, »alle« oder »keine«) setzen kann (siehe Abbildung 3–32).

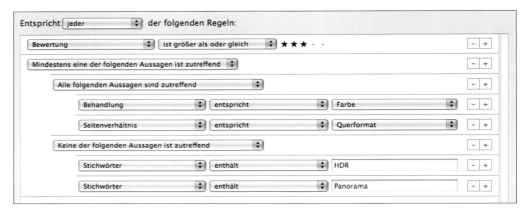

Abb. 3–32 *Mit der Alt-Taste lassen sich auch komplexe Regelhierarchien erzeugen.*

Die Regeln einer Smart-Sammlung lassen sich natürlich auch im Nachhinein anpassen *(Kontextmenü → Smart-Sammlung bearbeiten)*. Ebenfalls im Kontextmenü befinden sich zwei Menüpunkte zum Exportieren und Importieren von Regeln für Smart-Sammlungen. Mittels *Smart-Sammlungseinstellungen exportieren* lassen sich die Regeln einer Smart-Sammlung in einer kleinen Textdatei speichern. Mittels des Menüpunkts *Smart-Sammlungseinstellungen importieren* kann man diese Datei dann von einem anderen Katalog aus importieren und erhält dort die entsprechende Smart-Sammlung.

Kategorisierung der verwendbaren Metadaten

Es würde etwas übers Ziel hinausschießen, alle für Smart-Sammlungen verfügbaren Metadatenfelder einzeln zu beschreiben (hier hilft nur selbst ausprobieren). Stattdessen will ich eine Kategorisierung vornehmen:

Stichwörter: Hier sind die Abfragemöglichkeiten recht weitgehend. Es lässt sich z. B. abfragen, ob ein bestimmtes Stichwort enthalten ist, ob alle Stichwörter enthalten sind oder auch ob das abgefragte Stichwort im Foto als eigenständiges Wort, nicht als Teil eines längeren Wortes, enthalten ist. Weiterhin lässt sich abfragen, ob das Foto überhaupt Stichwörter enthält (diese Abfrage nimmt auch die voreingestellte Smart-Sammlung »Ohne Stichwörter« vor).

Datumsangaben: Es lassen sich zwei Datumsangaben eines Fotos abfragen, das Aufnahmedatum und das Datum der letzten Bearbeitung. Für die Abfrage lassen sich absolute Angaben (z. B. alle Fotos ab dem Jahr 2004 oder zwischen dem 1.1.05 und dem 31.3.06) und relative Angaben (z. B. alle Fotos, die in den letzten 30 Tagen aufgenommen, oder alle, die in dieser Woche bearbeitet wurden) verwenden.

Sterne, Farbetiketten und Flaggenmarkierungen: Es lassen sich Anzahl der Bewertungssterne, Farbetiketten (entweder nach dem Text des Etiketts oder der Farbe) sowie der Status der Flaggenmarkierungen verwenden. Da ein Foto mehrere Flaggenmarkierungen haben kann, eine für den Ordner und eine für jede Sammlung, in der es sich befindet, wird hier immer der Flaggenstatus des Ordners abgefragt.

Ordner-, Sammlungs- oder Dateinamen: Hiermit lassen sich die Zugehörigkeit zu einem Ordnernamen und einem Sammlungsnamen überprüfen. Außerdem lassen sich Dateiname, Name der Kopie und Dateityp abfragen.

EXIF-Informationen: Es lassen sich die wichtigsten von der Kamera gespeicherten Informationen abfragen. Dies sind Kameramodell, Seriennummer der Kamera, Objektiv, Blende, ISO-Wert, Belichtungszahl und ob das Foto über GPS-Daten verfügt.

IPTC-Informationen: Hierzu zählen z. B. Titel und Bildunterschrift und die vier Ortsmetadaten-Felder, also Land, Region, Stadt und Ort.

Entwicklungseinstellungen: Bestimmte Entwicklungseinstellungen von Fotos lassen sich ebenfalls verwenden. So lässt sich z. B. auslesen, ob ein Foto bearbeitet ist oder nicht, ob es beschnitten wurde, ob es ein Farb- oder ein Graustufenbild ist oder welche Ausrichtung (Hoch- oder Querformat) es hat.

Plugin-Metadaten: Lightroom-Plugins können dem Katalog eigene Metadatenfelder hinzufügen, die auch für Smart-Sammlungen verwen-

Abb. 3–33 *Die Anzahl der abfragbaren Metadaten ist am Anfang etwas unüberschaubar, macht die Smart-Sammlungen aber zu einem recht mächtigen Bildverwaltungsinstrument.*

det werden können. Die Flickr- und Picasa-Plugins (siehe 5.6.2) speichern z. B., ob ein Fotos bereits hochgeladen wurde. Es lässt sich also einfach eine Smart-Sammlung erstellen, die immer die aktuellen, auf Flickr oder Picasa gehosteten Fotos enthält.

Organisation von Sammlungen

Sortierung
Innerhalb der Sammlungen-Palette lassen sich Sammlungen entweder anhand des Namens oder anhand der Art der Sammlung sortieren. Dies lässt sich über den +-Button oben rechts in der Sammlungen-Palette umstellen. Insgesamt gibt es fünf verschiedene Arten von Sammlungen, nach denen unterschieden wird: normale Sammlungen, Smart-Sammlungen und die drei ausgabespezifischen Sammlungen (Diashows, Druckaufträge und Webgalerien).

Abb. 3–34 *Hier sind die Sammlungen nach ihrer Art sortiert …*

Sammlungssätze
Um Sammlungen übersichtlicher verwalten zu können, lassen sie sich in Ordner, sogenannte Sammlungssätze, legen. Ein neuer Sammlungssatz wird über den +-Button der Sammlungen-Palette erstellt *(Sammlungssatz erstellen)*. Einzelne Sammlungen lassen sich durch Drag and Drop hinein- oder herausziehen.

Sammlungssätze können selbst keine Fotos enthalten, nur andere Sammlungen oder weitere Sätze. Das direkte Verschachteln von Sammlungen ohne Umweg über die Sammlungssätze ist seit Lightroom 2 nicht mehr möglich.

Abb. 3–35 *… und hier nach Namen und mithilfe von Sammlungssätzen. Beide Varianten ermöglichen eine übersichtliche Organisation.*

Stapel

Was sind Stapel?
Mittels Stapeln lassen sich Bilder gruppieren. Diese Gruppen lassen sich dann in der Rasteransicht und im Filmstreifen zusammenklappen, sodass sie nur den Platz eines einzigen Fotos einnehmen, wobei man das Bild, das »oben« liegt, auswählen kann.

So lassen sich mehrere Fotos desselben Motivs gruppieren und damit Platz sparen – dies ist sehr nützlich, um bei vielen Fotos den Überblick zu behalten. Auch alle Fotos, die zur selben Bilddatei gehören, können mit Stapeln verbunden werden: virtuelle Kopien und die für die Übergabe an Photoshop erzeugten »richtigen« Kopien. Auch für die Verwaltung mehrerer Einzelbilder, die eigentlich ein Ganzes ergeben sollen, wie Panoramen oder HDR-Fotos, sind die Stapel gut geeignet. Zu langfristig sollte man damit allerdings nicht organisieren, denn Stapel funktionieren nur in Lightroom.

Und auch dort funktionieren Stapel nur, wenn die aktuelle Sicht innerhalb der Ordner- oder der Katalog-Palette (mit Ausnahme der Schnellsammlung) festgelegt wurde. Bestimmt sich die Sicht hingegen aus der Sammlungen-Palette, werden die Fotos einfach wie normale Fotos behandelt, also nicht zusammengeklappt dargestellt, und es stehen auch die Stapelmenü-befehle nicht zur Verfügung.

Abb. 3–36 *Ein Stapel im zusammen-geklappten Zustand. Man erkennt ihn am Symbol mit der 4 oben links und an den beiden »Griffen« am linken und rechten Rand.*

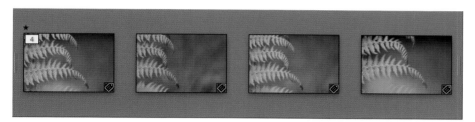

Stapel erstellen und verändern

Die Menübefehle für Stapel befinden sich im Kontextmenü der Thumb-nails und im Untermenü *Foto → Stapeln*. Um einen Stapel zu bilden, wählt man mehrere Thumbnails aus und dann *In Stapel gruppieren* oder Strg | Befehl-G. Um einen Stapel aufzulösen, wählt man mindestens ein Bild aus dem Stapel aus und dann *Stapel aufheben* oder Shift-Strg | Be-fehl-G.

Sind einzelne Bilder und ein Stapel oder Bilder daraus selektiert, kann man mit der Gruppieren-Funktion diese zu einem Stapel verbinden (hiermit lassen sich auch zwei Stapel zusammenfassen).

Aus Stapel entfernen nimmt einzelne selektierte Bilder aus einem auf-geklappten Stapel heraus. *Stapel teilen* trennt den Stapel in zwei Hälften, dort, wo das aktive Foto gerade ist. Das aktive Foto gehört dann zum hin-teren Stapel.

Stapel lassen sich einfach über die S-Taste auf- und zuklappen. Alle Stapel eines Ordners kann man über Menübefehle auf- bzw. zuklappen *(Alle Stapel ein-/ausblenden)*.

Um die Reihenfolge der Fotos innerhalb eines Stapels zu verändern, kann man die Bilder einfach mit der Maus an die entsprechende Stelle schieben oder mit den Tastenkombinationen Shift-, bzw. Shift-. das ak-tive Foto um eins nach unten oder oben verschieben.

Um ein Foto direkt zum vordersten/obersten des Stapels zu machen, drückt man Shift-S oder klickt auf das Stapel-Symbol oben links im Thumbnail.

Abb. 3–37 *Der Stapel im aufgeklappten Zustand. Das 4-Symbol ist nun ein einzelnes Blatt; die Griffe sind links vom ersten und rechts vom letzten Bild. Innerhalb eines Stapels haben die Thumbnails außerdem keine Trennlinien.*

Abb. 3–38 *Bewegt man die Maus über eines der Thumbnails, bekommt man die aktuelle Position im Stapel angezeigt.*

Automatisch stapeln

Man kann die Fotos eines Ordners auch automatisch anhand der Aufnahmezeit stapeln lassen. Hierzu muss allerdings immer der gesamte Ordner einbezogen werden.

Abb. 3–39 Hier liegen immer zehn Minuten zwischen zwei Stapeln.

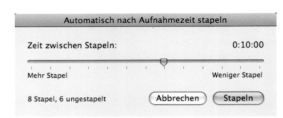

Im Dialog unter *Foto → Stapeln → Automatisch nach Aufnahmezeit stapeln* wählt man mit dem Regler die Zeit aus, die zwischen zwei Stapeln liegen soll, d.h., ab welcher Zeit zum nächsten Bild ein neuer Stapel beginnen soll. Die Zeit lässt sich von einer Sekunde bis zu einer Stunde einstellen.

Abb. 3–40 51 unübersichtliche Fotos werden zu acht übersichtlichen »Fotoereignissen«. Die Automatik half hierbei, aber ich musste einzelne Bilder manuell zuordnen.

Oft gruppiert die automatische Stapelung Fotos nicht perfekt. Aber wenn es nicht ganz so genau sein muss, ist sie sehr nützlich, gerade wenn man die Bilder erst importiert hat und darum bemüht ist, etwas Übersicht (durch eventuell temporäre Stapel) hineinzubringen.

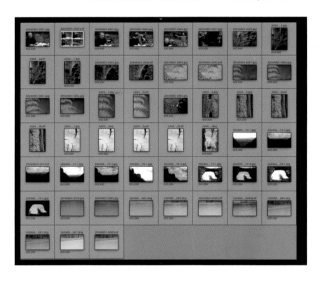

Virtuelle Kopien

Versionierung

Mit virtuellen Kopien lassen sich mehrere Versionen eines Fotos anlegen. Mehrere Versionen eines Fotos kann man aus unterschiedlichen Gründen erstellen. Man kann sie grob unterteilen in Fälle, in denen man a) unterschiedliche Entwicklungseinstellungen für ein und dasselbe Foto verwalten möchte, z. B. eine Farb- und eine Graustufenversion oder mehrere unterschiedliche Ausschnitte für ein und dasselbe Foto, und Fälle, in denen man b) unterschiedliche Metadatensätze für ein und dasselbe Foto vergeben möchte, z. B. unterschiedliche Bewertungen (wenn mehrere Personen ein und dasselbe Foto bewerten sollen).

Technisch gesehen ist eine virtuelle Kopie lediglich ein zusätzlicher Katalogeintrag (und eine zusätzliche Vorschaudatei) für eine Bilddatei. Es gibt in Lightroom noch eine andere Möglichkeit zur Versionierung, die *Schnappschüsse*. Diese bilden aber keine eigenständigen Katalogeinträge und sind daher nur im Entwickeln-Modul sichtbar (mehr zu Schnappschüssen in Kapitel 4.2.2).

Das Besondere an virtuellen Kopien ist hingegen, dass sie in Lightroom als eigenständige Fotos behandelt werden und somit in allen Modulen zur Verfügung stehen. Sie beziehen sich auf dieselbe Bilddatei, verfügen aber über ihre eigenen Entwicklungseinstellungen, Stichwörter und übrigen Metadaten. Alle drei werden beim Erstellen der Kopie vom Ursprungsfoto übernommen, können danach aber frei verändert werden.

Wie wir gleich sehen werden, werden virtuelle Kopien aber nicht völlig gleich behandelt wie ihr Ursprungsfoto, das sogenannte *Master-Foto*.

Arbeit mit virtuellen Kopien

Eine oder mehrere virtuelle Kopien von einem oder mehreren selektierten Bildern legt man über den Menübefehl *Foto → Virtuelle Kopie(n) anlegen* oder einfacher über Strg | Befehl-T an. Auch eine virtuelle Kopie kann als Quelle für eine weitere Kopie dienen. Kopien werden wenn möglich mit ihren jeweiligen Ursprungsbildern automatisch in Stapeln gruppiert (und können natürlich wieder entfernt werden).

Abb. 3–41 *Master und zwei virtuelle Kopien*

Eine virtuelle Kopie erkennt man an der kleinen Ecke links unten am Thumbnail (dazu müssen die »Miniaturkennzeichen« in *Ansicht* → *Ansicht-Optionen* eingeschaltet sein). Virtuelle Kopien sind immer Bestandteil desselben Ordners wie die Master, da sie ja von derselben Bilddatei abhängen. Will man sie verschieben, werden Master und alle Kopien gleichzeitig verschoben.

Master und Kopie

Technisch bestehen wenige Unterschiede zwischen dem normalen importierten Bild und virtueller Kopie. Daher kann man die beiden auch vertauschen: Es lässt sich von allen Abkömmlingen derselben Bilddatei auswählen, welcher der »Master« sein soll. Dazu selektiert man eine Kopie und wählt *Foto* → *Kopie als Master festlegen*. Schon wird die Kopie zum neuen Master und der Master zur Kopie.

Abb. 3–42 *Gleich, aber nicht gleichberechtigt: Master und Kopien*

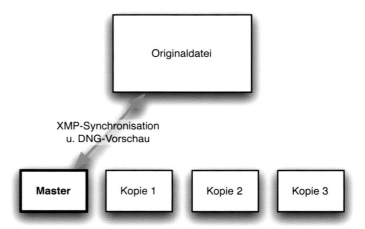

Die Wahl hat Implikationen. Nur die Metadaten in den Mastern werden in den Bilddateien gespeichert, wenn man überhaupt die Metadaten in den Dateien selbst speichert. Bei virtuellen Kopien hingegen sind alle Funktionen zum Speichern von Metadaten nicht verfügbar.

Wenn man virtuelle Kopien außerhalb von Lightroom sichtbar machen will, muss man sie exportieren. Mehr dazu in Kapitel 5.6.2.

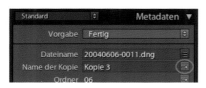

Abb. 3–43 *Klickt man auf den Aktionspfeil rechts neben Name der Kopie in der Metadaten-Palette, kann man von einer virtuellen Kopie zum Master gelangen.*

3.3 Fotoarchiv

3.3.1 Redundanz und Migrierbarkeit

Wichtigkeit von Redundanz fürs Fotoarchiv

Für und Wider digitales Archiv

Den gesamten digitalen Bildbestand zu verlieren ist eine Horrorvorstellung, die am Sinn der Digitalfotografie zweifeln lassen kann. Das Risiko, die gesamten Dias oder sein gesamtes Negativmaterial auf einen Schlag zu verlieren, war sehr gering und nur durch wenige Bedrohungen wie Brandkatastrophen möglich. Es ist hingegen deutlich einfacher, seinen gesamten digitalen Bildbestand auszulöschen. Wenn man es falsch gemacht hat, ist dies eine Frage von ein paar Mausklicks, einem Virus oder einem Festplattendefekt.

Aber: Richtig gemacht, und das heißt mit der nötigen *Redundanz,* ist das digitale Fotoarchiv sehr viel sicherer, als die analogen es je sein konnten. Für das digitale Archiv kann man ein *Offsite-Backup* anfertigen, das außer Haus gelagert wird, und wäre somit sogar vor einem Brand geschützt.

Redundanz: Drei Instanzen zu jeder Zeit

Abb. 3–44 *Redundanz im Flugzeug-Cockpit. Kritische Instrumente sind mehrfach vorhanden.*
(© iStockphoto.com/Ratstuben)

Im Datenbereich heißt Redundanz natürlich: Backups (Sicherungskopien). Persönlich zufrieden bin ich, wenn eine Datei zu jedem Zeitpunkt in mindestens drei Instanzen vorliegt (dies ist nicht immer möglich, wenn man an die Speicherkarten der Digitalkameras denkt). Hierbei ist es sinnvoll, auf verschiedene Medientypen zu setzen: Auf Festplatten *und* optischen Medien zu sichern, mit ihren jeweiligen Stärken und Schwä-

Abb. 3–45 *Mozy-Backup[1] ist ein Online-Backup-Service, mit dem man bis zu 2 GB an Daten kosten- und werbefrei sichern kann.*

chen und ihren unterschiedlichen Dateisystemen, halte ich für sicherer, als sich nur auf Festplatten zu verlassen. Beide Systeme ergänzen sich gut in ihren Lager- und Sicherheitseigenschaften.

Für kleine Dateien wie z. B. Lightrooms Katalogdateien kommt zusätzlich ein *Online-Backup* (Sicherung übers Internet auf einem Server) in Frage, das vor Diebstahl und Katastrophen am wirksamsten schützt, da die Daten sofort außer Haus gelagert werden.

Backup-Medien

Festplatten
Vorteile: schnell, komfortabel, mehrfach beschreibbar; als externe Festplatten einfach »offline« (vom Computer abgetrennt) und »offsite« (außer Haus) lagerbar
Nachteile: kein Schreibschutz, daher anfällig für Viren und Benutzerfehler; Diebstahlgefahr (bei externen, versteckten Festplatten Risiko geringer)
Sachgerechter Umgang: Magnetquellen können Inhalt zerstören; vorsichtiger Transport

Optische Datenträger
Vorteile: lassen sich nur einmal beschreiben, Viren oder Benutzerfehler können keine Dateien löschen! (abgesehen von RW-Varianten oder DVD-RAM); Unempfindlichkeit gegenüber Magnetfeldern; einfach offline lagerbar; geringer Preis; geringe Diebstahlgefahr
Nachteile: umständlicher in der Handhabung, langwieriger im Anfertigen und auch im Restaurieren des Backups; nicht mehrfach beschreibbar
Sachgerechter Umgang: Licht, Hitze und Feuchtigkeit verringern Lebensdauer, in Archivhüllen aufbewahren, mit CD-/DVD-Filzstift nur auf dem inneren Plastikrand beschreiben

Online-Backup
Vorteile: Sofort »offsite«, ohne dass man das Backup »aus dem Haus tragen« muss (was einfach nicht zu jedem Zeitpunkt geht); evtl. zusätzliche Redundanz durch Backup beim Anbieter (von Fall zu Fall verschieden). Kann bei entsprechender Einrichtung (ständige Internetverbindung, automatische Ausführung) am komfortabelsten sein
Nachteile: Nur für kleine Datenmengen geeignet, da DSL-Upload-Raten sehr gering sind und dadurch auch die z.T. hohen Backup-Kapazitäten von über 50 GB nicht viel nützen; Integrität des Backups oft schlecht nachprüfbar
Sachgerechter Umgang: nicht für den Fotobestand nutzen, aber z.B. für Lightrooms Katalogdateien; nicht als einziges Backup-Medium nutzen

---

1   http://mozy.com/

Kritische Komponente Speicherkarte

Die Speicherkarte ist *die* kritische Komponente im Workflow. Während ich in diesem Buch dreifache Redundanz für alle Dateien empfehle, existieren die Fotos auf der Speicherkarte nur in einer einzigen Instanz (erst die kürzlich erschienene Profikamera Nikon D3 verfügt als erste Kamera über zwei CF-Kartenslots mit Backup-Funktion). Dies erklärt vielleicht den beinahe esoterischen Umgang vieler (auch Profi-)Fotografen mit ihren Speicherkarten. Drei Regeln zum Umgang mit Karten werden immer wieder genannt:

1. Keine Bilder direkt von der Karte löschen, weder mit der Kamera noch mit dem Computer

    Diese »Regel« schien mir zuerst etwas überzogen. Natürlich besteht bei jedem Schreib- oder Löschvorgang ein geringes Risiko, z. B. durch einen Fehler im Dateisystem Schaden anzurichten und Fotos zu verlieren. Für sich genommen halte ich das Risiko für sehr gering. Jedoch: In Anbetracht dessen, dass es sich bei den Fotos auf der CF-Karte um deren einzige Kopien handelt, kann ich derart große Vorsichtsmaßnahmen durchaus nachvollziehen.

    Ich selbst hatte noch keine Probleme mit dem Löschen von Fotos auf meiner D100-Kamera. Ich mache dies allerdings nur, wenn ich den Platz dringend brauche. Wenn ich aber das Foto meines Lebens gemacht hätte, würde ich die Bilder auf der Karte eher in Ruhe lassen.

2. Die Fotos niemals mit der Kamera selbst übertragen, sondern immer mit einem zusätzlichen Kartenlesegerät

    Dies ist für mich ebenfalls nachvollziehbar, da die Übertragung per Kamera mehr Gefahren für die Bildübertragung birgt als mittels eines internen oder eines externen, aber ständig fest angeschlossenen Kartenlesers. Der Kamera könnte plötzlich der Strom ausgehen, oder man könnte sie versehentlich ausschalten oder das Übertragungskabel abziehen. Letztlich ist ein fest installierter Kartenleser auch komfortabler.

3. Karte zum Löschen von Bildern nur formatieren, und zwar ausschließlich mit der Kamera

    Die Fotos auf der Karte manuell mithilfe des Computers zu löschen birgt die geringe Gefahr, dass man den falschen Ordner erwischt. Ansonsten halte ich mich hier aus einer Gefahrenbeurteilung heraus. Die Karte formatiere ich in der Kamera, weil es schlicht am schnellsten geht. Ich übertrage die Bilder mit Lightroom und lasse die Karte am Ende »auswerfen«. Warum sollte ich danach die Bilder manuell mit dem Computer löschen?

Optische Datenträger und Festplatten in externen Gehäusen lassen sich ebenfalls gut außer Haus lagern, müssen aber erst dorthin verbracht und können dann nicht so schnell aktualisiert werden. Mehr zu den Vor- und Nachteilen von Backup-Medien in der Tabelle.

Redundanz schaffen: Kopier- und Backup-Optionen im Import-Dialog

Kopier-Optionen im Import-Dialog

Den Importprozess in Lightroom haben wir uns im Abschnitt über Kataloge ausführlich angesehen. Der Import-Dialog enthält jedoch auch die Möglichkeit, die Bilddateien vor dem eigentlichen Importvorgang an eine andere Stelle zu kopieren bzw. zu verschieben. Außerdem kann man gleich ein Backup der Bilddateien anfertigen lassen.

Abb. 3–46 Kopier- und Backup-Optionen im Import-Dialog

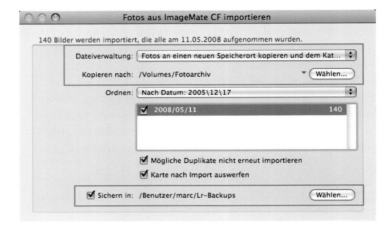

Die Kopier-Optionen richten sich nach der Art und Weise des Importvorgangs, wie er ganz oben im Dialog mit dem Schalter *Dateiverwaltung* festgelegt wird. Es gibt die folgenden Möglichkeiten:

Fotos ohne Verschieben dem Katalog hinzufügen: Dies ist der einfachste Fall. Lightroom importiert hier die neuen Fotos in den Katalog, ohne die Bilddateien zu kopieren oder zu verschieben; sie werden belassen, wie und wo sie sind. Diese Option ist nicht wählbar, wenn sich die Bilddateien noch auf einer Speicherkarte befinden. In diesem Fall müssen sie natürlich erst auf ein anderes Medium kopiert werden.

Fotos an einen neuen Speicherort kopieren (bzw. verschieben) und dem Katalog hinzufügen: Lightroom kann jedoch Dateien vor dem Import an eine andere Stelle kopieren oder verschieben und sie dann von dieser neuen Stelle aus importieren. Der neue Ort lässt sich unter *Kopieren (bzw. Verschieben) nach* angeben. (Hierbei gibt es mehrere Möglichkeiten für die Erstellung von Unterordnern. Ich gehe in Kapitel 3.3.2 ausführlicher darauf ein.)

Die Option *Kopieren und importieren* bietet sich vor allem dann an, wenn Lightroom auch die Bildübertragung von der Speicherkarte in den Fotoarchiv-Ordner vornehmen soll. Die Verschieben-Option steht dann nicht zur Verfügung. Sie kann aber praktisch sein, wenn man die Fotos manuell von der Speicherkarte in einen temporären Ordner, z. B. auf dem Desktop, kopiert hat und Lightroom dann das Verschieben und Einordnen dieser Bilddateien ins Fotoarchiv überlassen will.

Fotos als digitales Negativ (DNG) kopieren und dem Katalog hinzufügen: Diese Option funktioniert wie die normale Kopieren-Option, nur dass die Fotos, insofern es sich um Raw-Dateien handelt, gleich *on the fly* in DNGs konvertiert werden. Die DNG-Formatoptionen werden dabei über *Voreinstellungen → Importieren* festgelegt. Die Original-Raw-Dateien lassen sich über die Backup-Option sichern (mehr zur Verwendung von DNG als Raw-Format und die DNG-Formatoptionen weiter unten in diesem Kapitel).

Backup-Option im Import-Dialog
Die Backup-Option, gekennzeichnet mit *Sichern in* im Import-Dialog, ermöglicht die zusätzliche Sicherung der Bilddateien gleich vor dem Import. Auf diese Weise lässt sich z. B. gleich während der Datenübertragung von der Speicherkarte eine zweite Instanz der Bilddateien anfertigen.

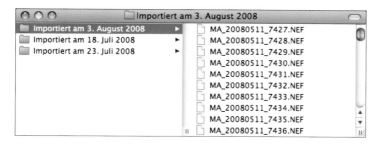

Abb. 3–47 *So werden die Bilddateien mit der Backup-Option gesichert.*

Im unter *Auswählen* angegebenen Ordner legt Lightroom dann für jeden Importprozess einen Unterordner mit dem Datum des Imports an (nicht dem Datum, an dem die Fotos geschossen wurden) und kopiert die Dateien ohne weitere Unterordner hinein.

Wird die Funktion zur automatischen Dateiumbenennung im Import-Dialog benutzt (siehe Kapitel 3.3.2), erhalten die per Backup-Option gesicherten Fotos jeweils denselben Namen. Sie werden hingegen nicht in DNG-Dateien konvertiert, auch wenn Entsprechendes in den Kopieroptionen eingestellt ist. Bei Datenverlust kann man über die mit Datum versehenen Ordner schnell alle zu restaurierenden Fotos wiederfinden.

Eine richtige Backup-Software wird durch diese Option sicherlich nicht ersetzt. Für mehr Flexibilität und Komfort ist man auf andere Backup-Lösungen angewiesen. Eine Ergänzung zu einem guten Shareware-Backup-Programm, wie z. B. »Synk« für den Mac (oder in Mac OS X Leopard das mitgelieferte *Time Machine*), kann die Option dagegen durchaus darstellen. Mehr zum Backup-Thema finden Sie auch im Workflow-Teil am Ende dieses Kapitels.

Integritätsprüfung notwendig?

Es kann sein, dass Dateien, die einmal lesbar waren, irgendwann unlesbar werden. Der Grund dafür sind häufig defekte Festplatten oder fehlerhafte Rohlinge bei CDs und DVDs. Es kann also nicht schaden, wenn man selbst nach einem Kopiervorgang überprüft, ob die Datei in Ordnung ist. Die einzig verlässliche Sicherheit bietet dabei das Öffnen der Datei.

Glücklicherweise ist diese Art der Integritätsprüfung durch den Import in Lightroom bereits erfolgt: Wenn es während des Importprozesses auf fehlerhafte Dateien trifft, gibt es am Ende einem Warnhinweis aus, indem es die betreffenden Dateien auflistet (diese sind dann auch nicht importiert worden).

Auch vor dem eigentlichen Import, im Import-Dialog selbst, sind defekte Dateien schon daran erkennbar, dass anstelle des eigentlichen Thumbnails lediglich ein graues Rechteck angezeigt wird.

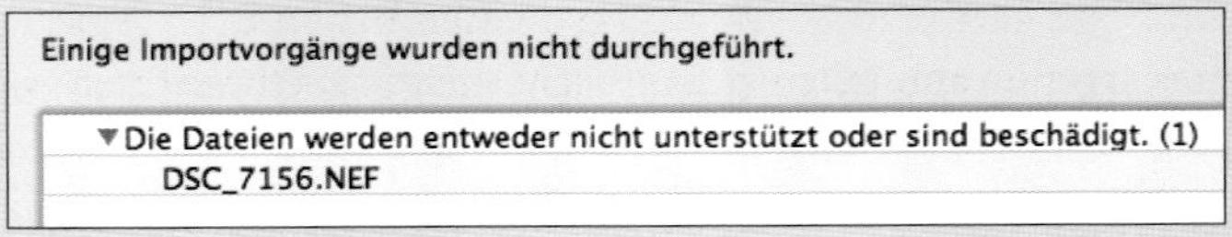

> Einige Importvorgänge wurden nicht durchgeführt.
>
> ▼ Die Dateien werden entweder nicht unterstützt oder sind beschädigt. (1)
>   DSC_7156.NEF

Abb. 3–48 *Wenn fehlerhafte Dateien während des Imports nicht eingelesen werden konnten, macht Lightroom darauf aufmerksam.*

Für Dateien, die nicht in Lightroom importiert werden, also z. B. die Fotos auf der Sicherungsfestplatte, bietet sich ein Bild-Browser wie Bridge an, um die Integrität zu überprüfen. Wenn der Browser für jedes Bild ein Thumbnail erstellen kann, ist die Datei in Ordnung.

Bei meinem System werfe ich lediglich einen Blick auf die in Lightroom importierten Dateien, bin aber zu faul für eine manuelle Überprüfung der Backups. Ich verlasse mich hierbei auf die doch recht geringe Fehleranfälligkeit bei Kopier- und Backup-Vorgängen in Kombination mit der dreifachen Redundanz.

Auf Migrierbarkeit achten

Migrierbarkeit der Bilddateien

Abb. 3–49 *Nicht für die Ewigkeit – Dateiformate, Betriebssysteme und Datenträger*
(© iStockphoto.com/dkorolov)

Migrierbarkeit ist neben der Redundanz die andere Grundsäule für einen langlebigen digitalen Bildbestand. Nichts ist für die Ewigkeit, und gerade im Bereich der Datenverarbeitung ändert sich alles in rasantem Tempo. Dies betrifft Hardware und Software. Festplatten haben eine begrenzte Lebensdauer, irgendwann fallen sie mit Sicherheit aus. Übertroffen werden sie darin vermutlich von optischen Datenträgern wie DVDs, die teilweise selbst bei optimalen Lagerbedingungen nur wenige Jahre halten.

Hinzu kommt die Inkompatibilität zu älteren Standards. Bei den Festplatten wird IDE gerade von S-ATA abgelöst. Viele Computer haben keine IDE-Ports mehr. Hat man eine alte IDE-Festplatte mit Backups, die restauriert werden sollen, muss man heute evtl. schon ein externes Gehäuse mit einem älteren Anschluss oder zumindest einen Adapter dafür besorgen. Dies stellt noch kein größeres Problem, aber schon eine erhöhte Ausgabe dar.

Bei den CDs sieht es ausnahmsweise anders aus. Selbst neue Blu-ray-Brenner können sie noch lesen. Dies stellt im Grunde schon einen seltenen Glücksfall in puncto Hardware-Rückwärtskompatibilität dar.

Was die Software betrifft, so scheint es um die Rückwärtskompatibilität insgesamt ein wenig günstiger zu stehen. Programme wie Photoshop können beispielsweise heute noch ein über 20 Jahre altes Bildformat wie »IFF« lesen. (Doch wird dieses Modul bei der Photoshop-Installation nicht standardmäßig installiert. Es befindet sich auf der DVD im Zugaben-Ordner.)

Was die über 100 proprietären Raw-Formate angeht, steht es um deren zu erwartende Langlebigkeit deutlich schlechter. Als die Firma Canon im Jahr 2004 den neuen Raw-Konverter Digital Photo Professional veröffentlichte, war darin die Unterstützung für die nur vier bzw. zwei Jahre alten Kameras D30 und D60 schon eingestellt (Canon änderte sein Raw-Format nach diesen Kameras von CRW zu CR2). Mittlerweile unterstützt das Programm die beiden Kameras jedoch. Die Hauptgefahr liegt in Software, die von Grund auf oder in sehr großen Zügen neu entwickelt wird. Ein Software-Entwickler wird in diesem Fall nicht daran interessiert sein, Raw-Formate längst vergangener Kameras zu unterstützen. Das DNG-Format stellt hier einen Versuch dar, einen Standard unter den Raw-Formaten zu schaffen, der abgesehen von einigen anderen Vorteilen wie einbettbaren Metadaten und Vorschaudateien sicherlich auch größere Chancen auf eine längerfristige Unterstützung hat.

Auch Betriebs- und Dateisysteme ändern sich mit der Zeit, sei es durch Weiterentwicklungen auf einer Plattform oder durch den Wechsel auf eine andere. Es ist daher generell empfehlenswert, bei Datei- und Ordnernamen einige Mindeststandards einzuhalten, was sowohl deren Länge als auch die verwendeten Zeichen angeht (mehr dazu weiter unten im Abschnitt über Dateinamen und Ordnerstruktur).

Migrierbarkeit der Entwicklungseinstellungen

Eine wichtige Frage in puncto Migrierbarkeit ist auch: Was passiert eigentlich mit den Entwicklungseinstellungen? Alle Bildbearbeitungsschritte existieren schließlich nur als Metadaten. Was passiert also mit diesen Metadaten, wenn beispielsweise Lightroom nicht mehr weiter entwickelt würde?

Interessanterweise gibt es bereits einen ähnlich gelagerten Fall. Adobe kaufte für Lightroom das Programm »Rawshooter« auf und bezog einige Teile davon in Lightrooms Entwicklung ein. Rawshooter selbst wurde nicht mehr weiter entwickelt. Als Lightroom 1.0 im Januar 2007 veröffentlicht wurde, wurde den Rawshooter-Usern das »Rawshooter Migration Tool« angekündigt, mit dem sie ihre alten Einstellungen in die von Lightroom konvertieren konnten. Im August 2007 wurde das Tool schließlich veröffentlicht, für viele sicherlich zu spät.

Zudem erzielen die konvertierten Einstellungen nicht exakt dieselben Ergebnisse in den Bildern. Dies war zu erwarten, weil Lightroom im Grunde komplett neu programmiert wurde und nur noch wenig mit Rawshooter zu tun hatte. Viele Benutzer waren enttäuscht.

Dies verdeutlicht letztendlich ein grundsätzliches Problem für die metadatenbasierte Bildbearbeitung. Mit einer TIFF-Datei (inkl. Farbprofil) ist man unabhängig von einem bestimmten Programm. Lightrooms Entwicklungseinstellungen sind hingegen an die Benutzung von Lightroom und Camera Raw gebunden. Dabei haben Lightroom-User durch die

Kompatibilität der Entwicklungseinstellungen zwischen den beiden Programmen immerhin noch einen Vorteil gegenüber dem Lightroom-Konkurrenten Aperture von Apple.

Es bleibt auch abzuwarten, wie Adobe das Problem der Rückwärtskompatibilität in der zukünftigen Entwicklung von Lightroom angehen wird, d.h., inwiefern neue Funktionen eingeführt bzw. bereits existierende Funktionen verbessert werden können, ohne dass sich die bereits bearbeiteten Bilder visuell ändern. Nach dem, was ich in den Lightroom-Podcasts von den Entwicklern gehört habe, ist ihnen dieses Problem jedoch durchaus bewusst.

Ich gehe davon aus, dass ich im entsprechenden Fall genug Zeit haben werde, um geeignete Maßnahmen zu treffen und alle meine Fotos z. B. in TIFF-Dateien, 16 Bit, Pro-Photo-RGB, zu konvertieren.

DNG-Format und DNG-Konvertierung in Lightroom

Für und Wider DNG-Format

Das DNG-Format (Digital Negative Format) wurde von Adobe 2004 veröffentlicht, um einen offenen Standard unter den Raw-Formaten zu schaffen – eine Antwort auf die zu diesem Zeitpunkt schon zahlreichen proprietären Raw-Formate. Obwohl das Format technisch dazu in der Lage ist, alle diese proprietären Formate zu ersetzen, wurde eine Unterstützung von den größten Kameraherstellern wie Canon und Nikon sofort abgelehnt.

Mittlerweile unterstützen einige wenige Kamerahersteller das DNG-Format direkt (darunter auch größere wie Pentax), und eine weitreichende grundlegende Unterstützung im Softwarebereich, durch die meisten Bildverwaltungsprogramme, Raw-Konverter und Betriebssysteme, ist ebenfalls gegeben.

Es bleibt abzuwarten, wie sich die Akzeptanz in den nächsten Jahren entwickelt – und ob sich das Format auch im Hinblick auf die bevorstehende ISO-Zertifizierung des Formats langfristig als Standard durchsetzen kann.

Vorzüge für die Bildverwaltung

DNG bietet drei wesentliche Vorteile gegenüber den proprietären Raw-Formaten; diese liegen alle im Bereich Bildverwaltung.

Zum Ersten sind die Aussichten darauf, dass dieses Format in einigen Jahren noch unterstützt wird, größer als bei den proprietären Raw-Formaten; und auch wer im Laufe seines Lebens Kameras unterschiedlicher Hersteller benutzt, braucht sich nicht mit unterschiedlichen Raw-Formaten herumzuschlagen.

Zum Zweiten lassen sich XMP-Metadaten direkt in die Dateien einbetten, anstatt dass man XMP-Sidecars anlegen muss, was die Bildverwaltung kompakter und auch sicherer macht.

Zum Dritten lassen sich mit Camera Raw und auch mit Lightroom Vorschaudateien in die Dateien einbetten. Andere Software kann so die Entwicklungseinstellungen zwar nicht direkt interpretieren, stattdessen kann sie jedoch die eingebetteten Vorschauen anzeigen.

Dieser dritte Punkt hat bei einer reinen Benutzung von Lightroom wenig Bedeutung – Lightroom selbst greift auf seine eigenen Vorschauen, nicht auf die eingebetteten zurück (auch wenn es sie einbetten kann). Nur wenn Lightroom nicht als einziges Bildverwaltungsprogramm benutzt wird, ist dies sinnvoll.

Nachteil: Wenig Unterstützung durch Kamerahersteller
Der einzige Nachteil an der DNG-Konvertierung ist, dass DNG nicht von den Raw-Konvertern der Kamerahersteller unterstützt wird. Nikons »Capture NX« z. B., das von vielen Fotografen gerne eingesetzt wird, unterstützt eben nur Nikons NEF-Dateien, und Nikon bietet (offensichtlich aus politischen Gründen) auch keine Möglichkeit an, DNG-Dateien in NEF-Dateien zurück zu konvertieren oder sie direkt zu bearbeiten. Es gibt jedoch eine Reihe von Möglichkeiten, dieses Problem zu umgehen.

Die erste ist, einfach auf die Benutzung dieser Raw-Konverter zu verzichten und nur auf Software zu setzen, die DNG unterstützt. Dies ist neben Lightroom und Camera Raw eine ganze Reihe von Raw-Konvertern; nur eben nicht die der Kamerahersteller.

Die zweite Möglichkeit besteht darin, vor der DNG-Konvertierung die proprietären Raw-Dateien zu archivieren. Auf diese Weise hat man Zugriff auf diese Dateien, wenn man sie braucht. Über die Backup-Option in Lightrooms Import-Dialog lässt sich dieses Vorgehen automatisieren; hier können gleichzeitig die Fotos als DNG importiert und als Original-Raw-Dateien in einen angegebenen Ordner gesichert werden.

Die dritte Möglichkeit ist, die Original-Raw-Dateien in die DNG-Dateien einzubetten, in die sie konvertiert werden. Wenn die Originale gebraucht werden, lassen sie sich mit dem »Adobe DNG Converter« wieder extrahieren (kostenlos erhältlich[2]).

Abb. 3–50 Mit dem Adobe DNG Converter lassen sich eingebettete Raw-Dateien wieder aus DNG-Dateien extrahieren, auch per Stapelverarbeitung.

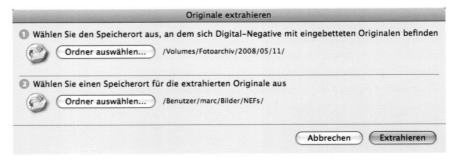

2   http://www.adobe.com/de/products/dng/

Dies ist eine kompaktere Lösung als die zweite, jedoch werden die DNG-Dateien dadurch erheblich größer, was dazu führt, dass viele Arbeitsschritte, auch in Lightroom, etwas länger dauern.

Hier empfiehlt es sich, nur einen Teil der Originaldateien einzubetten, z. B. die »besten« 5 %. Dies kann natürlich erst nach der Bewertungsphase der Bilder geschehen. Danach werden die besten mit Einbettung, die restlichen ohne Einbettung konvertiert.

Für mich ist dieses Verfahren durchaus sinnvoll, da ich im Moment als Nikon-Fotograf zwar »Nikon Capture« nicht benutze, aber nicht ausschließe, dass ich es einmal benutzen werde. Ich konvertiere deshalb alle Bilder mit zwei oder mehr Bewertungssternen mit Einbettung, die restlichen ohne Einbettung der Original-Raw-Dateien in DNGs (mehr zur Bewertungsphase und dem Sternesystem in Kapitel 3.4.2).

DNG Recover Edges

Raw-Dateien bieten nicht nur Reserven für Helligkeitswerte in den Lichtern, sondern auch eine geringe Pixelreserve an den Rändern der Fotos. Es ist tatsächlich so: Die Bilder sind eigentlich alle ein kleines Stückchen größer, als wir denken (wenige Pixel). Ein mehr oder weniger großer Bereich an den Rändern wird abgeschnitten.

Dieser Bereich lässt sich bei der Benutzung von DNG-Dateien zurückholen. Dazu gibt es ein spezielles Tool, DNG Recover Edges, das kostenlos erhältlich ist[3].

Die Ergebnisse sind unterschiedlich. Mit der Konica Minolta Dynax 7D (6 MP) sind es auf jeder Seite nur 4 Pixel, die gewonnen werden. Bei meiner D100 (ebenfalls 6 MP) wird das Foto um 12 Pixel an jeder Seite größer. In einigen wenigen Fällen können das die entscheidenden Pixel sein.

DNG-Konvertierungseinstellungen in Lightroom

DNGs können in Lightroom an drei Stellen erzeugt werden:

1. Beim Import mit der Importart *Fotos als digitales Negativ (DNG) kopieren und dem Katalog hinzufügen*
2. Zwischendurch bzw. lange nach dem Import – mittels des Menüpunkts *Bibliothek → Foto(s) in DNG konvertieren*
3. Als Ausgabeformat im Exportieren-Dialog (nützlich, wenn man z. B. virtuelle Kopien zu »richtigen« Kopien machen möchte)

Das DNG-Format verfügt über eine Reihe von Optionen, unter anderem ob das Original-Raw eingebettet werden soll oder nicht. Diese Einstellungen lassen sich an Ort und Stelle festlegen, lediglich bei der Importkon-

---

3   http://www.luminous-landscape.com/contents/DNG-Recover-Edges.shtml

vertierung finden sich die dazugehörigen Konvertierungseinstellungen in den Voreinstellungen unter dem Import-Reiter.

Nachfolgend die Konvertierungsoptionen anhand der Funktion *Fotos in DNG konvertieren*:

Abb. 3–51 *Die DNG-Konvertierungs- optionen in Lightroom*

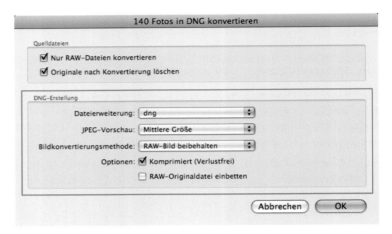

Nur Raw-Dateien konvertieren: Man kann auch JPEGs, TIFFs und PSD-Dateien in DNGs umwandeln. Dies ist jedoch in normalen Situationen nicht sinnvoll. Mit diesen Optionen werden diese Dateitypen ausgeschlossen.

Originale nach Konvertierung löschen: Ist dies nicht angewählt, verbleiben die Originale auf der Festplatte, sind aber von Lightroom aus nicht mehr sichtbar.

JPEG-Vorschau: Eine JPEG-Vorschau muss für die Benutzung von DNGs in Lightroom nicht eingebettet werden, da Lightroom seine eigenen Vorschauen erzeugt und zentral verwaltet. Sollen die Änderungen am Bild jedoch außerhalb von Lightroom/Camera Raw zu sehen sein, so muss eine Vorschau eingebettet und gegebenenfalls immer wieder aktualisiert werden. Dies funktioniert jedoch nur, wenn das andere Programm eingebettete Vorschauen in DNGs unterstützt. Mac OS X und Windows tun dies nicht, selbst in »Leopard« und »Vista«. Daher sehe ich die einzige Verwendungsmöglichkeit momentan dann, wenn Lightroom nicht als primäres Bildverwaltungsprogramm benutzt werden soll (siehe Kasten »Andere Bildverwaltungsprogramme …«).

Bildkonvertierungsmethode: *Raw-Bild beibehalten* ist hier die einzig sinnvolle Option. *In lineares Bild konvertieren* macht aus der Datei bereits eine Bitmap-Datei, wodurch man die Vorteile von Raw verliert und die Dateigröße beträchtlich anwächst.

Komprimiert: Da es sich um verlustfreie Komprimierung handelt und dies die Dateigröße stark reduziert, sehe ich keinen Grund, dies nicht einzuschalten.

Raw-Originaldatei einbetten: Bettet die Original-Raw-Datei in die DNG-Datei ein. Diese kann später mit dem »Adobe DNG Converter« extrahiert werden (siehe Abschnitt weiter oben zum DNG-Format).

Andere Bildverwaltungsprogramme und DNG-Vorschauen

Die Einbettung von Vorschauen in DNG-Dateien ist sinnvoll, wenn Fotos zwar in Lightroom bearbeitet, aber nicht langfristig darin verwaltet werden. Eine Bildverwaltungssoftware, die Vorschauen in DNGs unterstützt, ist z. B. Microsoft Expression Media.

Es gibt zwei verschiedene Größen für Vorschauen, zwischen denen man in den Konvertierungsoptionen wählen kann. Eine Vorschau in voller Größe kann eine DNG-Datei schon um 20 % anwachsen lassen, während eine in mittlerer Größe nur 2–3 % auf die Dateigröße draufschlägt. Für die Bildverwaltung allein reichen die mittleren Vorschauen mit einer Kantenlänge von 1024 Pixeln vollkommen aus. Die volle Größe ist dann sinnvoll, wenn mit dem Verwaltungsprogramm zusätzlich Diashows oder Probeausdrucke gemacht werden sollen.

Die eingebetteten Vorschauen entsprechen – ähnlich wie die eingebetteten XMP-Metadaten – nicht automatisch zu jedem Zeitpunkt dem aktuellen Stand der Entwicklungseinstellungen. Um sie zu aktualisieren, muss man die entsprechenden Fotos selektieren und den Menüpunkt *Metadaten → DNG-Vorschau und Metadaten aktualisieren* aufrufen. Daraufhin wird ein neues Vorschaubild erzeugt, egal ob vorher schon eins in das DNG eingebettet war oder nicht.

Achtung: Die verwendete Größe der Vorschauen bei der Aktualisierung richtet sich nach den Einstellungen in *Voreinstellungen → Importieren*, also gehen Sie sicher, dass dort die richtige Einstellung verwendet wird.

3.3.2 Ordnerstruktur und Namenssystem

Ordnerstruktur

Von Lightroom generierte Ordnerstrukturen

Lightroom kann die Bilddateien vor dem Import automatisch kopieren oder verschieben (dazu muss im Import-Dialog unter *Dateiverwaltung* eine der *Kopieren-* bzw. die *Verschieben*-Optionen gewählt sein) und dabei eine Ordnerstruktur aufbauen. Hierfür stehen unter *Ordnen* im Import-Dialog drei grundlegende Möglichkeiten zur Auswahl.

Abb. 3–52 *Ordnen-Option*
im Import-Dialog

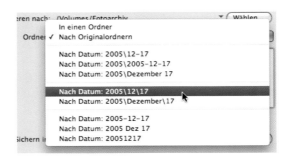

Abb. 3–52 *Ordnen-Option im Import-Dialog*

In einen Ordner: Kopiert einfach alle zu importierenden Fotos in einen Ordner, egal ob die Fotos vorher in Unterordnern organisiert waren oder nicht.

Nach Originalordnern: Kopiert die Fotos mit genau der vorhandenen Ordnerstruktur.

Nach Datum: Baut eine neue Ordnerstruktur auf, die sich nach dem als EXIF-Information gespeicherten Aufnahmedatum der Fotos richtet. Diese automatische datumsbasierte Einordnung ist sicherlich die bequemste Möglichkeit, Fotos in einer neuen Ordnerstruktur zu organisieren. Auf der anderen Seite muss man sich auf die zur Verfügung stehenden, nicht gerade zahlreichen Strukturen beschränken.

Die vielen Wahlmöglichkeiten unter den datumsbasierten Angaben, die Lightroom scheinbar bietet, beziehen sich nämlich einerseits auf unterschiedliche Schreibweisen, z. B. ob der Monat als Zahl oder als Monatsname geschrieben wird. Andererseits lässt sich wählen, ob Lightroom umschließende Ordner für die Monate und Jahre (mittlere Elemente im Menü), nur für die Jahre (oben) oder überhaupt nicht (unten) anlegen soll. Letztlich ist es aber immer dasselbe Verfahren, nämlich ein Ordner pro Tag.

Typen und Ordnerstruktur

Als sich die Lightroom-Entwickler mit dem Verhalten verschiedener Benutzer bezüglich der Ordnung innerhalb ihrer digitalen Fotos befassten, stellten sie fest, dass es zwei »Typen« gab: Die einen hatten ein rigides Ordnungssystem, das sie konsequent einhielten; die anderen hatten überhaupt kein System: Die Fotos landeten einfach irgendwo.

Falls Sie eher zum Typ gehören, der ein festes System hat, und Lightroom verfügt über keines, das genau Ihrem entspricht, kann es vielleicht trotzdem sinnvoll sein, sich eins von Lightrooms Systemen auszusuchen und damit sein System zu ändern. Es spart wirklich eine Menge Arbeit.

Falls Sie bisher gar kein System hatten: Lightroom kann das Einhalten eines Systems eigentlich komplett für Sie übernehmen. Die einzige Hürde, die zu überwinden ist, ist zu überlegen, mit welchem der datumsbasierten Systeme man am besten klarkommt. Danach macht Lightroom praktisch alles alleine.

Ich selbst habe mich nach einiger Zeit mit einem der Datumssysteme angefreundet, nachdem ich vorher auch das Ereignissystem für mich ausprobiert hatte. Doch da ich relativ viel »zwischendurch« fotografiere und keine Lust hatte, mir für ein paar Fotos einen Ereignisnamen auszudenken, bin ich schnell wieder davon abgekommen.

Manuell erstellte Ordnerstrukturen

Falls Sie sich nicht mit den datumsbasierten Ordnerstrukturen anfreunden können, die Lightroom anbietet, müssen Sie wohl oder übel selbst eingreifen. Eine beliebte Strukturierungsmöglichkeit ist die nach Ereignissen oder »Shootings«. Dies sind thematisch und chronologisch zusammenhängende Fotos wie z. B. eine Fotoreise oder eine Porträtsession. Damit die Ordner chronologisch sortiert werden, ist es sinnvoll, vorne am besten das Anfangs- oder Enddatum zu platzieren, z. B. »20050703_ Sommerurlaub«. Auch hier kann man die Einzelordner in Monats- oder Jahres-Elternordner legen.

Eine Möglichkeit für die Umsetzung eines solchen Systems ist, den Inhalt der Speicherkarte(n) manuell in ein temporäres Verzeichnis zu kopieren und vor dem Import in Ruhe im Windows Explorer oder Mac OS Finder die Unterordner zu erstellen und zu benennen. Dann kann man die Fotos mit der Option *Fotos an neuen Speicherort verschieben und importieren (Ordnen: Nach Originalordnern)* ins Fotoarchiv verschieben und in Lightroom importieren.

Thematische Ordnerstruktur

Nicht empfehlen kann ich eine nichtchronologische Ordnung, z. B. eine thematische wie »Natur/Tiere/Säugetiere…«. Eine thematische Ordnung auf Dateisystemebene müsste praktisch von Anfang an perfekt eingerichtet sein, sodass man sie nicht mehr umstrukturieren muss. Außerdem müsste man in der Lage sein, jedes Bild eindeutig einzusortieren.

Flexibler ist man, wenn man die Bilder eindeutig über Datum oder Ereignis einsortiert und eine thematische Sortierung innerhalb von Lightroom über Stichwörter erstellt. Lightroom kann auch Stichworthierarchien anlegen, über die man ähnlich wie bei einer Ordnerstruktur auf die Bilder zugreifen kann. Hierbei muss man sich nicht entscheiden, zu welchem Thema ein Bild gehört, da man beliebig viele Stichwörter vergeben kann (mehr zu Stichwörtern und Stichworthierarchien in Kapitel 3.4.3).

Eine andere Möglichkeit ist, die Ordner von Lightroom anhand einer Datumsstruktur erstellen zu lassen und diese Struktur dann im Nachhinein mithilfe der Ordner-Palette in Lightroom anzupassen.

Ordner- und Dateiverwaltung nach dem Import

Obwohl es sich bei Lightroom nicht um einen Bild-Browser handelt, bei dem man ständig auf der Ebene des Dateisystems operiert, kann man über die Ordner-Palette einige Operationen ausführen, die sich direkt auf das Dateisystem auswirken.

Über das +-Symbol oben rechts gelangt man zur Funktion *Unterordner hinzufügen,* mit der sich Unterordner erstellen und auch gleich eventuell selektierte Bilder dorthin verschieben lassen.

Einzelne Fotos lassen sich auch dadurch verschieben, dass sie selektiert und auf einen anderen Ordner in der Ordner-Palette gezogen werden. Auch ganze Ordner lassen sich innerhalb der angezeigten Ordnerhierarchie verschieben und werden damit auch auf der Dateisystemebene verschoben. Ein Ordner lässt sich z. B. in einen anderen Ordner ziehen usw.

Per Doppelklick auf einen Ordnernamen lassen sich Ordner umbenennen. Ordner löschen kann man in Lightroom nicht bzw. nur, wenn sie leer sind. Das --Symbol oben rechts in der Palette entfernt den Ordner lediglich aus der Verwaltung durch den Katalog.

Hingegen kann man einzelne oder mehrere selektierte Fotos löschen: Beim Drücken der Delete-Taste fragt Lightroom nach, ob die selektierten Fotos lediglich aus dem Katalog ausgetragen oder tatsächlich vom Datenträger gelöscht werden sollen (dies funktioniert nicht, wenn gerade eine Sammlung als Bildquelle ausgewählt ist; in diesem Fall werden die selektierten Fotos aus der Sammlung entfernt).

Abb. 3–53 Lightroom fragt beim Löschen von Fotos nach, was gemeint ist.

Eine andere Möglichkeit des Löschens von Fotos ist es, diese zunächst mit der Flaggenmarkierung »Abgelehnt« als Löschkandidaten zu markieren und zu einem späteren Zeitpunkt die Funktion *Foto → Abgelehnte Fotos löschen* (bzw. Strg | Befehl-Delete) aufzurufen (mehr zu Flaggenmarkierungen in Kapitel 3.4.1).

Namenssystem

Namenssystem auf Datumsgrundlage

Auch für die Benennung von Dateinamen gibt es sicherlich unzählige Möglichkeiten. Ich will hier nur eine vorstellen, die ich größtenteils von Peter Krogh übernommen habe[4].

Abb. 3–54 *Ein Beispiel für das hier vorgestellte Namenssystem*

Es sieht so aus wie in obiger Abbildung und hat folgende Eigenschaften:

1. Am Anfang des Dateinamens befindet sich eine persönliche Kennzeichnung, in obigem Beispiel meine Initialen. Ich hätte auch eine andere Art der Kennzeichnung wählen können, z. B. meinen Vor- oder Nachnamen.

    Die persönliche Kennzeichnung mag auf den ersten Blick unnötig erscheinen. Doch so lassen sich für andere die eigenen Bilddateien leicht erkennen und zuordnen. Außerdem kann man auf seinem eigenen Computer seine eigenen Dateien von denen anderer unterscheiden, die eventuell auch ein Datum im Dateinamen haben.

2. Es beinhaltet das Aufnahmedatum und damit das wichtigste Metadatum direkt im Dateinamen, und zwar in umgekehrter Reihenfolge, sodass Dateien im Mac OS Finder oder Windows Explorer richtig sortiert werden.

3. Zusätzlich zum Datum verfügt es über eine vierstellige Nummer. Diese Nummer ist natürlich ohnehin notwendig; wenn man mehr als ein Bild pro Tag schießt, braucht man irgendeine Art von Bildnummer.

    Die hier verwendete Nummer ist aber kein Zähler, der bei jedem Tag bei 0001 wieder anfängt, sondern es ist die Bildnummer, welche die Kamera generiert und in ihren Dateinamen (wie z. B. »DSC_6084. NEF«) benutzt. Die Kamera zählt hier fortlaufend von 0000 bis 9999 und beginnt somit nicht bei jedem Tag wieder neu.

    Der Vorteil dieser Zählweise ist, dass der gesamte Bereich von 0000–9999 ausgenutzt wird. Eine Nummerierung, die jeden Tag bei 0001 anfängt, würde zur Folge haben, dass sehr viele Bilder im Bereich von z. B. 0000–0099 liegen und wenige oder keine im Bereich über 1000. Eine Nummer kommt nur alle 10.000 Mal vor, noch seltener wenn man viele Bilder löscht. Sie ist nicht eindeutig, aber sie kommt auch im Laufe eines Fotolebens nur vergleichsweise wenige Male vor.

---

4   Peter Krogh, »Professionelle Bildverwaltung für Fotografen«, dpunkt-Verlag

Umbenennung beim Import

Lightroom kann Dateien vor dem Import automatisch umbenennen.
Hierzu wählt man eine *Dateinamenvorlage* im Import-Dialog aus.

Abb. 3–55 *Wahl der Dateinamenvorlage
im Import-Dialog*

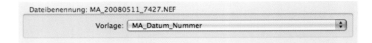

Dateinamenvorlagen und Textvorlagen sind Textketten aus statischen
und dynamischen Elementen und Lightrooms Art und Weise, mit Stapel-
umbenennungen bzw. Stapeltextausgaben umzugehen. Dynamische Textelemente, z. B. das Aufnahmedatum, werden über Platzhalter in diese Textketten eingefügt. Die Vorlagen werden im Dateinamenvorlagen-Editor
erstellt, der ebenfalls vom Import-Dialog aus erreichbar ist.

Abb. 3–56 *Die Vorlage für das
Namenssystem von weiter oben*

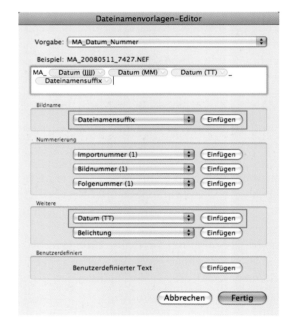

In der obigen Abbildung ist das eben vorgestellte Namenssystem als Vorlage zu sehen. Die von der Kamera angehängte Nummer wird über das
Element *Dateinamensuffix* verwendet.

Für eine Erklärung aller Elemente, die sich im Dateinamenvorlagen-
Editor verwenden lassen, siehe Anhang.

Umbenennung nach dem Import

Nach dem Import lassen sich einzelne Bilder am einfachsten direkt über
die Metadaten-Palette auf der rechten Seite im Bibliotheksmodul, direkt
im Feld *Dateiname*, ändern. Die Dateinamen mehrerer Bilder lassen sich
mit der Stapelumbenennung ändern. Dazu selektiert man die Fotos und
geht auf *Bibliothek → Fotos umbenennen* oder drückt einfach F2. Im folgenden Dialog lässt sich genau wie im Import-Dialog eine Dateinamenvorlage auswählen oder neu erstellen.

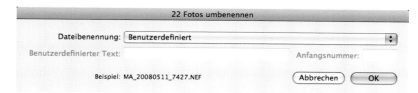

Abb. 3–57 *Die Stapelumbenennung
ist über F2 erreichbar.*

Sonderzeichen

Um Dateinamen zwischen allen Betriebs- und Dateisystemen kompatibel
zu halten, sollte man ein paar Mindeststandards einhalten, was die verwendeten Zeichen betrifft. Manche Sonderzeichen sind auf manchen Betriebs-
systemen für andere Zwecke reserviert; z.B. als Trennsymbol für Pfade.
Ebenso kommen einige Systeme nicht mit Leerzeichen zurecht. Lightroom
kann immer, wenn es einen Dateinamen generiert, d.h. während des Imports, Exports oder während der Stapelumbenennung, automatisch dafür
sorgen, dass diese Mindeststandards eingehalten werden.

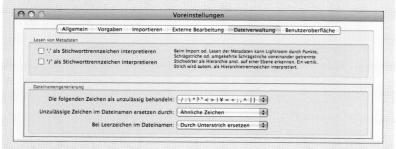

Abb. 3–58 *Voreinstellungen → Dateiverwaltung*

In den Voreinstellungen im Dateiverwaltungs-Reiter lässt sich präzisieren,
welche Zeichen Lightroom als unzulässig erkennen und durch welche zu-
lässigen Zeichen es diese ersetzen soll. Dies trägt bei zur Langlebigkeit des
digitalen Bildbestands, ohne dass Sie manuell etwas dafür tun müssen. Ich
habe die Regelungen so eingestellt, dass die maximale Anzahl an Sonderzeichen ersetzt wird und auch keine Leerzeichen in Dateinamen vorkommen können.

Benennung von »Abkömmlingen«

Erstellt man auf der Grundlage einer Bilddatei weitere Bilddateien, z. B. mit Photoshop, spricht man von Derivaten – oder Abkömmlingen. Auch Lightroom erstellt während der Übergabe von Dateien an Photoshop oder andere Programme Derivate. In solchen Fällen ist es sinnvoll, dass eine Originaldatei genau einmal existiert und anhand des Dateinamens auch eindeutig gekennzeichnet ist, z. B. indem die Derivate mit einer entsprechenden Endung versehen werden.

Lightroom versieht die Dateien, die es zur Übergabe an Photoshop erstellt, standardmäßig mit der Endung »-Bearbeitet«, z. B. »MA_20070909_6084-Bearbeitet.tif«. Aber auch dieses Benennungsverhalten ist über die Voreinstellungen im Reiter *Externe Bearbeitung* mithilfe des Dateinamenvorlagen-Editors anpassbar.

Wenn man über den Exportieren-Dialog exportierte Bilddateien ebenfalls archivieren will, empfiehlt es sich hier ebenfalls, ein Anhängsel im Exportieren-Dialog einzustellen, z. B. »-Dev« wie Derivat oder »-Export« für Export, also: »MA_20070909_6084-Export.jpg«.

Wenn man jetzt mit der Suchfunktion »Spotlight« oder der Windows-Suche global nach »20070909_6084« sucht oder auch nur nach »6084«, sollte man die Originaldatei sehr schnell finden. Es sollte die einzige ohne Erweiterung, also der kürzeste Name sein.

3.3.3 Workflow-Teil
Import von CF-Karte und Backup der Fotos

Es werden gezeigt: Import-Dialog, Sicherungsfunktion während des Imports, Backup des Fotoarchivs

Schritt 1: Mein System

Mein Desktop-Computer ist ein Mac Mini mit interner 80-GB-Festplatte. Diese ist nur für das Betriebssystem und meinen Dokumentenordner da. Fotos finden sich darauf nicht. Doch im Dokumentenordner befindet sich mein Lightroom-Katalog mit den dazugehörigen Vorschaudateien.

Mein Fotoarchiv befindet sich auf einer externen FireWire-Festplatte (mein ganzes digitales Fotoarchiv passt momentan auf eine Festplatte), die meistens aktiviert ist oder aber sehr schnell per Knopfdruck aktiviert werden kann. Die Fotos übertrage ich mittels eines externen CF-Kartenlesegeräts, das per USB angeschlossen ist.

Eine zweite externe USB-Festplatte dient mir als Sicherungsfestplatte für das Fotoarchiv und meinen Dokumentenordner. Mit einem Backup-Programm (siehe unten) mache ich, nachdem ich eine wichtige Arbeit beendet habe, ein Backup, meist ein- bis zweimal täglich. Die Festplatte ist sonst ausgeschaltet.

Weitere Sicherungen mache ich auf DVDs und CDs. Hierfür habe ich eine praktische und platzsparende Archivierungsmappe.

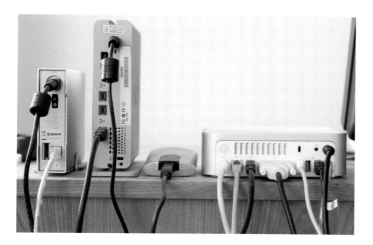

Abb. 3–59 *Mein derzeitiges System von rechts nach links: Computer mit interner Festplatte und DVD-Brenner, CF-Kartenleser, »Fotoarchiv«-FireWire-Festplatte, »Sicherung«-USB-Festplatte*

Ich habe eine weitere Archivierungsmappe mit denselben Daten im Haus meines Vaters deponiert. Dieses Offsite-Backup ist eine wichtige Komponente, die vor Brand und evtl. Diebstahl schützt (obwohl DVDs wohl selten gestohlen werden). Mein gesamtes Fotoarchiv ist natürlich auf diese Weise gesichert.

Schritt 2: Import-Dialog

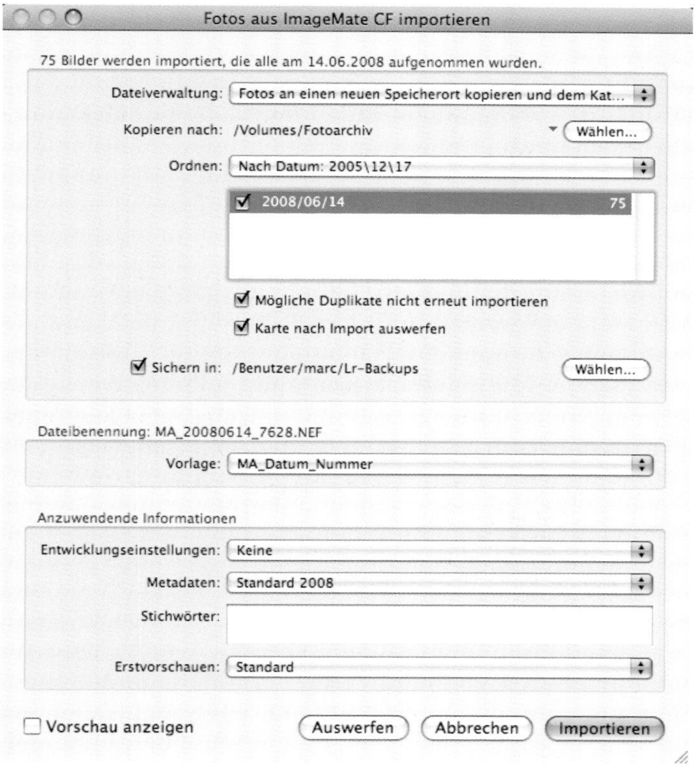

Abb. 3–60 *Der Import-Dialog: Oben links sehe ich die Anzahl der zu importierenden Fotos und kann sie mit dem Wert, den mir die Kamera anzeigt(e), vergleichen.*

Wenn ich eine CF-Karte in den Kartenleser stecke und Lightroom starte, springt mich direkt der Import-Dialog an. Ich verwende die Einstellungen wie in Abbildung 3–60.

Die Fotos werden in mein Fotoarchiv, also auf die FireWire-Festplatte kopiert, entsprechend meines Ordnersystems einsortiert und nach meinem Namenssystem umbenannt. Zusätzlich sichere ich die Bilder über die Sichern in-Option in einem temporären Ordner *Lr-Backups* auf meiner internen Festplatte. Als Entwicklungseinstellungen verwende ich *Keine*, d.h., es werden die jeweiligen Standardentwicklungseinstellungen angewendet. Als Metadatenvorgabe verwende ich meine Standardvorgabe, die meinen Namen, die Adresse meiner Webseite und Copyright-Informationen enthält. Stichwörter fallen mir in diesem Fall keine ein, die auf alle Bilder zutreffen würden.

Die CF-Karte wird nach dem Import automatisch ausgeworfen. Ich lege sie erst einmal beiseite und importiere eventuelle andere Karten.

Abb. 3–61 *Das Backup-Programm »Synk«*

Schritt 3: Backup auf Sicherungsfestplatte

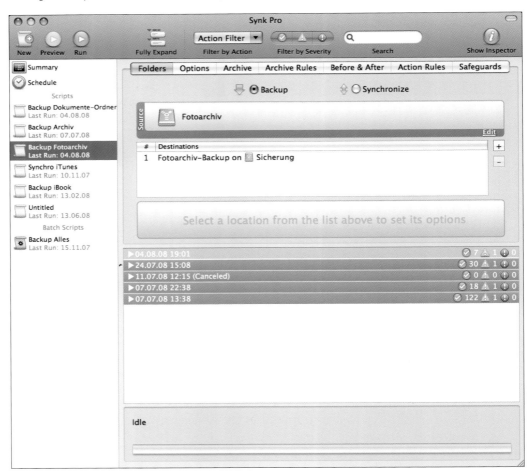

Ich schalte die Sicherungsfestplatte ein und starte das Backup-Programm. Dieses enthält ein Backup-Skript, das ich mit zwei Knopfdrücken starten kann und das auf der Sicherungsplatte eine exakte Kopie meines Fotoarchivs herstellt. Danach deaktiviere ich die Platte und schalte sie aus.

Schritt 4: Backup des temporären Ordners auf DVD

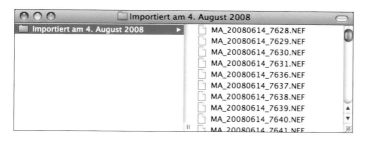

Abb. 3–62 Die mit der Sichern in-Option des Import-Dialogs gesicherten Dateien sollen auf DVD gebrannt werden.

Nun habe ich alle Bilddateien dreifach: auf meiner ersten externen Festplatte im Fotoarchiv, auf meiner externen Sicherungsplatte und als Sicherungskopie aus dem Import auf meiner internen Festplatte. Zudem habe ich durch den Import in Lightroom zumindest einmal die Integrität der Dateien überprüft. Ich könnte jetzt die CF-Karte(n) formatieren, doch vorher mache ich einen weiteren Schritt.

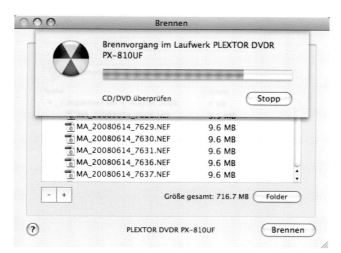

Abb. 3–63 Wichtig wegen evtl. schlechter Rohlinge: die Überprüfung der gebrannten Daten

Abb. 3–64 Die DVD ist mit einem CD-/DVD-Marker aus Gründen der Archivsicherheit nur auf dem inneren Plastikrand beschriftet.

Ich brenne den Import-Backup-Ordner, den Lightroom angelegt hat, auf einen oder mehrere optische Datenträger und beschrifte sie mit »Lr-Import-Backups« und dem Datum des Imports. Dabei brenne ich zwei Kopien. Eine ist für mich, eine ist für *offsite* bestimmt, bei nächster Gelegenheit bringe ich sie außer Haus (je nach Wichtigkeit der Bilder). Beide werden jeweils den schon vorhandenen Archiv-DVDs hinzugefügt und komplettieren so das Archiv. Nach dem Brennen oder bei Gelegenheit lösche ich dann den Import-Backup-Ordner auf der internen Festplatte.

Abb. 3–65 *Dieser Schritt im Workflow ist nicht zu vernachlässigen.*

Schritt 5: Formatieren der Speicherkarte(n)
Jetzt, wo alle Backups gemacht sind, formatiere ich die Karte(n) nacheinander in der Kamera. Ich finde es wichtig, dass die Karten leer sind, wenn ich mit ihnen fotografieren will. Denn es erzeugt in mir eine bestimmte Ungewissheit, beim Einlegen einer neuen Karte Bilder auf ihr vorzufinden. Habe ich wirklich alle Fotos darauf bereits übertragen? Während des Fotografierens will ich diese Ungewissheit nicht haben. Deshalb habe ich mir diesen Schritt angewöhnt.

3.4 Digitaler Leuchttisch

3.4.1 Fotos filtern und selektieren

Rasteransicht, Filterleiste und Filmstreifen

Rasteransicht
Die Rasteransicht ist die Standardansicht im Bibliotheksmodul. Sie zeigt auf der Arbeitsfläche mehrere mehr oder weniger große Thumbnails an und spiegelt dabei die Fotos aus dem Filmstreifen wider.

Die Rasteransicht ist von jedem Modul aus jederzeit mit der G-Taste (»Grid«, Shift-G für Sekundäranzeige) oder über den kleinen Button ganz links oben im Filmstreifen erreichbar. Sie ist *die* Ansicht, um mit großen Mengen von Bildern zurechtzukommen, z.B. um Fotos zu selektieren oder sie mit Metadaten und Stichwörtern zu versehen.

Abb. 3–66 *Rasteransicht*

Ist die Thumbnail-Größe klein genug gewählt, passen auf einen 24"-Bildschirm ca. 150 Fotos auf einmal. Die Größe lässt sich über den Regler *Miniaturen* in der Werkzeugleiste (der evtl. erst dazugeschaltet werden muss) einstellen.

Betrachtet man die Thumbnails oder »Zellen« an sich, so gibt es zwei Typen: kompakte und erweiterte Zellen. Die erweiterten Zellen haben zusätzlich eine Kopf- und eine Fußzeile und nehmen daher mehr Raum ein als die kompakten.

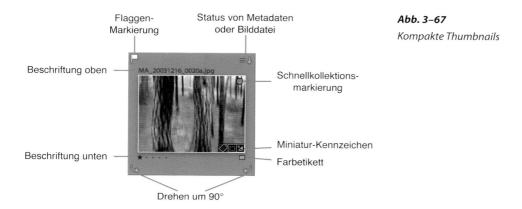

Abb. 3–67

Kompakte Thumbnails

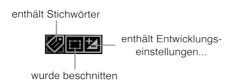

Abb. 3–68 *Mögliche Miniaturkennzeichen*

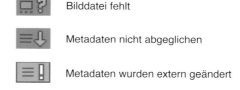

Abb. 3–69 *Mögliche Statuskennzeichen*

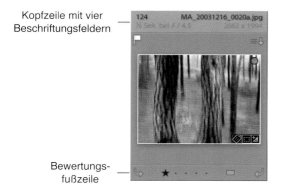

Abb. 3–70 *Zusätzliche Elemente der erweiterten Thumbnails*

Mit der J-Taste durchläuft man drei verschiedene Thumbnail-Modi: 1) kompakte Zellen ohne Informationen, 2) kompakte Zellen mit Informationen, 3) erweiterte Zellen. Der Modus lässt sich auch auswählen unter *Ansicht → Rasteransichtsziel*.

Über *Ansicht → Ansicht-Optionen* (Strg | Befehl-J) gelangt man in die Bibliotheksansicht-Optionen, in denen man Raster- und Lupenansicht genau konfigurieren kann. Wie in Abbildung 3–71 zu sehen ist, lassen sich hier – für kompakte und erweiterte Zellen getrennt – viele Informationen an- oder ausschalten und angeben, welche Metadaten in den Textfeldern angezeigt werden.

Abb. 3–71 *Konfiguration der Thumbnails*

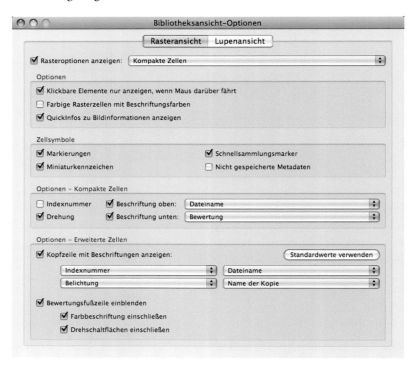

Filterleiste

Abb. 3–72 *Die gefilterten Fotos sind immer ein Teil der Fotos der momentanen Bildquelle, die wiederum ein Teil des gesamten Bildbestands sind.*

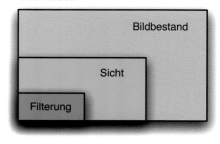

Mithilfe der Filterleiste lassen sich die Quellen aus den Paletten auf der linken Seite (Katalog-, Ordner- und Sammlungen-Paletten) weiter filtern, sodass man die Zahl der Fotos weiter einschränken kann. Dies geschieht wie bei den Smart-Sammlungen über die Verwendung von Metadaten. Allerdings ist die Filterleiste nur für sehr kurzfristige Bildzusammenstellungen gedacht.

Auch beziehen sich die Smart-Sammlungen immer auf die gesamte Menge der Fotos, die Filterleiste hingegen filtert immer die jeweils selektierte Quelle. Das kann z. B. auch eine Smart-Sammlung sein, deren Inhalt noch weiter gefiltert werden soll.

Die Filterleiste lässt sich über die M-Taste (Shift-M für Sekundäranzeige) ein- und ausblenden. Dadurch wird allerdings nicht der Filter selbst ein- oder ausgeschaltet: Dies geschieht über Strg | Befehl-L oder über einen Klick auf *Keine* oben in der Filterleiste.

Die Filterleiste teilt sich in drei Teile: *Text, Attribut* und *Metadaten*. Im Großen und Ganzen ähneln Textteil und Metadatenteil den in Lightroom 1.x noch, aber in Lightroom 2 nicht mehr vorhandenen Paletten *Suchen* und *Metadatenbrowser* auf der linken Seite. Die Filterungsmöglichkeiten des Attributteils entsprechen denen im Filmstreifen, wie sie auch aus Lightroom 1.x schon bekannt waren (wie man sieht, wurde in Lightroom 2 einiges umorganisiert, die Funktionalität ist jedoch zum größten Teil erhalten geblieben bzw. ausgebaut worden).

Die drei Teile können über die Beschriftungen oben in der Mitte der Filterleiste ein- oder ausgeblendet werden. Um mehrere Teile der Leiste auf einmal einblenden zu können, muss man beim Klick auf die Beschriftungen allerdings die Shift-Taste gedrückt halten. Über *Keine* lassen sich alle Leistenteile ausblenden und der Filter ausschalten (wie mit Strg | Befehl-L).

Abb. 3–73 *Die Filterleiste mit allen drei Teilen*

1. Teil: Text

Auf die Textsuche lässt sich am schnellsten über Strg | Befehl-F zugreifen. Standardmäßig werden immer alle durchsuchbaren Metadatenfelder nach dem eingegebenen Text durchsucht, aber die Suche lässt sich über das erste Drop-down-Menü auch einschränken auf z. B. Titel, Bildunterschrift oder Stichwörter der Fotos. Es können immer mehrere Suchbegriffe auf einmal, durch Kommata oder Leerzeichen getrennt, eingegeben werden.

Abb. 3–74 *Die Textsuche ist vielleicht die einfachste Art und Weise, ein bestimmtes Foto zu finden.*

Über das zweite Drop-down-Menü wird das Erfolgskriterium für die Suche festgelegt. Die meisten Einträge hier sind selbsterklärend.

Der Unterschied zwischen *Enthält* und *Enthält alles* ist, dass beim ersten nur einer von mehreren eingegebenen Suchbegriffen gefunden werden muss, damit das Foto gefunden wird (ODER-Verknüpfung), beim zweiten hingegen alle eingegebenen Suchbegriffe gefunden werden müssen (UND-Verknüpfung).

Enthält Wörter funktioniert wie *Enthält alles,* allerdings müssen die Suchbegriffe als komplette Wörter in den Fotos vorkommen (eine Suche nach »wasser« würde z. B. Fotos mit dem Stichwort »Wasserfall« nicht einschließen).

Über die Esc-Taste lässt sich das Sucheingabefeld wieder verlassen, sodass Lightrooms übliche Tastaturkürzeln wieder funktionieren.

2. Teil: Attribut

Abb. 3–75 Im Attributteil finden sich die aus dem Filmstreifen bekannten Filterungsoptionen.

Über den Attributteil lassen sich Fotos anhand von Flaggenmarkierungen, Bewertungssternen, Farbetiketten und Kopienstatus (Master oder virtuelle Kopie) filtern. Alle vier Kriterien lassen sich grundsätzlich auf dieselbe Weise steuern, indem man die einzelnen Symbole an- oder abwählt.

Bei den *Flaggenmarkierungen* kann man z. B. alle »angenommenen« und »unmarkierten« Fotos filtern, indem man das linke und das mittlere Flaggensymbol anklickt.

Bei den *Sternebewertungen* lässt sich neben der Anzahl der Sterne auswählen, ob jeweils Fotos mit mehr oder weniger Sternen als der eingestellten Anzahl in das Ergebnis einbezogen werden sollen. So lassen sich z. B. alle Fotos mit »genau drei Sternen« anzeigen als auch »alle Fotos mit zwei Sternen und mehr« oder auch »alle Fotos mit zwei Sternen oder weniger«. Dies lässt sich über das Symbol links von den Sternen festlegen.

Bei den *Farbetiketten* gibt es zusätzlich zu den fünf Farben für die fünf Farbetiketten ein hellgraues und ein dunkelgraues Kästchen. Über das hellgraue Kästchen werden diejenigen Fotos erfasst, die zwar über einen Eintrag im Metadatenfeld »Farbbeschriftung« verfügen, wo diesem Eintrag aber momentan keine Farbe zugewiesen ist. Das dunkelgraue Kästchen erfasst hingegen alle Fotos ohne Farbetikett.

Beim *Kopienstatus* lässt sich die Bildquelle nach Master-Fotos und virtuellen Kopien filtern. Hier lassen sich also entweder nur virtuelle Kopien, keine virtuellen Kopien oder alle Fotos anzeigen.

Auf die Flaggenmarkierungen gehe ich ausführlicher weiter unten im Kapitel ein. Bewertungssterne und Farbetiketten behandle ich in Kapitel 3.4.2, virtuelle Kopien in Kapitel 3.2.4.

Die vier Filterungsoptionen des Attributteils sind ebenfalls direkt über den Filmstreifen einstellbar, sodass man auch von den anderen Modulen aus möglichst schnell darauf Zugriff hat.

3. Teil: Metadaten

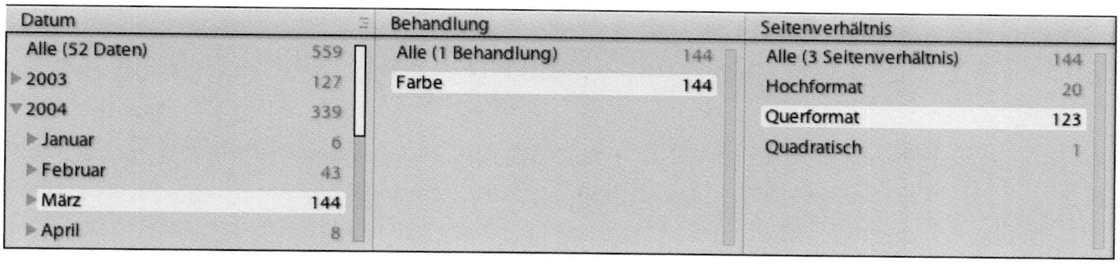

Datum		Behandlung		Seitenverhältnis	
Alle (52 Daten)	559	Alle (1 Behandlung)	144	Alle (3 Seitenverhältnis)	144
▶ 2003	127	Farbe	144	Hochformat	20
▼ 2004	339			Querformat	123
▶ Januar	6			Quadratisch	1
▶ Februar	43				
▶ März	144				
▶ April	8				

Mithilfe des Metadatenteils lassen sich Metadaten in einer Art und Weise filtern, wie man das vielleicht vom Dateibrowser kennt. Von links nach rechts werden Metadatenwerte in einzelnen Spalten aufgelistet.

Dabei schränkt eine Spalte automatisch den Inhalt der Spalte rechts von ihr ein. Filtert man z. B. in der ersten Spalte nach Datum und in der zweiten nach dem Kameramodell und wählt man in der ersten Spalte alle Fotos aus 2007 aus, erscheinen in der zweiten Spalte nur noch die Kameramodelle, mit denen 2007 fotografiert wurde.

Der Typ jeder Spalte lässt sich dabei frei auswählen, er wird oben in der Titelzeile eingestellt. Über das Menüsymbol rechts oben im Spaltentitel lässt sich zudem eine Spalte entfernen oder eine neue Spalte hinzufügen. Es können bis zu acht Spalten eingeblendet werden.

Ebenfalls über das Menüsymbol lässt sich bei einigen Metadatentypen zwischen einer hierarchischen und einer flachen Darstellung der Einträge wählen. Dies sind Datum, Stichwörter und Ortsmetadaten. Für Datum und Stichwörter dürfte in den meisten Fällen die hierarchische Darstellung die einzig sinnvolle sein.

Klickt man bei gedrückter Alt-Taste auf eines der Dreiecke einer hierarchischen Darstellung, öffnen sich übrigens alle Einträge, die in der Hierarchie unterhalb liegen.

Abb. 3–76 Der Metadatenteil lässt sich recht frei konfigurieren, sowohl was die Anzahl als auch was den Inhalt der Spalten betrifft. Mehrere Einträge innerhalb einer Spalte lassen sich über die Shift-Taste bzw. die Strg | Befehl-Taste an- oder abwählen.

Verwaltung von Vorgaben

Oben rechts in der Filterleiste lassen sich Vorgaben erstellen und auswählen. Eine Vorgabe speichert immer sowohl die Benutzeroberflächen-Einstellungen für die Filterleiste (welche Teile sind geöffnet, wie viele und welche Spalten sind im Metadatenteil aktiv etc.) als auch die Filterungseinstellungen selbst (z. B. rotes Farbetikett).

So kann man über Vorgaben zum einen auf häufig gebrauchte Einstellungen im Metadatenteil zurückgreifen, z. B. eine Einstellung mit vier Spalten für die vier Ortsmetadatenfelder. Zum anderen kann man häufig gebrauchte Filterungseinstellungen aufrufen, z. B. »alle Fotos mit mehr als zwei Bewertungssternen«.

Abb. 3–77 *Die in der Filterleiste erstellten Vorgaben lassen sich auch direkt vom Filmstreifen aus auswählen.*

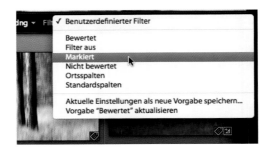

Ohne dass man dafür Vorgaben anlegen müsste, merkt sich Lightroom übrigens die Einstellungen separat für jede Bildquelle aus den Paletten auf der linken Seite (Katalog-, Ordner- und Sammlungen-Paletten).

Filmstreifen

Der Filmstreifen ist quasi die kleine Rasteransicht, die zudem in allen Modulen zur Verfügung steht. Genau wie die Rasteransicht zeigt sie die aktuelle Sicht an. Wie sich diese Sicht zusammensetzt, wird dabei oben links im Filmstreifen angezeigt. Zusätzlich kann man sehen, ob Fotos gefiltert werden, wie viele Fotos selektiert sind und den Namen des aktiven Fotos.

Abb. 3–78 *Der Filmstreifen lässt sich über F6 ein- und ausblenden.*

Gehe zu　　　aktuelle　　　　　　　　　　　　　Filterungs-
Rasteransicht　 Sicht　　　　　　　　　　　　　optionen

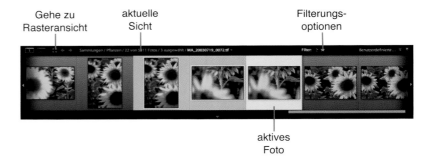

aktives
Foto

Abb. 3–79 *Auch über das Pop-up-Menü im Filmstreifen hat man Zugriff auf die letzten und ein paar der Standardsichten; dies ist nützlich, wenn man sich nicht im Bibliotheksmodul befindet.*

Die Vor- und Zurück-Buttons auf der linken Seite funktionieren wie die Buttons eines Webbrowsers. Lightroom merkt sich die zuvor benutzten Sichten, und so kann man mit den Pfeilen eine der vorherigen auswählen. Die entsprechenden Tastaturkürzel sind Alt-Strg | Befehl-Pfeil links bzw. Pfeil rechts. Die vorherigen Sichten lassen sich auch mit einem Klick auf die Sichten-Anzeige über ein Pop-up-Menü anzeigen.

　　　Genau wie über die Filterleiste lässt sich über den Filmstreifen auch eine Bildquelle weiter filtern. Die Filterungskriterien beschränken sich im Filmstreifen jedoch auf Flaggenmarkierungen, Bewertungssterne und Farbetiketten. Dies sind bis auf den Kopienstatus die Optionen, die auch im Attributteil in der Filterleiste verfügbar sind (siehe oben). Zusätzlich lässt sich über das Drop-down-Menü ganz rechts auf Filtervorgaben zugreifen, die in der Filterleiste erstellt wurden.

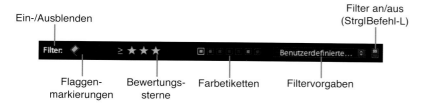

Ein-/Ausblenden

Filter an/aus
(StrglBefehl-L)

Flaggen-
markierungen

Bewertungs-
sterne

Farbetiketten

Filtervorgaben

Abb. 3–80 *Der Filmstreifen enthält auch die wichtigsten Filterungsoptionen.*

Ähnlich wie in der Rasteransicht lassen sich die Thumbnails im Film-streifen mit zusätzlichen Informationen versehen. Vergleichsweise gibt es hier jedoch nur wenige Optionen. Diese werden in den Voreinstellungen unter *Benutzeroberfläche* → *Filmstreifen* eingestellt.

Bewertungen und Markierungen im Filmstreifen anzeigen bewirkt, dass unterhalb des Thumbnails Bewertungssterne und Flaggenmarkie-rungen sichtbar werden. *Kennzeichen im Filmstreifen anzeigen* lässt die »Zellsymbole«, z. B. das Symbol dafür, dass das Foto beschnitten wurde, erscheinen. Welche Zellsymbole genau angezeigt werden, kann man aber nur im Bibliotheksmodul unter den Rasteransichtsoptionen konfigurie-ren. *QuickInfos im Filmstreifen anzeigen* stellt zusätzliche Metadaten zur Verfügung, wenn man mit der Maus über ein bestimmtes Thumbnail fährt.

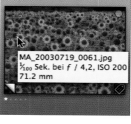

Abb. 3–81 *Die in den QuickInfos angezeigten Metadaten richten sich nach den Einstellungen in den Lupen-ansichtsoptionen (siehe Kapitel 3.4.2).*

Rasteransicht auf zweitem Monitor

Wenn man zwei Monitore verwendet, kann man die Rasteransicht auch auf dem zweiten Monitor über die Sekundäranzeige einblenden, wie in Abbil-dung 2–40. Auf diese Weise kann man z. B. im Entwickeln-Modul auf den oft störenden Filmstreifen verzichten und sich voll und ganz auf das zu be-arbeitende Foto konzentrieren (ohne dass man ständig den Filmstreifen auf- und zuklappen muss).

Die Rasteransicht hat gegenüber dem Filmstreifen einige Vorteile: Es lassen sich mehr Fotos auf einmal darstellen, die Thumbnails lassen sich besser konfigurieren und auch die Filterleiste lässt sich einblenden (*Fenster* → *Sekundäranzeige* → *Filteransicht anzeigen* oder Shift-M).

Sortierung, Selektionen und aktives Foto

Sortierung

In welcher Reihenfolge die Thumbnails in der Rasteransicht und im Film-streifen angezeigt werden, lässt sich anhand einer Reihe von Kriterien festlegen. In Sammlungen (außer Smart-Sammlungen) und der Schnell-sammlung ist zusätzlich eine völlig freie Reihenfolge *(Benutzerreihen-folge)* möglich.

Um die Reihenfolge festzulegen, benutzt man entweder das Sortieren-Element in der Werkzeugleiste oder das Menü *Ansicht* → *Sortieren*. Es steht jeweils eine Reihe von Kriterien zur Verfügung, z. B. Dateiname, Aufnahmezeit oder Bewertung.

Abb. 3–82 *Sortieren-Element in der Werkzeugleiste*

Zusätzlich kann gewählt werden, ob *absteigend* oder *aufsteigend* sortiert werden soll. In der Werkzeugleiste wird dies über einen Klick auf das az-Symbol links neben dem Sortieren-Element gemacht.

Eine freie Benutzerreihenfolge zu vergeben ist ebenfalls möglich. Dazu werden die Thumbnails einfach mit der Maus an die entsprechende Stelle geschoben – in der Rasteransicht oder im Filmstreifen. Dies funktioniert allerdings nur, wenn eine Sammlung oder die Schnellsammlung als Quelle gewählt ist.

Die Sortierung wirkt sich gleichermaßen auf Rasteransicht und Filmstreifen aus, über den Filmstreifen also auch auf die anderen Module außer dem Bibliotheksmodul. Dies ist wichtig, weil die drei Ausgabemodule von der Sortierung im Filmstreifen abhängen. Die Druck- und Weblayouts werden entsprechend ausgerichtet, und vor allem wird die Diashow in der Reihenfolge abgespielt, die im Filmstreifen zu sehen ist.

Auch für den Export oder die Stapelumbenennung kann die Sortierung wichtig sein, wenn man die Position des Bildes (dessen »Indexnummer«) in den automatisch generierten Dateinamen einbeziehen will.

Selektion und aktives Bild

Eine Selektion in der Rasteransicht oder im Filmstreifen ist die Grundlage für effizientes Arbeiten vor allem im Bibliotheksmodul, denn sie erlaubt die Modifikationen mehrerer Bilder auf einmal. Es können ein Bild oder mehrere Bilder selektiert sein. Die Thumbnails von selektierten Bildern werden in der Rasteransicht und im Filmstreifen hellgrau hervorgehoben.

Zusätzlich zu den selektierten Bildern kann genau ein Bild *aktiv* gemacht werden. Wenn nur ein Bild selektiert ist, ist es gleichzeitig das aktive. Sind mehrere Bilder selektiert, wird das aktive in einem noch helleren Grau hervorgehoben. Das aktive Bild ist immer Bestandteil der Selektion.

Die meisten Operationen im Bibliotheksmodul können auf mehrere Fotos angewendet werden (also auf alle selektierten), z. B. Stichwortvergabe, Metadateneintragung, Änderungen der Entwicklungseinstellungen über die Ad-hoc-Palette. Hinzu kommen die meisten verwaltungstechnischen Funktionen wie gezielte Erstellung von Vorschauen, virtuellen Kopien, DNG-Konvertierung oder Metadatenexport sowie natürlich das Verschieben oder Kopieren von Fotos, Löschen und Umbenennen.

Abb. 3–83 *Die ersten sechs Thumbnails sind selektiert, die beiden letzten unselektiert. Das sechste Thumbnail ist zusätzlich das aktive.*

Bestimmte Aktionen im Bibliotheksmodul oder auch Entwickeln-Modul wirken sich immer nur auf ein Bild aus oder haben nur mit einem Bild zu tun; dafür ist das aktive Bild da. Z. B. wirken sich im Entwickeln-Modul alle Einstellungsänderungen ausschließlich auf das aktive Bild, nicht auf die selektierten aus; das Histogramm im Bibliotheksmodul zeigt die Daten des aktiven Bildes an.

Manchmal spielen bei einer Aktion das aktive Bild und die übrigen selektierten Bilder eine Rolle: Beim Synchronisieren von Metadaten oder Entwicklungseinstellungen werden diese dem aktiven Bild entnommen und auf die übrigen selektierten übertragen. Beim Bilden von Stapeln werden die selektierten zum Stapel zusammengefasst, und das aktive wird ganz nach »oben« gelegt.

Selektionstechniken

Grundlegende Selektionsbefehle
Um ein Bild zu selektieren, reicht ein Klick ins Thumbnail von Rasteransicht oder Filmstreifen. Um einen Bereich von Bildern zu selektieren, kann man bei gedrückter Shift-Taste hintereinander Anfangs- und End-Thumbnail anklicken oder – ebenfalls mit gedrückter Shift-Taste – mit den Pfeiltasten einen Bereich aufziehen.

Um mehrere nicht zusammenhängende Bilder zu selektieren, klickt man die Thumbnails bei gedrückter Strg-/Befehlstaste nacheinander an. So lassen sich auch Thumbnails einer bereits bestehenden Selektion hinzufügen. Klickt man dabei auf ein bereits selektiertes Bild, wird dies aus der Selektion entfernt. Man kann also eine Selektion mit der Strg-/Befehlstaste beliebig feinkorrigieren.

Zusätzlich zu diesen Standardtechniken findet sich im *Bearbeiten*-Menü eine Vielzahl an Selektionstechniken. Zum einen wären da die allseits bekannten *Alles auswählen* (Strg | Befehl-A) und *Auswahl aufheben* (Strg | Befehl-D). Bereits bestehende Selektionen kann man auch invertieren *(Auswahl umkehren)*.

Kombination von Selektionen

Weiterhin kann man kann nach Bewertungssternen, Flaggenmarkierungen oder Farbetiketten auswählen, d.h., man kann z.B. alle 2-Sterne-Bilder, alle nichtmarkierten Bilder oder alle Bilder mit gelbem Farblabel selektieren.

__Abb. 3–84__ Viele Befehle zum Erstellen, Verändern und Kombinieren von Selektionen finden sich im Bearbeiten-Menü.

Zusätzlich zur Neuerstellung einer Selektion nach diesen Kriterien lassen sich bereits bestehende Selektionen modifizieren, indem Selektionen nach diesen Kriterien hinzugefügt (addiert), aus der Auswahl ausgeschlossen (subtrahiert), in die Auswahl eingeschlossen (Schnittmenge) werden.

Ich will hier nicht weiter auf diese Mengenoperationen eingehen, da vermutlich nur Mathematiker daran viel Freude haben werden. Es sei jedoch noch gesagt, dass sich auch mithilfe der Schnellsammlung komplizierte Zusammenstellungen machen lassen, indem Schritt für Schritt Fotos hinzugefügt oder entfernt werden.

Befehle im Zusammenhang mit Anzeigemodi

Weiterhin kann man eine bereits bestehende Selektion auf das aktive Foto beschränken, also die Selektion bis auf das aktive Foto löschen (*Nur aktives Foto auswählen,* Shift-Strg | Befehl-D). Dies ist z.B. dann sinnvoll, wenn man aus mehreren selektierten Fotos in der Lupen- oder Vergleichsansicht das beste Foto heraussuchen will. Hat man es gefunden, lässt sich der Rest schnell über Shift-Strg | Befehl-D deselektieren und für das verbleibende Foto z.B. eine Bewertung vergeben.

Das genaue Gegenteil dieser Aktion bewirkt *Auswahl des aktiven Fotos aufheben* bzw. die <-Taste. Hier wird das aktive Foto aus der Selektion entfernt, wodurch das nächste selektierte zum aktiven wird. Dieser Befehl ist z.B. nützlich in der Überprüfungsansicht, in der automatisch alle selektierten Fotos – und nur die – angezeigt werden. Durch Drücken der <-Taste kann man das aktive Bild aus der Ansicht herausfallen lassen (mehr zu den verschiedenen Ansichten in Kapitel 3.4.2).

Sprühdose-Werkzeug

Die Sprühdose ist ein eigentümliches Werkzeug, das sich in der Werkzeugleiste im Bibliotheksmodul befindet und zusätzlich über *Metadaten* →
Malen aktivieren (Alt-Strg | Befehl-K) aufrufbar ist. Damit lassen sich ver-
schiedene »Operationen« auf Bildern anwenden, und zwar nur in der Rasteransicht.

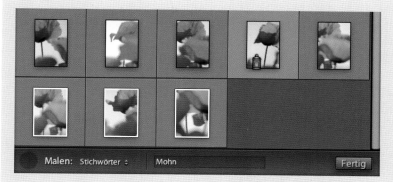

Abb. 3–85 *Die Sprühdose beim
Applizieren eines Stichworts.
Die letzten drei Bilder wurden bereits
mit dem Stichwort versehen, was
man jeweils am dünnen weißen Rand
erkennen kann.*

Es arbeitet gewissermaßen genau entgegengesetzt zum Selektionskon-
zept (weshalb ich es auch hier aufgeführt habe): Bei der Selektion wählt
man die Bilder vorher aus, die man daraufhin mit beliebigen Werkzeugen
bearbeitet. Bei der Sprühdose hingegen wählt man das Werkzeug vorher
aus, das man dann auf beliebige Fotos anwenden kann.

Wenn ein Werkzeug ausgewählt wurde, kann man entweder die Thumbnails nacheinander mit dem Sprühdose-Mauszeiger anklicken oder aber
auch die Maustaste gedrückt halten und ohne abzusetzen »ziehen«. Mit etwas Übung kann man so recht flüssig mit der Sprühdose arbeiten (übrigens
auch mit einem Grafiktablett).

Welches Werkzeug appliziert wird, wählt man in der Werkzeugleiste
aus, es gibt insgesamt acht Stück: *Stichwörter* (auch mehrere durch Komma
getrennt sind möglich), *Beschriftung* (Farblabel), *Markierung* (Flaggenmarkierungen), *Bewertung* (Bewertungssterne), *Metadaten* (Metadatenvorgabe), *Einstellungen* (Entwicklungsvorgabe), *Drehung* (Drehung 90° links/
rechts oder Spiegelung horizontal/vertikal) und *Zielsammlung* (in aktuelle
Zielsammlung ein- bzw. austragen).

Die ersten vier Werkzeuge und die Zielsammlung haben eine Radier-
gummi-Funktion: Sie können das, was sie angewendet haben, durch noch-
maliges Anklicken auch wieder entfernen.

Die Sprühdose lässt sich übrigens auch temporär aktivieren, indem
man die Alt- und die Strg | Befehl-Taste gleichzeitig gedrückt hält.

Flaggenmarkierungen

Die Flaggenmarkierungen werden oft zusammen mit den Bewertungssternen und Farbetiketten genannt, zumal alle drei in der Filterleiste nebeneinander auftauchen. Ich behandle sie hier jedoch getrennt davon an dieser Stelle, weil sie sich in vielerlei Hinsicht von den beiden unterscheiden.

Eigenschaften

Im Gegensatz zu Bewertungssternen und den Farbetiketten sind Flaggenmarkierungen kein Bestandteil der Metadaten eines Fotos, und sie können auch nicht als XMP-Metadaten mit den Bilddateien gespeichert werden. Dies macht sie ungeeignet für die langfristige Bildverwaltung.

Bei den Flaggenmarkierungen handelt es sich eher um ein dauerhaftes Selektionswerkzeug. Im Unterschied zu den normalen Selektionen erlaubt das System der Flaggenmarkierungen allerdings nicht nur zwei Zustände (selektiert und unselektiert), sondern drei unterschiedliche Zustände: *Markiert* (bzw. angenommen), *Abgelehnt* oder *Unmarkiert* (ohne Markierung; dies ist der Normalzustand).

Abb. 3–86 *Thumbnails jeweils mit Markiert-, Abgelehnt-Flagge und unmarkiert. Ein markiertes Thumbnail hat einen kleinen weißen Rand um die Miniatur herum. Ein abgelehntes Thumbnail wird leicht grau dargestellt.*

Die Flaggenmarkierungen eines Fotos lassen sich über Thumbnails und/oder über die Werkzeugleiste anzeigen und auch per Mausklick verändern. Wesentlich einfacher geht es über Tastenkürzel: P (Pick, also angenommen), X (abgelehnt) und U (unmarkiert). Über Strg|Befehl-Pfeil oben und Strg|Befehl-Pfeil unten setzt man den Zustand um eins herauf oder herab.

Mit der #-Taste lässt sich der Zustand eines Fotos wechseln: Ist ein Foto unmarkiert, wird es markiert. Ist es markiert, wird die Markierung entfernt.

Eine Besonderheit der Flaggenmarkierungen ist, dass sie sich für ein und dasselbe Foto unterscheiden können, je nachdem, in welcher Sammlung man sich gerade befindet (hiermit sind normale Sammlungen und die Schnellsammlung gemeint). Lightroom speichert nämlich für jede Sammlung die Markierungen separat ab. Dieses Verhalten kann durchaus von Vorteil sein, z. B. wenn man für dieselben Fotos Bewertungen von unterschiedlichen Personen speichern möchte.

Dies gilt allerdings nicht für die anderen Bildquellen: In den Einträgen der Ordner-Palette, der Katalog-Palette (außer Schnellsammlung) sowie in Smart-Sammlungen können Fotos nicht unterschiedlich markiert werden. Hier gilt insgesamt ein Zustand.

Shift- bzw. Caps-Lock-Taste benutzen

Tipp: Wenn Sie die Flaggenmarkierungen über die Tastaturkürzel P, U, X oder # vergeben, müssen Sie normalerweise über die Pfeiltasten zum nächsten Bild schalten. Drücken Sie jedoch dabei die Shift-Taste, springt Lightroom automatisch zum nächsten Bild im Filmstreifen oder Rastermodus. Sie können auch während des Markierungsvorgangs die Caps-Lock-Taste an Ihrer Tastatur aktivieren.

Diese beiden Tasten funktionieren auch für das Vergeben von Bewertungssternen und Farbetiketten über die Tasten 0 … 9 (siehe nächster Abschnitt).

Anwendungsfälle

Die Flaggenmarkierungen eignen sich z. B. gut, um sehr komplexe Selektionen »vorzubereiten«: Wenn sich viele Fotos in der Rasteransicht befinden und man diese mit einem bestimmten Stichwort versehen will, kann man z. B. zuerst alle mit einer Flagge versehen und am Schluss die markierten Fotos selektieren, um das Stichwort zu vergeben.

Hierfür stehen zwei zusätzliche Selektionskommandos zur Verfügung. *Bearbeiten → Markierte Fotos auswählen* (bzw. Alt-Strg | Befehl-A) selektiert alle angenommenen Fotos. *Auswahl der unmarkierten Fotos aufheben* (Shift-Alt-Strg | Befehl-D) hingegen deselektiert alle Fotos, die nicht angenommen wurden, also alle abgelehnten und alle ohne Markierung. Alternativ ist natürlich auch die Filterung und anschließende Selektion aller Fotos möglich.

In genau derselben Art und Weise ist es denkbar, die Flaggenmarkierungen für Bewertungen einzusetzen: Erst werden alle Fotos markiert, die einen oder zwei oder drei Sterne haben sollen. Wenn alle markiert sind, kann man sie über die Filterung alle auf einmal ansehen und, wenn alles in Ordnung ist, die entsprechende Bewertung vergeben.

Für den Bewertungsprozess ist auch die Funktion *Fotos verbessern* gut geeignet, die sich ausschließlich mit den Flaggenmarkierungen nutzen lässt: Über *Bibliothek → Fotos verbessern* werden alle Fotos in der aktuellen Sicht (nicht nur die selektierten) um einen Zustand heruntergesetzt, d.h., die angenommenen werden auf »unmarkiert« und die unmarkierten auf »abgelehnt« gesetzt.

Gleichzeitig wird die Filterung so eingestellt, dass nur markierte und unmarkierte Fotos angezeigt werden und die abgelehnten aus der Ansicht herausfallen. Die Funktion ist nützlich, wenn man in mehreren Runden vorgehen möchte, um eine Auswahl zu treffen.

Auch Löschkandidaten lassen sich gut mittels Flaggenmarkierungen markieren. Anstatt Fotos sofort zu löschen, werden sie zuerst »abgelehnt« und erst dann von der Festplatte gelöscht, wenn man sich ganz sicher ist.

Abb. 3–87 *Die Filterungsoptionen für Flaggenmarkierungen erlauben jede mögliche Kombination.*

Hierzu kann man schnell alle abgelehnten Fotos über *Foto → Abgelehnte Fotos löschen* bzw. Strg | Befehl-Delete permanent löschen.

Nicht zuletzt sind die Flaggenmarkierungen auch in den Ausgabemodulen von Bedeutung. Dort lässt sich einstellen, dass nur die markierten Fotos (nicht alle im Filmstreifen) Bestandteil der Diashow, des Druckauftrags oder der Webgalerie sein sollen (siehe Workflow-Teil in Kapitel 5.3.3).

3.4.2 Fotos sichten und bewerten

Eine qualitative Unterscheidung der Fotos, z. B. über Lightrooms *Bewertungssterne*, kann die Bewältigung großer Mengen von Fotos ungemein vereinfachen. Wenn eine solche qualitative Unterscheidung dann mit inhaltlichen Informationen wie Stichwörtern oder Orts- und Zeitangaben bei der Bildsuche kombiniert wird, hat man ein mächtiges Werkzeug an der Hand, womit sich selbst Zehntausende von Bildern leicht überblicken lassen.

Lightroom unterstützt den Sichtungs- und Bewertungsprozess auf der einen Seite durch eine Reihe von Ansichten im Bibliotheksmodul – *Lupenansicht, Vergleichsansicht* und *Überprüfungsansicht*. Auf der anderen Seite stellt es die beiden Kennzeichen *Bewertungssterne* und *Farbetiketten* zur Verfügung. Beide gehören zu den Metadaten eines Fotos wie Stichwörter oder EXIF- und IPTC-Metadaten und sind (im Unterschied zu den Flaggenmarkierungen) für die langfristige Speicherung gedacht. Während man die Etiketten für inhaltliche, technische oder qualitative Kennzeichnungen verwenden kann, beziehen sich die Bewertungssterne klar auf die Qualität eines Fotos und lassen sich auch kaum anders einsetzen.

Ansichtsmodi und Sichtungstechniken

Abb. 3–88 *Ansichtsmodi*
in der Werkzeugleiste

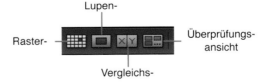

Mit der Lupenansicht kann man ein Foto in verschiedenen Vergrößerungsstufen darstellen. Raster- und Lupenansicht ergänzen sich gut (mehr zur Rasteransicht siehe Kapitel 3.4.1). Vergleichs- und Überprüfungsansicht sind vor allem für spezielle Aufgaben geeignet, das Heraussuchen eines (Vergleichsansicht) oder mehrerer (Überprüfungsansicht) Fotos.

Lupenansicht

Die Lupen- oder Einzelbildansicht ist von jedem Modul aus über die
E-Taste erreichbar. Die Vergrößerungen lassen sich direkt über die vier
Zoomstufen oben rechts im Navigator-Fenster erreichen: Ganzes Bild
»einpassen«, Vorschaubereich ausfüllen, 1 : 1 und die letzte Zoomstufe.
Die letzte Zoomstufe ist dabei konfigurierbar von 1 : 4 bis 11 : 1, es emp-
fiehlt sich ein Wert größer 1 : 1, damit die Zoomstufen nach rechts hin
immer größer werden. Ebenfalls direkt wählbar sind die Stufen über die
Werkzeugleiste, falls der Zoom-Regler hinzugeschaltet ist.

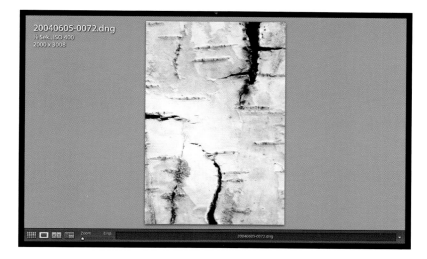

Abb. 3–89 *Lupenansicht*

Befindet man sich in der Lupenansicht, kann man mittels Z-Taste zwischen den letzten beiden Vergrößerungsansichten hin- und herschalten.
Mit der Leertaste geht dies ebenso oder auch, indem man einmal mit der
Maustaste auf die Arbeitsfläche klickt (hält man die Maustaste hingegen
gedrückt, springt Lightroom nach dem Loslassen sofort zurück).

Zoomt man per Mausklick, lässt sich in den Voreinstellungen unter
Oberfläche mit der Einstellung *Ansicht bei Einzoomen auf Klickbereich
zentrieren* festlegen, ob der angeklickte Punkt zum Mauszeiger zoomt
oder in die Mitte der Vorschauregion.

Stufenweise wählbar sind die Zoomstufen mit den Tasten Strg |
Befehl-Y und Strg | Befehl-Minus (leider nicht Plus- und Minustaste).
Drückt man Strg | Befehl-Minus, wenn das Bild schon in der kleinsten
Ansicht ist, wechselt Lightroom in die Rasteransicht!

Wird im Vorschaubereich ein Ausschnitt und nicht das ganze Bild
angezeigt, kann man diesen Ausschnitt in der Navigator-Palette oben
links dem Gesamtbild zuordnen und ihn mit der Maus verschieben. Um
den Ausschnitt zu verändern, kann man allerdings auch gleich mit der
Maus in den Vorschaubereich »greifen« und ziehen.

Abb. 3–90 *Navigator-Palette:
Das Rechteck markiert den aktuellen Ausschnitt.*

Weiterhin lässt sich mittels der Tasten Page up und Page down der Ausschnitt um eine Ausschnittshöhe nach oben oder unten bewegen. Der Clou hierbei ist, dass, wenn Lightroom oben oder unten angekommen ist, der nächste Schritt automatisch nach links unten oder rechts oben springt.

Die Tasten Home und End springen dementsprechend an die linke obere bzw. rechte untere Ecke des Fotos. So kann man schnell nach links oben springen und – nur durch das wiederholte Drücken von Page down – das gesamte Bild durchlaufen.

Es gibt zwei Tastaturkürzel, die zwischen Raster- und Lupenansicht hin- und herschalten können. Die Return-Taste rotiert bei mehrmaligem Drücken zwischen der Rasteransicht, der kleineren und der größeren Vergrößerung in der Lupenansicht.

Die Z-Taste hingegen, wird sie von der Rasteransicht aus verwendet, wechselt zwischen Rasteransicht und größerer der beiden zuletzt gewählten Vergrößerungen in der Lupenansicht hin und her. So kann man ein Foto schnell von der Rasteransicht aus vergrößern und sofort wieder zurückspringen.

Ähnlich wie man für die Thumbnails in der Rasteransicht zwei Metadatenansichten konfigurieren kann, lassen sich auch in der Lupenansicht Metadaten einblenden. Diese werden immer links oben auf der Arbeitsfläche eingeblendet und bestehen aus drei Zeilen, die für alle möglichen Daten genutzt werden können.

Es lassen sich zwei unterschiedliche »Profile« anlegen, zwischen denen man mit der I-Taste wechseln kann (Rotation zwischen »keine Überblendung« → »Profil 1« → »Profil 2«). Konfigurieren lassen sich diese Profile in den Bibliotheksansicht-Optionen (Strg|Befehl-J oder Menü *Ansicht → Ansicht-Optionen*), wo sich auch die Rasteransicht-Optionen konfigurieren lassen.

Neben der Auswahl der Metadaten für die drei zur Verfügung stehenden Zeilen der beiden Profile lässt sich hier einstellen, ob die Überblendung dauerhaft oder nur *bei Änderungen am Foto kurz angezeigt* werden soll. In diesem Fall wird sie angezeigt, wenn das Bild aufgerufen wird oder wenn eine Metadaten- oder Entwicklungseinstellung sich ändert, und dann nach ein paar Sekunden ausgeblendet.

Abb. 3–91 *Einblendung von Metadaten in der Lupenansicht*

Abb. 3–92 *Konfiguration der Metadaten in den Lupenansichtsoptionen*

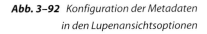

Ganz unten im Dialog lässt sich noch festlegen, ob Meldungen wie »Daten werden geladen …« oder »Wird durchgeführt …« beim Laden von Bildern oder Ändern von Entwicklungseinstellungen eingeblendet werden sollen.

Lupenansicht auf Sekundäranzeige
Die Lupenansicht für die Sekundäranzeige (aktivierbar über Shift-E) bietet neben der normalen Lupenfunktion zwei zusätzliche Modi, den Gesperrt-Modus und den Live-Modus. Zwischen den drei Modi lässt sich in der Sekundäranzeige rechts oben wählen, solange die Lupenansicht aktiviert ist.

Normalerweise zeigt die Lupe das gerade aktive Foto an. Mithilfe der Sperrfunktion lässt sich ein einmal aktives Foto jedoch auf der sekundären Anzeige festhalten. Auf der Hauptanzeige kann dann ein anderes Foto aktiv gemacht werden – z. B. ein anderes Foto, das mit dem ersten verglichen werden soll –, ohne dass die sekundäre Anzeige sich ändert.

Ein Foto lässt sich besonders schnell über sein Kontextmenü auf die gesperrte Anzeige laden (Menübefehl *In zweitem Fenster sperren*) – dies funktioniert von allen Modi im Bibliotheksmodul aus sowie von den Thumbnails im Filmstreifen – oder über das Tastaturkürzel Shift-Strg|Befehl-Return.

Im Live-Modus hingegen orientiert sich die Lupe an der aktuellen Position des Mauszeigers auf der Hauptanzeige. Wechselt der Mauszeiger z. B. von einem Thumbnail zum nächsten, schaltet auch die Lupe auf der Sekundäranzeige um, ohne dass das Foto angeklickt werden muss.

Mit Shift-E lässt sich wieder die normale Lupenansicht aktivieren.

Abb. 3–93 *Nützlich ist der Live-Modus auch, wenn die Hauptanzeige auf Vollbildansicht und die Sekundäranzeige auf 1 : 1-Ansicht oder größer eingestellt ist. Dann fungiert die Sekundäranzeige als riesige Lupe, die dem Mauszeiger auf der Hauptanzeige folgt.*

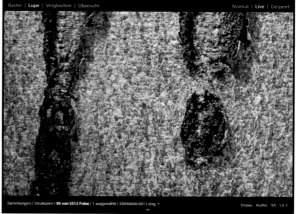

Vergleichsansicht

Abb. 3–94 *Vergleichsansicht*

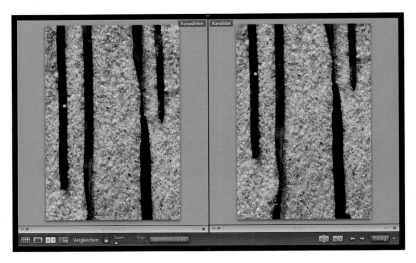

Die Vergleichsansicht (C bzw. Shift-C für Sekundäranzeige) funktioniert ähnlich wie die Lupenansicht, nur zeigt sie immer zwei unterschiedliche Bilder nebeneinander. Die aus der Lupenansicht bekannten Aktionen wie Hinein- oder Hinauszoomen und Bewegen des Ausschnitts sind hier für beide Bilder synchron oder unabhängig voneinander möglich.

Auch andere Dinge aus der Lupenansicht sind hier verwendbar. Nützlich ist die Verwendung von Page up/Page down, um die Bilder in einer vergrößerten Ansicht Stück für Stück zu vergleichen. Auch die Einblendung von Metadaten ist möglich und erfolgt auf beiden Arbeitsflächen simultan.

Abb. 3–95 *Das Schloss ist geöffnet, was bedeutet, dass die beiden Arbeitsflächen nicht automatisch synchronisiert, aber über den Button rechts manuell synchronisiert werden können.*

Betrachten wir kurz die Synchronisierungsoptionen in der Werkzeugleiste. Ein Klick auf das Schloss hebt die Synchronisierung auf, und beide Arbeitsflächen sind jetzt von Zoomstufe und Ausschnitt her getrennt voneinander einstellbar.

Ein Klick auf *Synchronisieren* passt den nichtfokussierten Arbeitsbereich an den fokussierten Arbeitsbereich an, doch die beiden Bereiche bleiben unabhängig voneinander, bis das Schloss wieder geschlossen wird. Über die Shift-Taste lässt sich das Schloss zwischenzeitlich in den jeweils anderen Modus schalten.

Das aktive Foto, also das, auf das sich zum Beispiel Veränderungen in der Ad-hoc-Entwicklung-Palette auswirken, wird in der Vergleichsansicht durch einen kleinen weißen Rahmen um die Arbeitsfläche angezeigt und kann gewechselt werden, indem man in die jeweilige Arbeitsfläche klickt.

Mit der Vergleichsansicht kann man nicht nur zwei Fotos gegenüberstellen, sondern einen systematischen Auswahlprozess innerhalb mehrerer Bilder durchführen, an dessen Ende das Beste übrig bleibt.

Dazu geht man davon aus, dass sich auf der linken Seite immer der vorläufige Sieger befindet und rechts die jeweiligen Kandidaten. Ist ein Kandidat besser als der momentan vorläufige Sieger, kann er zum neuen Sieger gemacht werden. Andernfalls wird der nächste Kandidat mit dem Sieger verglichen. Über die Buttons auf der rechten Seite in der Werkzeugleiste lassen sich entweder die beiden vertauschen, der Kandidat zum neuen vorläufigen Sieger machen oder – über die Pfeile – ein neuer Kandidat wählen. Das Foto, das sich am Ende des Prozesses auf der linken Seite befindet, ist demnach das »beste« Bild. Durch einen Druck auf *Fertig* oder die Return-Taste wird das Bild in der Lupenansicht geöffnet.

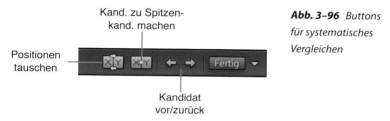

Kand. zu Spitzenkand. machen

Positionen tauschen

Kandidat vor/zurück

Abb. 3–96 *Buttons für systematisches Vergleichen*

In den »Lightroom Podcasts« von George Jardine gibt es ein Video-Tutorial[5], in dem das systematische Vergleichen sehr schön vorgeführt wird.

Überprüfungsansicht

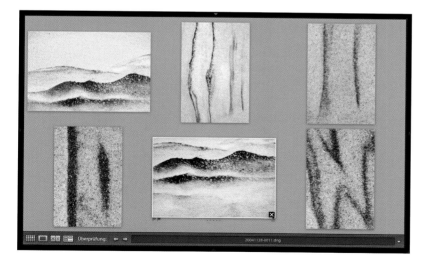

Abb. 3–97 *Überprüfungsansicht*

Die Überprüfungsansicht (N bzw. Shift-N für Sekundäranzeige) zeigt eine Auswahl an Fotos genauso groß an, dass sie die ganze Arbeitsfläche einnehmen. Verändert sich die Anzahl der angezeigten Bilder, passen sich die Bilder automatisch in der Größe an. Sie ist vor allem geeignet, um

---

5   Lightroom-Podcast Nr. 30, http://www.mulita.com/blog/ (oder direkt über den iTunes-Store).

eine Zusammenstellung an Fotos aus einer größeren Menge herauszusuchen und dabei die Auswahl durch Entfernen von Fotos immer weiter einzuschränken.

Angezeigt werden die im Filmstreifen selektierten Bilder. Das gerade aktive Bild ist durch einen weißen Fokusrand erkennbar. Bilder können mit Klick auf ihr jeweiliges x-Symbol aus der Selektion und damit der Ansicht entfernt werden. Dies geht auch durch Drücken der <-Taste beim gerade aktiven Foto.

Die Anordnung der Bilder kann auch geändert werden. Da hierbei zugleich die Reihenfolge im Filmstreifen verändert wird, funktioniert dies allerdings nur in Sammlungen, der Schnellsammlung oder in Ordnern ohne weitere Unterordner.

Ad-hoc-Diashow

Dies ist eigentlich kein Ansichtsmodus des Bibliotheksmoduls, aber die Ad-hoc-Diashow ist auch vom Bibliotheksmodul erreichbar, und manchmal bekommt man während des Sichtens einen ganz guten Eindruck von den Fotos, wenn man sie in Ruhe und mit etwas mehr Abstand in einer Diashow betrachten kann.

Gestartet wird die Diashow mit Strg | Befehl-Return oder einem Klick auf das Play-Symbol aus der Werkzeugleiste (muss evtl. erst zugeschaltet werden). Die Diashow wird mit der Esc-Taste beendet. Sind Fotos selektiert, zeigt die Show nur die selektierten Fotos an, ansonsten alle in der momentanen Sicht.

Abb. 3–98 *Diashow in Aktion*

Für das Layout und die Einstellungen der Diashow verwendet Lightroom die zuletzt verwendeten Diashow-Einstellungen für den Ordner oder die Sammlung.

Die Ad-hoc-Diashow lässt sich auch gut mit einem zweiten Monitor einsetzen. Ist ein zweiter Monitor angeschlossen, lässt sich die Sekundäranzeige auf Diashow-Modus umstellen. Die Diashow läuft dann standardmäßig auf dem zweiten Monitor. Währenddessen kann man auf dem ersten Monitor bereits andere Fotos sichten oder bearbeiten.

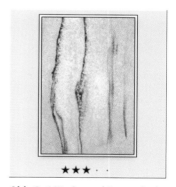

Abb. 3–99 *Der Diashow-Modus auf dem sekundären Monitor ist mit den grundlegendsten Knöpfen zur Steuerung der Diashow ausgestattet (unten rechts Optionen, oben rechts Abspielen-Knopf).*

Ist der zweite Monitor nicht zu sehen, z. B. wenn er auf eine andere Person gerichtet ist, kann man über *Fenster → Sekundäranzeige → Vorschau auf zweitem Bildschirm anzeigen* oder Shift-Strg-F11 (Windows) bzw. Shift-Alt-Befehl-F11 (Mac) das Vorschaufenster für die Sekundäranzeige einschalten. Von diesem Fenster aus lässt sich die Diashow ebenfalls steuern und überwachen.

Mehr zur Gestaltung von Diashows im Kapitel über das Diashow-Modul (5.3).

Bewertungssterne und Farbetiketten

Bewertungssterne

Das Sternesystem ist ziemlich intuitiv und für die qualitative Bewertung von Bildern vorgesehen. Ein Bild kann 0 bis fünf Sterne haben, es ergeben sich also sechs Abstufungen. Anzeigen lassen sich Sterne in den Thumbnails selbst (auch im Filmstreifen) und zusätzlich in der Werkzeugleiste für z. B. die Lupenansicht.

Meistens lässt sich die Sternenanzahl direkt dort, wo sie angezeigt wird, mit der Maus verändern. Am schnellsten lassen sich Sterne allerdings direkt mittels der Tasten 0 bis 5, z. B. auf dem Ziffernblock, vergeben. Um ein Bild einen Sterne herunter- oder heraufzusetzen, lassen sich die Tasten , und . (Komma und Punkt) verwenden.

Sterne eignen sich gut für die Langzeitarchivierung von Bildern, da sie erstens per Metadatenexport in die Bilddateien eingebettet werden können und zweitens auch von vielen anderen Bildverwaltungsprogrammen unterstützt werden.

Abb. 3–100 *Sterne können direkt in den Thumbnails angezeigt und verändert werden (Konfiguration der Thumbnails über die Rasteransichtsoptionen oder im Filmstreifen übers Kontextmenü).*

Abb. 3–101 *Filterungsoptionen für die Bewertungssterne. Hier sind zwei Sterne und mehr eingestellt.*

Abb. 3–102 *Über die Filterung »ein Stern oder mehr« kann man sich dann standardmäßig nur die guten und bei Bedarf auch den Rest anzeigen lassen.*

Abb. 3–103 *Markierung des Löschkandidaten durch ein rotes Etikett. Ein grünes Etikett wäre ebenso denkbar. Die grüne Farbe könnte signalisieren, dass es sicher ist, dieses Foto zu löschen.*

Abb. 3–104 *Das System mit fünf Sternen ist selbst für sehr große Bildmengen (über eine Million) noch gut geeignet, da sich auch bei einer so großen Anzahl noch relativ wenige 4- und 5-Sterne-Fotos ergeben (ich selbst benutze 4 und 5 Sterne momentan noch gar nicht).*

Bewertungssysteme

Ja-/Nein-Bewertungen mit einem Stern: Eines der einfachsten Unterscheidungssysteme teilt den Bilderhaufen in zwei Teile – die guten Fotos und den Rest. Die guten Fotos bekommen einen Stern, der Rest bekommt keinen.

Löschkandidaten: Etwas komplizierter wird das System, wenn man Fotos nicht sofort löschen, sondern vielleicht noch ein paar Monate behalten möchte, bevor man sie endgültig löscht. In diesem Fall kann man die entsprechenden Fotos als »Löschkandidaten« identifizieren, z. B. mit einem roten Etikett.

Dieses System ist als Erweiterung zum oben genannten zu verstehen. Es gibt dann drei Zustände für Fotos: Rotetikettierte, Fotos ohne Stern, Fotos mit Stern.

Mehrere Sterne: Weiterhin kann man das System so erweitern, dass alle fünf Sterne genutzt werden anstelle des einen. Hierzu will ich ein System vorstellen, das ich größtenteils aus dem bereits genannten Buch von Peter Krogh[6] übernommen habe.

Der Schlüssel zu diesem System ist, dass nicht alle Fotos zu gleich großen Anteilen in 1-, 2-, 3-, 4- oder 5-Sterne-Bilder eingeteilt werden, sondern dass die Quantitäten sehr verschieden sind. Das zahlenmäßige Verhältnis von Bildern einer Sternklasse zu Bildern der nächsthöheren Sternklasse muss groß genug sein, am besten um die 1:8 oder 1:10 herum. Das heißt, dass 3.000 1-Sterne-Bildern nur 300 bis 400 2-Sterne-Bilder und diesen wiederum ca. 40 3-Sterne-Bilder gegenüberstehen. Auf den ersten Blick mag diese Quote sehr gering sein. Ist sie aber zu hoch, verschwimmen die Unterschiede zwischen Fotos unterschiedlicher »Klassen« zu stark, und das System sagt nichts mehr aus.

Um das System umzusetzen, halte ich es für vorteilhaft, in Runden vorzugehen. Dies ist einfacher, als jedes Bild sofort als Kein-, 1- oder 2-Sterne-Bild einschätzen zu müssen.

6   Peter Krogh, »Professionelle Bildverwaltung für Fotografen«

Farbetiketten

Es gibt fünf Farbetiketten in Lightroom in den Farben Rot, Gelb, Grün, Blau und Lila. Ein Foto kann genau ein oder kein Etikett, aber nicht mehr als ein Etikett besitzen.

Die Bedeutung von Etiketten ist im Gegensatz zu Sternen nicht von vornherein festgelegt. Ein Etikett kann alles heißen, kann also ein Bewertungssystem sein oder ein Hinweis wie z. B. »drucken« oder »unscharf«, »sofort löschen«, »in Lr bearbeitet« etc.

Etiketten lassen sich genau wie Bewertungssterne in den Thumbnails und/oder in der Werkzeugleiste anzeigen und meist auch dort verändern.

Abb. 3–105 *Vergabe von Farbetiketten über die Werkzeugleiste*

Die ersten vier Farbetiketten können zusätzlich über die Tasten 6 bis 9 vergeben werden. (0 bis 5 werden ja schon von den Bewertungssternen in Anspruch genommen, sodass für das letzte Farblabel kein Tastaturkürzel existiert.)

Wichtig zu verstehen ist, dass die Etiketten in den Metadaten des Bildes als reiner Text gespeichert werden. Die farbliche Zuordnung erfolgt dann in Lightroom, je nachdem, welche Zuordnung, d.h. welcher *Farbbeschriftungssatz* gerade eingestellt ist. Diese Farbbeschriftungssätze lassen sich über das Menü *Metadaten* → *Farbbeschriftungssatz* verwalten. Hier kann man neben den bereits existierenden auch eigene Sätze erstellen.

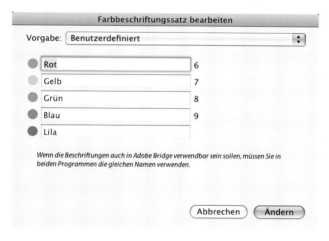

Abb. 3–106 *Farbbeschriftungssatz bearbeiten. Über die Beschriftungssätze erfolgt die Zuordnung der Textetiketten zu den fünf Farben.*

Wenn ein Foto eine Farbbeschriftung hat, die gerade keiner tatsächlichen Farbe zugeordnet ist, wird das Etikett auch nicht als Farbe dargestellt (das Textetikett kann man allerdings in ausgeschriebener Weise in der Metadaten-Palette sehen).

Abb. 3–107 *Die sieben Kästen für die Farbetiketten-Filterung. Die beiden grauen Kästen stehen für Fotos ohne Etikett und für Fotos mit Etikett ohne Farbzuordnung.*

Die Filterungsoptionen für Farbetiketten sind nicht ganz so flexibel wie bei den Bewertungssternen. So ist es zwar leicht, sich nur die Fotos mit rotem Etikett anzeigen zu lassen. Es ist aber z. B. unmöglich, nur die Fotos mit rotem Etikett auszublenden.

Es ist jedoch immerhin möglich, alle Fotos, die irgendein Farbetikett enthalten, zusammen auszublenden. Diese Option wird in der Filterleiste und im Filmstreifen über ein hellgraues Etikett symbolisiert und ist alternativ auch im Filtermenü über *Keine Beschriftung* einstellbar. Diese Option ist sehr wichtig, wenn man z. B. Löschkandidaten mit roten oder grünen Etiketten versehen hat und diese ausblenden möchte (siehe Kasten »Bewertungssysteme«).

Über das dunkelgraue Farbetikett in Filterleiste bzw. im Filmstreifen oder über die Einstellung *Benutzerdefinierte Beschriftung* im Filtermenü werden alle Fotos angezeigt, die zwar ein Etikett besitzen, deren Etikett momentan allerdings keiner Farbe (über den Farbbeschriftungssatz) zugeordnet ist.

Bearbeitung von Bildern im Bibliotheksmodul

Ad-hoc-Entwicklung-Palette

Abb. 3–108 *Einstellungen in der Ad-hoc-Entwicklung-Palette*

Die Ad-hoc-Entwicklung-Palette bietet im Bibliotheksmodul die wichtigsten Regler und Funktionen des Entwickeln-Moduls an. Sie ermöglicht es, grobe Bildbearbeitungen an einem oder mehreren Fotos vorzunehmen, ohne dass man dafür ins Entwickeln-Modul wechseln muss. Die Veränderungen wirken sich auf alle selektierten Fotos aus. Man kann also ohne Weiteres mehrere Fotos gemeinsam bearbeiten. Etwas, was im Entwickeln-Modul nur relativ umständlich über die Funktion *Auto Sync* möglich ist.

Die zur Verfügung gestellten Regler entsprechen vorwiegend der Grundeinstellungen-Palette des Entwickeln-Moduls. Dabei handelt es sich in der Ad-hoc-Palette nicht um Regler im eigentlichen Sinne, sondern eher um Knöpfe, die es nicht erlauben, die momentanen Einstellungswerte abzulesen. Genaue Beschreibungen, was diese Regler machen und wie sie funktionieren, finden Sie im Kapitel über das Entwickeln-Modul.

Ein einfaches »Dreieck« ändert den Reglerwert bei den meisten Einstellungen um fünf, ein doppeltes um 20 Einheiten. Ausnahmen gibt es bei der »Schwarz«-Einstellung (eine beziehungsweise fünf Einheiten) sowie bei Belichtung ($\frac{1}{3}$ und eine Blende) und Farbtemperatur (abhängig vom momentanen Wert).

Abb. 3–109 *Bei Drücken der Alt-Taste werden aus den Reglern Klarheit und Lebendigkeit die Regler Schärfen (Schärfungsbetrag) und Sättigung (die Schärfung kann man nur ab einer Vergrößerung von 1 : 1 sehen).*

Histogramm

Mit dem Histogramm kann man bereits im Bibliotheksmodul die Tonwertverteilung des aktiven Bildes anzeigen lassen. Vor allem bei Änderungen in der Ad-hoc-Entwicklung-Palette kann es nützlich sein, auf Veränderungen im Histogramm zu schauen.

Überlaufmarkierungen wie im Entwickeln-Modul für die Instrumente Belichtung, Wiederherstellung und Schwarz gibt es übrigens hier nicht. Man muss mit dem Histogramm an sich auskommen. Letztlich ist für eine präzise Bearbeitung von Fotos aber ohnehin das Entwickeln-Modul vorzuziehen.

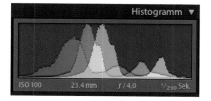

Abb. 3–110 *Das Histogramm im Bibliotheksmodul. Unterhalb des Histogramms werden übrigens vier wichtige Metadaten dargestellt: ISO-Wert, Brennweite, Blende und Belichtungszeit.*

Mehrere Bilder gleichzeitig bearbeiten

Das Bibliotheksmodul, vor allem in der Rasteransicht, ist sehr gut geeignet, um schnell mehrere Fotos gleichzeitig zu bearbeiten. Hier ein kleiner Überblick über die Möglichkeiten.

Direkte Einstellung: Man kann mehrere selektierte Bilder gleichzeitig mit der Ad-hoc-Entwicklung-Palette bearbeiten. Dies ist eine schöne direkte Möglichkeit, die ohne Kopieren und Einfügen oder Anlegen von Vorgaben funktioniert. Im Entwickeln-Modul kann man normalerweise nur ein Bild auf einmal gleichzeitig bearbeiten.

Mittels Vorgaben: Auch in der Ad-hoc-Palette ist dies möglich. Über *Gespeicherte Vorgabe* ganz oben in der Palette kann man eine Entwicklungsvorgabe für ein oder mehrere Fotos auswählen und anwenden.

Wählt man hier *Standard* oder drückt man auf *Alles zurücksetzen* unten in der Palette, setzt man das oder die Fotos auf die jeweilige Standardentwicklungseinstellung zurück (mehr zu Vorgaben und Standardeinstellungen in Kapitel 4.2.2).

Auch über das Kontextmenü eines Thumbnails lassen sich schnell Entwicklungsvorgaben auswählen, auch für mehrere Bilder, ebenso mit dem Sprühdose-Werkzeug. Stellt man hier als Modus *Einstellungen* ein, kann man eine Entwicklungsvorgabe auswählen. Jedes Thumbnail, das jetzt von der Sprühdose »getroffen« wird, bekommt die neuen Entwicklungseinstellungen.

Automatiken: Nicht zu unterschätzen beim Arbeiten mit großen Mengen von Bildern, gerade im Bibliotheksmodul, wo man mehrere Fotos bearbeiten kann, sind Lightrooms Automatiken.

Die Farbtonautomatik (ein treffenderer Name wäre Tonwertautomatik) ist vielleicht die wichtigere von den beiden. Mit ihr werden die Regler *Belichtung, Wiederherstellung, Schwarz, Helligkeit* und *Kontrast* der Ad-hoc-Entwicklung-Palette automatisch gesetzt. Man aktiviert sie, für ein oder mehrere Fotos, über die Ad-hoc-Entwicklung-Palette selbst, Foto- oder Kontextmenü oder Alt-Strg | Befehl-U.

Gerade die Farbtonautomatik ist sehr gut geeignet, um einen Haufen unterbelichteter Fotos schnell in einen akzeptablen Zustand bringen, sodass man möglichst schnell mit der Sichtung der Bilder beginnen kann. Seit Lightroom 2 haben sich die Ergebnisse der Farbtonautomatik übrigens deutlich verbessert.

Ein Verwandter ist die Weißbalance-Automatik, die sich ebenfalls über Ad-hoc-Palette oder Menüs bzw. Shift-Strg | Befehl-U verwenden lässt und welche die Farbtemperatur automatisch einstellt.

Übertragung von Entwicklungseinstellungen

Weiterhin kann man Einstellungen durch Synchronisierung von einem auf andere Bilder übertragen. Dazu wählt man die Zielbilder aus (es müssen mehrere Bilder ausgewählt werden für diese Funktion) und macht das Quellbild, also das Bild, von dem die Einstellungen übertragen werden sollen, aktiv. Dann drückt man *Einstell. syn.* unten in der rechten Palettenspalte oder Shift-Strg | Befehl-S. Im folgenden Dialog lässt sich genau festlegen, welche Einstellungen in den Zielbildern überschrieben und welche erhalten bleiben.

Ähnlich wie die Synchronisierung, nur in einem Zwei-Schritt-Verfahren, funktioniert das Kopieren und Einfügen von Entwicklungseinstellungen. Das Prinzip ist aus den meisten Computerprogrammen bekannt. Man wählt ein Foto aus, wählt *Foto → Entwicklungseinstellungen → Einstellungen kopieren* (wesentlich schneller: Shift-Strg | Befehl-C) und in einem Auswahldialog ähnlich dem für die Synchronisierung aus, welche Einstellungen kopiert werden sollen. Einfügen kann man diese dann bei allen selektierten Bildern mittels *Einstellungen einfügen* oder Shift-Strg | Befehl-V.

Das Einfügen von Einstellungen geht jedoch auch ohne expliziten Kopieren-Schritt. Lightroom merkt sich nämlich in einem Zwischenspeicher automatisch die Einstellungen des zuletzt aktiven Bildes. Mit der Funktion *Vorherige Einstellungen einfügen* (Alt-Strg | Befehl-V) werden diese Einstellungen auf die selektierten Fotos oder das gerade aktive übertragen. Dies geht schnell und komfortabel, hier kann man allerdings nicht explizit wählen, welche der Einstellungen kopiert werden.

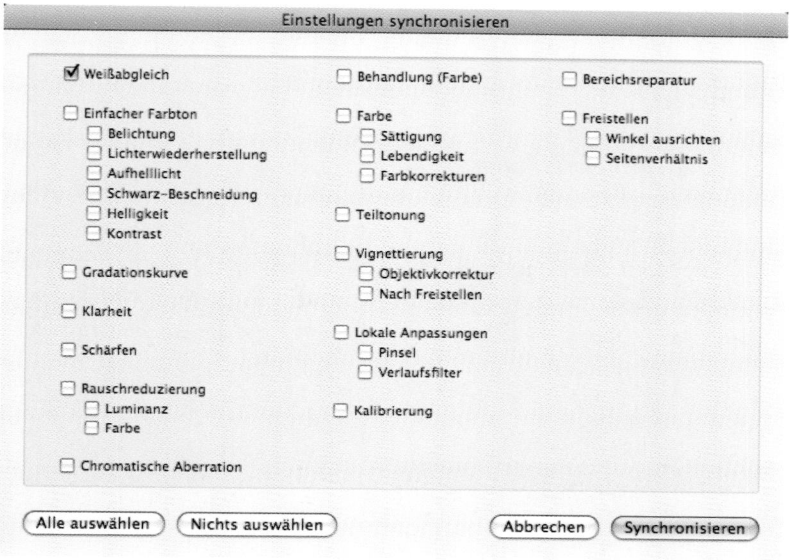

Abb. 3–111 Beim Synchronisieren oder Kopieren/Einfügen von Entwicklungseinstellungen lässt sich genau festlegen, welche Einstellungen betroffen sind.

3.4.3 Metadaten und Stichwörter eintragen

Neben dem Bewerten von Fotos ist das Eintragen von Metadaten und Stichwörtern für das spätere Fotoarchiv von größter Wichtigkeit. Die Kombination von beidem erlaubt es Ihnen, auch noch nach Jahren die Fotos zu finden, die Sie suchen. So kann man sich z. B. alle Bilder mit dem Stichwort »Susi« anzeigen lassen, die mindestens drei Sterne haben; oder alle in Frankreich aufgenommenen Fotos mit mindestens zwei Sternen usw.

Bei Metadaten wie Bildtitel und Bildbeschreibung sowie beim Großteil der Stichwörter ist es im Allgemeinen sinnvoll, diese erst nach dem Bewertungsprozess einzutragen, da man sich dann zuerst auf die wichtigsten Fotos konzentrieren kann. Daher habe ich dieses Kapitel auch hier, nach dem Sichtungs- und Bewertungsprozess, platziert.

Es gibt aber auch Metadaten und Stichwörter, die sich am einfachsten auf einen ganzen Bereich von Fotos eintragen lassen, z. B. Orts- oder Copyright-Informationen. Dies kann teilweise schon automatisch direkt während des Imports geschehen.

Für wieder andere, die EXIF-Informationen, muss man gar nichts tun, da sie von der Kamera eingetragen werden. Dennoch können auch sie für die Bildverwaltung nützlich sein. Dies fängt schon an, wenn man das Aufnahmedatum aus den EXIF-Metadaten während des Imports automatisch in den Dateinamen eintragen lässt.

Die Stichwörter gehören zwar auch zu den (IPTC-)Metadaten dazu, dennoch genießen sie in Lightroom wegen ihrer großen Wichtigkeit für die Bildverwaltung einen leichten Sonderstatus – sie werden z.B. über zwei separate Paletten verwaltet. Aus diesem Grund gehe ich zuerst auf die Metadaten im Allgemeinen, danach speziell auf die Stichwörter ein.

Metadaten

Metadaten direkt verändern
Im Wesentlichen findet sich alles Relevante zu den Metadaten eines Fotos in der Metadaten-Palette auf der rechten Seite. Über die Palette lassen sich Metadaten eines oder mehrerer Fotos ablesen und – sofern möglich – editieren, abgesehen von Stichwörtern und Einstellungs-Metadaten. Diese werden über die Stichwörter-festlegen- bzw. die Ad-hoc-Entwicklung-Palette verändert.

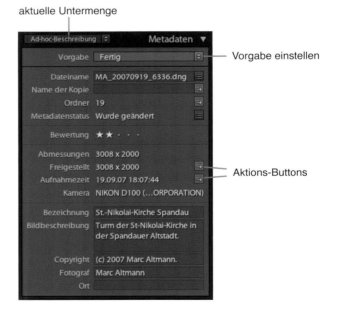

Abb. 3–112 *Die Metadaten-Palette*

Eintragen über die Metadaten-Palette
Die veränderbaren Metadaten, also im Wesentlichen alle außer den EXIF-Daten, lassen sich direkt über das Textfeld in der Palette editieren. Dies geht auch bei mehreren selektierten Fotos gleichzeitig.

Wenn mehrere Fotos selektiert sind, zeigt Lightroom in der Palette normalerweise die gemeinsamen Metadaten an. Die Felder, in denen es Unterschiede zwischen den Fotos gibt, werden mit *<gemischt>* gekennzeichnet.

Um immer nur die Daten des aktiven Fotos anzuzeigen, egal wie viele selektiert sind, kann man im Menü *Metadaten → Metadaten nur für Ziel-foto anzeigen* einschalten. Diese Option schließt allerdings auch das gleichzeitige Verändern der Daten mehrerer Bilder aus.

Aktionspfeile

In der Metadaten-Palette gibt es bei den meisten Feldern auf der rechten Seite einen kleinen grafischen Button mit einem Pfeil oder einer Liste. Diese Buttons lösen Aktionen aus, die im Zusammenhang mit dem jeweiligen Eintrag stehen.

Ein Pfeil symbolisiert einen »Link«. Meist springt Lightroom dann zu allen Bildern mit demselben Metadateneintrag. Es kann aber auch ein Link zu einer URL sein, z. B. bei der Internet-Adresse des Fotografen.

Listensymbole hingegen zeigen an, dass die Aktion einen Dialog aufruft. Wenn Sie die Maus drei Sekunden über den Button halten, erscheint außerdem eine Hilfe-Blase, welche die Aktion näher beschreibt.

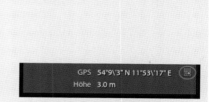

Abb. 3–113 *Auch GPS-Metadaten haben einen Aktionspfeil. Ein Klick darauf …*

Abb. 3–114 *… ruft »Google Maps« im Webbrowser mit der entsprechenden Stelle auf.*

Beim Eintragen von Metadaten kann es leicht zu Inkonsistenzen kommen. Wenn man z. B. einmal »Copyright 2004« und einmal »© 2004« schreibt, meint man eigentlich dasselbe, hat aber unterschiedliche Bezeichnungen verwendet.

Im Fall des Copyright-Hinweises hat dies keine sichtbaren Auswirkungen. Handelt es sich aber um eine Ortsangabe oder um den Namen eines Fotografen, tauchen diese Inkonsistenzen jedoch in der Filterleiste als doppelte Einträge auf. Auch bei der Suche werden u. U. nicht mehr alle Fotos gefunden, die mit einem Suchbegriff eigentlich gemeint sind.

Um Inkonsistenzen von vornherein zu vermeiden, lässt sich in den Katalogeinstellungen im Metadaten-Reiter einstellen, dass Lightroom sich zuletzt eingegebene Werte merkt *(Vorschläge von zuletzt eingegebenen Werten anbieten)* und vorschlägt.

Bundesland/Kanton	
Alle (9 Bundesländer/Kantone)	2284
Berlin	204
Brandenburg	1137
Elbsandstein-Gebirge	5
Elbsandsteingebirge	83
Mecklenburg-Vorpommern	386

Abb. 3–115 *Hier ist »Elbsandstein-gebirge« unterschiedlich eingetragen worden, was zu zwei Einträgen in der Filterleiste führt.*

Abb. 3–116 *Welche Felder gibt es?*
Mittels Alle lassen sich alle zur Verfügung
stehenden Felder anzeigen (in diesem Fall
fast alle, denn dieses Foto enthielt z. B.
keine GPS-Metadaten).

Lightroom bietet sie dann beim Eingeben per »Auto-Complete«, ähnlich wie in einem Webbrowser, an. Alternativ kann man die Bezeichnung des Feldes in der Metadaten-Palette anklicken und erhält ein Menü mit den zuletzt eingegebenen Werten.

Metadaten-Typen

Welche Metadaten-Felder in der Palette angezeigt werden, bestimmt man über den Wahlschalter links neben dem Palettennamen. Seit Lightroom 2 können Plugins eigene Metadatenfelder zum Katalog hinzufügen. Z. B. speichert das Picasa-Plugin, mit dem man Fotos auf die Webseite Picasa laden kann, ob ein Foto bereits hochgeladen wurde. Dies erweitert die Möglichkeiten, wie Plugins und Lightroom zusammenarbeiten können, beträchtlich. Z. B. kann man nach diesen Metadaten suchen oder sie in Smart-Sammlungen verwenden.

Ortsmetadaten

Bei den Ortsmetadaten handelt es sich um die vier IPTC-Felder *Land*, *Bundesland*, *Stadt* und *Ort*. Mit Ort (engl. eigentlich »Location«) ist eine weitere Aufteilung der Stadt gemeint. Es ist sinnvoll, an dieser Stelle Namen von Plätzen, Stadtteilen oder berühmten Gebäuden einzutragen.

Abb. 3–117 *Diese Ortseinträge ...*

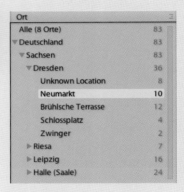

Abb. 3–118 *... können in einer*
Spalte der Filterleiste als aufklapp-
bare Hierarchie ...

Land		Bundesland/Kanton		Stadt		Ort	
Alle (1 Land)	83	Alle (1 Bundesland/Kanton)	83	Alle (4 Städte)	83	Alle (5 Orte)	36
Deutschland	83	Sachsen	83	Dresden	36	Brühlsche Terrasse	12
				Halle (Saale)	24	Neumarkt	10
				Leipzig	16	Schlossplatz	4
				Riesa	7	Zwinger	2
						Unbekannter Ort	8

Abb. 3–119 *... oder über vier verschiedene Spalten angezeigt werden.*

Wenn ein Plugin installiert wird, das den Katalog um ein oder mehrere Metadatenfelder erweitert, muss das Katalogformat angepasst werden, um die neuen Felder zu unterstützen. In diesem Fall fragt Lightroom vor der Plugin-Installation nach, ob die Änderung am Katalog durchgeführt werden darf. Plugin-Metadaten können nicht mittels Metadatensynchronisation als XMP-Metadaten mit den Bilddateien gespeichert werden. Sie sind nur im Katalog vorhanden.

Abb. 3–120   Aus diesen Untermengen kann man wählen. Benutzerdefinierte Untermengen lassen sich mit dem Metadata-Viewer Preset Builder[7] von Jeffrey Friedl erstellen.

EXIF-Aufnahmezeit bearbeiten

EXIF-Daten sind generell nicht veränderbar. Dahinter steckt keine technische Schwierigkeit, sondern die Ansicht, dass die automatisch generierten EXIF-Daten wesentlich zuverlässiger sind, wenn nicht die Möglichkeit zu ihrer Veränderung gegeben ist.

Die einzige Ausnahme ist hier die Aufnahmezeit des Fotos. Da diese keine verlässliche Angabe darstellt (die Zeit kann z. B. in der Kamera falsch eingestellt sein), kann man sie nachträglich anpassen, allerdings nicht über die Metadaten-Palette, sondern über den Menüpunkt *Metadaten → Aufnahmezeit bearbeiten*.

Die neue Zeit lässt sich auf drei verschiedene Arten einstellen.

Auf angegebenes Datum und Uhrzeit einstellen: Hierdurch lässt sich der neue Zeitpunkt direkt angeben. Dabei sieht man den ursprünglichen Zeitpunkt und kann anhand dessen den neuen einstellen.

Sind mehrere Bilder für die Bearbeitung selektiert worden, werden die anderen Bilder um denselben Zeitraum korrigiert, der hier zwischen neuem und altem Zeitpunkt eingestellt wurde. Dies ist sehr praktisch, denn so lassen sich auch Hunderte von Bildern auf einmal um denselben Zeitraum korrigieren.

Um angegebene Stundenzahl verschieben: Hierdurch kann man eine Zeitzonenanpassung vornehmen für Fälle, in denen man vergessen hat, die Uhr der Kamera vor- oder nachzustellen. Man kann einen Unterschied von bis zu 24 Stunden nach vorne oder hinten angeben.

Jedes Bild auf Erstellungsdatum der Datei ändern: Hierbei werden Datum und Uhrzeit direkt aus dem Erstellungsdatum der jeweiligen Bilddatei entnommen. Dies ist sicher nur dann sinnvoll, wenn die Fotos bisher über gar keine Zeit-Metadaten verfügen.

Im unteren Teil des Dialogs warnt Lightroom davor, dass die Änderung der Aufnahmezeit nicht rückgängig gemacht werden kann. Dennoch befindet sich im Metadaten-Menü der Eintrag **Ursprüngliche Aufnahmezeit wiederherstellen.** Dieser funktioniert auch, allerdings wirklich nur mit dem ursprünglichen, also dem allerersten, nicht unbedingt mit dem zuletzt eingestellten Zeitpunkt.

---

7   http://regex.info/Lightroom/Meta/

Metadatenvorgaben und -synchronisierung

Vorgaben erstellen und anwenden

Eine komfortable Möglichkeit zur Metadatenvergabe sind Vorgaben. Metadatenvorgaben funktionieren ganz ähnlich wie Vorgaben für Entwicklungseinstellungen, sie werden jedoch in einem »normalen« Fenster verwaltet, nicht in einer Palette.

Um die Verwaltung aufzurufen, wählt man in der Vorgabeneinstellung der Metadaten-Palette *Vorgaben bearbeiten* und erhält einen Dialog wie in Abbildung 3–121. Über den Wahlschalter oben im Dialog kann ein Datensatz als Vorgabe gespeichert und alte Vorgaben können umbenannt oder gelöscht werden.

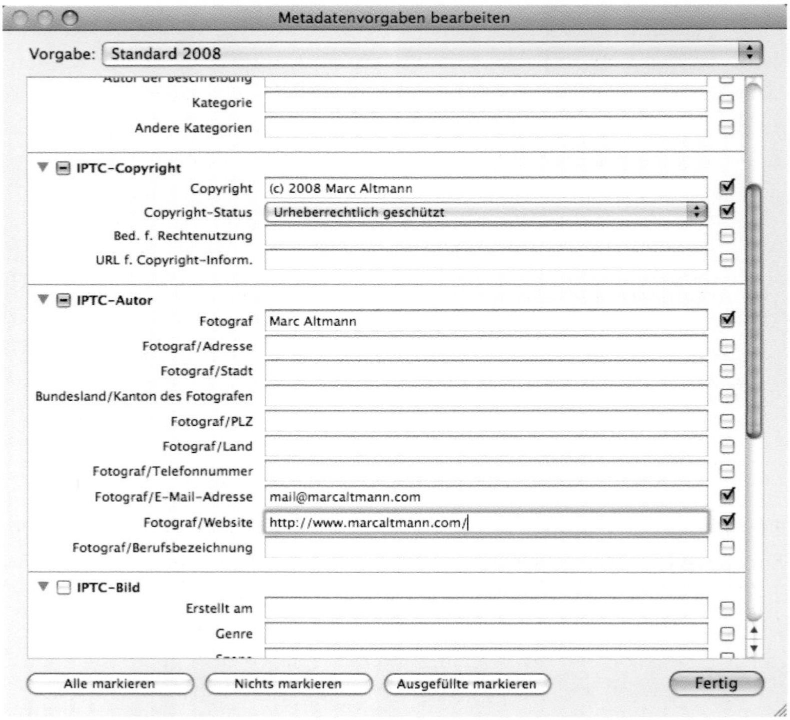

Abb. 3–121 Erstellung einer Metadatenvorgabe. Nur die ausgewählten Felder werden in die Vorgabe aufgenommen.

Die Daten des aktuellen Bildes sind bereits im Dialog eingetragen. Mit den Häkchen auf der rechten Seite lassen sich einzelne Felder, mit denen auf der linken ganze Gruppen an- oder ausschalten. Nur die eingeschalteten Felder wirken sich beim Anwenden der Vorgabe auf die Metadaten der betreffenden Fotos aus. Die anderen bleiben unberührt.

Wenn Stichwörter per Vorgabe vergeben werden, was seit Lightroom 2 möglich ist, werden diese immer nur zu Fotos hinzugefügt. Es werden niemals Stichwörter aus Fotos entfernt, wenn eine Vorgabe auf ein Foto angewendet wird.

Angewendet werden Vorgaben auf ein oder mehrere Fotos z. B. direkt in der Metadaten-Palette (ganz oben über den Vorgaben-Wahlschalter) oder über das Kontextmenü eines Fotos unter *Metadaten → Vorgaben*. Eine weitere Möglichkeit ist die Verwendung des Sprühdose-Werkzeugs. Wenn es auf »Metadaten« gestellt wird, kann man eine Vorgabe auswählen und diese mit der Sprühdose auf die Fotos anwenden.

Am elegantesten geht die Vergabe von Metadaten sicherlich automatisch während des Imports. Im Import-Dialog lässt sich eine Vorgabe wählen, die automatisch auf alle importierten Bilder angewendet wird. Ich habe meine Vorgabe »Standard 2008« mit Copyright-Informationen, E-Mail- und Webadresse dort standardmäßig eingestellt, sodass diese wichtigen Metadaten so früh wie möglich, und garantiert für alle meine Fotos, eingetragen werden.

Synchronisierung/Kopieren und Einfügen

Eine weitere Möglichkeit ist die Übertragung von Metadaten von einem Bild auf viele Bilder, ohne dass dazu Vorgaben verwendet werden. So können mehrere Felder zugleich verändert werden, ohne dass man zuerst eine Vorgabe anfertigen muss.

Für die Synchronisierung wählt man mehrere Bilder aus und drückt den Knopf *Metadaten syn.* unten in der rechten Palettenspalte. Oder man ruft die Menüfunktion *Metadaten → Metadaten synchronisieren* auf. Daraufhin springt ein Dialog ähnlich dem in Abbildung 3–121 auf, der bereits die Einträge des gerade aktiven Fotos enthält. Diese sind hier noch editierbar, bevor sie auf die Fotos übertragen werden. Ein Druck auf *Synchronisieren* trägt die Daten im Dialog in allen selektierten Fotos, inklusive des aktiven, ein.

Synchronisierung und Kopieren/Einfügen sind im Grunde dieselben Funktionen, nur dass beim Kopieren die Bedienung in zwei Schritten abläuft, gemäß dem klassischen Kopieren-Einfügen-Bedienprinzip.

Fürs Kopieren steht kein Button zur Verfügung, dafür gibt es zusätzlich zum Menüeintrag *Metadaten → Metadaten kopieren* ein Tastaturkürzel: Shift-Alt-Strg | Befehl-C. Auch beim Kopieren springt ein Dialog auf, in dem man die einzelnen Metadaten-Felder, die im Zwischenspeicher landen, auswählen und editieren kann. Mittels Shift-Alt-Strg | Befehl-V oder *Metadaten → Metadaten einfügen* lassen sich die Werte dann vom Zwischenspeicher auf ein oder mehrere Fotos übertragen.

Stichwörter

Stichwörter (schnell) eintragen

Abb. 3–122 *Die Palette Stichwörter festlegen*

Stichwörter-festlegen-Palette

Stichwörter lassen sich über die Palette *Stichwörter festlegen,* auf der rechten Seite im Bibliotheksmodul direkt in eines der beiden Textfelder im oberen Teil der Palette eingeben.

In das große Textfeld (aktivierbar über Shift-Strg | Befehl-K, die Tastenkombinationen im Zusammenhang mit Stichwörtern beinhalten alle die K-Taste, von engl. »Keyword«) werden die bereits eingegebenen Stichwörter dargestellt. Zusätzlich lassen sich Stichwörter direkt eintragen. Das kleine Textfeld weiter unten ist nur für die Eingabe da. Es beherrscht »Auto-Complete«, d.h., es versucht, eingegebene Stichwörter zu vervollständigen, wodurch die konsistente Stichwortvergabe gewährleistet wird. Mehrere Stichwörter können durch Kommata getrennt eingegeben werden. Das Feld ist auch über das Tastaturkürzel Strg | Befehl-K aktivierbar.

Natürlich können über beide Textfelder auch Stichwörter in mehrere selektierte Fotos auf einmal eingetragen werden. Wird dabei ein Stichwort im großen Textfeld mit einem Stern (*) angezeigt (siehe Abbildung 3–122), heißt das, dass es nicht in allen selektierten Bildern vorkommt (ähnlich wie *<gemischt>* bei den Metadaten).

Entfernt man ein solches *-Symbol und drückt Return, wird das betreffende Stichwort in alle selektierten Fotos eingetragen. Auf diese Weise kann man schnell Stichwörter zwischen mehreren Fotos synchronisieren (seit Lightroom 2 ist das Synchronisieren von Stichwörtern allerdings auch über die normale Metadaten-synchronisieren-Funktion möglich).

Neben der Eingabe von Stichwörtern über die Tastatur verfügt die Palette über zwei Verfahren, Stichwörter per Mausklick hinzuzufügen, *Stichwortvorschläge* und *Stichwortsätze.* Beide arbeiten fast gleich: Die Stichwörter sind in einem 3 × 3-Raster angeordnet und lassen sich durch einfaches Anklicken einem oder mehreren selektierten Fotos zuordnen.

Abb. 3–123 *Über Stichwortvorschläge und Stichwortsätze lassen sich Stichwörter per Mausklick oder Tastaturkürzel eintragen.*

Der Unterschied besteht in der Art und Weise, wie die Stichwörter ausgewählt werden. Im Palettenteil *Stichwortvorschläge* empfiehlt Lightroom selbst Stichwörter, die zum momentan ausgewählten Foto passen sollen. Dabei geht es recht intelligent vor und schlägt z.B. Stichwörter vor, die in umliegenden Fotos bereits vorkommen.

Bei den *Stichwortsätzen* ganz unten in der Palette wählt man die angezeigten Stichwörter hingegen selbst aus. Lightroom liefert drei voreingestellte Sätze für Hochzeitsfotografie, Natur-/Landschaftsfotografie und Porträtfotografie mit. Darüber hinaus kann man Stichwortsätze neu erstellen, bearbeiten oder löschen über den Dialog unter *Metadaten* ➜ *Stichwortsatz* ➜ *Bearbeiten.*

Über das Pop-up-Menü in der Palette oder mit den Tasten Alt-0 und Shift-Alt-0 kann man den eingestellten Stichwortsatz schnell wechseln. Neben dem Zuordnen per Mausklick kann man bei gedrückter Alt-Taste mit den Zahlentasten 1–9 die entsprechenden Stichwörter per Tastatur zuweisen (die Zahlen werden beim Drücken von Alt neben den Stichwörtern eingeblendet).

Abb. 3–124 *Erstellung eigener Stichwortsätze*

Für Stichwortsätze empfehlen sich natürlich in erster Linie möglichst generelle Stichwörter, die auf viele Bilder anwendbar und deshalb auch nicht allzu genau beschreibend sind. Es geht zuerst um Schnelligkeit. Spezieller kann man danach immer noch werden.

Neben den festen Stichwortsätzen lässt sich über das Drop-down-Menü auch ein automatisch generierter Satz einstellen, *Letzte Stichwörter.* Dieser bietet praktischerweise immer die zuletzt eingegebenen Stichwörter an.

Weitere Möglichkeiten der Stichwortvergabe

Am schnellsten geht die manuelle Stichwortvergabe vermutlich per *Stichwortkürzel.* Ein Stichwortkürzel ist ein Mini-Zwischenspeicher, in den man ein oder mehrere Stichwörter einträgt, die man dann besonders schnell an Fotos vergeben kann.

Entweder ruft man dazu *Metadaten* → *Stichwortkürzel festlegen* auf bzw. drückt Shift-Alt-Strg | Befehl-K, woraufhin man das Stichwort oder die Stichwörter (durch Kommata getrennt) eingeben kann. Ist das Stichwortkürzel gesetzt, kann man es durch Drücken von Shift-K einem oder mehreren selektierten Bildern zuweisen bzw. es wieder entfernen.

Oder man aktiviert das Sprühdosen-Werkzeug (*Metadaten* → *Malen aktivieren* oder Alt-Strg | Befehl-K) und trägt das Kürzel direkt in der Werkzeugleiste ein. Mit dem Sprühdosen-Mauszeiger kann man es dann sehr komfortabel entweder applizieren oder entfernen. Die Thumbnails, die bereits das Stichwort enthalten, werden dabei mit einem kleinen weißen Rand angezeigt.

Eine weitere Möglichkeit bietet die Palette *Stichwortliste*, ebenfalls auf der rechten Seite, die in erster Linie für die Verwaltung von Stichwörtern

Abb. 3–125 *Auch über das Kontextmenü der Stichwortliste-Palette, ebenfalls auf der rechten Seite, lässt sich ein Stichwort als Kürzel einstellen. Welches Stichwort gerade als Kürzel verwendet wird, sieht man an der Markierung mit dem +.*

Abb. 3–126 *Die Stichwortliste-Palette. Stichwörter lassen sich Fotos zuweisen, indem das Häkchen auf der linken Seite des Stichworts aktiviert wird. Über den Pfeil auf der rechten Seite eines Stichworts lassen sich schnell alle Fotos anzeigen, die dieses Stichwort enthalten. Hierzu wird der Metadatenteil der Filterleiste auf das entsprechende Stichwort eingestellt.*

und -hierarchien da ist (siehe unten). Wenn man die Maus über ein einzelnes Stichwort in der Liste bewegt, erscheint auf der linken Seite des Stichworts eine Checkbox. Klickt man auf die Checkbox, wird diese abgehakt und das Stichwort in das oder die selektierten Fotos eingetragen.

Stichwörter lassen sich zur Liste mit den +- und −-Symbolen oder über das Kontextmenü hinzufügen oder entfernen. Ebenfalls wird ein Stichwort automatisch hinzugefügt, wenn es über die Palette *Stichwörter festlegen* in ein Foto eingetragen wird. Die Liste enthält also immer mindestens alle Stichwörter, die im Katalog vorkommen.

Überlegungen zu Stichwörtern

Welche Stichwörter soll man überhaupt eintragen? Und wie viele? Und ist es wirklich sinnvoll und machbar, alle Fotos mit Stichwörtern zu versehen?

Mein Vorschlag ist: Fangen Sie so klein wie möglich an, und zwar mit den Fotos und Stichwörtern, die Ihnen am meisten Nutzen bringen. d.h. entweder mit der breitmöglichsten Basis der Fotos, z. B. werden alle 2000 Bilder aus dem Urlaub nur mit ein bis zwei Stichwörtern (»Spanien«, »Spanien-Urlaub 2007«) versehen. Dies geht sehr schnell und mag zuerst nicht notwendig erscheinen, langfristig betrachtet hat es aber vermutlich großen Nutzen.

Oder Sie fangen spezifischer an, mit den allerbesten Bildern, also erst nach dem Bewertungsprozess, z. B. nur mit den zehn 3-Sterne-Bildern aus diesen 2000 Bildern. Wenn Sie später Bilder suchen und nur auf diese wenigen treffen, können Sie ganz schnell die anderen Bilder aus deren zeitlicher Umgebung finden (durch den Befehl *Gehe zu Ordner in Bibliothek* aus dem Kontextmenü des Fotos). Wenn Sie damit fertig sind und danach noch Lust haben, können Sie immer noch bei den »schlechteren« Bildern weitermachen.

Welche Stichwörter nützlich sind, hängt ausschließlich von Ihnen selbst ab und ergibt sich auch erst mit der Zeit, vor allem in Momenten, in denen Sie Bilder suchen, aber nicht so schnell finden. Wenn Sie z. B. denken: »Ich würde jetzt gerne alle Bilder von Stränden oder von Lavendel oder von Sophie sehen, wie finde ich die jetzt?«, dann wissen Sie, welche Stichwörter Ihnen fehlen.

Auch was die Konsistenz der Stichworthierarchie angeht, braucht es Zeit. Ob es nun »Spanien«, »Spanien-Urlaub« oder »Spanien-Urlaub 2007« heißen soll, wird sich irgendwann zeigen. Wichtig ist, dass Sie am Anfang irgendetwas eintragen. Denn ändern können Sie das Stichwort nachher schnell, indem Sie ganz einfach dessen Namen in der Stichwortliste-Palette ändern, woraufhin die Stichwörter in allen betreffenden Bildern automatisch angepasst werden.

Über das Kontextmenü eines Stichworts hat man Zugriff auf grundlegende Verwaltungsfunktionen wie Umbenennen und Löschen. Ein Umbenennen bewirkt, dass sich das Stichwort in allen Fotos ändert, denen es zugewiesen wurde. Analog dazu bewirkt das Löschen eines Stichworts aus der Liste, dass es aus allen Fotos des Katalogs entfernt wird, die es enthalten.

»Überschüssige« Stichwörter, also welche, die in keines der Fotos im Katalog eingetragen sind, lassen sich über *Metadaten → Nicht verwendete Stichwörter löschen* aus der Liste entfernen.

Nicht zu vergessen ist die vielleicht einfachste Applizierung von Stichwörtern, und zwar, ähnlich wie bei Metadaten, während des Imports. Im Import-Dialog kann man bereits ein oder mehrere Stichwörter in das Stichwörter-Textfeld eintragen, die dann während des Importprozesses jedem Foto zugewiesen werden.

Wenn man sich also hier etwas mehr Zeit nimmt, kann man unter Umständen viel Zeit sparen. Zur Vereinfachung kann man im Import-Dialog die Vorschau-Option einschalten und die Bilder anhand der Thumbnails durchsehen, um geeignetere Stichwörter zu finden.

Der Nachteil hierbei ist, dass die Stichwörter beim nächsten Importvorgang immer noch im Dialog stehen. Wenn man vergisst sie zu löschen oder zu ersetzen, kann man mit dem nächsten Import aus Versehen schnell die falschen Stichwörter zuweisen.

Stichworthierarchien

Die Stichwortliste-Palette enthält nicht nur alle Stichwörter, die im Katalog vorkommen. Die Stichwörter lassen sich auch zu einer Hierarchie aufbauen und mit Synonymen versehen, nach denen sich suchen lässt und die exportiert werden können.

Wenn man eine Stichworthierarchie, wie man sie in Lightroom verwalten kann, aufbaut, pflegt und vor allem konsequent verwendet, spricht man von der Verwendung eines kontrollierten Vokabulariums. Das heißt im Grunde, dass man darauf achtet, dass man für dieselbe Sache auch immer dasselbe Stichwort verwendet.

Stichwortliste-Palette

Die Stichwortliste lässt sich dazu hierarchisch organisieren. Dies ist in den meisten Fällen auch notwendig. Die Liste würde auch bei kleinen Katalogen sehr schnell unüberschaubar, wenn es keine Möglichkeit gäbe, die Stichwörter zu verschachteln. Ein Stichwort lässt sich innerhalb der Hierarchie durch einfaches Drag and Drop platzieren.

Abb. 3–127 *Das Stichwort »Schmetterlinge« wurde hier in eine einfache Klassifikation von Tierarten einsortiert.*

Abb. 3–128 *Für dieses Foto wurde nur das Stichwort »Schmetterlinge« vergeben. Da das Stichwort aber Bestandteil einer Hierarchie ist (siehe Abb. 3–127) …*

Abb. 3–129 *… beinhaltet es automatisch dessen übergeordnete Stichwörter. Diese lassen sich in der Stichwörter-festlegen-Palette über Stichwörter & Enthält Stichwörter anzeigen.*

Tipps für die Palette

Drei Tipps zum Arbeiten in der Palette:

1. Wenn Sie ein bestimmtes Stichwort suchen, können Sie es in das Such-
    feld oben in der Palette eintragen. Hiermit lassen sich auch die Einträge
    in der Palette begrenzen, z. B. würde »Wasser« Einträge anzeigen, die
    Wasser enthalten, z. B. »Wasserski«, »Wasserfall« etc.

2. Wenn Sie weitverzweigte Stichworthierarchien haben, kann es mühse-
    lig sein, zum gewünschten Stichwort vorzudringen, da in der Regel alle
    übergeordneten Stichwörter erst aufgeklappt werden müssen. Klickt
    man bei gedrückter Alt-Taste auf ein Dreieck, werden alle Stichwörter
    aufgeklappt, die in der Hierarchie unterhalb des angeklickten Eintrags
    liegen.

3. Neue Stichwörter, die über die Stichwörter-festlegen-Palette eingetra-
    gen werden, erscheinen normalerweise in der obersten Hierarchie-
    ebene der Stichwortliste. Wenn man viele neue Stichwörter einträgt,
    kann es mühsam sein, diese an die richtige Stelle der Hierarchie zu
    schieben. Über den Kontextmenüeintrag *Neue Stichwörter in diesem
    Stichwort erstellen* eines Stichworts lässt sich festlegen, dass neu einge-
    gebene Stichwörter bis auf Weiteres als Kind dieses Stichworts erstellt
    werden sollen. Das Stichwort wird daraufhin mit einem Punkt gekenn-
    zeichnet. Über denselben Menübefehl lässt sich das normale Verhalten
    wiederherstellen.

Wenn in der Palette ein neues Stichwort erstellt wird, öffnet sich der Dialog *Stichwort-Tag erstellen,* in dem sich außer dem Namen des Stichworts
Synonyme und Export-Optionen angeben lassen. Diese Einstellungen
lassen sich auch im Nachhinein anpassen (Doppelklick auf Stichwort).

Abb. 3–130 *Für jedes Stichwort
lassen sich Synonyme und
Export-Optionen angeben.*

Im Synonyme-Textfeld lassen sich Synonyme für das Stichwort vergeben,
die zwar nicht in der Stichwortliste-Palette auftauchen, über die man das

Bild aber mittels der Suchfunktion ebenfalls finden kann und die sich in exportierte Fotos eintragen lassen. Im obigen Beispiel würde »Falter« also dasselbe Ergebnis wie »Schmetterlinge« liefern. Es lassen sich mehrere Synonyme pro Stichwort, per Komma getrennt, angeben.

Unterhalb der Synonyme befinden sich drei Export-Optionen. Mit ihnen kann man steuern, welche Stichwörter beim Exportieren von Fotos in den Bilddateien landen. In erster Linie von Bedeutung ist die genaue Steuerung des Stichwortexports sicherlich im professionellen Bereich, wenn man z. B. Fotos an eine Bildagentur oder an einen Kunden weiter gibt.

Abb. 3–131 *Dies sind die Stichwörter, die für das Foto vom Schmetterling exportiert werden. Enthalten sind das Synonym »Falter« sowie alle übergeordneten Stichwörter außer »Gliederfüßer«.*

Ebenfalls exportieren: Dieses Stichwort wird exportiert.

Enthaltene Stichwörter exportieren: Die implizierten Stichwörter, die in der Hierarchie darüber liegen, werden ebenfalls exportiert, ausgenommen die, für die *Ebenfalls exportieren* ausgeschaltet ist.

Synonyme exportieren: Die Synonyme des Stichworts werden auch mit exportiert.

Stichworthierarchien exportieren
Da die Erstellung von Stichworthierarchien viel Zeit und Aufwand kosten kann, ist es wichtig, diese gut weiterverwenden zu können, sowohl von Katalog zu Katalog als auch in anderen Programmen. Hierzu kann man die Hierarchie selbst exportieren und importieren (*Metadaten → Stichwörter exportieren/importieren*). Beim Exportieren speichert Lightroom die Hierarchie in einer Unicode-Textdatei, in der die einzelnen Hierarchiestufen durch Tabulator-Zeichen gekennzeichnet sind.

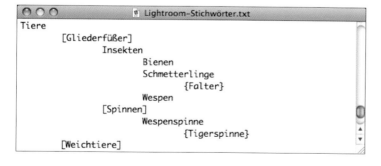

Abb. 3–132 *Lightroom kann Stichworthierarchien als UTF8-Textdatei ausgeben. Die geschweiften Klammern sind Synonyme, die eckigen Klammern sind Stichwörter, die nicht in exportierten Fotos auftauchen sollen.*

Lightroom kann Textdateien, die auf diese Weise formatiert sind, auch importieren. Dabei wird die importierte Hierarchie zur bereits bestehenden hinzugefügt. Auf diese Weise lassen sich Hierarchien von Katalog zu Katalog weitergeben. Auch andere Bildverwaltungsprogramme können Stichworthierarchien einlesen. Hierzu muss evtl. die Textdatei angepasst werden.

Hierarchietrennzeichen in importierten und exportierten Fotos

Stichworthierarchien lassen sich nicht nur in Textdateien, sondern auch in den Metadatenfeldern von Fotos selbst speichern. Dies geschieht über Trennzeichen wie |. Lightroom kann beim Import von Fotos diese Trennzeichen interpretieren. »Natur | Bäume | Buchen« erkennt Lightroom so z. B. als Hierarchie *Natur → Bäume → Buchen*. Nicht nur beim Import, ganz generell beim Lesen von Metadaten, z. B. über die Ordnersynchronisierung oder die Funktion *Metadaten aus Dateien lesen* aus dem Metadaten-Menü, kommt dieses Verhalten zum Tragen.

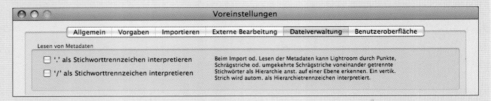

Abb. 3–133 *Unter Voreinstellungen →*
Dateiverwaltung lassen sich
zusätzlich die Zeichen . und / als
Hierarchietrenner aktivieren.

Was das Exportieren von Fotos angeht, so kann man im Exportieren-Dialog die Option *Stichwörter als Lightroom-Hierarchie schreiben* anwählen, woraufhin Lightroom die Stichwörter mit ihren jeweils übergeordneten Stichwörtern inklusive dem Hierarchie-Trennzeichen | schreibt. Dies kann nützlich sein, um die Hierarchie-Information an andere (Bildverwaltungs-)Programme zu übertragen.

Doch da Lightroom für die hierarchisierte Version ein eigenes XMP-Metadaten-Feld verwendet (im Standardfeld für Stichwörter werden diese ohne Hierarchie geschrieben), können nicht alle Fremdprogramme die Information interpretieren. Zurzeit werden sie zumindest von Adobe Bridge und Microsoft Expression Media 2 unterstützt.

3.4.4 Workflow-Teil
Eine größere Menge von Fotos sichten und einordnen

Es werden gezeigt: Unterschiedliche Ansichten nutzen, Farbetiketten und Bewertungssterne verwenden, Metadaten und Stichwörter eintragen

Ausgangssituation

Eine der großen Herausforderungen der digitalen Bildverwaltung ist das schnelle Sichten von vielen Fotos. Für dieses Beispiel will ich knapp 2.500 Fotos sichten, Löschkandidaten markieren, bewerten und für die besten Fotos Metadaten und Stichwörter vergeben.

Alle Fotos in diesem Workflow-Beispiel stammen von Verena Schulz und Felix Rauch.

Schritt 1: Grobe Aufteilung in der Rasteransicht

Für den ersten Schritt benutze ich die Rasteransicht bei möglichst kleiner Thumbnail-Größe, um einen Überblick über die Fotos zu bekommen. Für das schnelle Durchsehen sollten Standardvorschauen für alle Bilder existieren. Wenn sie nicht schon beim Import erzeugt wurden, kann ich dies jetzt über den Menüpunkt *Bibliothek → Vorschauen → Vorschauen in Standardgröße rendern* nachholen.

Das Aufteilen der Fotos in kleinere Portionen über Sammlungen ist für mich nur bedingt sinnvoll, da ich Stapel benutzen will und dafür ohnehin die Ordner-Palette benutzen muss. Stattdessen werde ich die Filterleiste (M-Taste) für eine grobe Aufteilung verwenden. Über den Metadatenteil kann ich Fotos z. B. anhand des Aufnahmedatums aufteilen. Dies geht bei meinen Fotos ganz gut, da sie über drei Monate hinweg entstanden sind und ich so eine Aufteilung in jeweils ca. 500, 800 und 1100 Fotos erreichen kann.

Eine weitere Möglichkeit ist die Einteilung über Ortsmetadaten. Diese müssen zwar erst eingetragen werden, aber dies ist ohnehin ein guter Zeitpunkt dafür, da sich Länder- oder Regionennamen recht schnell in der Rasteransicht eintragen lassen. Dazu selektiere ich einfach die zusammenhängenden Fotos eines Landes (bei mir teilen sich die Fotos in drei Länder auf) und trage den Ländernamen in das entsprechende Feld in der Metadaten-Palette ein.

Abb. 3–134 *Aufteilung der Fotos über die Filterleiste*

Wenn weder Datums- noch Ortsmetadaten für die Aufteilung taugen, kann man die Fotos auch über temporäre Stichwörter aufteilen (z. B. »Portion 1«, »Portion 2« etc.) und wiederum von der Filterleiste auf die einzelnen Portionen zugreifen.

Schritt 2: Löschkandidaten und Stapel in der Lupenansicht

Dies ist die erste Runde, in der ich jedes einzelne Foto in der Lupenansicht, also der Einzelbildansicht, durchgehe. Gleichzeitig markiere ich die Löschkandidaten und bilde, wo nötig, Stapel. Hierfür benutze ich die Pfeiltasten, um durch die Fotos zu gehen, und die Taste 6, um einen Löschkandidaten mit dem roten Farbetikett zu versehen.

Der Anteil der Löschkandidaten ist bei mir oft sehr unterschiedlich, variiert von knapp 10 % bis 50 %, in diesem Beispiel sind es 280 von 2.460 Fotos. Er hängt auch von den Motiven ab und vom Ort. Wenn ich ihn schon kenne und bereits fotografiert habe, werfe ich mehr weg.

Bei mehreren sehr ähnlichen Fotos bilde ich Stapel. Dies ist immer ein bisschen aufwendig, geht aber bei Benutzung der Tastaturkürzel schnell. Die betreffenden Thumbnails werden mit den Pfeiltasten unter Benutzung der Shift- und/oder Strg-/Befehlstaste direkt im Filmstreifen markiert.

Daraufhin wähle ich das beste Foto aus, das oben im Stapel zu sehen sein soll (d. h., ich mache es aktiv), und drücke Strg | Befehl-G. Selten gehe ich für die Auswahl des besten Bildes in die Vergleichsansicht (mit der C-Taste).

Abb. 3–135 Die Arbeitsumgebung zum schnellen Durchsehen … (im Licht-dämmen-Modus; Foto von Verena Schulz)

Natürlich vergebe ich auch in dieser Runde im Ausnahmefall schon Bewertungssterne oder benutze die Ad-hoc-Bearbeitung für einige Fotos. Dies ist in diesem Fall aber relativ selten notwendig, da es sich bei den Fotos um JPEGs direkt aus der Kamera handelt und diese bereits die automatische Helligkeits- und Kontrastkorrektur der Kamera durchlaufen haben.

Schritt 3: Einen Stern oder keinen Stern in der Lupenansicht
In der zweiten Runde sehe ich nochmals alle Fotos in der Lupenansicht an. Dabei kann ich jedoch schon die als Löschkandidaten markierten herausfiltern (dunkelgraues Farbetikett (ganz rechts) im Filmstreifen oder *Bibliothek* ➜ *nach Farbbeschriftung filtern* ➜ *Keine Beschriftung*).

Für jedes Foto treffe ich jetzt die Entscheidung, ob es einen Stern bekommt (1-Taste) oder nicht. Im Zweifelsfall bekommt es den Stern, da ich die Fotos ohne Stern in Zukunft meistens nicht mehr zu Gesicht bekommen werde. In besonderen Fällen vergebe ich auch bereits den zweiten Stern. Am Ende habe ich von 2.284 Fotos 680 mit einem Stern versehen.

Schritt 4: Weitere Sterne in der Überprüfungsansicht
Sind die 1-Sterne-Bilder identifiziert, kann ich die ohne Stern per Filterung ausblenden und weitere Sterne, zuerst zwei, dann in einer weiteren Runde drei vergeben. Hierfür eignet sich normalerweise die Überprüfungsansicht. Hat man jedoch sehr viele Kandidaten (mehr als 50–100), kann es in der Überprüfungsansicht etwas unübersichtlich werden. Für die Vergabe des zweiten Sterns habe ich die Fotos daher aufgeteilt und bin in mehreren Runden vorgegangen.

Um die Kandidaten auszuwählen, markiere ich in der Lupen- oder Rasteransicht die Fotos, die für einen weiteren Stern in Frage kommen, mit einer Flaggenmarkierung. Wenn alle Kandidaten ausgewählt sind, kann ich die markierten Fotos mittels Alt-Strg | Befehl-A selektieren und in die Überprüfungsansicht wechseln (N-Taste). Dort sortiere ich weitere Fotos aus, bis die Auswahl stimmt und die Quote der aufgewerteten Fotos ca. 1 : 8 bis 1 : 10 beträgt.

Wenn ich die Überprüfungsansicht verlasse und in die Rasteransicht gehe (G-Taste), sind die soeben ausgewählten selektiert. Ich kann jetzt mit der 2-Taste den zweiten Stern vergeben. Dann selektiere ich alle Fotos und lösche die Flaggenmarkierungen (U-Taste), mit denen ich die Kandidaten markiert habe.

Von 680 1-Sterne-Fotos bleiben 84 2-Sterne-Fotos übrig. Ich mache das Ganze nochmals in einer weiteren Runde und erhalte am Ende 14 3-Sterne-Fotos.

Abb. 3–136   *... und die Überprüfungs-*
ansicht für 2- und 3-Sterne-Bilder

Abb. 3–137   *Individuelle Metadaten*
und Stichwörter bei den besten Fotos:
Bildbeschreibung, Stichwörter, teilweise
Ortsmetadaten (Foto von Verena Schulz)

Schritt 5: Stichwörter (und Metadaten)

Ich fange hierfür mit den 14 3-Sterne-Fotos an. Da es sich um so wenige Fotos handelt, kann ich in aller Ausführlichkeit Stichwörter, Bildbeschreibungen und ausführlichere Ortsinformationen vergeben.

Bei Bedarf kann ich das auch auf die 2-Sterne-Fotos ausweiten, aber für den Moment ist mir dies bei weiteren 80 Fotos zu viel. Hier beschränke ich mich also auf einige Stichwörter. Mit dem Sprühdose-Werkzeug (Alt-Strg | Befehl-K) markiere ich vor allem die persönlichen Fotos, also die, auf denen Felix und/oder Verena zu sehen sind, mit den entsprechenden Stichwörtern.

Schritt 6: Aufräumen

Wenn ich fertig bin, kann ich mir die Löschkandidaten per Filter separat anzeigen lassen und nach einer Überprüfung löschen (dies kann zur Not auch Monate später geschehen).

Die anderen Bilder würde ich in DNGs umwandeln, wenn es Raw-Bilder wären. Da es jedoch JPEG-Bilder sind, bette ich lediglich die Metadaten ein (Strg | Befehl-S). In Zukunft sind die Fotos für mich vor allem über die geringe Anzahl an 2- und 3-Sterne-Fotos gut im Überblick zu behalten.

Von einem 2- oder 3-Sterne-Foto komme ich über *Gehe zu Ordner in Bibliothek* aus dem Kontextmenü des Fotos schnell in den entsprechenden Unterordner und kann dort alle Fotos aus der unmittelbaren zeitlichen Umgebung sehen.

Abb. 3–138 *Die 14 3-Sterne-Bilder*

4 Entwickeln-Modul und Photoshop

4.1 Einleitung

Im vorigen Kapitel standen große Bildmengen im Vordergrund, im folgenden geht es um das einzelne Bild und dessen optimale Bearbeitung im Entwickeln-Modul.

Arbeiten im Entwickeln-Modul heißt Arbeiten mit Entwicklungseinstellungen und den dazugehörigen Reglern. Alles arbeitet hier nichtdestruktiv, jeder Regler kann also sooft man will hin- und herbewegt werden, es kann viel ausprobiert werden, ohne dass damit die Qualität des Fotos nachhaltig beeinflusst wird. Wenn man sich mit den Reglern verrannt hat, kann man einfach auf den »Zurücksetzen«-Button unten rechts klicken und von vorne anfangen.

Einige Werkzeuge in Lightroom für die Bildbearbeitung, z. B. *(Bearbeitungs-)Protokoll* und *Schnappschüsse,* sind bereits aus Programmen wie Photoshop bekannt. Doch als Entwicklungseinstellungen gewinnen sie an Funktionalität. Das Protokoll für ein Foto bleibt länger erhalten als in Photoshop und verbraucht dazu weniger Speicherplatz. Die Schnappschüsse lassen sich sogar permanent in den XMP-Metadaten der Bilddateien sichern.

Lightroom bringt aber auch viele neue Werkzeuge mit: *Entwicklungs-vorgaben, Standardentwicklungseinstellungen, Synchronisation* und *Vorher-Nachher-Modus*. Sie behandle ich – neben einer generellen Vorstellung der Oberfläche im Entwickeln-Modul – im ersten Teil dieses Kapitels.

Den einzelnen Reglern im Entwickeln-Modul widme ich mich im zweiten und größten Teil, »Globale Entwicklungseinstellungen«. Um in Lightroom Bilder optimal bearbeiten zu können, ist es sinnvoll, zum einen viel Erfahrung mit den einzelnen Reglern zu sammeln, zum anderen aber auch zu wissen, was genau die einzelnen Regler eigentlich tun. Dazu gehe ich jede Palette auf der rechten Seite einzeln durch.

Nach den globalen Entwicklungseinstellungen gibt es die lokalen, die sich nicht auf das gesamte Foto auswirken, sondern nur auf einen Teil davon. Dies sind neben dem Rote-Augen- und dem Bereiche-entfernen-Werkzeug die neu mit Lightroom 2 hinzugekommenen Werkzeuge Verlaufsfilter und Korrekturpinsel, mit denen sich ein Teil der globalen Werkzeuge lokal anwenden lässt. Mit in diesem Kapitel behandle ich auch das Freistellen-Werkzeug, da es mit den anderen vier Tools zusammen im »Werkzeugstreifen« unterhalb des Histogramms beheimatet ist.

Manche Bildbearbeitungen sind zu komplex, um allein über Entwicklungseinstellungen realisiert zu werden. Wenn Lightroom selbst nicht mehr ausreicht, bietet das Programm eine Schnittstelle, um Fotos schnell an Photoshop oder ein anderes externes Programm zu übergeben und danach automatisch wieder zurückzuholen. Im vierten Teil, »Bildbearbeitung in Photoshop«, geht es neben dieser Schnittstelle auch darum, wie man Photoshops Farbmanagement für die Arbeit mit Lightroom sinnvoll einstellt, und um einige ausgewählte Bildbearbeitungstechniken in Photoshop: u. a. perspektivische Korrekturen sowie HDR- und Panorama-erstellung.

Abb. 4–1 Übersicht des Entwickeln-Moduls mit Arbeitsbereich (Mitte), rechter Palettenspalte mit Paletten für Entwicklungseinstellungen und linker Palettenspalte mit Vorgaben, Schnappschüssen und Protokoll. Der Filmstreifen, hier nicht im Bild, dient in erster Linie zur Auswahl des zu bearbeitenden Fotos, aber auch zur Synchronisierung von Entwicklungseinstellungen unter mehreren Bildern.

4.2 Arbeiten im Entwickeln-Modul

4.2.1 Bildkontrolle

Bildvorschau

Arbeitsfläche

Die Navigation innerhalb des Vorschaubereichs funktioniert im Wesentlichen genauso wie in der Lupenansicht im Bibliotheksmodul (siehe Kapitel 3.4.2).

Die Veränderung der Zoomstufe ist über die Navigator-Palette, den Zoom-Regler in der Werkzeugleiste, per Mausklick auf die Arbeitsfläche oder über die Tastaturkürzel Strg | Befehl-Y und Strg | Befehl-Minus sowie die Z- und die Leertaste möglich. Einige Werkzeuge im Entwickeln-Modul profitieren von einer Darstellung in 1 : 1 oder größer. Die Wirkung der Details-Palette (Schärfung, Entrauschen, chromatische Aberration) wird im Entwickeln-Modul überhaupt erst ab der 1 : 1-Ansicht angezeigt. In kleineren Ansichten sieht man die Wirkung dann nicht verkleinert, sondern gar nicht.

Die Navigation innerhalb des vergrößerten Fotos erfolgt über die Navigator-Palette, die Tastaturkürzel Page up und Page down oder mittels Klicken und Ziehen mit der Maus. Bei Letzterem muss man im Entwickeln-Modul allerdings manchmal die Leertaste gedrückt halten, wenn man sich gerade innerhalb eines Werkzeugs befindet und das Handsymbol nicht zu sehen ist.

Manchmal ist auch im Entwickeln-Modul die Darstellung von Metadaten sinnvoll, z. B. wenn man sich bei der Rauschentfernung über den ISO-Wert des Fotos vergewissern möchte. Wie in der Lupenansicht im Bibliotheksmodul kann man sich Metadaten über die I-Taste in die Arbeitsfläche einblenden lassen (über *Ansicht* ➞ *Ansicht-Optionen* konfigurierbar). Außerdem werden unterhalb des Histogramms vier wichtige Metadaten des aktiven Fotos anzeigt: ISO-Wert, Brennweite, Blende und Belichtungszeit.

Vorher-Nachher-Ansicht

Die Vorher-Nachher-Ansicht teilt die Arbeitsfläche in zwei Vorschaubereiche. Auf der Nachher-Seite wird immer der aktuelle Zustand des Fotos angezeigt, auf der Vorher-Seite ein vorheriger Zustand desselben Fotos. Der Modus kann z. B. verwendet werden, um die Wirkung eines Werkzeugs, z. B. der Schärfung, besser beurteilen zu können. Er ist auch sehr sinnvoll für die farbtonweise Anpassung von Graustufenbildern (siehe Kapitel 4.3.3).

In der Werkzeugleiste hat man die Wahl zwischen vier verschiedenen Ansichtsmodi: Einerseits kann man wählen, ob die Arbeitsfläche horizontal oder vertikal geteilt wird, andererseits, ob in beiden Bereichen jeweils derselbe Bildausschnitt zu sehen ist oder ob der eine an den anderen anschließt, wie in Abbildung 4–2 gezeigt.

Ebenfalls in der Werkzeugleiste befinden sich drei Buttons zum Übertragen von Einstellungen zwischen Vorher- und Nachher-Ansicht. Mit den ersten beiden lässt sich der Zustand der einen an die jeweils andere Ansicht angleichen. Mit dem dritten lassen sich beide vertauschen.

An dieser Stelle sei nochmals darauf hingewiesen, dass es sich bei Vorher- und Nachher-Ansicht technisch gesehen um dieselbe Sache handelt, und zwar um Vorschau-Fenster, in denen dasselbe Bild mit unterschiedlichen Einstellungsdaten angezeigt wird. Dabei wirken sich Veränderungen der Reglerwerte jedoch immer nur auf den »Nachher«-Teil aus. Im Nachher-Teil ist per se der aktuelle Zustand, der aktuelle Einstellungssatz des Fotos, zu sehen.

Der Nachher-Teil ist daher dynamisch, er aktualisiert sich selbst, der Vorher-Teil ist hingegen statisch. Welchen Einstellungssatz er anzeigt, muss der Benutzer selbst auswählen. Dies geht z.B. über die eben beschriebenen Buttons in der Werkzeugleiste. Es lassen sich aber auch direkt Zustände aus den Protokoll- und Schnappschuss-Paletten per Kontextmenü in den Vorher-Bereich übertragen (mehr zu Protokoll und Schnappschüssen im nächsten Kapitel 4.2.2).

Histogramm und RGB-Wert-Anzeige

Histogramm

Das Histogramm zeigt die Verteilung der Helligkeitswerte im Foto an. Der Helligkeitsbereich, der zur Verfügung steht, zieht sich von der dunkelsten Stufe (Schwarz) auf der linken Seite bis zur hellsten Stufe auf der rechten Seite. Je höher die Erhebung in einem Bereich ist, desto mehr Pixel im Foto liegen in diesem Helligkeitsbereich. Dadurch kann man auf einen Blick sehen, ob ein Foto evtl. unter- oder überbelichtet ist oder ob es den gesamten Helligkeitsumfang nutzt.

Wie in Abbildung 4–3 zu sehen ist, zeigt das Lightroom-Histogramm dabei die Helligkeitswerte für die verschiedenen Farbkanäle – Rot, Grün und Blau – separat an. (Treffen zwei Kanäle in einem Bereich aufeinander, entstehen die entsprechenden Mischfarben Gelb, Cyan und Magenta, bei allen drei Kanälen wird das Histogramm hellgrau dargestellt.)

Abb. 4–3 *Histogramm eines unterbelichteten Fotos. Auf der rechten Seite ist noch Platz, während es auf der linken bereits zum Clipping kommt.*

Besser noch ist es, für die Helligkeitsverteilung auf das Bild selbst zu schauen. Aber das Histogramm kann mir auf einen Blick und mit »mathematischer Sicherheit« zeigen, ob erstens der gesamte Tonwertumfang genutzt wird und ob es zweitens links oder rechts zu sogenanntem Clipping kommt.

Wenn nicht der gesamte Tonwertumfang ausgenutzt wird, wirkt ein Bild meist flau. Auch kann es ein Anzeichen dafür sein, dass ein Bild über- oder unterbelichtet wurde. In diesem Fall lässt sich der gesamte Helligkeitsumfang nutzen, indem der Schwarz- bzw. Weißpunkt neu gesetzt wird.

Clipping-Indikatoren und Clipping-Anzeige

Im Fall von »Clipping« oder Überlauf von Helligkeitswerten haben wir es mit großen Mengen von Pixeln zu tun, die entweder über 0 % oder 100 % Helligkeit in einem oder mehreren Kanälen verfügen. Dies kann entweder an der Aufnahme liegen, in der es schon zum Überlauf in Lichtern oder Schatten gekommen ist. Dann kann das Clipping evtl. mithilfe der Regler *Belichtung, Wiederherstellung* oder *Schwarz* beseitigt werden. Oder es kann nachträglich, möglicherweise gewollt (z. B. für High-Key-Fotos), durch genau diese Regler in Lightroom eingeführt worden sein.

Abb. 4–4 *Clipping-Indikatoren: Der linke zeigt keinen Überlauf an, der rechte einen Überlauf im Rotkanal.*

Clipping macht sich im Histogramm durch die »Spitzen« am linken oder rechten Ende bemerkbar. Doch es wird auch durch die Clipping-Indikatoren angezeigt, die beiden Dreiecke, die sich auf der linken und der rechten Seite oberhalb des Histogramms befinden. Sie leuchten auf, sobald es zum Überlauf kommt, und zwar in der Farbe des entsprechenden Kanals bzw. in der Mischfarbe von zwei Kanälen oder in Hellgrau bei allen Kanälen.

Wenn man die Dreiecke anklickt oder auf die J-Taste drückt, kann man sich das Clipping auch direkt im Bild anzeigen lassen und so die Bildbereiche sehen, in denen der Überlauf auftritt (siehe Abbildung 4–5).

Abb. 4–5 *Clipping-Anzeige*
(rote und blaue Bereiche)

Clipping in den Lichtern wird generell rot dargestellt, Clipping in den Schatten generell blau. Beides stellt also keinen Hinweis auf Clipping im roten oder blauen Farbkanal dar.

Ich benutze diese Anzeigen relativ selten, da es für mich komfortabler ist, mir die geclippten Bereiche direkt bei Betätigung des Belichtung-, Wiederherstellung- oder Schwarz-Reglers anzeigen zu lassen, bei gedrückter Alt-Taste.

Abb. 4–6 *Erst nach der Anpassung der Helligkeitswerte ist das Histogramm »zu gebrauchen«: In der Mitte das unkorrigierte lineare Histogramm, rechts nach Anpassung mit dem sRGB-»Gamma«.*

Gamma-Anpassung für Histogramm und RGB-Wert-Anzeige

Wie im Grundlagen-Kapitel beschrieben, arbeitet Lightroom intern in einem *linearen* Farbraum, »Melissa-RGB«. Das heißt, der Helligkeitszuwachs von einem zum nächsthöheren RGB-Wert verläuft linear. Eine doppelt so hohe Helligkeit bedeutet auch einen doppelt so großen Helligkeitswert.

Das Auge nimmt Helligkeitszuwächse jedoch nicht linear wahr. Eine Verdopplung der Helligkeit kommt uns nicht doppelt so hell vor, sondern nur um eine *Blendenstufe* heller. Würden die RGB-Wert-Anzeige oder das Histogramm direkt diese linearen Helligkeitswerte anzeigen, könnten wir mit den Ergebnissen nicht viel anfangen. Solch ein Histogramm käme uns z. B. extrem an die linke Seite »gequetscht« vor. Lightroom konvertiert deshalb die Werte für RGB-Wert-Anzeige und Histogramm mit der Helligkeitsverteilungskurve von sRGB. Diese entspricht ungefähr einem Gamma von 2,2.

RGB-Wert-Anzeige

Mit der RGB-Wert-Anzeige lassen sich die Helligkeitswerte für den roten, grünen und blauen Farbkanal an einer bestimmten Position des Fotos anzeigen. Die Anzeige befindet sich direkt unterhalb des Histogramms.

Um Werte anzuzeigen, wird einfach der Mauszeiger an die auszulesende Stelle geschoben. Die Anzeige ist nicht pixelgenau, denn es wird immer ein Durchschnittswert für die Region um den Mauszeiger herum angezeigt. Es kann also sinnvoll sein, für größtmögliche Genauigkeit beim Auslesen kleiner Details in eine Zoomstufe oberhalb der 2 : 1, also 4 : 1 bis 11 : 1, zu gehen.

Die RGB-Wert-Anzeige ist vor allem dann sinnvoll, wenn man sehen will, in welchen Helligkeitsregionen die unterschiedlichen Bildbereiche liegen. Dies ist wichtig für die Bearbeitung des Fotos mit der Gradationskurve.

Abb. 4–7 RGB-Wert-Anzeige: *Lightroom gibt die Werte in Prozent (mit einer Nachkommastelle) an und nicht wie z. B. Photoshop von 0–255. Ein solcher Bereich ist aber ohnehin ein Relikt aus 8-Bit-Zeiten und bei Lightrooms 16-Bit-Bearbeitung nicht sinnvoll.*

4.2.2 Arbeiten mit Entwicklungseinstellungen

Speichern von Einstellungen

Vorgaben

Eigenschaften
In Entwicklungsvorgaben werden Entwicklungseinstellungen gespeichert. Wir haben schon im Teil über das Bibliotheksmodul gesehen, wie man mit Entwicklungsvorgaben einem oder mehreren Bildern schnell bestimmte Entwicklungseinstellungen verleihen kann – doch erstellen lassen sich die Vorgaben ausschließlich im Entwickeln-Modul.

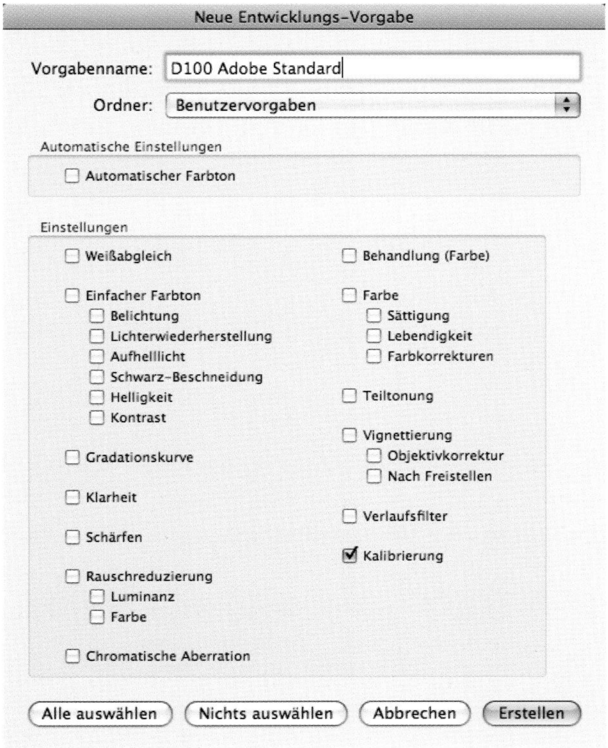

Abb. 4–8 Erstellen einer Vorgabe. *Mit der Option Automatischer Farbton (im obersten Drittel des Dialogs) wird übrigens keine Einstellung an sich festgelegt. Ist sie aktiviert, wird bei jedem Anwenden der Vorgabe die Farbtonautomatik verwendet.*

Entwicklungsvorgaben lassen sich – ähnlich wie Metadatenvorgaben – auf Teilbereiche der Entwicklungseinstellungen beschränken. Beim Erstellen einer neuen Vorgabe erscheint ein Dialog wie in Abbildung 4–8, in dem genau gesteuert werden kann, welche der momentanen Einstellungen in die Vorgabe übernommen werden. Wenn diese dann auf ein Bild angewendet wird, wird nur dieser Teil der Einstellungen des Bildes überschrieben, während in den anderen Bereichen die Einstellungen erhalten bleiben. So kann man z. B. eine Vorlage nur mit Schärfungs- oder Rauschreduktionseinstellungen erstellen.

Vorgaben-Palette

Die Vorgaben werden in der Vorgaben-Palette auf der linken Seite erstellt und verwaltet. Dort lassen sie sich auch in Ordnern organisieren, doch geht dies nur bis zu einer Hierarchieebene, man kann also keine Unterordner erstellen.

Per Kontextmenü (rechte Maustaste) lassen sich Vorgaben aktualisieren (die Einstellungen der Vorgabe werden mit den Einstellungen des aktiven Fotos überschrieben) und auch ex- und importieren, um z. B. Vorgaben auf einen anderen Rechner zu übertragen.

Fährt man mit der Maus über die Einträge in der Palette, zeigt die Navigator-Palette praktischerweise eine »Live-Vorschau« davon an, wie das aktuelle Bild mit der Vorgabe aussehen würde.

Abb. 4–9 *Vorgaben-Palette mit Lightrooms Standard- und eigenen Vorgaben*

Lightroom-Vorgaben

Der Inhalt des ersten Ordners, Lightroom-Vorgaben, ist nicht veränderbar. Er enthält einige Standardeinstellungen, auf die ich kurz näher eingehen will:

Automatischer Farbton verwendet einfach nur die Farbtonautomatik, wie man es auch in der Grundlagen-Palette per Knopfdruck tun kann.

Graustufen schaltet um auf Graustufenbild und wendet die Automatiken für »Farbton« und »Graustufen« an.

Kräftig verleiht dem Foto »Biss«, indem es die Reglerwerte für Klarheit und Lebendigkeit erhöht.

Nullwert setzt *alle* Einstellungen in *allen* Einstellungs-Paletten auf der rechten Seite auf ihre Ausgangsposition. Dies ist anders als die Zurücksetzen-Funktion, welche die Einstellungen auf vorher festgelegte Startwerte zurücksetzt.

Unter **Gradationskurve** und **Scharfstellen** finden sich jeweils zwei nützliche Standardeinstellungen für Kontrast und Schärfe, die sich auf die Gradationskurve-Palette (und den Kontrastregler) bzw. auf die Details-Palette auswirken.

Zu guter Letzt gibt es einige **Kreativ**-Einstellungen, die nicht nur ganz nett sind, um ein paar Ideen zu bekommen (denken Sie daran, dass Sie einfach nur mit der Maus über die Vorgaben fahren müssen, um sie in der Navigator-Palette zu sehen).

Protokoll und Schnappschüsse

Im Unterschied zu den Vorgaben funktionieren Protokoll und Schnappschüsse für jedes Foto separat, d.h., jedes Foto hat seine eigenen Protokollschritte und Schnappschüsse, während die Vorgaben »global« für alle Fotos zur Verfügung stehen.

Das Protokoll merkt sich für jedes Bild jede einzelne Änderung der Entwicklungseinstellungen, sodass man Änderungen nachvollziehen und wieder rückgängig machen kann, ähnlich dem aus Photoshop oder anderen Bildbearbeitungsprogrammen bekannten Protokoll. Aber da in Lightroom nur die Entwicklungs-Metadaten selbst gespeichert werden und diese kaum Platz wegnehmen, kann das Protokoll dauerhaft gespeichert werden (rechts oben in der Palette kann man es löschen).

Protokollschritte bleiben aber nicht in jedem Fall erhalten. Greift man auf einen früheren Protokollschritt zurück und macht danach auch nur eine weitere Reglerbewegung, gehen alle jüngeren Schritte verloren (wenn man dies sofort bemerkt, kann man es durch Strg | Befehl-Z wieder rückgängig machen). Aus diesem Grund ist es sinnvoll, wichtige Schritte als Schnappschuss über das Kontextmenü (rechte Maustaste) des Protokollschritts zu speichern.

Schnappschüsse funktionieren ähnlich wie Protokollschritte. Auch sie stellen verschiedene Zustände desselben Fotos dar. Doch im Unterschied zu Protokollschritten legt man sie manuell an, kann sie mit Namen versehen, und sie können nicht versehentlich verloren gehen, wie das bei Protokollschritten möglich ist.

Schnappschüsse lassen sich auch für andere Zwecke einsetzen, z. B. die Versionierung. Unterschiedliche Schärfungs- oder Kontrasteinstellungen kann man z. B. einfach als einzelne Schnappschüsse speichern. Im Gegensatz zu virtuellen Kopien tauchen sie dabei nicht als eigenständige Fotos im Filmstreifen auf (mehr dazu im Kasten).

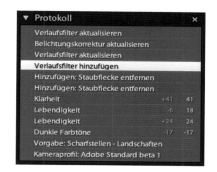

Abb. 4–10 *Die Protokoll-Palette zeigt ganz genau an, in welchen Schritten das Foto bearbeitet wurde.*

Abb. 4–11 *Verschiedene Versionen oder Bearbeitungsschritte lassen sich als Schnappschüsse speichern.*

Protokollschritte, Schnappschüsse, virtuelle Kopien – alles dasselbe?

Bei allen drei Phänomenen handelt es sich in gewisser Weise um dasselbe – letztlich sind alles nur Entwicklungseinstellungssätze, die für ein und dasselbe Bild angefertigt werden. Doch bestehen z.T. große Unterschiede darin, wo diese Metadaten gespeichert werden und wie Lightroom mit ihnen umgeht.

Man kann die drei Konzepte in einer Art »Wichtigkeitsabfolge« sehen: Im Protokoll wird jeder Schritt gespeichert, allerdings nur in der Datenbank und nicht als XMP-Abschnitt oder -Filialdatei mit den Bilddateien; in den Schnappschüssen, die als XMP-Metadaten gesichert werden, lassen sich diejenigen Schritte sichern, auf die man vielleicht später zurückgreifen möchte; aber nicht alle davon sollen letztlich als virtuelle Kopie im Bibliotheksmodul zu sehen sein. Dorthin gehören nur die wichtigsten.

Standardentwicklungseinstellungen

Verwendung

Standardentwicklungseinstellungen oder Standardeinstellungen sind feste Einstellungssätze, die den Startpunkt für die Entwicklungseinstellungen eines Fotos bilden. Dabei sind sie wahlweise abhängig von Modell und Seriennummer der Kamera und vom ISO-Wert des jeweiligen Fotos. Im Grunde sind es unsichtbare Vorgaben, die an drei Orten in Lightroom angewendet werden können: beim Import (wenn man unter *Entwicklungs-einstellungen* »Keine« wählt), nachträglich im Bibliotheksmodul über die Ad-hoc-Entwicklung-Palette oder über den Zurücksetzen-Knopf im Entwickeln-Modul.

Von Hause aus sind die Standardentwicklungseinstellungen für alle Kameras und ISO-Werte gleich (zumindest bei den beiden Kameras, die ich getestet habe). Sie beschränken sich bei Raw-Dateien (Bitmap-Dateien werden nicht verändert) auf die Werte Schwarz 5, Helligkeit +50, Kontrast +25 in der Grundeinstellungen-Palette, eine Gradationspunktkurve *Mittlerer Kontrast* in der Gradationskurve-Palette und Werte von jeweils 25 für Farbrauschentfernung und Schärfungsbetrag in der Details-Palette. Diese Adobe-Einstellungen lassen sich mit individuellen Einstellungen überschreiben. Hierzu stellt man die gewünschten Reglerwerte ein und wählt *Standardeinstellungen festlegen* im Entwickeln-Menü. Es folgt ein Dialog zur Bestätigung. Die Neudefinition überschreibt dabei immer nur die Einstellungen für dasjenige Kameramodell, von dem das gerade aktive Foto stammt.

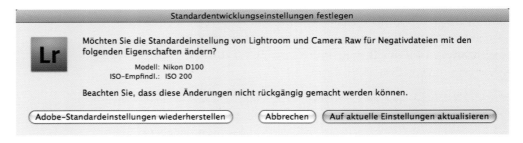

Abb. 4–12 *Im Dialog zum Festlegen der Standardeinstellungen lassen sich auch die Werkseinstellungen wiederherstellen (links).*

Je nachdem, wie die Standardentwicklungseinstellungen in den Voreinstellungen konfiguriert sind, werden dabei nur die Einstellungen für einen bestimmten ISO-Wert und/oder eine bestimmte Seriennummer überschrieben.

Voreinstellungen

Das Verhalten der Standardentwicklungseinstellungen lässt sich in einigen Punkten konfigurieren. In den Voreinstellungen findet sich unter *Vorgaben* ein eigener Bereich zum Thema.

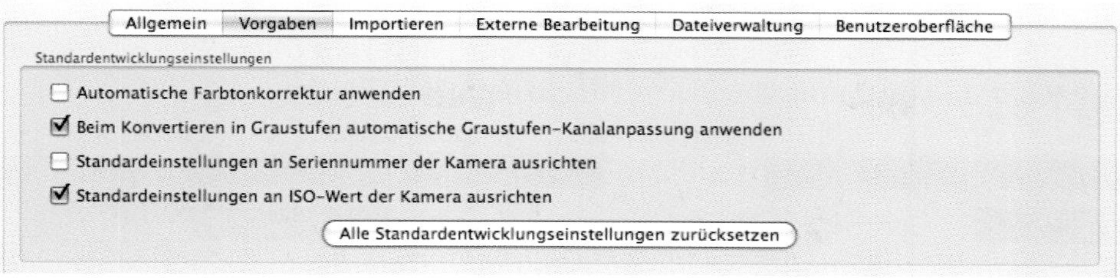

| Allgemein | Vorgaben | Importieren | Externe Bearbeitung | Dateiverwaltung | Benutzeroberfläche |

Standardentwicklungseinstellungen

☐ Automatische Farbtonkorrektur anwenden
☑ Beim Konvertieren in Graustufen automatische Graustufen-Kanalanpassung anwenden
☐ Standardeinstellungen an Seriennummer der Kamera ausrichten
☑ Standardeinstellungen an ISO-Wert der Kamera ausrichten

Alle Standardentwicklungseinstellungen zurücksetzen

Automatische Farbtonkorrektur anwenden: Bewirkt, dass nach der Anwendung einer Standardeinstellung die Farbtonautomatik auf das betreffende Bild angewendet wird (siehe Kasten in Kapitel 4.3.1). Die von der Automatik nicht betroffenen Reglerwerte werden so angewendet, wie in der entsprechenden Standardeinstellung festgelegt.

Beim Konvertieren in Graustufen automatische Graustufen-Kanalanpassung anwenden: Bewirkt dasselbe für die Graustufenautomatik, bloß dass man davon nichts mitbekommt, solange das Bild noch im Farbmodus angezeigt wird. Beim Umschalten auf den Graustufenmodus stehen dann bereits Werte in der Graustufen-Palette.

Da ich die Graustufenautomatik eigentlich immer als Startpunkt für weitere Anpassungen verwende, habe ich diese Option aktiviert. Meistens schalte ich ein Foto schnell im Bibliotheksmodul mittels der V-Taste auf Graustufen um, um zu sehen, wie es aussieht, und da ist dies sehr praktisch (mehr zur Graustufenautomatik in Kapitel 4.3.3).

Standardeinstellungen an Seriennummer der Kamera ausrichten: Standardeinstellungen können wahlweise seriennummerspezifisch sein – falls Sie mehrere Kameras desselben Modells mit Lightroom verwalten, können Sie den jeweiligen Exemplaren voneinander unabhängige Standardeinstellungen geben. Dies ist z. B. dann sinnvoll, wenn die einzelnen Exemplare kalibriert werden sollen (siehe Kapitel 4.3.7).

Standardeinstellungen an ISO-Wert der Kamera ausrichten: Standardeinstellungen können wahlweise ISO-spezifisch sein, d.h., man kann für jeden möglichen ISO-Wert unterschiedliche Einstellungen vergeben. Dies ist z. B. nützlich, wenn man die Rauschreduktionswerte an die ISO-Werte anpassen möchte.

Alle Standardentwicklungseinstellungen zurücksetzen: Macht genau das, allerdings ohne weitere Warnung.

Für einen schnellen Zugriff auf Bilder, über die man die Standardeinstellungen neu festlegen kann, empfiehlt sich die Verwendung der Filterleiste im Bibliotheksmodul. Hier lassen sich die Bilder gezielt nach Kameramodell (und unter Umständen Seriennummer) und ISO-Wert aufschlüsseln.

Abb. 4–13 *Voreinstellungen für Standardentwicklungseinstellungen*

Übertragen von Einstellungen

Im Entwickeln-Modul gibt es vier Knöpfe zum Übertragen oder Setzen von Entwicklungseinstellungen auf ein oder mehrere Bilder.

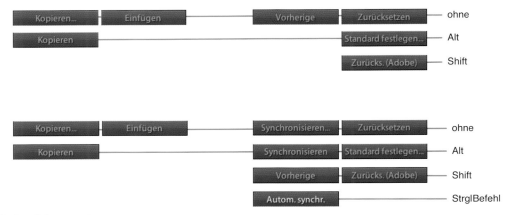

Abb. 4–14 Button-Belegung mit Modifikationstasten. Oben die Belegung bei einem, unten die bei mehreren selektierten Fotos.

Die Übertragung von Einstellungen kann dabei direkt über eine Synchronisierung geschehen oder indirekt (über *Kopieren* und *Einfügen* bzw. *Vorherige*). Welche Einstellungen genau übertragen werden, lässt sich dabei genau festlegen.

Der Button *Standard festlegen,* erreichbar über die Alt-Taste, überträgt keine Einstellungen auf Fotos, sondern definiert die Standardentwicklungseinstellung anhand des aktiven Fotos neu (wie *Standardeinstellungen festlegen* im Entwickeln-Menü).

Kopieren (Shift-Strg | Befehl-C) und **Einfügen** (Shift-Strg | Befehl-V, auf dem Mac jeweils auch ohne Shift) von Entwicklungseinstellungen funktioniert nach dem aus anderen Programmen bekannten Prinzip. Durch Drücken der Alt-Taste kann man den Kopieren-Dialog übergehen, es werden dann die zuletzt gewählten Einstellungen verwendet. Auf mehrere Fotos zugleich lassen sich Einstellungen durch Einfügen nicht übertragen.

Vorherige (Alt-Strg | Befehl-V) funktioniert wie Kopieren/Einfügen ohne Kopieren-Schritt. Dabei werden einfach die Einstellungen des zuletzt aktiven Fotos in das momentan aktive Foto eingefügt, was die Arbeit erleichtern kann, wenn man z. B. Bild für Bild durch den Filmstreifen geht und Fotos bearbeitet.

Synchronisieren von virtuellen Kopien und Schnappschüssen

Die Übertragung von Einstellungen ist nicht nur auf mehrere selektierte Fotos möglich. Auch auf alle Schnappschüsse oder virtuelle Kopien eines Fotos lassen sich Einstellungen übertragen.

Für Schnappschüsse gibt es die Funktion *Einstellungen → Schnappschüsse synchronisieren*. Sie nimmt die Einstellungen des gerade aktiven Fotos (das nicht mit einem Schnappschuss übereinstimmen muss) und überträgt sie auf alle Schnappschüsse desselben Bildes. Nur der voreingestellte »Importieren«-Schnappschuss, der den Urzustand des Bildes darstellt, ist hiervon nicht betroffen. Wie beim normalen Synchronisieren und Kopieren auch kann man vorher in einem Dialog die in Frage kommenden Einstellungen auswählen.

Auch auf alle virtuellen Kopien eines Fotos lassen sich Einstellungen übertragen (obwohl man das im Gegensatz zu Schnappschüssen auch über die normalen Funktionen machen könnte, da virtuelle Kopien als Thumbnails anwählbar sind). Für diese Fälle ist die Funktion *Einstellungen → Kopien synchronisieren* da. Sie nimmt die Einstellungen des gerade aktiven Bildes und überträgt sie auf alle virtuellen Kopien desselben Fotos oder, wenn es sich beim Bild um eine virtuelle Kopie handelt, auf das Master-Foto und die restlichen virtuellen Kopien.

Synchronisieren von Einstellungen funktioniert ähnlich wie das Kopieren und Einfügen, jedoch in einem Schritt anstelle von zwei Schritten. Außerdem lassen sich so Einstellungen auch auf mehrere Fotos zugleich übertragen.

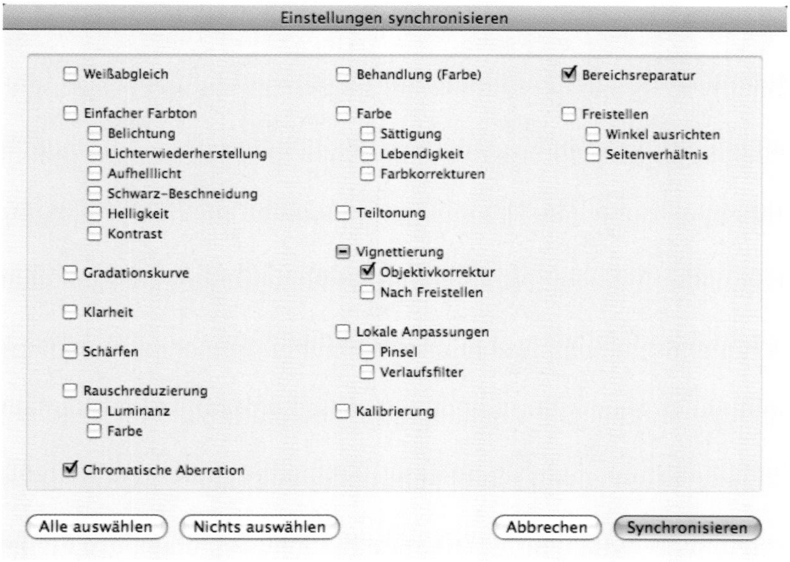

Abb. 4–15 Auswahldialog für die zu synchronisierenden Einstellungen. Bei gedrückter Alt-Taste wird dieser Dialog übersprungen.

Dazu werden die Zielbilder selektiert (es müssen für die Funktion immer mehrere Fotos im Filmstreifen selektiert sein). Danach macht man das Quellbild, also das Bild, von dem die Einstellungen übertragen werden sollen, aktiv. Durch Druck auf *Synchronisieren* (Shift-Strg | Befehl-S) werden die Einstellungen vom aktiven Foto auf die übrigen selektierten übertragen.

Automatisch synchronisieren ist die einzige Möglichkeit im Entwickeln-Modul, mehrere Fotos wirklich gleichzeitig zu bearbeiten. Hierzu selektiert man mehrere Fotos im Filmstreifen und ruft mit der Strg-/Befehlstaste den Button *Autom. synchr.* auf. Der Button behält die Bezeichnung bei, was bedeutet, dass sich von jetzt an jede Regleränderung auf alle selektierten Fotos auswirkt, und zwar so lange, bis der Button wieder deaktiviert wird.

Der **Zurücksetzen**-Button (Shift-Strg | Befehl-R) setzt das momentan aktive Foto auf seine jeweiligen Standardentwicklungseinstellungen zurück (es wird immer nur das aktive Foto zurückgesetzt, egal ob mehrere selektiert sind). **Zurücksetzen (Adobe)** (erreichbar über die Shift-Taste) umgeht dabei die benutzerkonfigurierten Einstellungen und setzt das Foto direkt auf die Werksstandardeinstellung zurück.

Belichtungen angleichen

Mit *Einstellungen* → *Belichtungen angleichen* lassen sich die sogenannten effektiven Belichtungen der selektierten Bilder angleichen. Mit effektiver Belichtung ist in diesem Fall die Kombination aus bereits erfolgter Belichtung in der Kamera und der nachträglichen Belichtungskorrektur durch positive oder negative Werte des Belichtung-Reglers gemeint.

Lightroom nimmt dazu das aktive Bild und versucht, die anderen selektierten Bilder unter Anpassung des Belichtung-Reglers daran anzugleichen (in manchen Fällen schlägt dieser Versuch allerdings fehl, und Lightroom gibt eine Fehlermeldung aus). Hier geht es also nicht wie bei den anderen Angleichungsfunktionen darum, dass alle selektierten Fotos dieselben Einstellungen haben, sondern dass sie – bei unterschiedlichen Einstellungen – gleich hell sind.

4.3 Globale Entwicklungseinstellungen

4.3.1 Grundeinstellungen-Palette

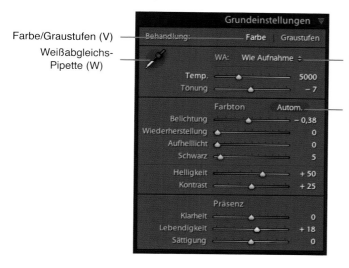

Farbe/Graustufen (V)

Weißabgleichs-Pipette (W)

Weißabgleichs-Vorgaben und -Automatik (Shift-StrglBefehl-U)

Farbton-Automatik (Alt-StrglBefehl-U)

Abb. 4–16 *Die vier Teile der Grundeinstellungen-Palette: Farb- bzw. Graustufenmodus, Farbtemperatur, Tonwertkorrektur, »Präsenz« (hierunter verbergen sich Regler zur Steuerung der Sättigung und des Mikrokontrasts)*

Tastaturkürzel in der Grundeinstellungen-Palette

Da die Regler in der Grundeinstellungen-Palette besonders wichtig sind, gibt es für diese Palette ein paar spezielle Tastaturkürzel:

- Der aktive Regler wird mit , und . verstellt.
- Mit + und - kann der Reglerwert des aktiven Reglers in kleinen Schritten korrigiert werden.
- Drückt man zusätzlich die Shift-Taste, wird in großen Schritten korrigiert.
- Mit ; wird der aktive Regler zurückgesetzt.

Die Tastaturkürzel funktionieren auch bei geschlossener Grundeinstellungen-Palette.

Behandlung-Einstellung

Ganz oben in der Grundeinstellungen-Palette kann man die Darstellung des Fotos zwischen Farb- und Graustufenmodus umschalten oder durch Drücken der V-Taste (auch vom Bibliotheksmodul aus). Durch Lightrooms nichtdestruktive Bildbearbeitung kann man den Modus beliebig oft umschalten, ohne dass von den Bilddaten dabei etwas verloren geht. Die Art der Graustufenumsetzung lässt sich mithilfe der Graustufen-Palette manuell oder per Automatik weiter anpassen (siehe dazu Kapitel 4.3.3).

Farbtemperatur-Einstellung

Was ist Farbtemperatur?

Die Farben eines Motivs hängen stark von der Farbtemperatur des Lichts ab, welches das Motiv beleuchtet. Dies ist uns oft nicht so bewusst, da sich das menschliche Auge sehr schnell und gut an die Farbe der Lichtquelle anpasst, wodurch Farbstiche vermieden werden. Bei der Fotografie wird diese Anpassung über die Einstellung der Farbtemperatur erreicht.

Bei der analogen Fotografie wählt man die Farbtemperatur vor der Aufnahme durch die Wahl von Tageslicht- oder Kunstlichtfilm. Mit der Digitalfotografie, zumindest bei Raw-Dateien, lässt sie sich hingegen nachträglich wählen. Man kann also nach der Aufnahme bestimmen, ob man mit »Kunstlicht-« oder »Tageslichtfilm« fotografieren will.

Abb. 4–17 Nachträgliche Farb-temperatur-»Interpretationen« von 3.500 K, 4.500 K (von der Kamera gemessener Wert) und 6500 K. Die Farbtemperatur wird in Kelvin gemessen.

Bei Bitmap-Dateien, z. B. JPEG-Dateien direkt aus der Kamera, ist die Wahl der Farbtemperatur zwar bereits erfolgt, man kann sie jedoch auch nachträglich noch anpassen. In Lightroom geht dies über dieselben Regler zur Farbtemperatursteuerung wie bei Raw-Dateien. Dies freut sicherlich viele JPEG-Fotografen, die dadurch ihre Fotos einfacher farbkorrigieren können. Dennoch sei darauf hingewiesen, dass die Korrektur hier – im Unterschied zur Benutzung von Raw-Dateien – je nach Umfang mit mehr oder weniger großen Qualitätseinbußen verbunden ist (siehe auch Kasten »Qualitative Vorteile von Raw-Dateien«).

Qualitative Vorteile von Raw-Dateien

Farbtemperatur nachträglich wählbar: Gerade nachträgliche Änderungen an der Farbtemperatur bei JPEGs können zu qualitativen Einbußen führen. Um die Anpassung an die Lichtfarbe bei der Raw-Konvertierung umzusetzen, werden die Rot-, Grün- und Blaukanäle des Bildes entsprechend der in der Kamera gemessenen Farbtemperatur gewichtet. Bei

Nutzung von JPEGs ist dies bereits geschehen und kann nur mit mehr oder weniger großen qualitativen Einbußen nachträglich korrigiert werden.

Bei Raw-Dateien hingegen ist dieser Schritt noch nicht erfolgt. Es wird lediglich die von der Kamera gemessene Farbtemperatur in die Raw-Dateien eingebettet, sodass der Raw-Konverter (auf dem Computer) die Farbtemperaturanpassung vornehmen kann. Bei einer Änderung der Farbtemperatur geht Lightroom also immer von der Original-Raw-Datei aus.

Lichterreserve: Bei Bildsensoren haben wir ein ähnliches Phänomen wie beim Diafilm. Trifft mehr Licht auf den Sensor, als die Fotodioden messen können, kommt es zu detaillosen, gleichmäßig weißen Flächen im Bild, dem »Highlight-Clipping« oder Lichter-Überlauf.

Solange das Bild eine Raw-Datei ist, beinhaltet es in den Lichtern jedoch eine geringe Detailreserve. Diese Reserve beträgt je nach Kamera zwischen ¼ und ⅔ Blendenstufen.

Bei JPEG-Dateien wird diese Reserve nicht genutzt (mir ist zumindest keine Kamera bekannt, die diese Reserve für die interne JPEG-Konvertierung benutzt), und die Details können, da die Raw-Datei nicht mehr vorhanden ist, nicht mehr zurückgeholt werden.

In Lightroom und Camera Raw mit Raw-Dateien hingegen ist dies möglich: »Verlorene« Lichter lassen sich bis zu einem gewissen Grad durch negative Werte beim Belichtung-Regler oder durch Benutzung des Wiederherstellung-Reglers (beide in der Grundeinstellung-Palette) wieder hervorholen.

Wie gesagt: Bei manchen Kameras ist das Wiederherstellungspotenzial nicht sehr groß. Bei meiner D100 sind es jedoch ca. ⅔ Blendenstufen. Die Möglichkeit zur Wiederherstellung hat mir schon einige Bilder »gerettet«.

Abb. 4–18 Hier haben wir einen Lichter-Überlauf in den Haaren der Statue (links), doch mit dem Wiederherstellung-Regler lassen sich in diesem Beispiel jegliche Details wieder hervorholen (rechts). Dies zeigt übrigens auch der Unterschied im Histogramm: Die Spitzen auf dessen rechter Seite sind verschwunden.

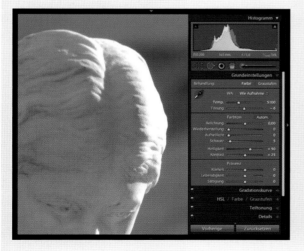 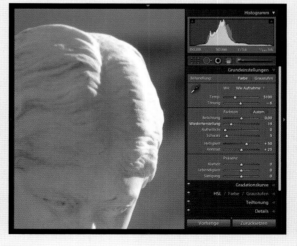

Höhere Farbtiefe: Ein nicht zu vernachlässigender Vorteil von Raw-Dateien liegt in der höheren Farbtiefe, d.h. in der Feinheit der Helligkeitsabstufungen, in denen die Sensordaten vorliegen, gegenüber den Bilddaten der JPEG-Dateien. Eine JPEG-Datei liegt immer in 8 Bit, Raw-Dateien lagen bisher bei den meisten Kameras in 12 Bit vor. Moderne Spiegelreflexkameras kommen jedoch mittlerweile auf 14 Bit.

Zwar lassen sich die Farbtiefen von Raw- und JPEG-Dateien nicht direkt miteinander vergleichen (dies liegt an der unterschiedlichen Verteilung der Helligkeitsabstufungen – bei Raw-Dateien sind diese linear und damit weniger effizient verteilt als bei JPEG-Dateien; mehr dazu im Kasten »Belichtung mit Digitalkameras« in Kapitel 4.3.5), doch insgesamt gesehen ergibt sich hieraus eine deutlich feiner abgestufte Helligkeitsverteilung.

Voreinstellungen-Wahlschalter

Bevor wir zu den manuellen Korrekturen über Temperatur- und Tönung-Regler kommen, werfen wir kurz einen Blick auf den Wahlschalter oberhalb dieser beiden Regler, in dem sich einige Standardeinstellungen und Automatiken befinden:

Abb. 4–19 *Die gesamten Auswahlmöglichkeiten stehen nur bei Raw-Dateien zur Verfügung.*

■ **Wie Aufnahme** ist standardmäßig eingestellt und stellt die Reglerwerte bei Raw-Dateien nach dem von der Kameraautomatik gemessenen oder eingestellten Farbtemperaturwert ein; bei JPEG- oder anderen Bitmap-Dateien bedeutet es einfach keinerlei Korrektur.

■ **Automatisch** (Shift-Strg | Befehl-U) bezieht sich auf Lightrooms eigene Farbtemperaturautomatik (im Unterschied zur Kameraautomatik). Dies funktioniert sowohl bei Bitmap- als auch bei Raw-Dateien.

■ Die verschiedenen **Vorgaben** wie *Tageslicht, Bewölkt, Schatten, Wolframlampenlicht, Leuchtstoffröhrenlicht* und *Blitz* sind feste Farbtemperaturvorgaben für Raw-Dateien. Sie können als Startpunkt nützlich sein, wenn die Aufnahmebedingungen für das Foto bekannt sind.

■ **Benutzerdefiniert** erscheint, wenn die manuellen Regler und/oder die Weißabgleich-Pipette benutzt werden.

Manuelle Regelung

Die Farbtemperaturkorrektur besteht aus zwei Reglern, dem Temp-Regler, der das Foto auf einer Blau-Gelb-Achse korrigiert – also mehr ins Bläuliche oder mehr ins Gelbliche –, und dem Tönung-Regler, der das Bild auf einer Grün-Magenta-Achse (von den Farbtönen her steht diese Achse senkrecht zur Blau-Gelb-Achse) korrigiert. Die erforderlichen Korrekturen ins Grüne oder Magentafarbene sind dabei meist viel subtiler und schwerer zu erkennen als die blauen oder gelben Farbstiche durch eine falsch gemessene Farbtemperatur.

Als Anfangspunkt für die beiden Reglerwerte steht die *Weißabgleich-Pipette* links oben in der Palette zur Verfügung. Damit lässt sich eine neutrale Zielfarbe aus dem Bild heraussuchen, mit dem Mauszeiger und der Hilfe einer stark vergrößernden Lupe. Am besten klickt man dazu auf eine helle, aber nicht ganz weiße Fläche.

Danach kann man das Bild nach dem visuellen Eindruck mit den Reglern feinkorrigieren. Das setzt ein bisschen Erfahrung und einen gut profilierten Monitor voraus, aber ohne akkurate Farbdarstellung sind feine Farbkorrekturen weitgehend nutzlos (außer zum Üben).

Schlussendlich muss es bei der Farbtemperaturanpassung natürlich nicht immer um eine »Korrektur« im eigentlichen Sinne des Wortes, also um neutrale Farben, gehen. Neutrale Farben können bei einigen Motiven, Sonnenuntergängen z. B., vielmehr den ganzen Reiz des Fotos ruinieren.

Abb. 4–20 *Während die Farbtemperatur bei Raw-Dateien in Kelvin angezeigt wird, gibt es bei Bitmap-Bildern, da die Farbinterpretation schon stattgefunden hat, nur einen einheitslosen Wert.*

Belichtung-Regler

Der Belichtung-Regler ist der erste Regler in der Palette zur Tonwertkorrektur und einer der wichtigsten: Mit ihm lässt sich der Weißpunkt festlegen (siehe Kasten »Grundlagen Tonwertkorrektur« in Kapitel 4.3.2). In der Folge ändert sich die Gesamthelligkeit des Fotos.

Der Name *Belichtung* deutet schon an, dass der Regler ähnlich einer Belichtungskorrektur in der Digitalkamera arbeitet, bloß nachträglich – und im Rahmen der Möglichkeiten einer nachträglichen Korrektur. Dementsprechend werden die Reglerwerte auch in Blendenstufen angegeben.

Der Belichtung-Regler ist unerlässlich, um unterbelichtete Fotos wie in Abbildung 4–22 aufzuhellen. Er lässt sich jedoch nicht nur in die positive Richtung verschieben, sondern ebenso in die negative, wodurch die Fotos entsprechend abgedunkelt werden.

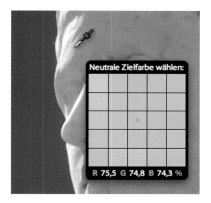

Abb. 4–21 *Mit der Weißbalance-Pipette (W-Taste) lässt sich eine neutrale Zielfarbe aus dem Foto heraussuchen. Dabei wird in der Navigator-Palette eine Live-Vorschau angezeigt.*

Diese Funktionalität ist besonders interessant für die Bearbeitung von Raw-Dateien. Denn hier kann Lightroom durch die in Raw-Dateien enthaltene Lichterreserve den Weißpunkt so verschieben, dass – bis zu einem gewissen Grad – noch Details in den Lichtern wiederhergestellt werden können, die bereits verloren geglaubt sind.

Abb. 4–22 *Ein stark unterbelichtetes Bild im Originalzustand und mit einer Belichtungseinstellung von +2 ⅔ EV*

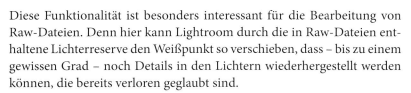

Abb. 4–23 *Das Clipping verschwindet durch eine negative Reglereinstellung von ca. ⅔ Blenden. Aber das Foto wird insgesamt dunkler und muss z. B. durch den Helligkeit-Regler oder die Gradationskurve wieder aufgehellt werden.*

Dies hängt damit zusammen, dass Raw-Dateien eine mehr oder weniger große Reserve (ca. 0,25–1 Blendenstufen je nach Modell) in den Lichtern haben, die bei Ausgabe von JPEGs »abgeschnitten« und damit weggeworfen werden. Diese Reserve kann durch negative Werte beim Belichtung-Regler wieder hervorgeholt werden.

Für diese Funktion kann man auch den Wiederherstellung-Regler einsetzen. Dort verringert sich das Bild im Unterschied zum Belichtung-Regler nicht in seiner Gesamthelligkeit. Das ist letztlich Geschmackssache, qualitative Nachteile hat weder der eine noch der andere Modus.

Schwarz-Regler

Der Schwarz-Regler ist das Pendant zum Belichtung-Regler. Mit ihm regelt man den Schwarzpunkt des Bildes. Der Schwarz-Regler lässt sich nur in eine Richtung bedienen, eine Wiederherstellungsfunktion wie beim Belichtung-Regler ist also nicht möglich.

Abb. 4–24 *Hier wird der dunkelste Bereich der Tonwerte nicht genutzt, in der Folge gibt es kein richtiges Schwarz im Bild. Durch Einsatz des Schwarz-Reglers wird die Schwarzgrenze an die dunkelsten Töne des Fotos herangeschoben. Dadurch verstärkt sich der Kontrast, und die Helligkeit nimmt etwas ab.*

Viele Fotos, die bei wenig kontrastreichen Lichtverhältnissen aufgenommen sind, nutzen wie in Abbildung 4–24 nicht den gesamten Dynamikumfang der Kamera aus, weshalb eine Nachregelung von Schwarz- und Weißpunkt sehr häufig notwendig ist, wenn man den größtmöglichen Kontrast ins Foto bringen will.

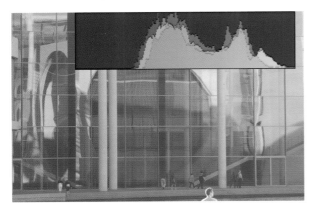

Wiederherstellung-Regler

Der Wiederherstellung-Regler hat zwei Funktionen. Die erste entspricht in etwa der des Belichtung-Reglers bei negativen Werten. Das heißt, mit dem Wiederherstellung-Regler lassen sich in Raw-Dateien Details in den Lichtern restaurieren, die eigentlich schon verloren sind.

Der Unterschied zum Belichtung-Regler ist dabei hauptsächlich, dass *Wiederherstellung* die Mitteltöne des Bildes nicht weiter abdunkelt. Das Bild wird also durch den Wiederherstellungsprozess nicht so dunkel, wodurch man danach nicht gleich wieder zum Helligkeit-Regler oder zur Gradationskurve greifen muss.

Die zweite Funktion ist eine Kontrasterhöhung in den Lichtern über eine *Helligkeitsmaskierung des Bildes*. Diese Funktion setzt dann ein, wenn der Wiederherstellung-Regler über die Lichterwiederherstellung hinaus geregelt wird. Dies ist ungefähr ab einer Reglerposition von 25 der Fall.

Helligkeitsmaskierung bedeutet, dass die Kontrasterhöhung sich nur auf bestimmte Bereiche des Fotos, die eine bestimmte Helligkeit aufweisen, auswirkt. Im Fall des Wiederherstellung-Reglers sind das die Lichter.

Clipping-Anzeige mit Alt-Taste

Hält man während der Betätigung eines der drei Regler *Belichtung*, *Wiederherstellung* oder *Schwarz* (also alle Regler, die den Weiß- bzw. Schwarzpunkt verändern) die Alt-Taste gedrückt, wechselt der Vorschaubereich zu einer Clipping-Anzeige. Durch die Verwendung dieser Funktion kann man bequem sehen, in welchen Bildbereichen bei der derzeitigen Reglereinstellung Details verloren gehen würden.

Abb. 4–26 Hier kommt es vor allem im Blaukanal und zusätzlich an einigen Stellen im Rotkanal zum Clipping.

Diese Art der Anzeige hat gegenüber der Clipping-Anzeige, die per J-Taste oder per Klick auf die Clipping-Indikatoren im Histogramm erreichbar ist, den Vorteil, dass sie alle Farbkanäle separat anzeigt. Außerdem ist sie generell besser erkennbar, weil das Foto selbst dabei komplett ausgeblendet wird.

Abb. 4–25 Ein Foto mit Clipping in den Lichtern; ein Reglerwert von 14 holt die Lichterreserven aus den Raw-Dateien hervor und eliminiert in diesem Fall das Clipping; ein deutlich höherer Reglerwert von 75 sorgt für höheren Kontrast in den Lichtern. Dabei leidet der Gesamtkontrast etwas, was sich allerdings wiederum korrigieren lässt.

Durch die Maskierung bleibt der Gesamtkontrast des Fotos weitgehend erhalten. Auch der folgende Regler *Aufhelllicht* arbeitet mit Helligkeitsmaskierung, allerdings im Bereich der Schatten. Zusammen entsprechen die beiden Regler in etwa der Tiefen-/Lichter-Funktion in Photoshop.

Aufhelllicht-Regler

Wie der Name schon andeutet, arbeitet der Regler wie ein Aufhellblitz oder ein Aufhelllicht im Studio. Er ist also vor allem nützlich, um den Vordergrund in kontrastreichen Gegenlichtsituationen aufzuhellen.

Abb. 4–27 Aufhelllicht (hier ein Reglerwert von 50) steigert Helligkeit und Kontrast der Schatten, ohne dass der Gesamtkontrast des Fotos darunter leidet.

Abb. 4–28 Um das Sakko des Mannes herum bildet sich – hier zusätzlich verstärkt durch den Wiederherstellung-Regler – eine sichtbare Kante.

Bei Verwendung des Aufhelllicht-Reglers bleibt die Gesamthelligkeit zwar ungefähr erhalten, aber meistens muss mit dem Schwarz-Regler und/oder mit dem Tiefen-Regler aus der Gradationskurve-Palette nachgeregelt werden, damit dass Bild nicht zu flau wird.

Allgemein ist bei der Benutzung des Reglers ein wenig Vorsicht geboten. Lokal begrenzte Korrekturen, wie sie durch den Aufhelllicht- oder den Wiederherstellung-Regler zustande kommen, haben ihre eigene Ästhetik, dementsprechend korrigierte Fotos sehen einfach anders aus als »klassisch« bearbeitete (d.h. global tonwertkorrigierte) Fotos. Was zuerst toll aussehen mag, kann nach einiger Zeit übertrieben und unnatürlich wirken. Auch kann es bei zu hohen Reglerwerten wie bei allen maskenbasierten Helligkeitsveränderungen in einigen Fällen zu sogenannten »Halos« oder ähnlichen Fehlern um kontrastreiche Kanten herum kommen. Diese sieht man meist erst in der 1 : 1-Ansicht.

Mehr zu diesen Themen auch im Workflow-Teil in Kapitel 4.3.8, in dem auch das Für und Wider dieser beiden Bearbeitungsansätze besprochen wird.

Helligkeit- und Kontrast-Regler

Helligkeit- und Kontrast-Regler beeinflussen die Gesamthelligkeit bzw. den Gesamtkontrast des Fotos. Es lohnt sich, die interne Funktionsweise der Regler kurz anzuschauen, um zu sehen, wie beide ihre Funktion gegenseitig beeinflussen.

Laut Bruce Frasers Buch »Adobe Camera Raw«,[8] das sich unter anderem mit der internen Funktionsweise der Regler in Camera Raw (und damit auch in Lightroom) befasst, beeinflussen die beiden Regler Punkte auf einer »unsichtbaren« Gradationskurve. Helligkeit beeinflusst dabei die

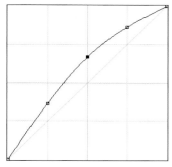

Abb. 4–29 *Helligkeitserhöhung*

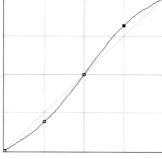

Abb. 4–30 *Kontrasterhöhung*

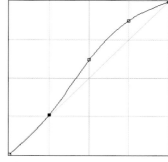

Abb. 4–31 *Kontrasterhöhung bei erhöhter Helligkeit*

Mitteltöne, während Kontrast eine S-Kurve erzeugt. Beides sind Standardoperationen bei der Benutzung von Gradationskurve-Werkzeugen in Photoshop oder anderen Programmen. So weit, so gut.

Komplizierter wird es jedoch, wenn beide Regler zugleich verändert werden. Dadurch, dass beide Regler mit derselben Kurve arbeiten, beeinflusst die Veränderung des Helligkeit-Reglers auch die Position des Mittelpunkts der S-Kurve bei Kontrastveränderungen. Abbildung 4–31 zeigt eine Kontrasterhöhung bei gleichzeitig angehobener Helligkeit.

In diesem Beispiel werden durch den erhöhten Mittelpunkt zwar die dunklen Mitteltöne kontrastreicher, die hellen Mitteltöne erreichen jedoch keine ansteigende Kurve mehr, d.h., ihr Kontrast wird nicht mehr erhöht. Außerdem werden die extremen Lichter mehr als üblich komprimiert. In der Folge können Details in den Lichtern unsichtbar oder schwerer sichtbar werden.

Da man die verwendete Gradationskurve nicht sehen kann, ist es in manchen Situationen schwierig, mit den beiden Reglern umzugehen. In diesem Fall ist es unter Umständen leichter, nur einen der beiden zu benutzen und die Restkorrektur mit der Gradationskurve-Palette zu machen, die unabhängig von den beiden Reglern funktioniert.

---

8   Bruce Fraser, »Real World Camera Raw with Adobe Photoshop CS2«, Peachpit Press

Farbtonautomatik

Die Farbtonautomatik (Knopf oberhalb des Belichtung-Reglers) hat nichts mit Farben zu tun, Tonwertautomatik wäre daher treffender. Sie beeinflusst fast alle Regler im Farbton-Abschnitt der Grundeinstellungen-Palette. Konkret beeinflusst werden die Regler Belichtung, Wiederherstellung (bis zu einem Wert von 25), Schwarz, Helligkeit und Kontrast.

Die maskenbasierte Aufhelllicht-Funktion wird durch die Automatik nicht angerührt. Ob man hier für die Automatik absichtlich auf maskenbasierte Tools verzichtet hat? Auch die Begrenzung des Wiederherstellung-Reglers auf 25 könnte etwas damit zu tun haben.

Abb. 4–32 *Die Farbtonautomatik erzielt in den meisten Fällen bereits gute Ergebnisse (seit Lightroom 2).*

Klarheit-Regler

Klarheit ist ein Regler zur Steuerung des lokalen Kontrasts. Die Technik ist mit der Schärfung verwandt, die letztlich auch nur eine Kontrasterhöhung der Kanten des Fotos ist.

Der Regler basiert auf einer Technik, die man z. B. in Photoshop mit dem Unscharf-maskieren-Filter erreichen kann. Stellt man in diesem Filter einen nur geringen Schärfungsbetrag bei großem Radius (ca. 50 Pixel) ein, erzielt man keinen sichtbaren Schärfungseffekt mehr, sondern eine Erhöhung des Kontrasts um den Bereich von Kanten herum.

Der Effekt lässt sich mit einer globalen Kontrasterhöhung mit der Gradationskurve nicht erreichen – in derselben Art und Weise, wie man mit der Gradationskurve nicht den Effekt von *Lichterkorrektur* erreichen kann, weil dieser ebenso »lokal« arbeitet.

In der Wirkung erscheint ein Foto nach Erhöhung des Klarheit-Wertes in den meisten Fällen »knackiger« und kontrastreicher, ohne dass der Kontrast in den Lichtern oder Schatten darunter leidet. Eine schöne Sache also, die vielen Fotos gut bekommt.

Aber: Wie immer kann man es auch hier übertreiben. Und nicht jedes Bild profitiert von mehr »Klarheit« (möglicherweise die meisten von einer moderaten Einstellung zwischen 10 und 40). In jedem Fall ist es sinnvoll, die Wirkung in der 1 : 1-Ansicht zu überprüfen, vor allem wenn man den Regler noch nicht so gut kennt.

Seit Lightroom 2 lässt sich der Klarheit-Regler auch auf negative Werte stellen. Dies bewirkt eine Verringerung des lokalen Kontrast: Das Foto erscheint weicher, ohne dass der Gesamtkontrast dabei abnimmt. Der Effekt ist dem einer Weichzeichner-Linse nicht unähnlich. Er macht sich sehr gut bei Porträts und z. B. bei schwarz-weißen Landschaftsfotos.

Abb. 4–33 Klarheit-Regler, links: 0, rechts: 65; vor allem die rechte Bildhälfte wirkt durch den Klarheit-Regler deutlich kontrastreicher.

Abb. 4–34 Negative Klarheit-Werte machen das Foto weicher, ohne den Gesamtkontrast zu verringern.

Der Klarheit-Regler lässt sich auch lokal begrenzt mit dem Verlaufsfilter und dem Korrekturpinsel einsetzen (siehe Kapitel 4.4 und Workflow-Beispiel zu lokalen Korrekturen in Kapitel 4.4.4).

Schnelles Zurücksetzen durch Doppelklick

Jede Reglerposition im Entwickeln-Modul lässt sich mittels Doppelklick auf den Regler auf ihre Ausgangsposition (d.h. auf die Position der Standard-entwicklungseinstellung) zurücksetzen.

Abb. 4–35 Durch Druck auf die Alt-Taste erscheint bei manchen Palettenüberschriften das Wort »zurücksetzen«.

Sollen mehrere Regler auf einmal zurückgesetzt werden, z. B. von bestimmten Palettenteilen wie der »Präsenz«-Teil der Grundeinstellungen oder die vier Regionen in der Gradationskurve-Palette, so kann man direkt auf den Namen des Palettenteils doppelt oder bei gedrückter Alt-Taste einzeln klicken.

Sättigung- und Lebendigkeit-Regler
Sättigung- und Lebendigkeit-Regler beeinflussen die Sättigung der Bild-farben global. Die Sättigung des Bildes wird oft als Farbkontrast bezeichnet. Werden die Regler nach links bewegt, wird der Farbkontrast verringert (u. U. bis zum völligen Fehlen von Farben, einem Graustufenbild also), bei einer Bewegung nach rechts wird er erhöht.

Der *Sättigung-Regler* stammt noch aus Adobe Camera Raw. Er arbeitet relativ primitiv, indem er einfach alle Farben in demselben Maße in der Sättigung erhöht oder verringert. Stark und schwach gesättigte Farben im Foto werden bei einer Sättigungserhöhung also gleichermaßen erhöht.

Bei den stark gesättigten Farben kann es dabei zum »Clipping«, zum Sättigungsüberlauf, und damit zum Detailverlust kommen.

Abb. 4–36 Bei der Sättigungserhöhung links werden alle Farben gleich stark erhöht, rechts dagegen »umgekehrt proportional« zu ihrer Ursprungssättigung. Links kann es zum Sättigungsüberlauf kommen, rechts ist dies ausgeschlossen.

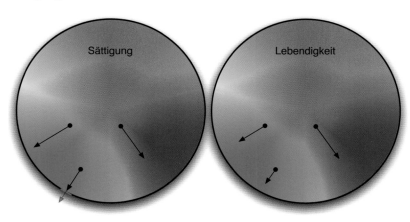

Um diese Probleme zu lösen, wurde in Lightroom und Camera Raw der *Lebendigkeit-Regler* eingeführt. Der Lebendigkeit-Regler sättigt die weniger gesättigten Farben stärker als die mehr gesättigten, sodass sich die Sättigung in ausgewogenerer Weise steigern lässt.

Auch ist es hier unmöglich, dass es zum Clipping der Sättigung kommt, egal wie weit der Regler bewegt wird. Umgekehrt kann man mit dem Lebendigkeit-Regler das Bild nicht komplett »ent-sättigen«, mit dem Sättigung-Regler schon.

Zusätzlich ist in den Lebendigkeit-Regler noch eine Extradämpfung der Sättigungssteigerung von Hautfarben eingebaut. Dies funktioniert manchmal gut, manchmal weniger – zumal Hautfarben sehr verschieden sein können.

Meistens ergibt sich mit dem Lebendigkeit-Regler eine ausgewogenere Sättigungssteigerung oder -verminderung. Es gibt natürlich trotzdem Ausnahmefälle, in denen man lieber den Sättigung-Regler nehmen möchte, z. B. wenn es sich bei einem »Rosa« im Bild gar nicht um Haut handelt. Für mehr Kontrolle über die Sättigung kann man schließlich noch in die HSM-/Farbe-Palette wechseln, wo diese sich für acht Farbtöne separat korrigieren lässt.

Abb. 4–37 *Normales Bild (links), Sättigungserhöhung mit Lebendigkeit (Mitte) und mit Sättigung (rechts). Während das Meer bei den beiden Bildern auf der rechten Seite fast genauso aussieht, sind die Hauttöne und auch die Rottöne des Rucksacks auf der rechten Seite deutlich übersättigt.*

4.3.2 Gradationskurve-Palette

In Camera Raw gibt es zwei unterschiedliche Gradationskurven, die parametrische, die ausschließlich in vier Bereichen anpassbar ist, und die traditionelle, aus Programmen wie Photoshop bekannte Punktkurve, auf der man beliebig viele Anpassungspunkte setzen kann.

In Lightroom hingegen wurde die Punktkurve »verstümmelt«. Eigene Kurven lassen sich nicht erstellen, man kann nur drei fest voreingestellte Kurven benutzen. Die parametrische Kurve ist deshalb die eigentliche Gradationskurve in Lightroom.

Abb. 4–38 Gradationskurve-Palette

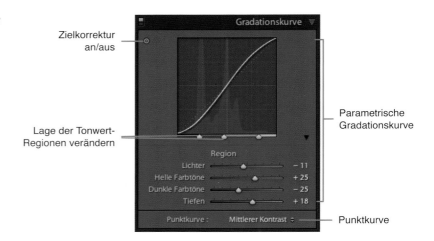

Zielkorrektur an/aus

Lage der Tonwert-Regionen verändern

Parametrische Gradationskurve

Punktkurve

Parametrische Gradationskurve

Die parametrische Kurve ist praktisch Lightrooms Ersatz für die traditionelle Gradationskurve. Hier beschränken sich die Korrekturmöglichkeiten auf vier Helligkeitsregionen, die man per Regler oder direkt in der Gradationskurve verändern kann: Lichter, helle Farbtöne (auch helle Mitteltöne genannt), dunkle Farbtöne (auch dunkle Mitteltöne genannt), Tiefen (auch Schatten genannt).

Die Regionen sind normalerweise aufgeteilt in 0–25 %, 25–50 %, 50–75 % und 75–100 %, aber in gewissen Grenzen kann man über die drei Knöpfe direkt unterhalb der Gradationskurve frei definieren, wo die eine Region aufhört und die andere anfängt (eine Region muss dabei mindestens 10 % des gesamten Tonwertumfangs umfassen). Die Helligkeit einer Region lässt sich sowohl über die Regler als auch über einen Griff mit der Maus in die Gradationskurve selbst sowie mithilfe der *Zielkorrektur* (siehe Kasten »Zielkorrektur verwenden«) verändern. Es passiert dabei immer dasselbe, d.h., dass z. B. über die Zielkorrektur eigentlich der entsprechende der vier Bereichsregler verändert wird.

Zielkorrektur verwenden

Mithilfe der Zielkorrektur verwandelt sich der Mauszeiger in ein Instrument, mit dem sich ein bestimmter Bildbereich oder Bildpunkt greifen und – durch Nach-oben- oder Nach-unten-Ziehen mit der Maus – direkt verändern lässt.

Die Zielkorrektur steht für die Paletten *Gradationskurve, HSL* und *Graustufen* zur Verfügung. In diesen drei Paletten befindet sich links oben ein kleiner Kreis mit einem Punkt darin, über den man den Modus ein- oder ausschaltet.

Fährt man mit der Maus über die verschiedenen Farb- oder Helligkeits-
bereiche des Fotos, leuchtet in der Palette der entsprechende Regler auf,
der in den Bereich fällt. Zieht man bei gedrückter Maustaste nach oben
oder unten, kann man den Reglerwert entsprechend erhöhen oder verringern. Dies ist sicherlich keine genaue Form der Bildbearbeitung, aber man
kann gut und intuitiv arbeiten und herumprobieren und die Feinheiten
später an den Reglern selbst vornehmen.

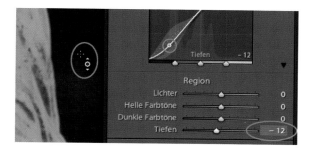

Abb. 4–39 *Die Zielkorrektur
(für die Gradationskurve) in Aktion*

Die neue Gradationskurve kann für Anhänger der konventionellen Kurve
aus Photoshop oder anderen Programmen etwas gewöhnungsbedürftig
sein. Aber sie hat auch ihre Vorteile. Sie ist vielleicht nicht so genau wie
die Punktkurve, aber auch weniger kompliziert und intuitiver, da sie auf
einfach zu verstehenden Reglern basiert bzw. diese vier Regler mit dem
Gradationskurvenkonzept verknüpft.

Punktkurve

Die ältere Gradations-»Punktkurve« findet sich in Lightroom nur als
Pop-up-Menü unten in der Gradationskurve-Palette, mit dem man die
drei Standardeinstellungen *Linear, Mittlerer Kontrast, Starker Kontrast*
wählen kann (wobei *Linear* keiner Veränderung durch die Gradationskurve entspricht und *Mittlerer* und *Starker Kontrast* zwei unterschiedlich
starken S-Kurven).

Abb. 4–40 *Die »alte« Punktgradations-
kurve wird mit der parametrischen Kurve
zu einer Gradationskurve addiert und
dann oben in der Palette angezeigt.*

Eigene Punktkurven kann man in Lightroom nicht erstellen. Lightroom
kann jedoch ohne Weiteres in Camera Raw erstellte und über XMP-Ein-
bettung gespeicherte Kurven lesen und richtig anzeigen.

Ganz so unnütz, wie es scheinen mag, sind die drei Standardeinstellungen dann doch nicht. Wenn man in der parametrischen Kurve schon
lange an Reglerwerten gefeilt hat, kann es nützlich sein, über die Punktkurve schnell den Gesamtkontrast abschwächen oder erhöhen zu können,
ohne die parametrische Kurve dafür verändern zu müssen.

Grundlagen Tonwertkorrektur

Schwarz- und Weißpunkt setzen: Das Setzen von Schwarz- und Weißpunkt ist vielleicht die grundlegendste Tonwertoperation. Mit ihr werden Tonwertbereiche am unteren oder oberen Ende »abgeschnitten«, und der verbleibende Bereich wird entsprechend gestreckt.

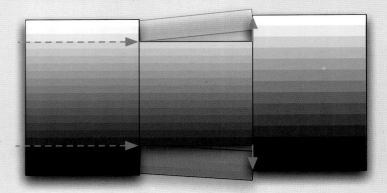

Abb. 4–41 Setzen von
Schwarz- und Weißpunkt

Normalerweise kommt diese Funktion zum Einsatz, um nicht genutzte Tonwertbereiche zu nutzen. Wird dies nicht getan, wirkt das betroffene Foto meistens flau, da es kein richtiges Schwarz oder Weiß enthält. Im Histogramm ist dann links oder rechts etwas Platz.

Natürlich kann man Schwarz- oder Weißpunkt auch über die nicht genutzten Tonwerte hinaus setzen. Alles, was darunter oder darüber liegt, wird dann zu Schwarz oder Weiß »geclippt«. Im Bild entstehen schwarze oder weiße Flächen ohne Details.

In Lightroom werden Schwarz- und Weißpunkt über die Regler *Schwarz* und *Belichtung* angepasst.

Helligkeit anpassen: Die Helligkeit des Bildes wird über die sogenannten Mitteltöne reguliert, also diejenigen Tonwerte, die um eine Helligkeit von 50 % herum liegen. Werden diese angehoben oder abgesenkt, meist geschieht dies mithilfe einer Gradationskurve, verändert sich die Gesamthelligkeit des Bildes.

Hebt man die Mitteltöne an, werden die Lichter verdichtet und die Schatten gestreckt, d.h., die Lichter werden kontrastärmer und die Schatten kontrastreicher. Senkt man die Mitteltöne ab, ist es genau andersherum. Die Lichter werden auseinandergezogen und kontrastreicher, die Schatten werden komprimiert und kontrastärmer.

In Lightroom kann man für diesen Zweck einfach den Helligkeit-Regler verwenden oder in der Gradationskurve-Palette *helle Farbtöne* und/oder *dunkle Farbtöne* nach oben oder unten ziehen (aber beide Regler in eine Richtung, nicht gegenläufig).

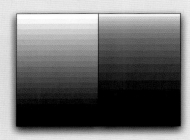

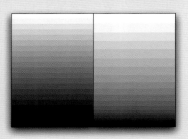

Abb. 4–42 Aufhellen bzw.
Abdunkeln der Mitteltöne

Kontrast anpassen: Beim Anpassen des Gesamtkontrasts des Bildes werden – unter Beibehaltung der Helligkeit der Mitteltöne – die helleren Töne angehoben und die dunkleren abgesenkt (für eine Kontrasterhöhung) oder die helleren Töne abgesenkt und die dunkleren erhöht (für eine Abschwächung des Kontrasts).

In Lightroom kann man den Kontrast über den Kontrast-Regler oder manuell über die Gradationskurve-Palette (durch gegenläufiges Verschieben der hellen und dunklen Farbtöne) verändern. Versucht man jedoch eine Kontraststeigerung *jeweils* in den Lichtern und den Tiefen nur über die Gradationskurve, so verliert man unweigerlich in den Mitteltönen an Kontrast, und das Bild wirkt flau.

Hier stößt man an die Grenzen der globalen, für alle Pixel des Bildes geltenden Tonwertkorrektur. Mittels Beschränkung der Operationen jeweils nur auf die hellen und die dunklen Pixel mithilfe von Masken lässt sich dieses Problem lösen. Die maskenbasierten Regler in Lightroom sind *Aufhelllicht* zur Erhöhung des Schattenkontrasts und *Wiederherstellung* zur Steigerung des Kontrasts in den Lichtern.

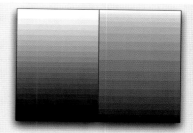

Abb. 4–43 *Einfache Kontrasterhöhung*

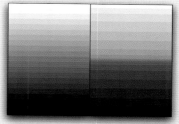

Abb. 4–44 *Kontrasterhöhung separat in Lichtern und Tiefen*

4.3.3 Die Palette HSL/Farbe/Graustufen

HSL und Farbe

Mit dem HSL- bzw. Farbeteil der Palette lassen sich einzelne Farbtonbereiche des Fotos (z. B. rote, orange, gelbe Bereiche) separat verändern.

Konkret lässt sich eine Farbe auf den drei Achsen des HSL-Modells, im *Farbton*, in der *Sättigung* und in der *Helligkeit (Luminanz),* verschieben (siehe Kasten »HSL-Farbmodell«).

Die Farbverschiebung erfolgt über einen der beiden Palettenbereiche *HSL* und *Farbe*. Im Farbe-Modus wählt man zuerst eine Farbe und regelt dann einen der drei Regler *Farbton, Sättigung, Luminanz.*

Abb. 4–45 *Die Farbe-Palette: Farbtonverschiebung der roten Farbtöne hin zu Orange …*

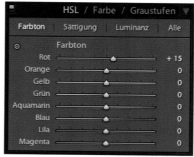

Abb. 4–46 *… und dieselbe Verschiebung in der HSL-Palette*

Abb. 4–47 *Aufteilung der Farben auf dem Farbkreis*

Im HSL-Modus ist es genau andersherum. Man wählt hierfür zuerst aus, ob Farbton, Sättigung oder Luminanz verändert werden sollen, und regelt dann den entsprechenden Farbton. Technisch machen die beiden Modi dasselbe. Das Farbspektrum wird dazu in acht Farbtöne, Rot, Orange, Gelb, Grün, Aquamarin, Blau, Lila und Magenta, eingeteilt (siehe Farbkreis).

Weiß man noch nicht ganz genau, in welchen Farbtonbereich eine Farbe fällt, und/oder will man die Zielkorrektur benutzen, nimmt man am besten das HSL-Interface. Wenn man die Farbe ohnehin schon kennt und diese eventuell auf mehreren Achsen ändern möchte, nimmt man besser das Farbe-Interface. Dort gibt es allerdings konzeptionsbedingt keine Zielkorrektur.

Abb. 4–48 *Verschiebung der roten Farbtöne in Richtung Gelb durch die HSL-Palette*

In der HSL-Ansicht lassen sich auch alle drei Teile Farbton, Sättigung, Luminanz auf einmal anzeigen (*Alle* wählen). In der Farbe-Ansicht lassen sich mehrere Farben auf einmal anzeigen. Über Shift- oder Strg | Befehl-Klick lassen sie sich hintereinander hinzuschalten, oder man wählt gleich *Alle*.

HSL-Farbmodell

Zwei der wesentlichen Modelle für Farben sind das **RGB-Modell**, in dem jede Farbe durch die Helligkeiten jeweils ihres Rot-, Grün- und Blauanteils definiert wird, und das **HSL-Modell** (Hue, Saturation, Luminance), in dem sie sich zusammensetzt aus *Farbton, Sättigung* und *Luminanz* (Helligkeit).

Das RGB-Modell ist das Modell, in dem Farben in Lightroom und in der Digitalkamera repräsentiert werden. Für Menschen wesentlich besser vorstellbar und auch schon seit Jahrhunderten in der Farbenlehre benutzt (z. B. von Goethe) ist jedoch das HSL-Modell.

Deshalb werden in Lightroom Farbkorrekturen über die drei Achsen Farbton, Sättigung und Luminanz gemacht. Das RGB-Modell hingegen wird recht stark vor dem Benutzer verborgen (man kann z. B. in der Gradationskurve nicht die einzelnen Kanäle steuern).

Farbton gibt den Winkel auf dem Farbkreis an. Die einzelnen Farbtöne werden normalerweise in einem Farbkreis (siehe Bild) dargestellt. Rot, Orange, Grün etc., und ihre Zwischenstufen, sind Farbtöne. Die Werkzeuge in Lightroom, die Farbtöne verändern, sind die Farbtemperatur-Regler, der Farbtonbe-

Abb. 4–49 *Das HSL-Farbmodell*

reich in der HSL-/Farbe-/Graustufen-Palette, die Farbton-Regler in der Teiltonung-Palette und die Kamerakalibrierung-Palette.

Sättigung gibt an, wie stark eine Farbe ist. Im Farbkreis ist es innen immer komplett ungesättigt, also neutral grau, außen herrscht maximale Sättigung. Die Sättigung wird auch als Farbkontrast bezeichnet. Die Sättigung von Farben wird in Lightroom über Sättigung- und Lebendigkeit-Regler in den Grundeinstellungen, den Sättigungsbereich in der HSL-/Farbe-/Graustufen-Palette, die Sättigung-Regler in der Teiltonung-Palette und in der Kamerakalibrierung-Palette verändert.

Luminanz gibt die Helligkeit einer Farbe an. Die Luminanzachse macht aus dem Farbkreis einen Farbzylinder. Ganz unten ist Schwarz, ganz oben Weiß. Mithilfe des Luminanz-Reglers in der HSL-/Farbe-Palette kann die Luminanz für einzelne Farbbereiche verändert werden.

Ansonsten verändern alle Werkzeuge, welche die Helligkeit von Tonwerten beeinflussen, natürlich damit auch die Helligkeit von Farben, also Belichtung, Schwarz, Wiederherstellung, Aufhelllicht, Helligkeit, Kontrast, Gradationskurve, Schärfung etc.

Graustufenumsetzung

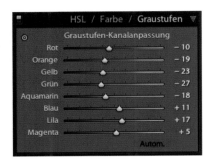

Abb. 4–50 *Graustufen-Umsetzungswerte, die per Automatik gefunden wurden und eine ausgewogene Umsetzung ergeben sollen*

Graustufen-Palette

Mit der Graustufen-Palette lässt sich die Graustufenumsetzung anhand der ursprünglichen Farbtöne des Fotos individuell anpassen. Wie geht das? Im Grunde genauso wie bei HSL/Farbe. Das Bild wird auch hier in die acht Farbbereiche eingeteilt (auch wenn man von den Farben im Graustufenmodus nichts mehr sieht). Dann kann man die Helligkeit der Graustufenumsetzung für diese acht Farbbereiche nach oben oder nach unten korrigieren. Auf diese Weise kann man einzelne Bildbereiche, die sich im Original durch eine bestimmte Farbe auszeichneten, abdunkeln oder aufhellen, z. B. den Himmel.

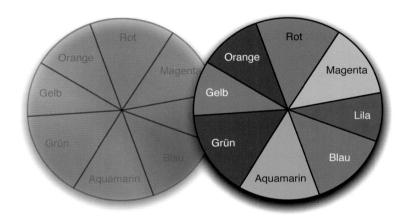

Abb. 4–51 *Graustufenkreis. Den acht Farbtönen kann man unterschiedliche Helligkeitskompensationen zuordnen.*

In der analogen Zeit gab es dafür Farbfilter, die man – bei Verwendung von Schwarz-Weiß-Film – vor das Objektiv geschraubt hat. Später konnte man das viel besser mit dem Photoshop-Kanalmixer machen. Lightrooms Graustufen-Palette ist aber noch ein bisschen flexibler als ein Kanalmixer.

Um die Farben sehen zu können, deren Graustufenumsetzung man anpassen möchte, ist es sinnvoll, die *Vorher-Nachher-Ansicht* (Y-Taste) einzuschalten, sodass man Farb- und Graustufenversion desselben Fotos nebeneinander sehen kann. Ebenso geeignet ist der *Zielkorrektur-Modus* zum direkten Aufhellen oder Abdunkeln einzelner Bildbereiche, vor allem in Verbindung mit dem Vorher-Nachher-Modus. Allein würde er mir nicht ausreichen, da ich das Farbbild sehen möchte, um zu sehen, wo die Möglichkeiten für die Grauanpassung liegen.

Automatik

Es gibt auch für die Graustufenumsetzung eine Automatik, die selbstständig Reglerwerte einstellt, ähnlich wie die Farbtonautomatik (bzw. Tonwertautomatik) für die Grundeinstellungen-Palette. Um die Graustufenautomatik zu aktivieren, klickt man auf *Autom.* unten in der Palette.

Alle Regler in der Graustufen-Palette werden dabei beeinflusst, es wird versucht, damit eine ausgewogene Verteilung von Helligkeiten hinzube-kommen.

  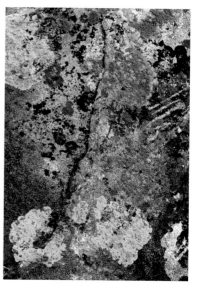

Abb. 4–52 *Graustufenumsetzung mit automatischer und mit individueller Anpassung*

4.3.4 Teiltonung-Palette

Mit Teiltonung lässt sich ein »Farbstich« ins Bild einführen, dessen Farb-ton und Sättigung dann geregelt werden können. Dies ist besonders sinn-voll, um Graustufenbilder zu tonen, funktioniert aber auch bei Farbbil-dern. Genauer gesagt lassen sich zwei verschiedene Farbstiche – einer für die dunklen Bildbereiche, einer für die hellen – einrichten.

Man wählt also für die Lichter und die Schatten getrennt einen Farbton und eine Sättigung, mit denen die Farben des Bildes verfälscht werden sollen. Eine Sättigung von 0 bedeutet gar keine Verfälschung und kommt dem Ausschalten der Teiltonung gleich.

Farbton und Sättigung können entweder über die Regler in der Palette oder über den Farbwähler ausgewählt werden. Der Farbwähler erscheint, wenn man eines der Farbkästchen rechts von der Aufschrift *Lichter* bzw. *Schatten* drückt. Er erlaubt es, die Farbe etwas intuitiver auszuwählen als über die Regler. Mit ihm lässt sich auch eine Farbe aus dem Foto selbst auswählen.

Der *Abgleich* bestimmt, was mit Lichtern und Schatten gemeint ist, d.h., bis wie weit in den dunklen Bereich sich die Lichter erstrecken und umgekehrt die Schatten. Dies wird mit einem einzigen Regler bestimmt. Je größer die Lichter gemacht werden, desto kleiner werden die Schatten, und andersherum. Eine positive Reglereinstellung (nach rechts) bedeutet,

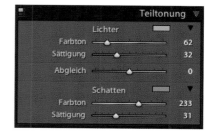

Abb. 4–53 *Teiltonung-Palette*

dass die Lichter, eine negative (nach links) hingegen, dass die Schatten mehr Raum einnehmen. Man findet schneller die »richtige« Abgleicheinstellung, wenn man die beiden Sättigungsregler zuerst ganz nach oben fährt und dann den Abgleich festlegt – und erst danach die Sättigungsregler auf das gewünschte Maß einstellt.

Farbwähler

Mithilfe des Farbwählers lassen sich im Entwickeln-Modul Farben für die Tonung von Fotos auswählen. Er steht in der Teiltonung-Palette und in den beiden lokalen Werkzeugen Verlaufsfilter und Korrekturpinsel zur Verfügung. Es gibt auch noch einen leicht abgewandelten Farbwähler in den Ausgabemodulen für Layoutzwecke.

Abb. 4–54 *Der Farbwähler im Entwickeln-Modul*

Die Farbe wird nach dem HSL-Modell ausgewählt, allerdings nur die zwei Komponenten Farbton (Hue) und Sättigung (Saturation). Mehr ist für den Zweck der Tonung von Fotos nicht notwendig, da die dritte Komponente – Helligkeit (Luminance) des Fotos – durch die Tonung nicht verändert werden soll.

Wie in Abbildung 4–54 zu sehen ist, gibt es mehrere Möglichkeiten, die gewünschte Farbe auszuwählen:

- Über das »große Farbfeld«, das von links nach rechts das Farbtonspektrum und von unten nach oben eine zunehmende Sättigung darstellt
- Über direktes Angeben der Farbton- (0–360°) und Sättigungswerte (0–100 %) unten im Farbwähler
- Über die fünf Vorgaben oben. Diese lassen sich über ihr jeweiliges Kontextmenü neu einstellen und nach Bedarf auch wieder auf die Ausgangswerte zurücksetzen.
- Über die Aufnahme einer speziellen Farbe aus dem Foto selbst. Hierzu hält man die Maustaste innerhalb des Farbfeldes gedrückt, schiebt die Maus an die gewünschte Stelle (die 1 : 1-Ansicht ist hier sinnvoll) und lässt sie wieder los.
- Um die Farbauswahl rückgängig zu machen, also die Farbe auszuwählen, die vor dem Aufruf des Farbwählers eingestellt war, klickt man oben auf das zweite Farbfeld von rechts.

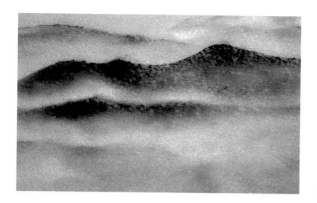 

Wer Schwarz-Weiß-Bilder über diese Palette tonen und ausdrucken will, ist auf gutes Farbmanagement und vor allem ein gutes Druckerprofil angewiesen. Er muss zwangsläufig mit allen Farben drucken und nicht nur mit den Schwarztinten.

Neben der hohen Eignung für Graustufenbilder gibt es auch Farbbilder, die von einer Teiltonungsbehandlung profitieren können, z. B. wenn ein dunkler Bildvordergrund wärmer, ein heller Bildhintergrund kühler gemacht werden soll.

Abb. 4–55 *In diesem Beispiel sind die Lichter ins Gelbe, die Schatten ins Blaue getont.*

4.3.5 Details-Palette

In der Details-Palette sind die Funktionen zur Schärfung, Rauschreduzierung und seit Lightroom 2 auch die zur Beseitigung chromatischer Aberration vereinigt. Für die Beurteilung der Wirkung aller Regler in der Details-Palette ist mindestens die 1:1-Ansicht notwendig. Manchmal ist es sinnvoller, in einer noch höheren Vergrößerung zu arbeiten.

Die Palette enthält oben einen Vorschaubereich, in dem ein Teil des Fotos vergrößert dargestellt wird, sodass man die Schärfungswirkung auch beurteilen kann, wenn nicht ins Foto gezoomt wurde. Über das Kontextmenü des Bereichs kann man einen Ausschnitt von entweder 1:1 oder 2:1 wählen.

Der konkrete Ausschnitt lässt sich auf drei verschiedene Arten festlegen: durch Klicken und Ziehen mit der Maus innerhalb des Feldes; durch einen einfachen Klick ins Feld, wodurch das Foto herauszoomt, und dann einen weiteren Klick auf die entsprechende Stelle des Fotos; durch Klick auf das Fadenkreuz oben links in der Palette, woraufhin man die zu vergrößernde Stelle direkt in der Arbeitsfläche anwählen kann.

Wer ohnehin nur direkt die Arbeitsfläche zur Beurteilung benutzt, kann das Zoomfeld auch über das Dreieck oben rechts einklappen und so etwas Platz in der Palette sparen. Vergrößerungen von 4:1 und höher, die manchmal sinnvoll sind, können nur direkt über die Arbeitsfläche, nicht über den Vorschaubereich eingestellt werden.

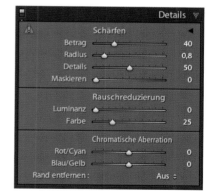

Abb. 4–56 *Die Details-Palette mit den Bereichen Schärfen, Rauschreduzierung und Chromatische Aberration. Das kleine Warnsymbol links oben erscheint, wenn der momentane Zoomfaktor kleiner als 1:1 ist.*

Schärfen

Die meisten digitalen Schärfungswerkzeuge arbeiten nach dem Prinzip des »Unscharf Maskierens«, einer Technik, die bereits zu analogen Zeiten entwickelt wurde. Auch Lightrooms Schärfungsfunktion basiert zumindest darauf, wenn sich die Regler auch hier und da auch von denen in Photoshops Unscharf-maskieren-Filter unterscheiden.

Abb. 4–57 *Schärfung erfolgt über eine Erhöhung des Kontrasts entlang der Kanten (Helldunkelübergänge) des Fotos. Dabei entsteht ein heller bzw. dunkler »Hof« um die Kante herum, der als Halo (»Heiligenschein«) bezeichnet wird.*

Betrag-Regler

Betrag steuert den Schärfungsgrad. Je höher der Wert, desto höher auch die Schärfungswirkung. Werte von 25 bis 70 sind hier sinnvoll, bei sehr kleinen Werten für den Details-Regler kann der Betrag auch über 100 sein (die Schärfungswirkung hängt auch stark vom Details-Regler ab). Um die Schärfung besser beurteilen zu können, lässt sich das Bild mittels der Alt-Taste (während der Reglerbewegung) auf Graustufen umstellen.

Abb. 4–58 *Das Innere eines Snackautomaten in 4 : 1-Ansicht. Schärfungsbetrag 0 und 60 bei Standardwerten der anderen Regler*

Radius-Regler

Der Radius bestimmt, wie breit die Kanten sein dürfen, damit sie von der Schärfung betroffen werden. Je größer der Wert, desto weiter nach außen von den Kanten weg erleben wir eine Kontrastverstärkung.

Der Standardwert von 1,0 Pixeln ist für die meisten Fotos in Ordnung. Wenn die Details jedoch nicht fein genug sind, muss unter Umständen der Radius erhöht werden. Dies ist z. B. der Fall, wenn ein Gegenstand nicht ganz im Fokus war und deshalb etwas unscharf ist. Die Details in diesem Bild werden dann erst von einem größeren Radius erfasst. Auch bei Scans analoger Fotos ist oft ein höherer Radius notwendig. Die Wirkung des Radius lässt sich wiederum mit der Alt-Taste bei Benutzung des Reglers visualisieren.

Details-Regler

Der Details-Regler dämpft die Schärfungswirkung, aber die Reglungsrichtung ist dem entgegengesetzt; ein Wert von 100 schaltet seinen Mechanismus praktisch aus, ein Wert von 0 bedeutet höchste Dämpfung.

Ein Teil seiner Funktionalität ähnelt jedoch der des Schwellenwert-Reglers aus Photoshop. Der Details-Regler bestimmt, wie stark der Anfangskontrast bereits sein muss, damit eine Kante in den Schärfungsprozess mit einbezogen wird. Bei einem Reglerwert von 100 werden also auch die feinsten Muster oder »Details«, daher der Name, mit einbezogen, bei 0 hingegen nur die stärksten Kanten. Mittels Drücken der Alt-Taste bei Benutzung des Reglers lässt sich wiederum visualisieren, welche Kanten in den Schärfungsprozess einbezogen werden.

Abb. 4–59 *Ein bei 4.000 dpi gescanntes Dia in 2 : 1-Ansicht. Bei dieser Unschärfe war der maximale Radius von drei Pixeln notwendig, ein Pixel hätte nicht viel bewirkt.*

Abb. 4–60 *Details-Werte*
von 0 und 70, beide bei einem
Schärfungsbetrag von 60

Abb. 4–61 *Beim Drücken der Alt-Taste*
sieht man die verwendete
Schärfungsmaske: Nur die weißen Stellen
»lassen Schärfung hindurch«.

Maskieren-Regler

Der Maskieren-Regler bildet eine Technik nach, die viele Photoshop-Benutzer beim Schärfungsprozess ihrer Bilder anwenden, die *Kanten-maske,* dies jedoch mithilfe eines einzigen Reglers. Hierzu werden mittels eines automatischen Prozesses die Kanten im Bild von den Flächen unterschieden und eine Maske erstellt, welche die Schärfung nur in den Bildbereichen, die Kanten enthalten, hindurchlässt, nicht aber in den Flächenbereichen. Sehr nützlich ist dies z. B. bei Hautpartien in Porträts. Hier sollen auf den Flächen eines Gesichts weder das Luminanzrauschen noch Hautunreinheiten mitgeschärft werden.

Diese Art der Maskierung lässt sich mit dem Maskieren-Regler erreichen. Ein Wert von 0 bedeutet gar keine Maske, je höher der Wert, desto kleiner werden die Bereiche, die geschärft werden. Man kann die verwendete Maske sehen, indem man die Alt-Taste drückt, während man den Regler bewegt. Die Maskieren-Funktion hat einen ähnlichen Zweck wie die Details-Funktion. Sie arbeitet aber viel »gröber«, beschränkt die Schärfung auf die Regionen um die stärksten Kanten herum.

Die Maske ist eine gute Ergänzung zum Details-Regler. Dieser muss durch die Verwendung der Maske weniger weit nach links gefahren werden und kann so mehr Details erfassen.

Rauschreduzierung

Luminanz-Regler

Der Luminanzregler kontrolliert die Unterdrückung von Helligkeits- oder Luminanzrauschen, das direkt während der Aufnahme entsteht. Darunter versteht man Helligkeitswerte, die nicht durch das Auftreffen von Licht auf den Sensor zustande kommen, sondern durch Zufallssignale entstanden sind.

Die Entfernung dieser Rauschart ist ein wenig »tricky«. Sie ist einerseits stark abhängig vom verwendeten ISO-Wert, andererseits von der Belichtung des Fotos: Helligkeitsrauschen tritt nämlich vor allem in den dunklen Bildbereichen des Fotos auf. Ist ein Foto zu knapp belichtet, muss es in Lightroom wieder aufgehellt werden, wodurch das Rauschen stärker sichtbar wird (siehe auch Kasten »Belichtung mit Digitalkameras«).

Belichtung mit Digitalkameras

Da Überbelichtung bei Digitalkameras zum »Clipping« und damit zu weißen Flächen ohne Details führen kann (ähnlich wie die klaren Flächen beim überbelichteten Diafilm), kann man auf den Gedanken kommen, vorsichtshalber etwas unterzubelichten und dies dann mit dem Belichtung-Regler in Lightroom wieder auszugleichen.

Auch die Belichtungsautomatik der Kameras scheint häufig so zu verfahren, vor allem bei Motiven, die wenig kontrastreich sind. Bei kontrastarmen Motiven ist der Kontrastumfang, den die Kamera während der Belichtung festhalten kann, größer als der des Motivs. Das hat zur Folge, dass nach der Belichtung nicht der gesamte zur Verfügung stehende Tonwertbereich »ausgenutzt wird«. Im Histogramm ist links und/oder rechts mehr oder weniger viel Platz.

Abb. 4–62 Ein recht kontrastarmes Motiv, einmal mit Belichtungsautomatik der D100 und einmal manuell belichtet, sodass gerade eben keine Überbelichtung auftritt.

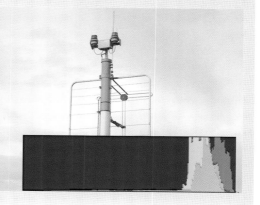

Zur Verdeutlichung ist in Abbildung 4–62 ein Foto eines kontrastarmen Motivs zu sehen, auf der linken Seite, wie ich es mithilfe der Belichtungsmessung meiner Kamera aufgenommen habe (Belichtungszeit ⅟₃₂₀ s), auf der rechten Seite dasselbe Motiv mit einer Belichtungszeit von ¼₀ s bei gleicher Blende, also um drei Blendenstufen länger belichtet.

Beide müssen von der Helligkeit und vom Kontrast her noch korrigiert werden, das eine nach oben, das andere nach unten. Worauf es mir hier ankommt – und das sieht man am besten an den beiden Histogrammen –, ist, dass beide Aufnahmen das Motiv von den Helligkeitswerten her fast vollständig erfassen, es also kein oder kaum Clipping gibt, weder in den Tiefen beim linken noch in den Lichtern beim rechten Foto.

Es dürfte also egal sein, wie man das Foto aufnimmt, wenn man es hinterher in Lightroom entsprechend korrigieren kann. In Abbildung 4–63 habe ich beide Versionen von der Belichtung her so korrigiert, dass sie sich ungefähr entsprechen, jeweils hauptsächlich durch folgende Korrekturen: Links *Belichtung +3,40* und *Helligkeit –63* Einheiten, rechts *Schwarz 40, Helligkeit –35* Einheiten. Wie man sieht, gibt es deutlich sichtbare qualitative Unterschiede (und das ist noch vorsichtig ausgedrückt).

Abb. 4–63 Wenn man beide Versionen in Lightroom von der Belichtung her angleicht, zeigt die zweite Version deutlich weniger Rauschen, sanftere Tonwertübergänge und mehr Details.

Die Gründe für diese Qualitätsdifferenzen sind zweierlei. Zum einen wird durch die nachträgliche Aufhellung das Luminanzrauschen, das zum größten Teil in den dunkleren Tonwertbereichen vorkommt, heller und kontrastreicher und damit deutlich sichtbarer. Bei Version zwei hingegen wird der größte Teil des Rauschens einfach durch die Neufestlegung des Schwarzpunkts (Schwarz-Regler auf 40) zu bloßem Schwarz eingeebnet.

Der zweite Grund hat damit zu tun, dass der Kamerasensor bei der Belichtung linear arbeitet, das menschliche Auge – und dementsprechend auch das von Lightroom angezeigte Histogramm – aber nicht (siehe dazu Kasten »Gamma-Anpassung für Histogramm und RGB-Wertanzeige« in Kapitel 4.2.1). Die Folge davon ist: Je höher sich im Tonwertbereich ein Motivdetail befindet, desto mehr Helligkeitsabstufungen stehen ihm zur Verfügung.

Beide Phänomene, Rauschen und linear arbeitender Sensor, haben letztlich dasselbe zur Folge: Die dunkleren Tonwertbereiche des digital fotografierten Bildes sind qualitativ schlechter als die helleren. Demnach ist es für die Bildqualität das Beste, wenn man während der Belichtung so viele Bildinformationen wie möglich in den hellen und hellsten Tonwertbereichen platziert.

Dafür muss man also so weit wie möglich »am rechten Rand des Histogramms« fotografieren. Dabei riskiert man natürlich evtl. geclippte Bildbereiche. Wenn man aber Raw-Dateien benutzt, kann man verloren gegangene Lichter bis zu einem gewissen Grad wieder hervorholen. Mit etwas Übung kann man sogar diesen Umstand schon vorher einplanen und noch länger belichten, um auch die Lichterreserven in den Raw-Dateien optimal auszunutzen.

Wenn ich genügend Zeit und ein Stativ dabeihabe, belichte ich – zumindest bei lohnenden Motiven – manuell und kontrolliere das Kamerahistogramm, bis ich die optimale Belichtung gefunden habe. Dabei kann es bei der Clipping-Warnung auf dem Kamera-Display ruhig schon leicht zu blinken anfangen, denn das heißt noch nicht, dass das Foto auch in Lightroom bereits Clipping aufweist.

Für Situationen, in denen ich Aufnahmen nicht wiederholen kann, belichte ich mit der Belichtungsautomatik, aber mit einer Belichtungskorrektur von +0,7 Blendenstufen, da meine D100 ohne diese Korrektur etwas übervorsichtig belichtet. Dieser Wert hat sich nach ein paar Testaufnahmen ergeben.

Helligkeitsrauschen zu entfernen ist immer mit einer gewissen Weichzeichnung des Fotos verbunden. Man sollte den Regler also mit etwas Vorsicht bedienen. Insbesondere dann, wenn das Foto zusätzlich stark geschärft wird. Eine starke Luminanzrauschen-Unterdrückung produziert zusammen mit starker Schärfung einen künstlich wirkenden »Look«, der an impressionistische Gemälde erinnert.

Zu wenig Rauschentfernung verträgt sich ebenfalls nicht allzu gut mit der Schärfung, denn in diesem Fall schärft man das Rauschen selbst mit. Dennoch ist es ratsam, es mit der Luminanzrauschentfernung eher konservativ anzugehen, zumal in der Diashow oder auf der Webseite oder auf dem Druck deutlich weniger davon zu sehen sein wird als in Lightrooms 1 : 1-Ansicht.

Bei meiner ziemlich rauschanfälligen D100 betätige ich den Regler im optimalen Fall, also bei ISO 200 und guter Belichtung, kaum (2 bis 3 Punkte) oder eher gar nicht. Bei ISO 800 hingegen setze ich die Rauschentfernung meist auf ca. 25 Punkte. Reglerwerte jenseits der 50 Punkte machen eigentlich keinen Sinn mehr, das Rauschen nimmt nicht wirklich ab, der Gemälde-Look hingegen zu.

Um besser sehen zu können, wann man den »optimalen Punkt« erreicht hat, kann man den Schärfungsbetrag auf 150 stellen, während man den Luminanz-Regler bedient, und ihn nachher wieder herunterregeln.

Abb. 4–64 *Ein Foto in 4 : 1-Ansicht;*
Luminanz-Regler auf 0 und 50

Farbe-Regler

Der Farbe-Regler kontrolliert die Unterdrückung des Farbrauschens. Darunter versteht man zufällig verteilte bunte Pixel, die nichts mit dem Motiv zu tun haben. Meist treten sie auf dunklen, gleichmäßigen Flächen auf. Bei höheren ISO-Zahlen ist auch das Auftreten von Farbrauschen größer.

Farbrauschen entsteht vorwiegend durch Fehler bei der Berechnung von Bitmap-Bildern aus den Sensordaten. Jede Fotodiode auf einem typischen Sensor hat nur eine einzelne Farbinformation von dreien (einen der drei RGB-Kanäle). Die restlichen beiden Kanäle an dieser Stelle müssen interpoliert werden, wobei es zu Fehlern kommen kann.

Farbrauschen ist relativ einfach ohne Qualitätseinbußen zu entfernen. Auch ist es bei Weitem nicht so stark ISO-abhängig wie das Luminanzrauschen, es kann also in den meisten Fällen eine Standardeinstellung für alle Fotos, unabhängig von ISO-Wert und Belichtungskorrektur, angewendet werden.

Als relativ günstig für mich hat sich eine Einstellung von 25 für fast alle meiner Fotos erwiesen (dieser Wert ist auch in den Standardentwicklungseinstellungen von Werk aus eingestellt). Auch bei Bildern, die kein sichtbares Farbrauschen aufweisen, führt dies nicht zu Qualitätsbeeinträchtigungen.

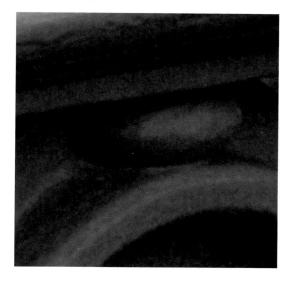 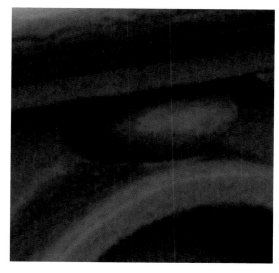

Chromatische Aberration

Was ist zu korrigieren?

Chromatische Aberration heißt so viel wie »Farbverirrung« und bezeichnet den Effekt, der entsteht, wenn Licht verschiedener Wellenlängen unterschiedlich stark gebrochen wird.

Bei Objektiven kommt es trotz allerlei Korrekturmaßnahmen (Verwendung von Linsen unterschiedlicher Brechung, spezielle Beschichtungen) auch zu diesem Effekt, vor allem bei Weitwinkelobjektiven. Um diese Fehler gut korrigieren zu können, ist es wichtig zu verstehen, wie diese und vor allem wie die Korrektur funktionieren.

Chromatische Aberrationen treten ähnlich wie Vignettierungen kreisförmig auf. Sie sind umso stärker, je weiter sie sich am Rand des Bildes befinden. Und sie finden sich bevorzugt an schlagartigen Helldunkelübergängen, allerdings auch nur, wenn diese Übergänge *tangential* verlaufen (siehe Abbildung 4–66).

Bei diesem Beispiel haben wir u. a. einen roten Farbsaum. Dieser tritt im oberen Bereich des Bildes auf, genauer, bei einem Übergang von hell zu dunkel (in Richtung Bildäußeres betrachtet).

Ein heller, fast weißer Bildteil bedeutet im RGB-Modell, dass die drei Farbkanäle hohe Helligkeitswerte haben. Ein dunkler Bildteil bedeutet, dass sie niedrige Werte haben. Im obigen Beispiel ist der rote Farbkanal ein wenig zu »groß«, ragt zu weit nach außen und ist dort, wo die anderen beiden Kanäle schon dunkler sind, noch heller und somit rot.

Abb. 4–65 Ein Ausschnitt aus einem Brückengeländer, mit ISO 800 aufgenommen, in 4 : 1-Ansicht. Links mit typischem Farbrauschen (Farbe-Regler 0), rechts ohne (Farbe-Regler 25)

Abb. 4–66 *Chromatische Aberrationen treten umso stärker auf, je weiter sie sich am Bildrand befinden.*

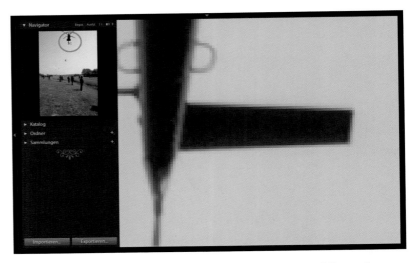

Der Korrekturansatz ist, die anderen beiden Kanäle ebenfalls wachsen zu lassen (den Rotkanal schrumpfen geht nicht, da an den Bildecken dann »Material« fehlen würde). Gelb- + Grünkanal = Cyan muss also vergrößert werden. Dazu wird der Rot-/Cyan-Regler in die negative Richtung verschoben, bis kein Farbsaum mehr zu sehen ist. Wenn er zu weit geschoben wird, haben wir das Gegenteil vom ursprünglichen Fehler, nämlich zu »große« Grün- + Blaukanäle und somit einen Cyan-Farbsaum.

Rot-/Cyan- und Blau-/Gelb-Regler

Es gibt im Wesentlichen zwei Arten von Aberrationen, einen Rot-Cyan- und einen Blau-Gelb-Typ, wobei der erstere häufiger und stärker auftritt. Zuerst ist es also sinnvoll festzustellen, mit welchem der Typen man es oder ob man es sogar mit beiden zugleich zu tun hat.

Abb. 4–67 *Vorher und nachher, mit einer Reglerposition Rot/Cyan von –20*

Hat man den Typ festgestellt, geht es darum, in welche Richtung die Korrektur mit dem Regler erfolgen muss. Hierzu schaut man sich das Bild an den Rändern an oder probiert es einfach direkt mit dem entsprechenden Regler aus.

Rand-entfernen-Einstellung

Um eine ganz andere Art der Farbverirrung kümmert sich die Funktion *Rand entfernen* (dies ist ein bisschen falsch übersetzt, es müsste eigentlich »Saum« statt Rand heißen, die Funktion heißt im Englischen »Defringe«).

Die Funktion behebt Farbsäume, die entstehen können, wenn sehr helle Spitzlichter fotografiert werden, z. B. Reflexionen auf Wasseroberflächen wie in der unteren Abbildung. Diese Farbsäume entstehen u. a. durch Beeinflussung der benachbarten Sensorpunkte durch die bloße Lichtmenge, die bei einer solchen Reflexion auf einen Sensorpunkt trifft.

Die Einstellung hat zwei Stufen: *Spitzlicht-Kanten* und *Alle Kanten*. Die Anwendung ist denkbar einfach: Verschwinden die Säume mit der ersten Stufe nicht völlig, versucht man die zweite. Für die Beurteilung sollte man eine Vergrößerung von mehr als 1 : 1 wählen.

In einigen Fällen führte die Funktion bei mir auch neue Probleme ein. So entsättigt sie offenbar den Bereich um das Spitzlicht (bei *Spitzlicht-Kanten* nur innerhalb des Spitzlichts, bei *Alle Kanten* auch außerhalb). Bei einem meiner Fotos mit sehr warmem, fast gelbem Licht störten die entsättigten (also weißen) Säume eher, als dass sie geholfen hätten.

Abb. 4–68 *In Bildern mit viel bewegtem Wasser trifft man fast immer auf Spitzlichter mit Farbsäumen.*

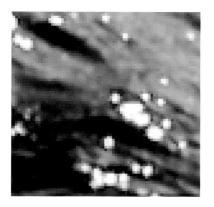
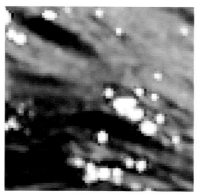
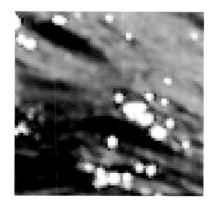

Abb. 4–69 *Ein Spitzlicht ohne Korrektur, mit Spitzlicht-Kanten und mit Alle Kanten. Beim mittleren Bild sind noch einige Farbsäume erkennbar, beim letzten gar keine mehr.*

Abb. 4–70 *Vignettierung-Palette mit den Bereichen für Objektivkorrektur- und Effektvignette*

Abb. 4–71 *Vor und nach der Korrektur durch die Objektivkorrektur-Vignette*

4.3.6 Vignettierung-Palette

Die Vignettierung-Palette ist zweigeteilt. Der obere Teil ist dazu da, Vignettierungserscheinungen von Objektiven zu entfernen. Im unteren Teil, *Nach Freistellen,* lässt sich eine neue »Ziervignette« ins Foto einführen. Von der Bedienung her funktionieren die beiden ähnlich, wobei sich für die Ziervignette mehr einstellen lässt.

Objektivkorrektur

Objektivvignettierung ist ein Helligkeitsabfall zum Bildrand hin. Er tritt vor allem bei Weitwinkelobjektiven auf. Mit Lightrooms Objektivvignettierungsfunktion kann man diesem Helligkeitsabfall entgegenwirken.

Der Helligkeitsabfall bei Objektiven verläuft kreisförmig, d.h., die Helligkeit nimmt von Mittelpunkt des Objektivs gesehen aus nach außen ab. Die Korrekturfunktion arbeitet genau andersherum: Es wird ein virtueller Kreis auf das Bild gelegt, und je weiter außen ein Punkt auf dem Kreis ist, desto mehr wird er aufgehellt.

Der **Betrag-Regler** in der Objektivkorrektur-Palette legt fest, wie stark aufgehellt (positive Werte 1–100) oder abgedunkelt (negative Werte –1 bis –100) wird, 0 steht für gar keine Veränderung.

Im Allgemeinen wird man positive Werte für die Vignettierungskorrektur verwenden. Durch die Option von negativen Beträgen konnte man in Lightroom 1.x den Bildrand bewusst für kreative Zwecke abdunkeln, ab Lightroom 2 gibt es dafür die Nach-Freistellen-Vignette (siehe unten).

Der **Mittelpunkt-Regler** bestimmt die Größe des Kreises, der *nicht* korrigiert wird. Je kleiner der eingestellte Wert ist, desto größer ist also die korrigierte Bildfläche.

Meine Vorgehensweise bei der Vignettierungskorrektur ist es, zuerst den Betrag auf Maximum zu stellen, sodass man die Auswirkungen der Korrektur besser sieht. Dann kann man den Mittelpunkt besser einstellen. Am Ende stelle ich den Betrag auf die gewünschte Intensität.

Nach Freistellen

Anders als die Vignettenfunktion im Objektivkorrektur-Teil wirkt sich die neue Nach-Freistellen-Vignette direkt auf das beschnittene Bild aus. Die beiden oberen Regler funktionieren genauso wie die bei Objektivkorrektur. Der Betrag-Regler zeigt jedoch eine deutlich stärkere Wirkung, in negativer wie in positiver Richtung, sodass sich Vignetten erstellen lassen, die in pures Schwarz bzw. Weiß übergehen. Auch der Mittelpunkt-Regler zeigt eine größere Wirkung.

Die Nach-Freistellen-Vignette enthält zwei zusätzliche Regler: Mit **Rundheit** lässt sich die Form der Vignette wählen, d.h., inwieweit sich die Vignette dem Bildformat anpasst. Ein Wert von 0 ergibt bei einem nicht-quadratischen Bildformat eine ovale Form, eine Ellipse. Positive Werte machen die Vignette »runder«, bei +100 ist sie komplett kreisförmig. Negative Werte hingegen lassen die Vignette eckiger werden, ein Wert von –100 ergibt eine rechteckige Vignette mit abgerundeten Ecken (siehe Abbildung 4–72 für die Vignettenformen).

Weiche Kante gibt die Randunschärfe der Vignette an. Ein Wert von 0 bedeutet einen harten und damit deutlich sichtbaren Übergang, mit zunehmenden Werten wird die Vignette unschärfer.

Ähnlich wie bei der Vignette für die Objektivkorrektur empfiehlt es sich auch bei der Erstellung der Nach-Freistellen-Vignette, zuerst *Weiche Kante* auf 0 und einen extremen negativen oder positiven Betrag einzustellen, woraufhin man der Vignette mittels *Rundheit* und *Mittelpunkt* die gewünschte Form und Größe geben kann. Am Schluss kann man den Betrag und dann die *Weiche Kante* feinkorrigieren.

Im Workflow-Beispiel »Gradationskurve« in Kapitel 4.3.8 verwende ich am Schluss die Nach-Freistellen-Vignette für ein Porträt.

Abb. 4–72 *Mit der Nach-Freistellen-Vignette lassen sich wesentlich stärkere Effekte erzielen, und die Form der Vignette lässt sich anpassen.*

4.3.7   Einsatz von Farbprofilen

Wie die Sensordaten der Raw-Dateien genau in Farbtöne, Farbsättigungen (und auch in Tonwertabstufungen) umgesetzt werden, ist Interpretationssache. Dies sieht man z. B. daran, dass die JPEG-Ausgabe der Kamera und das Ergebnis des Raw-Konverters auf dem Computer sich in der Regel stark unterscheiden. Auch bieten viele Kameras für die JPEG-Ausgabe mehrere Farbcharakteristika an (z. B. »neutral«, »lebhaft« etc.).

Adobe hat auf diesem Gebiet mit seinen beiden Raw-Produkten Camera Raw und Lightroom lange Zeit wenige Möglichkeiten zur Anpassung der generellen Farbcharakteristik angeboten. Die einzige Möglichkeit vor Lightroom 2.0/Camera Raw 4.5 war es, die für jedes Kameramodell fest eingebauten Profile über die Kamerakalibrierung-Palette anzupassen. Hiermit konnten (und können) jedoch nur die drei Primärfarben Rot, Grün und Blau jeweils in Farbton und Sättigung angepasst werden, was nur eine recht grobe Variation der Farbcharakteristik zulässt.

Mit Lightroom 2.0 und Camera Raw 4.5 hat Adobe nicht nur die Qualität der fest eingebauten Profile sichtbar verbessert. Erstmals lassen sich auch neue Profile hinzufügen und über die Kamerakalibrierung-Palette auswählen. Bei den Profilen handelt es sich nicht um die ansonsten für das Farbmanagement eingesetzten ICC-Profile, sondern um die von Adobe entwickelten DCP-Profile (Digital Camera Profiles), die zwar einiges mit ICC-Profilen gemein haben, aber auf die Einbettung in Raw-Dateien hin ausgelegt sind.

Die Profile kann man sowohl selbst mit dem *DNG Profile Editor* erstellen (auch eine Kalibrierung mittels Target ist möglich) oder aus anderen Quellen beziehen. Es ist davon auszugehen, dass in Kürze viele Profile sowohl kommerziell als auch kostenfrei angeboten werden. Denkbar wären u. a. Profile, die bestimmte Film-Looks nachahmen, wie z. B. Fujis Velvia-Diafilm.

Hinweis: Zum Zeitpunkt der Drucklegung dieses Buches befanden sich die neuen Profile und der Profile Editor noch in der Beta-Phase, und mussten separat heruntergeladen werden. Beide sind hier[9] erhältlich.

Kamerakalibrierung-Palette

Profilauswahl

Mit der Einstellung für *Profil* lässt sich das Farbprofil für die Kamera festlegen. Auf der einen Seite hat man hier auf die internen Profile für das jeweilige Kameramodell Zugriff, auf der anderen Seite auf zusätzliche DCP-Profile. Für Bitmap-Dateien gibt es keine Auswahlmöglichkeiten; die Arbeit mit der Kamerakalibrierung-Palette ist allerdings auch nur für Raw-Dateien wirklich sinnvoll.

Abb. 4–73 *Die Arbeit mit der Kamerakalibrierung-Palette funktioniert technisch wie bei jeder anderen Palette auch, d.h. für jedes Bild einzeln. Um also einen einheitlichen Look für mehrere Fotos zu ermöglichen, empfiehlt sich der Einsatz von Entwicklungsvorgaben und Standardentwicklungseinstellungen (siehe Kapitel 4.2.2).*

---

9   http://labs.adobe.com/wiki/index.php/DNG_Profiles

Die internen, fest eingebauten Profile beginnen mit »ACR« und der Versionsnummer von Camera Raw, mit der das jeweilige Profil hinzugefügt wurde. Die neuen, verbesserten Profile beginnen mit »Adobe Standard«, gefolgt von der Versionsnummer. Für viele Kameras liefert Adobe auch zusätzliche Profile mit, welche die »Looks« des jeweiligen Kameraherstellers nachahmen. Diese beginnen stets mit »Camera«, gefolgt vom Namen des Looks, wie z. B. »Landscape« oder »Neutral«, und der Versionsnummer.

Im Allgemeinen haben sich die neuen Profile gegenüber den alten recht stark verbessert. So werden z. B. stark gesättigte Rottöne und Flammen oder Sonnenuntergänge sichtbar besser dargestellt. Die älteren Profile sind also vor allem aus Gründen der Rückwärtskompatibilität vorhanden, sodass bisher bearbeitete Fotos auch genauso in Lightroom dargestellt werden können wie bisher. Das sollte Sie jedoch nicht davon abhalten, die neuen Profile auch für die alten Fotos einzustellen.

Neue DCP-Profile mit der Endung *.dcp* werden generell in den Ordner *C:\Documents and Settings\»Benutzername«\Application Data\Adobe\ CameraRaw\CameraProfiles* unter Windows bzw. in den Ordner *Users/ »Benutzername«/Library/Application Support/Adobe/CameraRaw/Camera Profiles* unter Mac OS X gelegt. Nach einem Neustart erscheinen sie unter *Profil* in der Kamerakalibrierung-Palette.

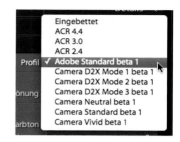

Abb. 4–74 *Wahl des Farbprofils für eine Nikon D100. Oben die alten, darunter das neue Adobe-Profil. Darunter von Adobe mitgelieferte Profile, welche die »Looks« der von der Kamera ausgegebenen JPEGs nachahmen.*

Abb. 4–75 *Wirkung unterschiedlicher Profile bei einem Nikon-D100-Foto, links das neue »Adobe Standard beta 1«-Profil, rechts das Nikon-emulierende »Camera Vivid beta 1«. Nicht nur in Farbton und Sättigung, auch in Helligkeit und Kontrast zeigen sich deutliche Unterschiede.*

Was sind DCP-Profile?

Auch für Digitalkameras können ICC-Farbprofile erzeugt werden, um möglichst genaue Farben herzustellen. Einige Raw-Konverter (Capture One, Raw Therapee) unterstützen diese Eingabeprofile: Nach der Raw-Konvertierung – und vor allen weiteren Arbeitsschritten wie Tonwertkorrektur – wird zuerst dieses Profil appliziert, dann die Datei in den Arbeitsfarbraum des Programms konvertiert.

Adobe hat ICC-Eingabeprofile für die Raw-Konvertierung nicht unterstützt und stattdessen vor Kurzem das DCP-Profilformat (Digital Camera Profile) entwickelt. Es ist normalen ICC-Profilen nicht unähnlich, wurde aber speziell für die Anforderungen der Digitalfotografie mit Raw-Dateien entwickelt.

Der erste große Vorteil gegenüber ICC-Profilen ist, dass sie eigentlich aus zwei Profilen für zwei sehr unterschiedliche Farbtemperaturen bestehen, 2.850K und 6.500K. Ein ICC-Profil hingegen bezieht sich immer auf genau eine Farbtemperatur, was in der Vergangenheit häufig zu Problemen geführt hat. So war der Einsatz von Farbprofilen mit unsicheren Ergebnissen verbunden, wenn die Farbtemperatur der jeweiligen Aufnahmesituation von der des Profils abwich. Dies führte dazu, dass sich ICC-Profile für Digitalkameras nicht wirklich durchgesetzt haben, außer in Studios, wo die Farbtemperatur genau kontrolliert werden kann und sich nicht verändert.

Der Raw-Konverter von Lightroom bzw. Camera Raw kann hingegen für die Farbinterpretation eines Fotos zwischen den beiden Profilen interpolieren oder extrapolieren, je nachdem, wo die Farbtemperatur des Fotos liegt. Dies macht die DCP-Profile geeigneter für die Digitalfotografie außerhalb kontrollierter Studiobedingungen.

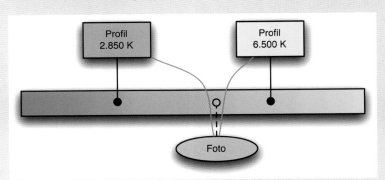

Abb. 4–76 *Ein DCP-Farbprofil besteht eigentlich aus zwei Profilen. Für die Farbinterpretation eines tatsächlichen Fotos kann Lightroom zwischen diesen beiden Profilen interpolieren (oder extrapolieren, wenn die Farbtemperatur des Fotos außerhalb der der beiden Profile liegen sollte).*

Ein weiterer Nachteil von ICC-Profilen ist, dass sie sich nicht in Raw-Dateien einbetten lassen. Hier betritt Adobe Neuland, insofern als dass DCP-Profile daraufhin ausgelegt sind, dass sie in DNG-Dateien eingebettet werden können (bei proprietären Raw-Dateien können sie zwar angewendet, aber nicht eingebettet werden). Dies macht es möglich, dass in einer DNG-Datei alles enthalten ist, was man für deren Darstellung benötigt: Sensordaten, Farbprofil für die Farbinterpretation, Metadaten, JPEG-Vorschaubild sowie die Entwicklungseinstellungen. Nur die Entwicklungseinstellungen können dabei ausschließlich von Adobe-Programmen interpretiert werden, alles andere, inkl. der Farbprofile, kann auch von fremden Programmen interpretiert werden.

Ein weiterer Vorteil ist, dass Adobe mit dem DNG Profile Editor ein kostenloses Tool zur Erstellung von Farbprofilen anbietet, das sowohl realistische Farben über die Kalibrierung mit dem Colorchecker-Target als auch freie Farbanpassungen nach subjektiven Gesichtspunkten ermöglicht. Werkzeuge zur Erstellung von ICC-Kameraprofilen verfügen zwar u. U. über einen größeren Funktionsumfang und eine größere Genauigkeit, sind aber als professionelle Farbmanagementsoftware für den Amateur recht unerschwinglich.

Das neue Farbsystem befand sich zum Zeitpunkt des Erscheinens von Lightroom 2.0 noch im Beta-Stadium. Lightroom 2.0 kann zwar die neuen Profile bereits über die Kamerakalibrierung-Palette einsetzen, es verfügt aber noch nicht über die Möglichkeit, Profile in DNG-Dateien einzubetten. Es ist anzunehmen, dass diese Funktionalität in einer 2.x-Version nachgereicht wird. Dennoch lässt sich bereits mit einiger Sicherheit sagen, dass DCP-Profile nur in DNG-Dateien eingebettet werden können, und auch die Möglichkeit, sie zusammen mit proprietären Raw-Dateien als »Sidecar-Profile«, ähnlich den XMP-Sidecars, zu speichern, ist recht unwahrscheinlich.

Anpassen der Reglerwerte

Über die Reglerwerte findet eine weitere Anpassung des eingestellten Profils statt. Anpassen lassen sich die sogenannten Primärfarben Rot, Grün und Blau in Farbton und Sättigung und die sogenannte Schattentönung ganz oben.

Die Farbanpassung über die Regler in der Kamerakalibrierung-Palette ist seit Lightroom 2 nicht mehr neuester Stand der Technik, aber aus Kompatibilitätsgründen immer noch in Lightroom vorhanden. Seit Lightroom 2 lassen sich die Farbprofile direkt über den DNG Profile Editor erstellen oder anpassen, wodurch sich Farbveränderungen sehr viel gezielter vornehmen lassen und auch die Tonwertwiedergabe zusätzlich anpassbar ist. In den meisten Fällen ist es also sinnvoller, die Anpassungen dort vorzunehmen.

DNG Profile Editor

Mit dem DNG Profile Editor sind die Profile, die bis vor Kurzem noch in Lightroom fest eingebaut und nur über die Regler in der Kamerakalibrierung-Palette anpassbar waren, jetzt direkt veränderbar. Dabei geht allerdings auch der DNG Profile Editor immer von einem bereits bestehenden Profil aus, das nun aber wesentlich genauer angepasst und dann als neues Profil gespeichert werden kann.

Erstellung neuer Farbprofile

Um ein neues Farbprofil zu erstellen, muss zuerst eine DNG-Datei geladen werden (das fertige Profil kann auch mit anderen Raw-Dateien verwendet werden). Diese muss von dem Kameramodell stammen, für welches das

Profil erstellt werden soll. Die DNG-Datei selbst wird während der Profilerstellung nicht verändert, sie dient zur Bestimmung des Kameramodells und zum Auswählen von Farben, die verändert werden sollen, sowie zur Kontrolle der Farb- und Tonwertanpassungen.

Im Hauptfenster lassen sich nun Einstellungen vornehmen, die zur Erstellung eines »Profilrezepts« führen. Ein Rezept enthält die Informationen über Ausgangsprofil, Farbanpassungen, Tonwertveränderungen und weitere Optionen. Es enthält somit alle Informationen für die Erstellung eines Profils, ohne jedoch an eine bestimmte Kamera gebunden zu sein (denn ein DCP-Profil ist immer an ein bestimmtes Kameramodell gebunden).

Die wichtigsten Anpassungen lassen sich für die Farben vornehmen. Dazu wird ein Basisprofil ausgewählt (z. B. das fest eingebaute »Adobe Standard« oder auch ein externes, bereits erstelltes DCP-Profil). Dann wird eine Farbe ausgewählt, die verschoben werden soll. Dazu kann man entweder direkt ins Bild klicken und eine Farbe mit einem Pipetten-Werkzeug auswählen, oder man klickt bei gedrückter Strg | Befehl-Taste in den Farbkreis des Rezeptfensters (siehe Abbildung 4–77).

__Abb. 4–77__ Der DNG Profile Editor: Die Farbkästchen rechts stellen die einzeln angepassten Farben dar (jeweils vorher/nachher). Im Farbkreis links kann man die Anpassung der Farben visuell nachvollziehen.

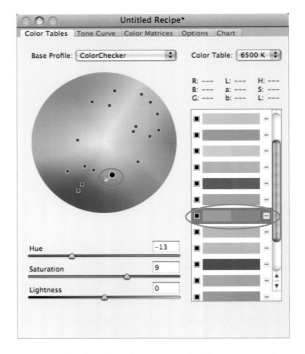

Während sich über die Kamerakalibrierung-Palette nur drei Farben (die drei Primärfarben Rot, Grün und Blau) in Sättigung und Farbton verschieben lassen, lässt sich mit dem Profile Editor jede Farbe in Sättigung, Farbton und Helligkeit anpassen. Dabei lassen sich beliebig viele einzelne Farben herausgreifen; auch z. B. dieselben Farbtöne in unterschiedlichen

Sättigungen; d.h., es lassen sich z. B. niedriger und stärker gesättigte Rottöne separat anpassen.

Normalerweise werden dabei die Profile beider Farbtemperaturen
(6.500K und 2.850K) gleichermaßen beeinflusst. Doch es ist auch möglich,
die Farbanpassungen getrennt für die beiden Profile vorzunehmen. Dazu
deselektiert man *Options → Edit Both Color Tables Simultaneously* und
kann dann über das Drop-down-Menü *Color Table* zwischen den beiden
Profilen umschalten.

Über den Gradationskurve-Reiter lässt sich, ebenfalls auf der Grundlage einer bestehenden Gradationskurve, die Standard-Helligkeitsvertei-
lung des Profils anpassen, sodass sich das allgemeine Helligkeits- und
Kontrastverhalten der Kamera über das Profil ändern lässt, ohne dass
dafür die Regler in Lightroom benutzt werden (Helligkeit, Kontrast, Gradationskurve-Palette). Dazu wird eine klassische Punkt-Gradationskurve
verwendet, wie man sie aus Photoshop oder Camera Raw kennt.

Kalibrierung mit dem Colorchecker-Target

Wer besonders realistische Farben haben oder wer die Farbwiedergabe
zwischen mehreren Kameras angleichen möchte, der kann mit dem Profile
Editor auch Profile direkt auf das »Colorchecker-Target« hin kalibrieren.

Der Colorchecker ist eine Farbtafel im Format A4 mit 24 genormten
Farbkästchen, wie in Abbildung 4–78 zu sehen. Er ist auch unter den
Bezeichnungen »GretagMacbeth Colorchecker« oder »Munsell Color-
checker« im Fotografie-Fachhandel für ca. 70 Euro erhältlich.

Wird das Target fotografiert und die Raw-Datei mit dem Profile Editor
geöffnet, so können die Abweichungen der aktuellen Farbinterpretation
von den tatsächlichen Farben automatisch ermittelt und die erforderlichen
Anpassungen errechnet werden. Dazu geht man auf den Reiter *Chart* und
folgt den weiteren Anweisungen.

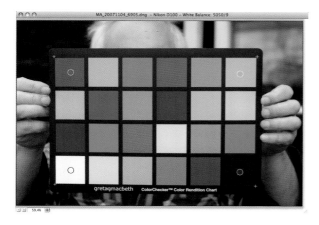

Abb. 4–78 *Eine Aufnahme vom Colorchecker-Target, die in den DNG Profile Editor geladen wurde*

Vor Lightroom 2 konnte man das Colorchecker-Target zusammen mit dem AcrCalibrator-Skript nutzen, um eine Kalibrierung über die Regler in der Kamerakalibrierung-Palette zu erreichen. Mit dem Profile Editor lassen sich nun wesentlich genauere Profile erstellen (die Anpassung beruht auf 18 anstatt auf bisher drei Farben). Zudem wird Photoshop nicht für die Kalibrierung benötigt.

Mit dem Profile Editor lässt sich wahlweise auch eine Kalibrierung separat für beide Lichtbedingungen (2.850K und 6.500K) des Profils vornehmen. Dazu muss das Target unter beiden Lichtbedingungen aufgenommen werden.

Braucht man überhaupt »richtige« Farben?

Farbgenauigkeit ist bei Digitalkameras auf jeden Fall weniger kritisch als bei anderen Geräten. Bei Monitoren, Druckern und Scannern können die Farben nicht originalgetreu genug sein. Bei Kameras hingegen kommt es nur in einigen fotografischen Teilgebieten auf Genauigkeit an: Reproduktion, Mode- und Werbefotografie z. B. Hier ist hohe Farbtreue sehr wichtig. Manchmal ist eine unrealistische Wiedergabe der Wirklichkeit sogar erwünscht – man denke nur an Fujis Kult-Diafilm Velvia mit seiner übertriebenen Wiedergabe der Farbsättigung.

Doch eine nichtkalibrierte Kamera-Raw-Konverter-Kombination ist nicht vergleichbar mit einem Diafilm, der zwar unrealistische Farben lieferte, aber immerhin stets dieselbe Farbcharakteristik bot. Unterschiedliche Raw-Konverter oder mitunter auch Raw-Konverter-Versionen liefern unterschiedliche Farben; unterschiedliche Kameramodelle, die man ja recht schnell durch neue ersetzt, liefern unterschiedliche Farben; und verschiedene Exemplare eines Modells weisen ebenso leichte Unterschiede auf. Was hätten Velvia-Fans gesagt, wenn die Farben dieses Films solchen Schwankungen unterlegen hätten? Man wusste doch mit einiger Erfahrung schon vorher, welche Motive auf diesem Film gut »kamen« und welche nicht.

Eine Kamerakalibrierung auf einen Standard hat also durchaus etwas für sich; nämlich die Vorhersagbarkeit der farblichen Ergebnisse. Für Verfremdung und die subjektive Sicht auf die Wirklichkeit lässt sich später immer noch am individuellen Foto sorgen.

4.3.8 Workflow-Teil

Bildbeispiel 1: Gradationskurve
Es werden gezeigt: Aufhelllicht, Gradationskurve, Vignette

In diesem Beispiel geht es vor allem um die Gradationskurve. Die vier Bereiche der Kurve bezeichne ich hier mit *Lichtern, hellen* und *dunklen Mitteltönen* und *Schatten* anstelle von Lichtern, hellen und dunklen Farbtönen und Tiefen. Das Originalbild ist ein Dia, das ich gescannt und ein bisschen in Photoshop bearbeitet habe (Ausschnitt, Tonwertkorrektur). Nachdem ich es in Lightroom importiert und ein bisschen experimentiert habe, stelle ich fest, dass sich wesentlich mehr herausholen lässt. Vor allem kommt mir das Bild zu »flach« vor, d.h., es hat zu wenig Kontrast. Also gehe ich zuerst mit der Gradationskurve-Palette an die Arbeit. Ich nehme das Zielkorrektur-Werkzeug und schaue mir an, wo auf der Kurve einzelne Bildbereiche liegen.

Abb. 4–79 Originalbild

Die dunklen Mitteltöne ziehe ich ein bisschen nach unten, aber nicht sehr weit, da mir sonst der helle Bereich der Jacke schon zu dunkel wird *(–9)*. Danach ziehe ich die dunkleren Gesichtspartien, diese liegen im Bereich der hellen Mitteltöne, relativ stark nach oben, sodass ich mit diesen schon ziemlich zufrieden bin *(+41)*.

Abb. 4–80 Kontrasterhöhung

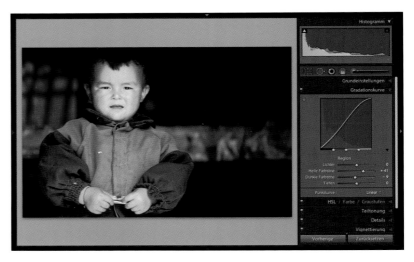

Die starke Korrektur bewirkt aber, dass in den Lichtern die Kurve noch recht steil ist. Der Kontrast ist mir in den Lichtern, den hellsten Stellen im Gesicht, einfach zu hoch. Ich korrigiere die Lichter ziemlich stark nach unten, um die Lichterkontraste abzusenken *(–35).* Die Kurve sieht daraufhin in diesem Bereich gemäßigter aus.

Abb. 4–81 Lichter dämpfen

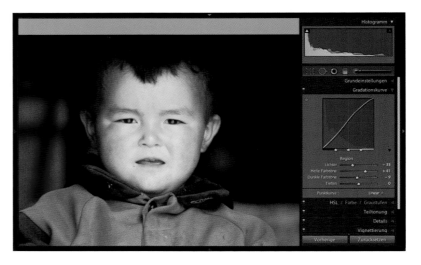

Die hellen Mitteltöne und die Lichter gefallen mir jetzt gut, die dunklen Mitteltöne brauchen jedoch noch ein bisschen Kontrast; und die Schatten gefallen mir auch noch nicht, ich will sie spürbar anheben. Beides zusammen ist allein mit der Gradationskurve nicht möglich, also werde ich das maskenbasierte *Aufhelllicht* verwenden.

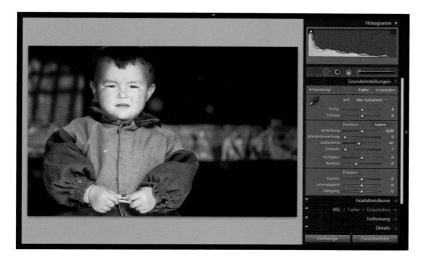

Abb. 4–82 *Aufhelllicht*

Ich ziehe den Aufhelllicht-Regler ziemlich stark nach oben *(41)* und korrigiere den Schwarzpunkt nach *(2)*, der sich bei Benutzung dieser Funktion immer ein wenig verschiebt. Die Details in den Schatten rechts von dem Jungen sind jetzt viel klarer zu erkennen, aber die Schatten wirken noch ein wenig zu »matschig«. Dies ist normal bei Benutzung von *Aufhelllicht:* Die Schatten haben danach oft zu wenig Kontrast. Ich korrigiere dies mit der Gradationskurve, indem ich dort die Schatten nach unten ziehe *(–18)*.

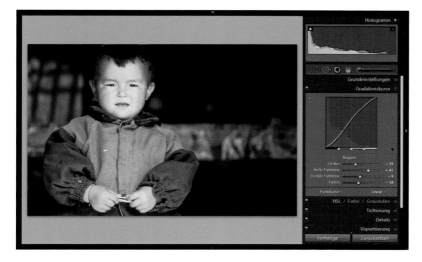

Abb. 4–83 *Schatten absenken*

Das Einzige, was mir jetzt noch fehlt, ist ein bisschen mehr Kontrast in den dunklen Mitteltönen, in den schattigen Bereichen der Jacke des Jungen. Ich kann aber nicht ohne Weiteres den Regler für die dunklen Mitteltöne nach unten ziehen, da mir sonst die Frontpartie der Jacke zu dunkel wird (wie am Anfang schon bemerkt).

Abb. 4–84 *Kontrast in den*
dunklen Mitteltönen erhöhen

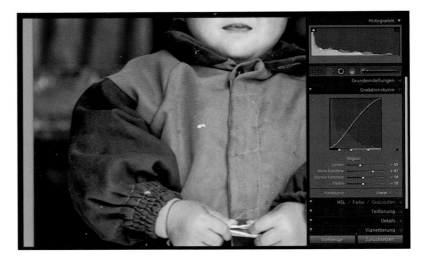

Die Lösung liegt in einem leichten Anpassen der Regionen in Richtung
linker Seite: Ich verschiebe den ersten Knopf von Position *25* auf *18* und
den mittleren von *50* auf *41*. Jetzt kann ich die dunklen Mitteltöne weiter
absenken *(–18)* und den Kontrast im Jackenbereich erhöhen, ohne dass
die helle Jackenpartie zu dunkel wird.

Abb. 4–85 *Lebendigkeit und Vignette*

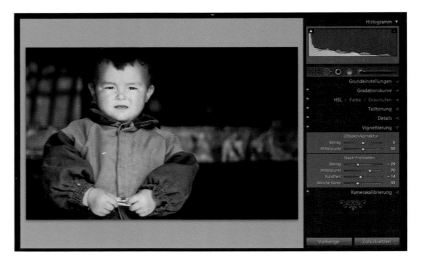

Damit bin ich praktisch fertig. Ich habe zum Schluss noch den Farbkontrast
(Sättigung) ein ganz klein wenig erhöht durch den Lebendigkeit-Regler
(15). Außerdem habe ich eine leichte Ziervignette in der Vignettierung-
Palette eingestellt, um die Ecken des Fotos ellipsenförmig abzudunkeln.

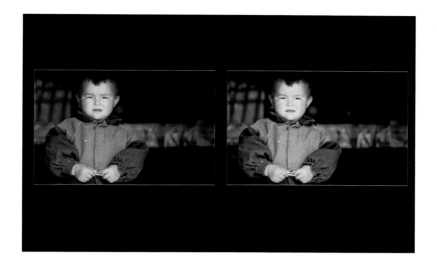

Abb. 4–86 Vorher/nachher

Bildbeispiel 2: Farboptimierung und Staubentfernung
Es werden gezeigt: Belichtung-Regler, Gradationskurve, Farbtemperatur, Staubentfernung

Das Originalbild zeichnet sich vor allem durch eine Menge Staubkörner aus – sei es durch die lange Belichtungszeit oder die kleine Blende. Doch vor der Staubentfernung ein wenig Tonwert- und Farbkorrektur.

Abb. 4–87 Ausgangsbild

Als Erstes passe ich einfach den Belichtung-Regler an und erhöhe die Belichtung um ⅔ Blenden. Das angezeigte Clipping im Rotkanal befindet sich ausschließlich an der Reflexion des großen Steins, wo ich auf Details in den Lichtern verzichten kann.

Abb. 4–88 Belichtung-Regler

Mit der Gradationskurve steigere ich den Gesamtkontrast relativ stark. Ein leichtes Absaufen der Schatten auf den Steinen finde ich für dieses Bild nicht verkehrt; ich versuche dies also nicht zu verhindern.

Abb. 4–89 Gradationskurve

Als Nächstes befasse ich mich mit der Farbkorrektur, genauer gesagt Farbtemperatur. Im Moment ist sie relativ neutral. Ich könnte sie noch ein wenig mehr neutralisieren. Aber Neutralität ist für dieses Bild das Gegenteil von dem, was ich mir vorstelle. Ich regle also den Farbtemperatur-Regler mehr nach rechts. Diese sehr warme Version kommt dabei heraus.

Abb. 4–90 Warmer Farbeindruck

Oder ich regle die Temperatur ins Bläuliche (nach links). Hier habe ich
zusätzlich den Tönung-Regler in Richtung Grün bewegt, sodass ein leichter Cyan-Ton entsteht. Durch die Änderung der Farbtemperatur wurde
das Bild ein wenig dunkler. Ich musste für diese Version die dunklen Mitteltöne in der Gradationskurve ein wenig anheben. Letztendlich wähle ich
aber doch die »gelbe« Version und mache mich an die Staubentfernung.

Abb. 4–91 Kühlerer, leicht künstlicher
Farbeindruck

Ich gehe in die 1 : 1-Ansicht (Z-Taste) und schalte die linke Palettenleiste
mit Navigator (F7) und die Werkzeugleiste (T-Taste) ein. Mit der N-Taste
komme ich in das Bereiche-entfernen-Werkzeug. Wenn ich oben links
anfange (Home-Taste), kann ich mich mit der Page-down-Taste durchs
gesamte Bild hangeln und dabei alle Staubkörner entfernen.

Abb. 4–92 *Staubentfernung*

Es dauert sehr lange, all den Staub zu entfernen (342 Korrekturstellen), zumal Lightroom langsam wird, wenn zu viele Retuschierstellen auf einmal zu sehen sind. Hier hilft es tatsächlich, in die 2 : 1-Ansicht zu gehen. Später habe ich gemerkt, dass Camera Raw bei Weitem weniger träge bei der Staubentfernung ist!

Am Ende bleibt noch ein Reflexionsfleck durch das Sonnenlicht; er lässt sich recht leicht durch das Staubentfernungstool entfernen, bei ausreichend großem Radius.

Abb. 4–93 *Fleck entfernen*

Als abschließende Korrekturen stelle ich den Klarheit-Regler auf *40,* um den lokalen Kontrast etwas zu steigern, und erhöhe auch die *Lebendigkeit* ein klein wenig *(+16).* Fertig.

Abb. 4–94 *Vorher/nachher*

Bildbeispiel 3: Maskenbasierte Tonwertkorrektur vs. Gradationskurve
Es werden gezeigt: Aufhelllicht- und Wiederherstellung-Regler, Gradationskurve

Abb. 4–95 *Ausgangsbild. Die roten Bereiche stellen Clipping dar.*

Beim Originalbild haben wir es hier mit einem relativ hohen Dynamikumfang zu tun, also einem großen Helligkeitsunterschied zwischen hellen und dunklen Bildbereichen. Mal sehen, was ich hier in der Nachbearbeitung noch tun kann.

Als ersten Schritt helle ich das Foto ein wenig auf, indem ich den Belichtung-Regler auf *+0,45* stelle. Danach kümmere ich mich um »Clipping« in den Schatten und Lichtern. Ich stelle den Schwarz-Regler von der Standardeinstellung *5* auf *2*. Bei den Lichtern fällt das Clipping ein bisschen größer aus, doch da es sich um eine Raw-Datei handelt, kann ich etwas, wenn nicht alles davon zurückholen. Ich stelle also den Wiederherstellung-Regler auf *20*.

Abb. 4–96 *Aufgehellt und Clipping behoben*

Jetzt kommen wir zum eigentlichen Problem bei diesem Bild. Es ist ein bisschen flau. Nicht insgesamt, aber in den Schatten (die Brücke links) und auch in den Lichtern (Himmel und Wolken) könnte mehr Kontrast sein.

Verwendet man ausschließlich die Gradationskurve zur Tonwertkorrektur, muss man sich zwischen einem der beiden entscheiden. Entweder müssen die Details in den Lichtern oder in den Schatten »dran glauben«. Dies ist nichts Schlimmes. Man muss sich eben nur entscheiden, was für das Bild wichtiger ist.

Abb. 4–97 *Dunkel …*

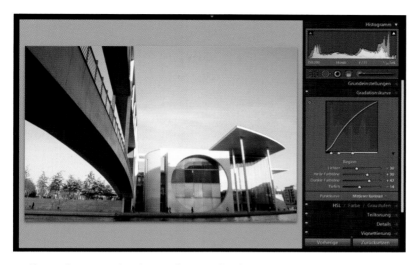

Abb. 4–98 … oder hell

Will man hingegen beides, Lichter und Schatten, angemessen herausstellen, kann man zu den maskenbasierten Tools in Lightroom, *Aufhelllicht* und *Wiederherstellung,* greifen. Diese Tools arbeiten jeweils nur in den dunklen bzw. hellen Bildbereichen, verändern also nicht das gesamte Bild. Der Gesamtkontrast bleibt durch sie daher unbeeinflusst.

Ich fange mit den Schatten, also mit *Aufhelllicht,* an und stelle den Regler auf *75.* Dies hellt die Schatten deutlich auf. Bei Verwendung des Reglers muss man allerdings oft den Schwarzpunkt nachregeln (Schwarz-Regler), sonst hat man kein richtiges Schwarz mehr.

Abb. 4–99 Aufhelllicht

Ich setze also den Schwarz-Regler von *2* auf *39* und ziehe auch noch die Regler *Tiefen* und *Dunkle Farbtöne* in der Gradationskurve ein bisschen nach unten.

Abb. 4–100 *Kontrastanpassung*

Jetzt mache ich praktisch dasselbe mit dem Wiederherstellung-Regler: Ein Wert von *73* (vorher *20*) verdunkelt den Himmel.

Abb. 4–101 *Wiederherstellung-Regler*

Aber hier habe ich ein ähnliches Problem wie mit dem Aufhelllicht-Regler: Um richtig Kontrast in die Wolken zu bringen, muss ich die Lichter wieder ein wenig anheben. Ich regle daher in der Gradationskurve-Palette den Lichter-Regler nach oben; die Details in den Wolken nehmen zu. Jetzt bin ich praktisch fertig.

Abb. 4–102 *Kontrastausgleich*

Was die Reglerintensität angeht, so sollte man es lieber nicht übertreiben. Die hier eingestellten Werte sind schon relativ hoch. Die maskenbasierte Kontrastanpassung erzeugt einen gewissen »künstlichen« Effekt, an dem man sich schnell übersehen kann, wenn er übertrieben wird.

Für das Endergebnis habe ich daher den Lebendigkeit-Regler auf einen Wert von *-25* gesetzt, um ein wenig Sättigung aus dem Bild zu nehmen. Außerdem habe ich den Klarheit-Regler auf *+28* gestellt.

Abb. 4–103 *Vorher/nachher*

4.4   Lokale Entwicklungseinstellungen

Abb. 4–104 *Lightrooms fünf lokale Werkzeuge*

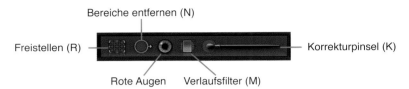

Bereiche entfernen (N)

Freistellen (R)   Korrekturpinsel (K)

Rote Augen   Verlaufsfilter (M)

Abb. 4–105 *Hier im Bild der Bearbeiten-Modus für das Bereiche-entfernen-Werkzeug. Unten in der Palette befinden sich (v. l. n. r.) ein Knopf zum Ein- und Ausschalten der getätigten Veränderungen, ein Zurücksetzen-Knopf zum Löschen aller getätigten Korrekturen und ein Knopf zum Schließen der Palette.*

Die fünf Werkzeuge, die ich hier zusammengefasst habe, befinden sich im sogenannten Werkzeugstreifen, dem Streifen mit den fünf Icons unterhalb des Histogramms, im Entwickeln-Modul.

Alle Tools im Werkzeugstreifen – mit Ausnahme des Freistellen-Werkzeugs – arbeiten lokal, nicht global wie die übrigen Regler im Entwickeln-Modul. Diese Tools wirken begrenzt auf einen bestimmten Bereich innerhalb des Fotos: Das kann eine winzige Korrekturstelle im Bereiche-entfernen-Werkzeug sein, mit der ein Sensorstaubkorn überdeckt wird; das kann auch das halbe Foto sein, das mit dem Verlaufsfilter abgedunkelt werden soll.

Im Allgemeinen besitzen die Tools zwei verschiedene Modi: einen Neu-Modus, in dem man meist schon die Korrektureinstellungen in der Palette festlegen kann und dann mit der Maus auf dem Foto die Korrekturstelle erstellt; und einen Bearbeiten-Modus: Hierfür wählt man eine bereits erstellte Korrekturstelle aus und kann diese in Position und in ihren Eigenschaften in der Palette verändern. Dabei hat jedes der Werkzeuge seine eigene recht komplexe Palette, vor allem die Benutzung von Verlaufsfilter und Korrekturpinsel kann dem Benutzer etwas Eingewöhnung abverlangen.

4.4.1   Freistellen-Werkzeug

Seitenverhältnis sperren (A)

Rahmen aufziehen

Horizont ausrichten (Strg|Befehl)

Zurücksetzen (Alt-Strg|Befehl-R)

Abb. 4–106 *Freistellen-Werkzeug*

Bedienung

Mit dem Freistellen-Werkzeug lassen sich Fotos beschneiden und drehen. Damit fällt es ein wenig aus den lokalen Tools heraus, da man mit ihm nicht eine beliebige Anzahl von Korrekturstellen auf dem Foto eintragen kann. Dennoch behandle ich es hier, da es sich im Werkzeugstreifen befindet. Da Fotos recht häufig beschnitten und ausgerichtet werden müssen, ist es – auch von jedem anderen Modul aus – mittels der R-Taste erreichbar.

Das Einstellen des Ausschnitts funktioniert über einen Rahmen, der über das Bild gelegt wird. Ist das Werkzeug aktiviert, lässt sich ein Bild auf zwei Arten beschneiden: 1) Der Ausschnitt lässt sich mit der Maus direkt aufziehen. 2) Einer der acht Griffpunkte an den Ecken und Kanten des momentanen Ausschnitts wird mit der Maus verzogen. Drehen lässt sich ein Bild durch Ziehen mit der Maus, wenn sich diese außerhalb des Fotos befindet.

Lightroom hat eine gewöhnungsbedürftige Eigenart, wenn der Ausschnitt mit der Maus oder den Pfeiltasten verschoben wird: Nicht der Ausschnitt wird mit der Maus bewegt, sondern das Bild selbst. Auch beim Drehen des Bildes dreht sich das Bild, nicht der Ausschnitt. Dies forderte mir einiges an Gewöhnungszeit ab.

Eine andere Funktion zum Ausrichten des Bildes ist das Lineal-Werkzeug. Während die Strg-/Befehlstaste gedrückt ist, kann mit der Maus eine Linie gezogen werden, die im Foto gerade erscheinen soll, z. B. ein Horizont oder eine Hauswand. Anhand dieser Linie wird das Foto dann sofort ausgerichtet.

Beschnitt- und Drehinformationen werden wie alle anderen Bearbeitungen in Lightroom als Metadaten gespeichert und jedes Mal nichtdestruktiv ausgeführt. So kann durch Druck auf die R-Taste das Werkzeug je nach Bedarf an- und ausgeschaltet werden.

Das Ausschalten des Werkzeugs kann auch nützlich sein, um den Beschnitt besser beurteilen zu können. Zum einen sieht man das Bild so, wie es ist, ohne Raster und Schnittmarkierungen, zum anderen kann man ins Bild hineinzoomen, was bei aktiviertem Freistellen-Werkzeug nicht möglich ist.

Freistellungsüberlagerungen

Standardmäßig blendet das Freistellen-Werkzeug ein Raster über das Foto, das die Wahl des Ausschnitts erleichtern soll. Neben diesem Standardraster gibt es noch viele weitere Überlagerungen, z. B. *Goldener Schnitt, Dreieck, Diagonale,* die sich – während das Freistellen-Werkzeug aktiv ist – einblenden lassen.

Sie lassen sich unter *Ansicht* → *Freistellungsüberlagerung* auswählen. Mittels der O-Taste kann man sie Schritt für Schritt durchlaufen. Einige, z. B. die *Goldene Spirale,* lassen sich in ihrer Ausrichtung durch Drücken von Shift-O ändern.

Abb. 4–107 Überlagerungen wie
die Goldene Spirale helfen beim
Gestalten des Ausschnitts.

4.4.2   Retusche-Werkzeuge

Bereiche-entfernen-Werkzeug

Abb. 4–108 Bereiche-entfernen-
Werkzeug im Reparieren-Modus

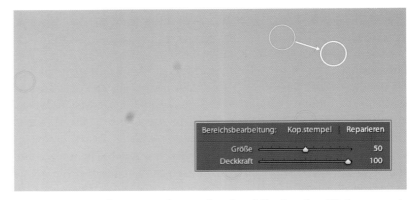

Das Bereiche-entfernen-Werkzeug, das ebenfalls über den Werkzeugstreifen oder über die N-Taste erreichbar ist, beherbergt die schon aus Photoshop bekannten Werkzeuge Kopierstempel und die Bereichsreparatur, mit
denen man sehr gut (Sensor-)Staubflecken oder Hautunreinheiten bei
Porträts entfernen kann.

Funktion
Das Werkzeug beinhaltet drei Einstellungen, die sowohl vor dem Platzieren einer neuen Korrekturstelle gesetzt werden können als auch danach,
indem man eine bereits bestehende Stelle anklickt und anpasst.

Unter **Pinsel** lässt sich zwischen den beiden Retuschier-Methoden
Kopierstempel und *Reparieren* wählen.

Der Kopierstempel ist die simplere der beiden Methoden und seit Jahren aus z. B. Photoshop bekannt. Im Grunde kopiert er einen kreisförmigen Bereich von einer Stelle an eine andere und setzt diesen Bereich mit einer weichen Kante in seine neue Umgebung, sodass der Übergang weniger stark auffällt.

Reparieren oder die Bereichsreparatur funktioniert ganz ähnlich, nur wird der eingesetzte Bereich dazu in Farbe und Helligkeit so gut es geht an seine Umgebung angeglichen. Um Staubflecken (vom Sensor) oder Hautunreinheiten zu beseitigen, ist der Reparaturmodus besser geeignet als der Kopierstempel.

Abb. 4–109 *Bereichsreparatur vorher/nachher*

Mit **Größe** lässt sich der Durchmesser der (in jedem Fall kreisförmigen) Korrekturstelle verstellen. Dies ist auch über das Mausrad möglich.

Die Einstellung **Deckkraft** ist mit Lightroom 2 hinzugekommen. Mit ihr lässt sich festlegen, ob die kopierte Stelle den Hintergrund komplett überdecken oder ob – und in welchem Maße – der Hintergrund hindurchscheinen soll. Für die Entfernung von Hautunreinheiten ist eine geringere Deckkraft als 100 oft empfehlenswert – die Hautunreinheiten werden nur abgemildert, nicht komplett eliminiert, was zu einem natürlicheren Gesamteindruck führt. Für die Entfernung von Sensorstaub hingegen ist eine geringere Deckkraft als 100 natürlich sehr ungeeignet.

Abb. 4–110 *Kopierstempel vorher/nachher*

Benutzung

Eine neue Korrekturstelle wird zuerst mit der Maus an der zu retuschierenden Stelle (dem Ziel) im Foto platziert. Dabei kann man die Quelle entweder gleich selbst festlegen oder automatisch suchen lassen. Klickt man einmal ins Foto, sucht Lightroom eine geeignet erscheinende Quelle selbst. Alternativ kann man beim Klicken auf die Zielstelle die Maustaste gedrückt halten und die Maus an eine andere Stelle schieben, um so die Quelle zu positionieren.

Wie alle anderen Bearbeitungen werden auch die Bereiche nur als Metadaten gespeichert. Daher kann man Quelle und Ziel nachträglich beliebig in der Position und/oder Größe verändern oder den ganzen Bereich wieder mit der Delete-Taste löschen, nachdem er mit der Maus aktiviert wurde. Auch lassen sich alle drei Einstellungen in der Palette, Pinsel, Größe und Deckkraft, nachträglich anpassen. Die Größe eines Bereichs lässt sich auch direkt im Foto durch Ziehen eines der Ränder mit der Maus verstellen.

Ein weiterer Vorteil der Metadaten-Implementierung ist, dass die Bereichsinformationen auf andere Bilder übertragen werden können (durch Kopieren/Einfügen oder Synchronisieren von Entwicklungseinstellungen). Dies ist sehr nützlich beim gleichzeitigen Entfernen von Staubkörnern auf mehreren hintereinander aufgenommenen Fotos, denn die Staubkörner auf dem Sensor ändern sich ja nicht so schnell.

Wenn Entwicklungseinstellungen für das Bereiche-entfernen-Werkzeug in ein neues Bild kopiert werden, werden allerdings die Quellen für jeden Bereich automatisch neu gesucht. Für die Mehrheit der Fotos ist dies sicher praktisch, aber die automatische Quellensuche funktioniert nicht immer perfekt. Aus diesem Grund muss man praktisch alle synchronisierten Fotos einzeln überprüfen.

Wenn man sich in der 1 : 1- oder einer anderen Zoom-Ansicht befindet und ein Bild systematisch nach Staubflecken durchkämmen will, kann man sehr komfortabel mit den Tasten Page up, Page down, Home und End arbeiten.

Mit der Home-Taste kann man in die linke obere Ecke des Bildes springen. Page down bringt den Ausschnitt dann eine »Seite« nach unten. Am unteren Rand des Fotos angekommen, springt Lightroom beim nächsten Page down automatisch an den oberen Rand der nächsten Spalte, sodass man das Bild allein mit der Page-down-Taste durchlaufen kann.

Mehr zum Thema Staubentfernung siehe im Workflow-Teil in Kapitel 4.3.8.

Rote-Augen-Werkzeug

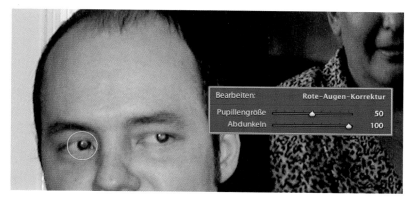

Abb. 4–111 *Rote-Augen-Werkzeug (Foto von Ralph Altmann)*

Das Roten-Augen-Werkzeug ist nur über den Werkzeugstreifen und nicht per Tastenkombination erreichbar. Sinnvoll ist jedoch die Verwendung der Z-Taste, um auf 1 : 1 (oder mehr) an die entsprechende Stelle zu zoomen.

Die Bedienung ist denkbar simpel: Es wird einfach mit der Maus ein kreisförmiger Rahmen um das rote Auge gezogen, woraufhin dieses sofort automatisch gefunden und korrigiert wird. Es ist nicht notwendig, mit dem Rahmen das Auge genau zu treffen. Im Gegenteil: Lightroom findet das Auge leichter, wenn der Rahmen sehr großzügig dimensioniert ist.

Durch nichtdestruktive Bildbearbeitung und Metadaten sind die korrigierten Stellen im Bild nachträglich anpass- oder löschbar. Dazu wird zuerst die betreffende kreisförmige Korrekturstelle durch Anklicken aktiviert. Daraufhin lässt sich mit den beiden Reglern in der Werkzeugleiste *Pupillengröße* und *Abdunkeln* die Korrektur noch ein bisschen anpassen. Die Einstellungen sind hier sehr bild-, geschmacks- und augenabhängig. Oft ist es notwendig, den Abdunkeln-Regler auf mehr als 50 % zu stellen, um nicht eine graue Pupille zu bekommen.

Abb. 4–112 *Vorher und nachher*

4.4.3 Korrekturpinsel und Verlaufsfilter

Grundlegende Arbeitsweise

Korrekturpinsel und Verlaufsfilter arbeiten grundsätzlich auf dieselbe Weise: Es wird jeweils eine Maske erzeugt, über welche die Wirkung der verwendeten Entwicklungseinstellungen auf einen Teil des Fotos begrenzt wird. Dabei unterscheiden sich die beiden Werkzeuge nur in der Art der Masken und dementsprechend auch darin, wie Masken erzeugt und angepasst werden.

Die Arbeit mit den beiden Tools funktioniert prinzipiell in drei Arbeitsschritten:

1. Auswahl der Werkzeuge
2. Anlegen der Maske
3. Feinkorrektur der Maske und/oder Werkzeugintensitäten

Masken in Lightroom

In der klassischen Bildverarbeitung ist eine Maske ein Graustufenbild in derselben Größe wie das dazugehörige zu bearbeitende Bild, welche die Durchlässigkeit für Bildbearbeitungsfunktionen an einer Stelle des Bildes bestimmt. Ein schwarzer Bereich der Maske steht für vollständige Undurchlässigkeit, ein weißer für komplette Durchlässigkeit.

Masken werden von Lightroom auf zwei verschiedene Weisen verwendet: 1) unsichtbar und automatisch erzeugt bei verschiedenen global arbeitenden Entwicklungseinstellungen, z. B. Aufhelllicht, Klarheit oder bei der Schärfung; 2) manuell, d.h. von Ihnen erzeugt, beim Verlaufsfilter und beim Korrekturpinsel.

Die Masken, mit denen Verlaufsfilter und Korrekturpinsel arbeiten, werden jedoch nicht als Graustufenbild gespeichert, sondern wie alles in Lightroom in Form von Metadaten. Durch die Speicherung als Metadaten lassen sich die Arbeitsergebnisse von Verlaufsfilter und Korrekturpinsel wie alle anderen Entwicklungseinstellungen von einem auf mehrere Fotos übertragen (siehe Kapitel 4.2.2).

Dies funktioniert durch die pixelunabhängige Repräsentation der Masken auch zwischen Fotos, die unterschiedliche Bildgrößen haben. Da Lightroom mitunter recht langsam werden kann, wenn man den Korrekturpinsel ausgiebig benutzt, kann man diesen Umstand ausnutzen. Dazu exportiert man eine kleine Version des Fotos, die man sofort wieder importiert, und vollzieht die Arbeit mit dem Korrekturpinsel an dieser kleinen Version. Am Schluss überträgt man die Entwicklungseinstellungen auf die große Version des Fotos. Die Technik funktioniert recht gut für alle zur Verfügung stehenden Werkzeuge (mit Ausnahme von *Schärfe*).

Werkzeuge auswählen

Lightroom stellt für die lokale Bearbeitung nicht alle seine Werkzeuge zur Verfügung, sondern die folgenden sieben: Belichtung, Helligkeit, Kontrast, Sättigung, Klarheit (auch negativ), Schärfe (auch negativ) und Farbtonung. Sie sind alle hinlänglich von den globalen Reglern bekannt.

Um die Werkzeuge und ihre Intensitäten auszuwählen, bietet Lightroom zwei verschiedene Oberflächen an, zwischen denen man in den Paletten über den kleinen Schalter rechts oben umschalten kann. Im Wesentlichen unterschieden sie sich dadurch, dass die eine (die Standardoberfläche) Knöpfe, die andere hingegen Regler für die Werkzeuge zur Verfügung stellt. Die Regleransicht entspricht der, die wir auch von den anderen Paletten im Entwickeln-Modul kennen.

Die Regleransicht ist gut geeignet, um genau und flexibel zu arbeiten. Sie erlaubt es vor allem, für eine Korrekturstelle mehrere Werkzeuge auf einmal einzustellen, also z. B. positive Belichtung + positive Sättigung + negative Klarheit, und ist damit in erster Linie für die Nachbearbeitung bereits erzeugter Korrekturstellen geeignet.

Die Knopfansicht auf der anderen Seite erlaubt immer nur die Auswahl eines einzigen Werkzeugs. Über die Köpfe werden das Werkzeug und die Korrekturrichtung (positiv oder negativ) vorgegeben, über den Betrag-Regler wird die genaue Intensität eingestellt. Die Knopfansicht ist daher vor allem für die anfängliche Werkzeugauswahl geeignet: Man sucht das passende Werkzeug und die Korrekturrichtung heraus und beginnt danach mit dem Erstellen der Maske.

Abb. 4–113 *Oberer Teil der Palette in der Regleransicht. Hier wurde als Werkzeug Belichtung mit einer Intensität von + 2 EV gewählt …*

Abb. 4–114 *… und dasselbe Werkzeug in der Knopfansicht. Die Knöpfe speichern übrigens jeweils ihre zuletzt eingestellten Werte.*

Werkzeugvorgaben

Im Effekt-Drop-down-Menü, das in beiden Werkzeugansichten existiert, lassen sich Reglervorgaben aufrufen und speichern. Dies ist zum Beispiel dann günstig, wenn man oft mit einer bestimmten Kombination von Reglereinstellungen arbeitet und diese schnell abrufen möchte.

Vielleicht möchten Sie häufig den Kontrast und die Sättigung in einer Bildregion leicht erhöhen. In diesem Fall können Sie eine Vorgabe erstellen, in der beide Regler auf +25 gestellt sind, und diese als Ausgangswerte für eine neue Maske nehmen. Oder vielleicht korrigieren Sie oft Hautunreinheiten bei Porträts. Hierfür ist bereits eine Vorgabe eingebaut *(Haut weichzeichnen)*, die den Klarheit-Regler auf –100 und den Schärfen-Regler auf +25 setzt.

Am flexibelsten, wenn man neue Vorgaben erstellen will, ist man natürlich in der Regleransicht, da man hier mehrere Regler auf einmal einstellen kann. Aber aufrufen lassen sich Vorgaben genauso in der Knopfansicht, auch wenn mehrere Werkzeuge dadurch aktiviert werden. Wenn Sie lieber in der Knopfansicht arbeiten, können Sie also in der Regleransicht einige Vorgaben erstellen und diese in der Knopfansicht aufrufen.

Korrekturpinsel

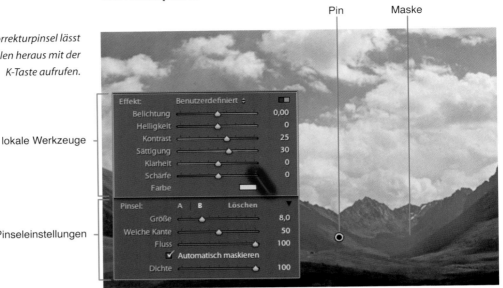

Abb. 4–115 Der Korrekturpinsel lässt sich aus allen Modulen heraus mit der K-Taste aufrufen.

lokale Werkzeuge

Pinseleinstellungen

Pin   Maske

Masken auftragen

Um eine neue Korrekturstelle zu erstellen, stellt man sicher, dass der Maskieren-Modus oben in der Palette auf *Neu* gestellt ist, oder man wählt eines der Werkzeuge in der Knopfansicht aus (wodurch dies automatisch geschieht).

Die Pinseleigenschaften im unteren Teil der Palette, vor allem *Größe* und *Weiche Kante,* sollten so eingestellt sein, dass sich die auszuführende Korrektur möglichst optimal durchführen lässt (mehr zu den Pinseleigenschaften weiter unten).

Daraufhin kann man anfangen, mit der Maus auf dem Foto die Maske aufzutragen. Drückt man während des Zeichnens die Shift-Taste, lassen sich horizontale oder vertikale gerade Linien ziehen. Die Änderungen durch das angewendete Werkzeug sind sofort auf dem Foto sichtbar, nicht allerdings die Maske selbst.

Nach dem ersten Pinselstrich befindet sich die Korrekturstelle im Bearbeiten-Modus. Von hier wird jeder neue Pinselstrich derselben Korrekturstelle zugeordnet. Außerdem lässt sich die Werkzeugintensität feinkorrigieren (z. B. über die Regleransicht).

Jede Korrekturstelle wird auf dem Foto über einen Pin dargestellt und im Nachhinein angewählt, indem man ihren Pin anklickt. Daraufhin kann man sie weiter bearbeiten oder über die Delete-Taste löschen. Die Pins lassen sich mit der H-Taste ein- bzw. ausblenden.

Masken korrigieren

Sind die ersten Pinselstriche getan, lässt sich die Maske feinkorrigieren. Mit den A- und B-Pinseln lässt sich auf die Maske auftragen, während der Radiergummi-Pinsel von der Maske abträgt bzw. Bereiche der Maske entfernt. Im Auftrage-Modus lässt sich der Radiergummi zwischenzeitlich mit gedrückter Alt-Taste einstellen. Andersherum lässt sich im Radiergummi-Modus der Auftrage-Pinsel mit der Shift-Taste temporär einstellen.

Für die Feinkorrektur der Maske sind die Pinseleinstellungen, vor allem *Fluss* und *Dichte,* von besonderer Bedeutung (siehe unten). Mit *Fluss* kann man z. B. die Durchlässigkeit der Maske an bestimmten Stellen weiter erhöhen oder – mit dem Löschen-Pinsel – verringern. Mit der Dichte-Einstellung lässt sich hingegen die Maximal-Durchlässigkeit festlegen.

Abb. 4–116 *Vor und nach der Bearbeitung mit dem Korrekturpinsel*

Masken visualisieren

Bei vielen Korrekturstellen und dementsprechend vielen Pins kann man die Maus über einen Pin bewegen und einen kurzen Moment warten: Lightroom blendet dann die Maske des entsprechenden Pins über das Foto (im Allgemeinen wird die Maske ja nicht angezeigt, lediglich die Auswirkungen der Maske).

Die Maske einer aktivierten Korrekturstelle lässt sich auch permanent mit der O-Taste über dem Foto einblenden. Auf diese Weise lässt sie sich wesentlich einfacher feinkorrigieren. Um die Maske wieder auszublenden, drückt man erneut die O-Taste.

Mittels Shift-O lässt sich zudem die Farbe verstellen, in der die Maske angezeigt wird. Dies ist praktisch, wenn das Foto ähnliche Farben hat wie die aktuelle Maskenfarbe. Man kann die Farben Rot, Grün, Weiß und Schwarz einstellen.

Für eine angewählte Korrekturstelle lassen sich die verwendeten Werkzeuge und -intensitäten im oberen Teil der Palette verstellen. Am flexibelsten ist man dabei in der Regleransicht. Um die Wirkung aller Werkzeuge einer Korrekturregion zu erhöhen oder zu verringern, kann man die Maustaste über einem bereits aktivierten Pin drücken und die Maus nach rechts bzw. links bewegen. Hierbei werden alle verwendeten Werkzeugregler entsprechend abgeschwächt bzw. verstärkt.

Um die Änderungen abzuschließen und eine komplett neue Korrekturstelle zu erzeugen, klickt man auf *Neu* ganz oben in der Palette oder – in der Knopfansicht – auf einen der Plus- oder Minus-Knöpfe. Oder man drückt die Return-Taste.

Pinseleinstellungen

Im unteren Bereich der Korrekturpinsel-Palette lassen sich einige Einstellungen zur Beschaffenheit des Pinsels vornehmen: *Größe, Weiche Kante* und *Fluss, Dichte* und *Automatisch maskieren*.

Benutzer von Photoshop und anderer Programme mit Pinsel-Werkzeugen kennen sicherlich die ersten drei Einstellungen. *Dichte* und *Automatisch maskieren* jedoch sind ziemlich spezielle Optionen, die Sie sich auf jeden Fall anschauen sollten.

Größe: Diese Einstellung ändert die Größe der Pinseltupfer bzw. den Durchmesser des Pinsels. Sie lässt sich auch über das Mausrad verstellen sowie über die Tasten , und ..

Abb. 4–117 Verschiedene Pinselgrößen

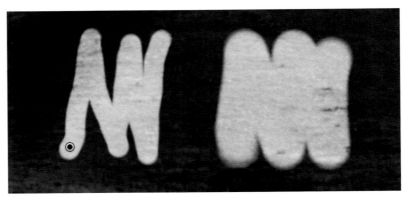

Weiche Kante: Diese Einstellung verändert die Randhärte der Pinseltupfer. Ein geringer Reglerwert sorgt für eine Maske mit harten, möglicherweise deutlich sichtbaren Rändern. Umgekehrt erzeugt ein hoher Reglerwert weiche Verläufe an den Maskenrändern, sodass die lokalen Korrekturen weniger stark sichtbar sind. Die richtige Einstellung ist stark abhängig von der zu korrigierenden Stelle.

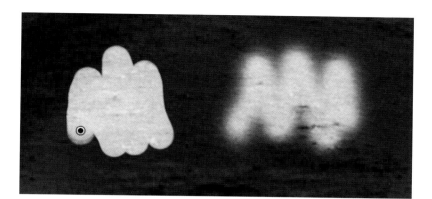

Abb. 4–118 *Ohne und mit Weiche Kante*

Manchmal sind weiche Maskenübergänge von Vorteil, oft hingegen eine klar abgegrenzte Maske, z. B. wenn sie an kontrast- und detailreichen Rändern entlang verläuft wie dem Übergang zwischen Himmel und einem Hochhaus. Für solche Fälle ist auch die Option *Automatisch maskieren* gut geeignet.

Weiche Kante lässt sich auch über die Tastaturkürzel Shift-, und Shift-. verstellen.

Fluss: Hiermit lässt sich der Auftrag des Pinsels begrenzen, sodass ein einzelner Pinselstrich keine vollkommen durchlässige, sondern nur eine teildurchlässige Maske erzeugt. Ein Fluss von 20 erzeugt z. B. einen Auftrag von 20 %, ein Fluss von 50 entspricht 50 % etc. Durch mehrere Pinselstriche über dieselbe Stelle lässt sich jedoch der Auftrag weiter erhöhen, bis die Maske letztlich vollkommen durchlässig ist (Auftrag 100 %). Dies entspricht eher der Arbeitsweise mit einer Farb-Sprühdose als mit einem Pinsel.

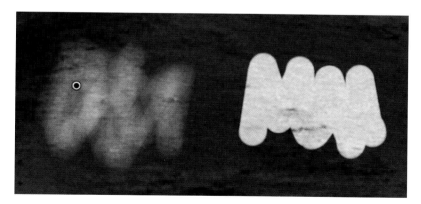

Abb. 4–119 *Links ein Fluss von 30, rechts von 100*

Fluss ist gut geeignet, um eine Maske Pinselstrich für Pinselstrich zu erzeugen, indem teilweise Dichte auf- und abgetragen (mit dem Radiergummi) wird. Die Arbeit damit ist sehr intuitiv und verleiht einem ein wenig das Gefühl, tatsächlich mit einem Pinsel an einem Bild zu arbeiten.

Dies gilt besonders dann, wenn man den Pinsel mit einem druckempfindlichen Grafiktablett führt. In diesem Fall wird der Fluss entsprechend dem Druck auf das Tablett angepasst.

Fluss lässt sich auch über die Zahlentasten, genau wie in Photoshop, verstellen: Die Tasten 1, 2, 3 … 0 einmal gedrückt stellen einen Fluss von 10, 20, 30 oder 100 ein. Drückt man zwei Zahlentasten kurz hintereinander, kann man genauere Einstellungen treffen, z. B. stellt 5+5 den Fluss auf 55 usw. Werte kleiner 10 lassen sich über die 0 erzeugen, z. B. 0+1 stellt den Fluss auf 1.

Dichte: Mittels Dichte lässt sich ebenfalls die Durchlässigkeit der Maske steuern. Während Fluss gewissermaßen die Sprühstärke eines Airbrush oder den aktuellen Auftrag eines einzelnen Pinselstrichs festlegt, begrenzt Dichte den maximal möglichen Auftrag, egal wie viele Pinselstriche getan werden.

Abb. 4–120 Dichte von 50 und 100. Eine Dichte von 0 arbeitet übrigens mit derselben Wirkung wie der Radiergummi, sie löscht die Maske.

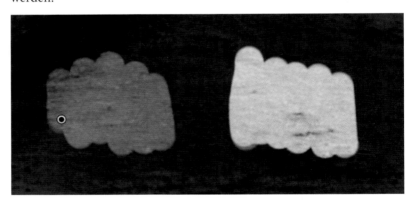

Um z. B. in einem Bereich die Durchlässigkeit der Maske zu verringern, würde man mit Fluss den Radiergummi benutzen und damit von der Maske abtragen, bis die gewünschte Durchlässigkeit erreicht ist. Mit Dichte wählt man hingegen die gewünschte Durchlässigkeit vorher und bemalt direkt mit dem Pinsel die entsprechenden Stellen. Auch die Stellen mit ursprünglich höherer Durchlässigkeit als der eingestellten bekämen die neu eingestellte Durchlässigkeit, und es gäbe keine Gefahr, zu viel von der Maske abzutragen, wie dies bei der Arbeit mit dem Radiergummi der Fall wäre. Viele Fotografen bevorzugen daher die Arbeit mit Dichte gegenüber der mit Fluss.

Die Dichte lässt sich auch verstellen über die Alt-Taste + Mausrad.

Automatisch maskieren: Dies ist eine nützliche Option beim Hinzufügen von Pinselstrichen, die sehr scharf abgegrenzt sein sollen, z. B. wenn man mit der Maske ein Gebäude vom umgebenden Himmel isolieren will. Solche genauen, scharf abgegrenzten Masken, die an kontrastreichen Konturen verlaufen, erfordern normalerweise viel Arbeit mit dem Pinsel und dem Radiergummi.

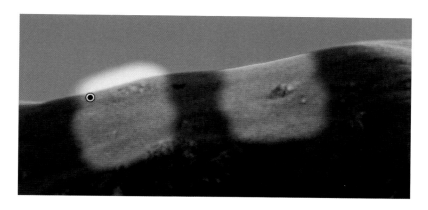

Abb. 4–121 *»Automatisch maskieren«*
(rechts) begrenzt Pinselstriche an
kontrastreichen Kanten.

Ist *Automatisch maskieren* eingeschaltet, versucht Lightroom beim Zeichnen eine Kontur zu erkennen und begrenzt die Maske auf die Seite der Kontur, auf der die Mitte des Pinsels liegt (die Mitte des Pinsels ist auch am + erkennbar). Dabei erkennt Lightroom sowohl Konturen, die Helligkeitsunterschiede, als auch solche, die Farbunterschiede aufweisen. *Automatisch maskieren* funktioniert nicht immer perfekt, kann aber in manchen Fällen eine große Arbeitserleichterung sein.

Die Option lässt sich auch über die A-Taste an- oder ausschalten.

Vorgaben

Wenn Sie sich die Korrekturpinsel-Palette genau anschauen, erkennen Sie im Pinselbereich ein kleines A und ein kleines B. Dies sind zwei Vorgaben für Pinseleinstellungen: *A* und *B* merken sich jeweils die zuletzt eingestellten Werte für *Größe*, *Weiche Kante*, *Fluss* und *Automatisch maskieren* (*Dichte* ist hiervon nicht betroffen).

Genau genommen gibt es drei Pinsel-Vorgaben: Die Löschen-Einstellung auf der rechten Seite merkt sich ebenfalls die zuletzt eingestellten Werte. Die /-Taste (auch auf dem Ziffernblock) wechselt zwischen der A- und der B-Vorgabe.

Abb. 4–122 *Mittels A und B*
kann man auf zwei verschiedene
Pinseleinstellungen zurückgreifen.
Und auch der Löschen-Pinsel merkt
sich seine Pinselcharakteristik.

Verlaufsfilter

Verlaufsmasken anlegen

Der Verlaufsfilter in Lightroom hat große Ähnlichkeit mit den gleichnamigen Filtern, die man sich vors Objektiv schrauben kann. Die Verläufe werden über Masken realisiert. Eine Verlaufsmaske bestimmt sich aus Position, Winkel und Ausdehnung.

Diese werden einfach mit der Maus »aufgezogen«. Nachdem man ein Werkzeug und eine Korrekturrichtung gewählt hat, klickt man mit der Maus auf eine Stelle, die komplett (zu 100 %) korrigiert werden soll, und zieht sie bis zu einer Stelle, die überhaupt nicht mehr von der Korrektur betroffen sein soll (0 %). Zwischen diese beiden Stellen erstreckt sich der Verlauf. Mit gedrückter Shift-Taste lassen sich dabei genau waagerechte oder senkrechte Verläufe erstellen.

Abb. 4–123 Der Verlaufsfilter lässt sich vom Entwickeln-Modul aus mit der M-Taste aufrufen.

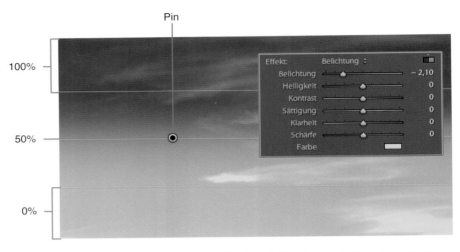

Es lassen sich beliebig viele Verläufe aufs Foto legen. Jeder wird mit einem Pin markiert, über den er aktiviert und daraufhin entweder gelöscht (Delete-Taste) oder angepasst werden kann. Die Pins können über die H-Taste ein- und ausgeblendet werden.

Verläufe nachkorrigieren

Abb. 4–124 Vor und nach der Bearbeitung eines Fotos mit dem Verlaufsfilter.

Um die Position des Verlaufs zu verändern, wird mit der Maus der bereits selektierte Pin gegriffen und bewegt. Die Ausdehnung wird durch Ziehen nach außen oder innen an einer der beiden äußeren Linien (0 %- oder 100 %-Linie) verändert. Für die Richtungsänderung wird die mittlere (50 %-)Linie im oder gegen den Uhrzeigersinn gezogen.

Weiterhin lässt sich, genau wie beim Korrekturpinsel auch, über die Palette die Intensität des eingestellten Werkzeugs im Nachhinein anpassen. Dabei lassen sich auch mehrere Werkzeuge zugleich einstellen.

4.4.4 Workflow-Teil

Bildbeispiel 4: Lokale Korrekturen, Porträt
Es werden gezeigt: Korrekturpinsel-Werkzeug (Hautglättung, partielle Schärfung u. a.), Bereiche-entfernen-Werkzeug, Tonwertkorrektur

Als Beispiel für die Anwendung lokaler Korrekturen eignen sich vor allem Porträtfotos, da diese oft partiell geschärft (Haare und andere Details) bzw. weichgezeichnet (Haut) werden müssen.

Das folgende Foto habe ich unter sehr hartem (künstlichen) Licht gemacht, sodass man praktisch jedes kleine Hautfältchen sieht. Für die Bearbeitung wird also die Weichzeichnung der Haut mit dem Korrekturpinsel im Vordergrund stehen.

Abb. 4–125 Ausgangsbild

Bevor ich jedoch zu den lokalen Werkzeugen greife, steigere ich die Gesamthelligkeit und den Kontrast ein wenig. Beides mache ich in der Gradationskurve-Palette (Werte: –25, +52, –21, +38). Außerdem senke ich die Lebendigkeit auf –20, sodass die Sättigung des Fotos leicht reduziert wird.

Abb. 4–126 *Tonwertkorrektur und*
Senkung der Lebendigkeit

Dann gehe ich zum Korrekturpinsel über (K-Taste) und wähle die voreingestellte Werkzeugvorgabe *Haut weichzeichnen* aus. Diese setzt sich zusammen aus den Werten Klarheit: –100 und Schärfung: +25, besteht also
hauptsächlich aus negativer Klarheit. Negative Klarheit ist erstaunlich gut
für die Weichzeichnung von Haut geeignet.

Mit diesem Werkzeug male ich praktisch das ganze Gesicht aus, spare
aber dabei das Auge inklusiver der Wimpern von der Behandlung aus. An
einigen Stellen reicht der Weichzeichnungseffekt selbst bei maximaler
Durchlässigkeit der Maske nicht ganz aus. Für diese Stellen erstelle ich
einen zweiten Korrekturbereich (d.h. auch einen zweiten Pin) und zeichne
mit derselben Werkzeugvorgabe noch mal nach. Die beiden sich überlap-
penden Korrekturbereiche addieren sich im Effekt.

Abb. 4–127 *Partielle Hautglättung mit*
dem Korrekturpinsel

Jetzt gehe ich in das Bereiche-entfernen-Werkzeug (N-Taste), um weiter an der Reinheit der Haut zu arbeiten. Ich entferne vor allem einige übrig gebliebene Partikel der Schminke (Lidschatten) und ein paar Hautunreinheiten. An einigen Stellen verwende ich eine Deckkraft von weniger als 100 %, um einen natürlicheren Eindruck zu erreichen: Hautunreinheiten sollen nicht ganz entfernt, sondern nur abgeschwächt werden.

Abb. 4–128 *Bereiche-entfernen-Werkzeug*

Nachdem ich mit der Haut fertig bin, kehre ich zurück zum Korrektur-pinsel-Werkzeug (K-Taste), um mich um die Details, Haare und Augen, zu kümmern. Ich erstelle einen Korrekturbereich mit dem Schärfe-Werk-zeug (+57) und wende es partiell auf den Teil der Haare, die in der Schär-feebene des Objektivs lagen, sowie partiell auf die Wimpern links und unterhalb des Auges an.

Abb. 4–129 *Partielle Schärfung der Haare*

Zum Schluss will ich das Auge stärker herausstellen. Zuerst erhöhe ich die Helligkeit am linken oberen Rand der Iris, sodass die gesamte Iris ungefähr dieselbe Helligkeit hat. Mit einem zweiten Korrekturbereich, der die ganze Iris umfasst, erhöhe ich beinahe jedes der vorhandenen Werkzeuge leicht: Helligkeit, Kontrast, Sättigung, Klarheit und Schärfe – sodass das Auge schließlich deutlich präsenter wirkt.

Abb. 4–130 *Steigerung von Helligkeit, Kontrast, Sättigung, Klarheit und Schärfe im Bereich der Iris*

Damit bin ich im Grunde fertig. Allerdings schneide ich am rechten und unteren Rand mit dem Freistellen-Werkzeug (R-Taste) noch ein wenig vom Foto ab.

Abb. 4–131 *Vorher/nachher*

Schließlich probiere ich noch aus, wie das Foto in Schwarz-Weiß aussieht. Ich habe zwar nicht ursprünglich eine Graustufen-Version geplant, aber da es in Lightroom so einfach ist, sich ein Foto in Graustufen anzusehen und danach wieder zurückzuschalten (über die V-Taste), probiere ich dies häufig einfach aus. In diesem Fall gefällt mir die Graustufenvariante leicht besser als die Farbversion.

Abb. 4–132 Graustufenversion

4.5 Bildbearbeitung in Photoshop

Die Bildbearbeitungsfunktionen in Lightroom sind zwar recht weitgehend, gegenüber klassischen Programmen jedoch begrenzt. Es wird daher immer wieder Situationen geben, in denen man für eine optimale Bearbeitung eines Fotos auf ein anderes Programm zurückgreifen muss. In Lightroom wurde die Übergabe an externe Programme daher von Anfang an vorgesehen und ist mit nur einer Tastenkombination durchführbar.

Dabei ist mit Photoshop ab Version CS3 die Übergabe deutlich komfortabler als mit anderen Programmen, da es 1) mit Camera Raw die Entwicklungseinstellungen direkt interpretieren kann und 2) stärker mit Lightroom verzahnt ist, sodass nur beim Sichern – und nicht schon bei der Übergabe – neue Bilddateien entstehen.

Bei der Übergabe von Fotos an Photoshop spielt auch das Farbmanagement wieder eine Rolle. In Bezug auf Farbmanagement ist Photoshop ein deutlich komplizierteres (und sehr viel mächtigeres) Programm als Lightroom. Nicht alles, aber vieles davon ist wichtig, wenn Sie Fotos an Photoshop übergeben. Ich werde deshalb auf grundlegende Farbmanagementeinstellungen und -funktionen des Programms eingehen.

Zum Schluss des Kapitels gehe ich auf zwei wichtige Bildbearbeitungsbereiche von Photoshop ein, welche die Arbeit mit Lightroom ergänzen. Dies sind auf der einen Seite die Korrektur von Perspektive und Objektivverzeichnung und auf der anderen die Kombination von mehreren Teilbildern zu einem einzigen Foto, z. B. einem Panorama, einem HDR-Foto oder anderen Bildkonstruktionen.

4.5.1 Übergabe an externe Programme

Externe Programme einrichten

Bevor Fotos an andere Programme übergeben werden können, muss das jeweilige Programm in Lightroom eingetragen werden. Für Photoshop geschieht dies zwar automatisch, aber auch hier ist es sinnvoll, vorher die gewünschten Format- und Farbraumeinstellungen für neu erzeugte Dateien vorzunehmen. Beides geschieht in den Voreinstellungen hinter dem Reiter *Externe Bearbeitung*.

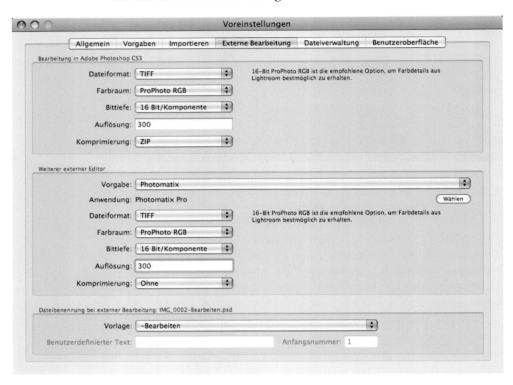

Abb. 4–133 In den Voreinstellungen lassen sich mehrere externe Programme einrichten. Für jedes lassen sich die Einstellungen für neu erzeugte Bilddateien separat angeben.

Der obere Teil des Dialogs ist für Photoshop reserviert. Hier werden nur die Dateioptionen für die Übergabe an Photoshop angegeben. Eine installierte Photoshop-Version erkennt Lightroom automatisch. Im mittleren Teil des Dialogs können weitere Bildbearbeitungsprogramme eingetragen und als einzelne Vorgaben gespeichert (über das Drop-down-Menü *Vorgaben*) werden. Alle Vorgaben erscheinen dann im Menü *Foto → Bearbeiten in* und im Kontextmenü der Thumbnails, sodass sich alle eingetragenen Programme schnell aufrufen lassen (siehe Abbildung 4–135).

Die Dateioptionen gleichen den Ausgabeoptionen im Exportieren-Dialog (siehe Kapitel 5.6.2). Es lassen sich also Dateiformat inklusive Komprimierungsoptionen, Farbraum und Farbtiefe und Auflösung wählen. Allerdings beschränken sich die zur Verfügung stehenden Dateiformate hier auf TIFF und PSD. Wenn Sie PSD verwenden wollen, sollten Sie sichergehen, dass in Photoshop unter *Voreinstellungen* → *Dateihandhabung* die Option *Kompatibilität von PSD- und PSB-Dateien maximieren* aktiviert ist. Dies stellt sicher, dass Photoshop-Dateien mit Ebenen von Lightroom gelesen werden können, indem eine zusammengerechnete Version dieser Ebenen (ein *Composite*) in die PSD-Datei eingebettet wird, eine Vorschaudatei, wenn man so will. Bei TIFF-Dateien mit Ebenen wird dies ohnehin getan.

Als Farbräume stehen die drei Standardfarbräume ProPhoto-RGB, Adobe-RGB und sRGB zur Verfügung. Im Allgemeinen empfiehlt sich für die Übergabe ProPhoto-RGB bei 16 Bit Farbtiefe. Bei den anderen beiden Farbräumen sRGB und Adobe-RGB werden die Farben des Fotos durch die perzeptive Farbumsetzung leicht (aber meist kaum oder gar nicht sichtbar) entsättigt.

Auf der anderen Seite ist manchmal die Arbeit in 16 Bit nicht möglich oder nicht sinnvoll, z. B. bei der Zusammensetzung von großen Panoramafotos. Hier sollte die Verwendung von ProPhoto-RGB vermieden und einer der anderen beiden Farbräume, vorzugsweise Adobe-RGB, verwendet werden.

Falls bei der Übergabe an externe Programme eine neue Datei angefertigt wird, muss diese einen anderen Namen als das Original tragen, da sie exakt im selben Ordner platziert wird, was sich auch nicht ändern lässt. Hierfür stellt Lightroom im unteren Teil der Voreinstellungen den aus Import- und Export-Dialogen bekannten Dateinamenvorlagen-Editor zur Verfügung, mit dem man sich über Platzhalter einen neuen Dateinamen aus dem alten Namen und einigen Metadaten zusammenbauen kann. Standardmäßig hängt Lightroom einfach ein »-Bearbeitet« an den Originaldateinamen an. Bei weiteren Kopien hängt es dann eine laufende Nummer daran, also »-Bearbeitet-2«, »-Bearbeitet-3« usw.

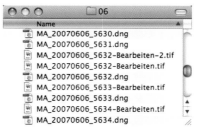

Abb. 4–134 *Lightroom fügt die Bilddateien, die es für externe Editoren anlegt, dem Fotobestand an Ort und Stelle hinzu.*

Übergabe von Fotos

Die Übergabe von Fotos geschieht entweder aus dem Entwickeln- oder aus dem Bibliotheksmodul heraus, von dem aus mehrere Fotos auf einmal selektiert und aufgerufen werden können.

Das Menü sieht verschieden aus, je nachdem, ob und in welcher Version Photoshop installiert ist und welche weiteren Programme in den Voreinstellungen eingetragen wurden. Für die ersten beiden Einträge existieren für den schnellen Zugriff auch Tastaturkürzel: für den Menüpunkt *In Photoshop CS/CS2/CS3 bearbeiten* (je nach Versionsnummer) Strg|Befehl-E, für *In [Name des Programms] bearbeiten,* mit dem das momentan in den Voreinstellungen eingetragene Fremdprogramm aufgerufen wird, Alt-Strg|Befehl-E (wenn mehrere Vorgaben für Fremdprogramme erstellt wurden, bezieht sich das Kürzel auf die in den Voreinstellungen aktive Vorgabe).

Abb. 4–135 *Das Übergabemenü. Hier sind drei weitere Programme eingetragen. Noch weiter unten befinden sich vier spezielle Übergabemodi exklusiv für Photoshop CS3.*

Übergabedialog

Bei der Übergabe von Bitmap-Dateien und bei Raw-Dateien (außer bei der Benutzung von Photoshop ab Version CS3) erscheint ein Dialog. Vor allem für Bitmap-Dateien ist dieser Dialog wichtig: Hier lässt sich zwischen drei verschiedenen Übergabeweisen wählen.

Abb. 4–136 *Der Übergabedialog. Neu erzeugte Bilddateien lassen sich wahlweise automatisch mit den Originalen stapeln. Außerdem lassen sich die in den Voreinstellungen festgelegten Dateioptionen hier abändern.*

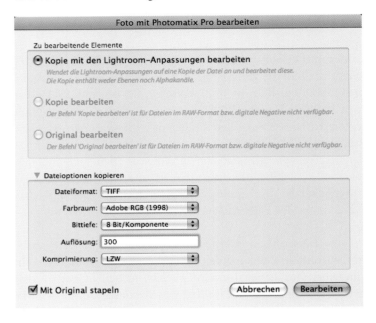

Kopie mit den Lightroom-Anpassungen bearbeiten: Dies ist der Standard-Übergabemodus. Für Raw-Dateien stellt er die einzige Möglichkeit der Übergabe dar.

In diesem Modus *exportiert* Lightroom das Foto unter Berücksichtigung seiner Entwicklungseinstellungen in das Verzeichnis der Originalbilddatei und übergibt die exportierte Datei ans externe Programm. Gleichzeitig, also schon bevor die externe Bearbeitung beendet ist, wird die Datei wieder in Lightroom importiert.

Sobald das externe Programm mit der Bearbeitung fertig ist und die Datei gesichert wurde, aktualisiert Lightroom seinen Eintrag und sein Vorschaubild entsprechend. Wird die Datei hingegen nicht gesichert und einfach verworfen, muss sie anschließend manuell aus Lightroom heraus gelöscht werden.

Abb. 4–137 *Option Kopie mit Lightroom-Anpassungen bearbeiten*

Kopie bearbeiten: Dieser Modus funktioniert nur mit Bitmap-Dateien. Er erzeugt ein Duplikat der zum Foto gehörenden Bilddatei unter anderem Namen im selben Verzeichnis und übergibt diese Datei an das externe Programm, sodass das Original nie verändert wird. Gleichzeitig fügt Lightroom das Duplikat dem Katalog hinzu und versieht es mit den Entwicklungseinstellungen des Originalfotos. Nachdem das externe Programm die Datei bearbeitet und gesichert hat, aktualisiert Lightroom seinen Eintrag entsprechend.

Die Dateioptionen im unteren Teil des Katalogs stehen für diesen Modus nicht zur Verfügung, da die duplizierte Datei immer eine exakte Kopie des Originals ist.

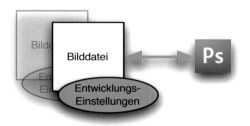

Abb. 4–138 Option Kopie
bearbeiten

Original bearbeiten: Dieser Modus funktioniert ebenfalls nur mit Bitmap-Dateien. Hierbei wird die Bilddatei des Fotos direkt mit dem externen Programm bearbeitet. Entwicklungseinstellungen in Lightroom bleiben erhalten, sind aber im anderen Programm nicht sichtbar. Nach der Bearbeitung und Sicherung aktualisiert Lightroom seinen Eintrag.

Solange das andere Programm nicht in *nichtdestruktiver* Weise arbeitet (wie dies z. B. Photoshop mithilfe von Einstellungsebenen oder Smart-Filtern möglich ist, siehe Kasten in Kapitel 4.5.3), ist bei der direkten Bearbeitung von Originaldateien Vorsicht geboten, d. h., Sie sollten wissen, was Sie tun, wenn Sie diesen Modus benutzen.

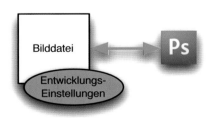

Abb. 4–139 Option Original
bearbeiten

Übergabe an Photoshop CS3

Photoshop ist seit Version CS3 wesentlich besser mit Lightroom verzahnt. Bei der Übergabe von Raw-Dateien an Photoshop CS3 kann Lightroom die Raw-Datei direkt übergeben, ohne dass es vorher eine Bitmap-Datei erzeugen muss (allerdings erst seit der Version 10.0.1, das Update lässt sich hier[10] downloaden). In diesem Fall übergibt es lediglich die Raw-Datei und die aktuellen Entwicklungseinstellungen, und Photoshop öffnet die Datei mithilfe des Camera-Raw-Plugins in den richtigen Einstellungen.

Ein Übergabedialog wird hierbei gar nicht angezeigt. Lightroom verwendet die in den Voreinstellungen für das Programm Photoshop eingetragenen Dateioptionen sowie ebenfalls die Einstellungen für neue Dateinamen, falls eine bearbeitete Datei gespeichert werden sollte.

Eine auf diese Weise in Photoshop geöffnete Datei erscheint zuerst mit ihrer ursprünglichen Endung, z. B. *.nef* oder *.dng*, im Titel des Photoshop-Fensters. Dennoch handelt es sich bei der im Fenster zu sehenden Datei bereits um eine Bitmap-Datei in der gewünschten Farbtiefe und im gewünschten Farbraum.

Nach der Bearbeitung kann man die Datei mittels *Datei → Speichern* bzw. Strg | Befehl-S sichern, woraufhin sie im Ordner des Originals gespeichert und daraufhin importiert wird. Sie erscheint also sofort im Katalog. Oder man schließt die Datei einfach und muss sich um nichts Weiteres kümmern.

Dies ist mit Abstand die einfachste Art und Weise der Übergabe. Man sollte nur darauf achten, dass die Raw-Konverter-Versionen von Lightroom und Camera Raw dieselben sind. Die Konverterversion von Lightroom findet man hinter dem Menüpunkt *Über Adobe Lightroom 2* hinter der Bezeichnung »Camera Raw«, die Camera-Raw-Plugin-Version in Photoshop unter *Über Zusatzmodul → Camera Raw*. Lightroom 2.0 braucht z. B. mindestens Version 4.5 von Camera-Raw, um alle Entwicklungseinstellungen übertragen zu können.

Neben der einfachen direkten Übergabe von Raw-Dateien gibt es in Photoshop CS3 vier weitere spezielle Übergabemöglichkeiten, welche die Arbeit z. T. erheblich erleichtern können (siehe auch Abbildung 4–135).

Als Smart-Objekt öffnen: Hierbei wird das betreffende Foto als Smart-Objekt in Photoshop geöffnet. Über Smart-Objekte lassen sich in Photoshop Raw-Dateien in Photoshop-Dokumente einbinden und dann nichtdestruktiv bearbeiten.

Die nächsten drei Optionen sind speziell für die Vereinigung mehrerer Fotos zu einer Bilddatei vorgesehen und lassen sich nur auswählen, wenn in Lightroom mehrere Fotos selektiert sind.

Zu Panoramabild zusammenfügen: Hierbei wird automatisch Photoshops Panorama-Tool *Photomerge* aufgerufen, das versucht, ein Panorama aus den selektierten Einzelbildern zu erstellen.

Zu HDR zusammenfügen: Hierbei wird versucht, die selektierten Bilder zu einem HDR-Bild zusammenzufügen. Die Einzelbilder stellen dabei Bilder desselben Motivs in unterschiedlichen Belichtungen dar, die zu

---

10   http://www.adobe.com/de/downloads/updates/

einem Foto mit erweitertem Dynamikumfang (High Dynamic Range) kombiniert werden.

Als Ebenen öffnen: Hierbei werden die selektierten Fotos in einem Photoshop-Dokument als einzelne Ebenen übereinandergelegt. Das so entstandene Bild kann Ausgangspunkt sein für verschiedene Bildbearbeitungstechniken.

4.5.2 Photoshops Farbmanagementeinstellungen

Photoshop intern

Hat man ein Bild aus Lightroom an Photoshop übergeben, ist es sinnvoll, sich noch ein bisschen mehr mit dem Thema Farbmanagement zu beschäftigen (der folgende Abschnitt ist übrigens ebenfalls wichtig für den Photoshop-Abschnitt im Export-Kapitel). Farbmanagement in Photoshop ist ein bisschen komplizierter, ein wenig direkter als in Lightroom, und wesentlich flexibler ist es auch. Während man Lightrooms Arbeitsfarbraum Melissa-RGB von außen gar nicht sehen, geschweige ihn verändern kann, lässt sich in Photoshop in fast jedem erdenklichen Farbraum arbeiten. Farbmanagement ganz auszuschalten ist hingegen unmöglich.

Abb. 4–140 *Am unteren Bildrand jedes Bildes lässt sich in Photoshop z. B. das verwendete Farbprofil anzeigen – was angezeigt wird, legt man über das kleine Dreieck rechts fest.*

Profile zuweisen und in Profile umwandeln

Da man in Photoshop wesentlich näher am Farbmanagement dran ist als in Lightroom, kann man geöffneten Bilddateien jederzeit manuell andere Farbprofile zuweisen oder sie in andere Farbräume konvertieren. In Lightroom ist eine Konvertierung nur als Teil der Exportfunktionalität oder in den Ausgabemodulen möglich.

Die Zuweisung von Profilen, erreichbar unter *Bearbeiten ➝ Profil zuweisen,* bedeutet, dass ein Bild einfach ein anderes Farbprofil und damit eine andere Farbinterpretation erhält. Die Bilddaten ändern sich hingegen nicht, es ändert sich durch das Profil nur das momentane Aussehen des Bildes.

Abb. 4–141 *Profil-zuweisen-Dialog*

Die Einstellung *Farbmanagement auf dieses Dokument nicht anwenden* schaltet Farbmanagement nicht komplett aus, wie der Name dies vielleicht vermuten lässt. Das Bild wird in diesem Fall stattdessen auf den Modus *RGB ohne Tags* gestellt, und Photoshop behandelt es so, als würde es im aktuellen Arbeitsfarbraum (Photoshops Standardfarbraum, siehe nächster Abschnitt) vorliegen.

Ein Profil umzuwandeln, erreichbar unter *Bearbeiten* → *In Profil umwandeln,* bedeutet hingegen, die Bilddaten zu ändern, wobei die Farben oder der Farbeindruck des Bildes (im Rahmen des Möglichen) erhalten bleiben sollen. In Photoshop hat man dabei wesentlich mehr Kontrolle als z. B. im Exportieren-Dialog von Lightroom. Die wichtigste Option, *Priorität,* gibt das Farbumsetzungsverfahren an. Man kennt sie in Lightroom aus dem Drucken-Modul als *Renderpriorität.*

Abb. 4–142 *Dialog In Profil umwandeln*

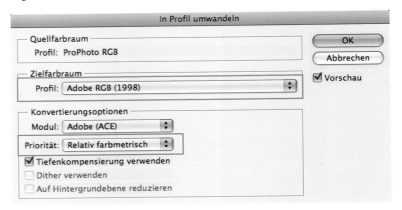

Die beiden Verfahren *Perzeptiv* und *Relativ farbmetrisch* gibt es in Lightrooms Drucken-Modul auch, die anderen beiden Arten sind für die Fotobearbeitung nicht relevant (mehr dazu im Kasten »Farbraumkonvertierung« in Kapitel 5.4.4).

Alle weiteren Optionen hier zu erklären würde ein bisschen zu weit führen, jedoch können Sie die Standardeinstellungen *Adobe (ACE)* als Farbmanagementmodul, *Tiefenkompensierung verwenden* und *Dither verwenden* guten Gewissens nutzen.

Farbprofile in Dateien einbetten

Wenn man ein Bild mittels *Speichern unter,* also als Kopie, sichert, lässt sich festlegen, ob das momentan eingestellte Farbprofil auch in die Datei eingebettet werden soll oder nicht.

Dieser Dialog tritt bei der Übergabe von Fotos von Lightroom an Photoshop normalerweise nicht auf, da die Fotos in diesem Fall mit einem normalen *Speichern,* nicht mit einem *Speichern unter,* wieder zurückgeschrieben werden. Dennoch trifft man immer wieder auf diesen Dialog, z. B. wenn man exportierte Bilder in Photoshop nachbearbeitet und in anderen Formaten oder unter anderem Namen speichern will.

Nur wenn in diesem Dialog das Häkchen *Farbprofil einbetten* aktiviert ist (was im Allgemeinen der Fall ist), wird das momentan verwendete Farbprofil, das hier zur Kontrolle nochmals genannt wird, auch in die Datei eingebettet. Dies ist wichtig, damit die Bilddaten eindeutigen Farben zugeordnet sind. Nur in Spezialfällen sollte man das Profil nicht einbetten, etwa wenn das Profil ein sehr großes Ausgabeprofil und/oder die Datei nicht weiter wichtig ist fürs Archiv, sondern nur temporär, um z. B. ein Bild an einen Belichtungsdienst zu schicken.

Abb. 4–143 *Einbetten von Farbprofilen beim Sichern*

Wenn eine langfristig zu speichernde Datei nicht mit Profil abgespeichert wird, ist beim späteren Öffnen nicht klar, auf welche Farben sich die RGB-Werte beziehen. Die Einbettung von Farbprofilen ist also eine wichtige Voraussetzung eines beständigen Fotoarchivs.

Dialog Farbeinstellungen

Im Dialog *Bearbeiten* → *Farbeinstellungen* finden sich einige wichtige Einstellungen zu Photoshops Umgang mit Farbmanagement, z. B. wie Photoshop mit zu öffnenden Dateien umgeht oder welches Profil für neue Dateien standardmäßig verwendet werden soll. Wir konzentrieren uns im Dialog nur auf die RGB-Einstellungen. Denn RGB ist das einzige Farbmodell, das für die Arbeit mit Lightroom wichtig ist (dann wird der Dialog auch gleich übersichtlicher).

Die RGB-Einstellung im Bereich *Arbeitsfarbräume* legt den Standardfarbraum fest. Arbeitsfarbraum ist als Bezeichnung unglücklich gewählt, da Photoshop ja in jedem Farbraum arbeiten kann. Standardfarbraum ist besser, ein hier eingestellter Farbraum wird z. B. standardmäßig für neue Dokumente verwendet und auch sonst in Dialogen als Standardeinstellung angeboten. Für die Zusammenarbeit mit Lightroom ist der Arbeitsfarbraum egal, solange Photoshop neu geöffnete Dateien in ihren Ursprungsfarbräumen belässt und nicht etwa automatisch in den Arbeitsfarbraum konvertiert.

Genau dieses Verhalten lässt sich mit den *Farbmanagement-Richtlinien* festlegen. Sie bestimmen, wie mit Dateien umgegangen werden soll, die geöffnet werden und nicht im eingestellten »Arbeitsfarbraum« vorliegen.

Abb. 4–144 *Farbeinstellungen in Photoshop; die für die Zusammenarbeit mit Lightroom wichtigen Bereiche sind rot umrandet.*

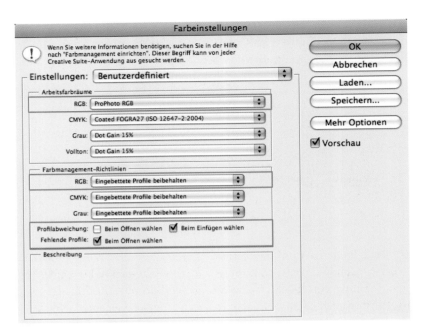

Eingebettete Profile beibehalten ist hier die sinnvollste Option für die Zusammenarbeit mit Lightroom, bei der man auch nicht auf den eingestellten Arbeitsfarbraum zu achten braucht: In diesem Fall finden nämlich keine automatischen Konvertierungen statt, es wird hingegen immer im Profil gearbeitet, das die Datei mitbringt (also wenn sie von Lightroom kommt, ist es ProPhoto-RGB, Adobe-RGB oder sRGB).

Mit den drei Häkchen unten im Dialog kann man einstellen, ob und in welchen Fällen Photoshop explizit nachfragen soll, was bezüglich des Farbmanagements beim Öffnen von Dateien oder beim Kopieren eines Bildteils von einer in eine andere Datei geschehen soll. Ich halte diese Nachfragen generell für sinnvoll und wichtig, würde selbst aber die erste Nachfrage *Profilabweichung: Beim Öffnen wählen* ausschalten, weil ich weiter oben *Eingebettete Profile beibehalten* eingestellt habe und damit geöffnete Dateien in ihren Farbräumen erhalten bleiben.

4.5.3   Mit Photoshop arbeiten

Korrektur von Perspektive und Verzeichnung

Lightroom kann Fotos ausrichten und beschneiden, und es kann die Objektivfehler Vignettierung und chromatische Aberration korrigieren. Was allerdings noch fehlt und deshalb im Moment noch von Photoshop übernommen werden muss, sind 1) Perspektivkorrekturen vornehmen (horizontal und vertikal); 2) eine kissen- oder tonnenförmige Verzeichnung des Objektivs entfernen. Der Photoshop-Filter *Objektivkorrektur* (ehemals *Blendenkorrektur*), zu finden in *Filter → Verzerrungsfilter,* kann diese Korrekturen durchführen.

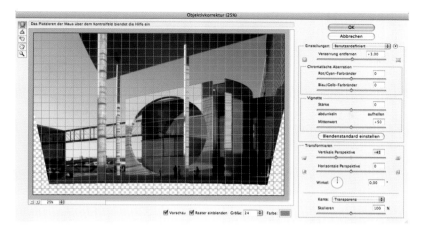

Abb. 4–145 *Der Objektivkorrektur-Filter in Photoshop*

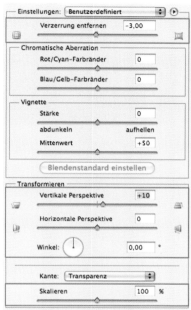

Abb. 4–146 *Nur die rot markierten Elemente sind für uns hier interessant.*

Der erste Regler, der uns interessiert, ist ganz oben *Verzerrung entfernen*. Wird er nach links bewegt, korrigiert er eine sogenannte kissenförmige Verzeichnung, ein Objektivfehler, bei dem das Bild zur Mitte hin gestaucht ist. Wird er nach rechts bewegt, korrigiert er dessen Gegenteil, eine Streckung von der Mitte weg oder »tonnenförmige« Verzeichnung.

Wenn das *Verzerren-Entzerren-Werkzeug* aktiv ist (erstes Symbol in der Werkzeugleiste oder D-Taste), kann man die Verzerrung im Vorschaubereich durch einfaches Klicken und Ziehen von der Mitte weg oder zur Mitte hin korrigieren.

Weiterhin interessieren uns die Regler *Vertikale Perspektive* bzw. *Horizontale Perspektive* im unteren »Transformieren«-Teil. Mit dem Regler der Vertikale kann das Bild nach oben oder unten, mit dem der Horizontalen nach links oder rechts »gekippt« werden. Klassischer Anwendungsfall ist das Geraderichten eines Gebäudes, das man von unten her aufgenommen hat.

Im Zuge des Geraderichtens kann man das Foto auch gleich richtig drehen, entweder über die Winkelangabe unterhalb der Perspektive-Regler oder über das Gerade-richten-Werkzeug (zweites in der Werkzeugleiste, A-Taste), das genau wie das Horizont-Werkzeug in Lightroom funktioniert, d.h., man zieht mit der Maus eine Linie, die gerade erscheinen soll.

Über den Skalieren-Regler ganz unten kann man den Ausschnitt nachkorrigieren und somit die Bildränder/transparenten Stellen eliminieren, die während der Korrektur entstehen. Auch zur Beurteilung ist dies ganz gut, da diese Bildränder stören können. Weitergehende Ausschnittskorrekturen sollte man jedoch lieber in Lightroom festlegen, dort ist man durch die Metadaten-Bildbearbeitung flexibler.

Abb. 4–147 *Die Werkzeugleiste des Filters (links oben)*

Abb. 4–148   *Vor und nach der Behandlung mit dem Objektivkorrektur-Filter*

Zusammensetzen von Fotos

Es gibt verschiedene Fälle, in denen nicht gilt: ein Schuss – ein Foto, sondern in denen man für ein finales Foto mehr als eine Aufnahme braucht.

Zum einen gibt es das sogenannte Stitching (»Nähen«), wobei aus mehreren kleinen Einzelbildern ein großes zusammengesetzt wird. Dies muss nicht notwendigerweise ein Panorama sein. Mithilfe von Stitching lassen sich wesentlich größere Bildwinkel erreichen als mit nur einer einzigen Aufnahme desselben Motivs. Man kann also ein starkes Weitwinkelobjektiv »simulieren«.

Abb. 4–149   *Schon im 19. Jahrhundert wurden Panoramen aus Einzelbildern zusammengesetzt. Hier eines von George N. Barnard aus dem Jahr 1864. (Quelle: Wikipedia)*

Zum anderen kann man mehrere Fotos übereinander- bzw. hintereinander legen und Informationen aus den Einzelbildern kombinieren. Beim HDR (High Dynamic Range, hoher Dynamikumfang) geht es darum, durch Kombinieren der Helligkeitsinformationen aus unterschiedlich belichteten Bildern desselben Motivs den Dynamikumfang zu erhöhen. Bei der schon aus der analogen Fotografie bekannten Doppel- oder Mehrfachbelichtung werden die Einzelaufnahmen durchscheinend übereinandergelegt werden.

Das Übereinanderlegen von Fotos wird in Photoshop mithilfe von Ebenen realisiert, eine Technik, die in Lightroom wegen ihrer Komplexität wohl auch in mittlerer Zukunft nicht zur Verfügung stehen wird.

Seit Photoshop CS3 können Ebenen so zueinander ausgerichtet werden, dass jeweils gleiche Motivstellen perfekt übereinanderliegen. Diese

Technik wird auch bei der Panorama- und HDR-Erstellung angewendet und erlaubt es, die Einzelbilder auch aus der Hand zu schießen.

Panoramen

Photoshop kann mit seinem »Photomerge« genannten Werkzeug automatisch mehrere Bilder zu Panoramen zusammensetzen. Es sucht sich dabei selbstständig die korrekten Anschlussstellen. Damit es das tun kann, müssen sich die Einzelbilder teilweise (ca. 25 %) überlappen. Mit dem Stativ müssen sie nicht geschossen werden, da Photoshop die einzelnen Teile automatisch zueinander ausrichtet.

Abb. 4–150 *Einzelbilder in Lightroom*

Erstellung von Panoramen

Nachdem man von Lightroom aus die Einzelbilder selektiert und mit *Zu Panorama zusammenfügen* aufgerufen hat, erscheint als Erstes der Photomerge-Dialog, in den die Teilbilder bereits eingetragen sind.

Abb. 4–151 *Photomerge-Dialog*

Die Einstellung *Füllbilder ergänzen* sollte im Allgemeinen aktiviert sein. Sie sorgt durch das Anlegen von Ebenenmasken dafür, dass die Ränder der zusammengesetzten Fotos unsichtbar sind (so wie man es von einem Panorama erwartet). Unter *Layout* wird das Projektionsverfahren eingestellt (siehe unten). Hier genügt im Allgemeinen die Auto-Einstellung.

Das fertige Panorama, das anschließend berechnet wird, muss noch beschnitten werden, denn es wird in einem erheblich größeren Dokument geöffnet als das verwendbare Panorama selbst ausmacht. Zudem enthält es an den Rändern viele »Fransen«.

Das Beschneiden wird in Photoshop über das Freistellen-Werkzeug (C-Taste) erledigt. Mit dem Werkzeug lässt sich auch der Horizont ausrichten. Zwar kann man Zuschneiden und Ausrichten auch nichtdestruktiv in Lightroom vornehmen, es bietet sich aber an, so viel wie möglich an unnötigem Material von vornherein abzuschneiden und so gar nicht erst in die Bilddatei zu speichern.

Bedenken Sie bitte auch, dass Lightroom Fotos nur bis zu einer Kantenlänge von maximal 65.000 Pixeln importieren kann und Sie zu große Fotos ebenfalls mit dem Freistellen-Werkzeug zurechtschneiden können.

Ebenfalls zu kleineren Dateien führt das »Zusammenschmelzen« der Ebenenkonstruktion, die Photoshop für das Panorama angelegt hat, zu einer einzigen »Hintergrundebene« (Ebene ➜ Auf Hintergrundebene reduzieren). Die Ebenen beizubehalten ist zwar ebenfalls möglich, bringt aber bei Panoramen im Regelfall keine besonderen Vorteile.

Projektionsverfahren

Im Photomerge-Dialog hat man vor der Erstellung des Panoramas die Wahl zwischen verschiedenen Layout-Modi oder Projektionsverfahren, mit denen die Einzelbilder neu projiziert/verzerrt werden: Die zwei grundlegenden Modi sind *Perspektivisch* und *Zylindrisch*.

Mit dem **Perspektivisch-Modus** erhält man ein Panorama, das so projiziert wird, dass alle geraden Linien gerade bleiben, die Größenverhältnisse sich aber ändern, d.h., zu den Rändern nach links und rechts werden die Gegenstände größer. Zudem kann man den Fluchtpunkt manuell bestimmen, wenn man auf den interaktiven Modus geht.

Dieses Verfahren ist technisch gesehen nur bis zu einem Bildwinkel von 180° möglich und führt auch schon bei kleineren Bildwinkeln zu unnatürlichen Vergrößerungen der am Rand des Panoramas befindlichen Motivteile (ähnlich wie Grönland im Atlas so groß wie Südamerika wirkt, aber nur fast $1/10$ von dessen Fläche hat).

Für größere Bildwinkel ist daher der **Zylindrisch-Modus** sinnvoller und ab 180° der einzig mögliche. Hier wird so projiziert, als würde man das Foto vom Zentrum eines Zylinders aus betrachten. Das führt bei zweidimensionaler Darstellung zu gekrümmten Kurven in der Horizontalen, wo vorher gerade Linien waren.

Der Perspektivisch-Modus ist auch gut mit normal korrigierten Superweitwinkeln vergleichbar, die zu den Rändern hin die erfassten Motive übernatürlich stark verzerren. Der Zylindrisch-Modus entspricht hingegen dem Bildeindruck von Fisheye-Objektiven, bloß dass sich beim Zylinder die kurvige Projektion nur auf die Horizontale beschränkt.

Der Modus *Nur repositionieren* ordnet die Einzelbilder richtig an, verzerrt sie aber nicht nach einem der beiden Projektionsverfahren. Mit diesem Modus wird daher kein bruchloses Panorama erstellt. Der Modus *Interaktives Layout* erlaubt mehr Kontrolle über die Position der Einzelteile, außerdem lässt sich der Fluchtpunkt für die Perspektivisch-Projektion verändern.

Der voreingestellte Auto-Modus tut übrigens nichts anderes, als selbstständig eines der beiden Projektionsverfahren auszuwählen.

Abb. 4–152 *Fertiges Bild im zylindrischen Modus.*

Verwaltung der Einzelteile in Lightroom

Wenn ich Einzelbilder für Panoramen oder HDR-Fotos in Lightroom importiere, markiere ich diese in der Regel als Einzelbilder, d.h. als Bilder, die kein eigenständiges Foto repräsentieren, sondern nur im Zusammenhang mit anderen Bildern sinnvoll sind.

Dies kann man z.B. mit einer bestimmten Etikettenfarbe machen oder mit einem speziellen Stichwort. Ich benutze für Einzelteile jeweils die Stichwörter »Panorama-Teilbild« und »HDR-Teilbild«, die fertig zusammengesetzten Fotos bekommen die Stichwörter »Panorama-Komposition« bzw. »HDR-Komposition«.

Zusätzlich gruppiere ich die Einzelteile in Stapeln, wobei ich die zusammengesetzte Version als erstes Bild des Stapels wähle.

HDR-Fotos

Mit der Funktion *Zu HDR zusammenrechnen* werden verschiedene unterschiedlich belichtete Einzelfotos desselben Motivs zu einem Foto mit erheblich größerem Dynamikumfang (beinahe unbegrenzt), dem HDR-Foto, zusammengerechnet.

Im Allgemeinen ist es sinnvoll, dafür ein Stativ zu benutzen. Photoshop richtet die einzelnen Teilbilder zwar automatisch aus, aber ein Stativ ist bei den vielen HDR-Fotos schon für die längeren Belichtungszeiten einiger Teilbilder notwendig.

Die Einzelbilder sollten sich von einem Foto zum nächsten jeweils um ein bis zwei Blendenstufen unterscheiden. Beim folgenden Beispiel habe ich mit einem feineren Abstand von jeweils einer Blende Aufnahmen von 1s bis $\frac{1}{4000}$ s gemacht.

Abb. 4–153 Einzelbilder für HDR in Lightroom

HDR-Foto erstellen

Nachdem die Teilbilder selektiert und per Menübefehl *In Photoshop zu HDR zusammenfügen* an Photoshop geschickt wurden, erscheint nach einer Weile der entsprechende Dialog. Hier reicht es, auf OK zu klicken, woraufhin das HDR-Foto in Photoshop erscheint. Zunächst ist keine große Besonderheit gegenüber anderen Photoshop-Dokumenten erkennbar, bis auf den Belichtung-Regler am unteren Rand des Dokumentenfensters (siehe Abbildung 4–154).

Ein HDR-Foto mit seinem gewaltigen Dynamikumfang hat die Eigenart, dass wir es mit den gängigen Ausgabegeräten in der Regel niemals ganz erfassen können, sondern immer nur einen mehr oder weniger großen Ausschnitt (je nachdem, wie groß der Dynamikumfang des Fotos ist). Mit dem Belichtung-Regler lässt sich festlegen, welcher Ausschnitt aus dem Dynamikumfang des Fotos angezeigt wird. Je nach Reglerpositionen werden Details in den helleren oder dunkleren Bildregionen sichtbar.

Abb. 4–154 In Photoshop lässt sich über den Belichtung-Regler unten im Arbeitsfenster der angezeigte Belichtungsausschnitt verändern.

Auch vom Dateiformat her unterscheiden sich HDR-Fotos stark von anderen Fotos. Sie werden in Photoshop als 32-Bit-Fließkomma-Dateien repräsentiert. Photoshop kann sie in mehreren Formaten speichern, darunter 32-Bit-Versionen von TIFF und PSD. Lightroom kann mit diesen Dateien aber nichts anfangen. Daher müssen diese erst in normale 16- oder 8-Bit-Dateien konvertiert werden.

Tone-Mapping

Das Erstellen von HDR-Fotos hat nur dann Sinn, wenn man deren gewaltigen Dynamikumfang am Ende wieder so reduziert, dass er auf normalen Ausgabegeräten dargestellt werden kann. Dieser für die HDR-Ausgabe erforderliche Schritt nennt sich Tone-Mapping und stellt die wahre Herausforderung innerhalb des Prozesses dar.

Man unterscheidet hierbei in globale und lokale Tone-Mapping-Verfahren. Globale Verfahren haben den Nachteil, dass der Gesamtkontrast des Fotos u. U. sehr gering ausfällt. Dafür erzeugen Sie einen natürlicheren Eindruck.

Lokale Verfahren betrachten unterschiedlich helle Bildregionen separat. In der Wirklichkeit extrem unterschiedlich helle Bildbereiche können somit am Ende im selben Helligkeitsbereich landen. Dabei fällt der Gesamtkontrast des Fotos jedoch wesentlich stärker aus als bei den lokalen Verfahren. So erzeugen lokale Verfahren den typisch künstlichen Bildeindruck, der für HDR-Fotos so charakteristisch und auch so interessant ist.

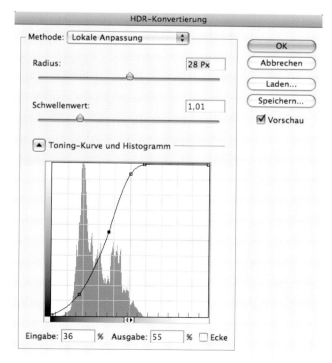

Abb. 4–155 *Tone-Mapping in Photoshop*

Der Tone-Mapping-Dialog (siehe Abbildung 4–155) in Photoshop wird über *Bild* → *Modus* → *16-Bit-Kanal* bzw. *8-Bit-Kanal* aufgerufen. Wie die Menübefehle vermuten lassen, wird das Bild dabei gleich in 16 oder 8 Bit Farbtiefe konvertiert, sodass das nach dem Tone-Mapping gespeicherte Bild auch in Lightroom angezeigt werden kann.

Die Modi *Belichtung und Gamma, Lichterkomprimierung* und *Histogramm equalisieren* arbeiten alle global, wobei Letzterer meiner Meinung nach die besten Ergebnisse bringt. *Lokale Anpassung* hingegen ist der lokale Modus, bei dem der Kontrast zusätzlich lokal verstärkt wird.

Die Kontrasterhöhung lässt sich in diesem Modus über die Regler *Radius* und *Schwellenwert* noch anpassen. Je größer der Radius, desto größer sind auch die lokalen Regionen, die angepasst werden (je kleiner, desto feiner wird gewissermaßen die »Lokalität« ausgemacht). Je größer der Schwellenwert, desto weiter auseinanderliegende Helligkeiten werden in die Kontrasterhöhung mit einbezogen (je kleiner, desto mehr wird wiederum die Kontrasterhöhung auf die kleinen Helligkeitsunterschiede/ Details begrenzt).

Im unteren Teil des Dialogs lässt sich zusätzlich eine weitere globale Kontrastanpassung mittels einer Gradationskurve vornehmen. Insgesamt lässt der Modus *Lokale Anpassung* im Vergleich mit lokalen Tone-Mapping-Verfahren anderer HDR-Programme zu wünschen übrig. Ich empfehle deshalb, einen Blick auf Photomatix (siehe Kasten) zu werfen, das sich als Photoshop-Plugin gut in den bestehenden Workflow einfügen lässt.

Abb. 4–156 *Fertige Version mit Tone-Mapping (über Photomatix-Plugin)*

Photomatix

Eine Alternative zu Photoshops Tone-Mapping-Verfahren ist z.B. Photomatix von HDRSoft[11]. Dieses gibt es auch als Photoshop-Plugin, das sich sehr gut in den Lightroom-Photoshop-Workflow einbinden lässt, sodass nur ein zusätzlicher Arbeitsschritt anfällt.

Das Plugin wird direkt auf dem zusammengerechneten 32-Bit-HDR-Foto aufgerufen. Es ersetzt funktional zwar Photoshop Tonemapping-Verfahren, technisch muss dieses danach dennoch aufgerufen werden, indem man die Datei in 16 oder 8 Bit konvertiert (hier sollte man dann den Modus »Belichtung und Gamma« mit Belichtung 0 und Gamma 1,0 einstellen).

Photomatix' Tonemapping-Ergebnisse sind bei HDR-Enthusiasten recht beliebt, der HDR-Look mit der gewollten gemäldehaften Künstlichkeit ist hier besonders ausgeprägt. Das Plugin schlägt allerdings mit 55 Euro zu Buche.

Am Ende kann man das in 16 oder 8 Bit konvertierte Bild einfach mit Strg|Befehl-S speichern, woraufhin es automatisch benannt (es enthält den Basisnamen des ersten übergebenen Fotos) und an Lightroom übergeben wird.

Fotos als Ebenen übereinanderlegen

Die beiden eben gezeigten Funktionen arbeiten bereits intern mit Ebenen. Mehrere Fotos lassen sich jedoch auch direkt als Ebenenkomposition in einem Photoshop-Dokument öffnen, über den Menüpunkt *In Photoshop als Ebenen öffnen* (falls Sie Ebenen noch gar nicht kennen sollten: Man kann Sie sich grundsätzlich so vorstellen, als würde man einzelne Dias übereinanderlegen).

Die einzelnen Ebenen werden in der Ebenen-Palette dargestellt. Vorerst sieht man nur die oberste Ebene.

Bevor die Bearbeitung beginnt, sollten Ebenen, deren Teilbilder nicht vom Stativ aus aufgenommen wurden, zueinander ausgerichtet werden. Dieser Schritt wird anders als bei Panorama- und HDR-Fotos manuell ausgeführt *(Bearbeiten → Ebenen automatisch ausrichten),* nachdem die Ebenen in der Palette selektiert wurden.

Mit Ebenen lassen sich viele verschiedene fortgeschrittene Bildbearbeitungen durchführen, die in Lightroom nicht möglich sind. Die zwei grundlegenden Werkzeuge für die Arbeit mit Ebenen sind: 1) Überblendmodi und Deckkraft, 2) Ebenenmasken. Ich werde im Folgenden auf beide kurz eingehen.

Abb. 4–157 *Ebenen-Palette mit Deckkraft-Einstellung in Photoshop*

---

11 http://www.hdrsoft.com/de/

Überblendmodi und Deckkraft

Die Einstellungen für Überblendmodus und Deckkraft beziehen sich immer auf jeweils eine Ebene und befinden sich oben in der Palette.

Mit dem Überblendmodus wird festgelegt, wie die aktuelle Ebene mit den darunter liegenden Ebenen verknüpft wird. Für unsere Zwecke belassen wir es mit der Standardeinstellung *Normal.* Diese bewirkt, dass die aktuelle Ebene die darunter liegenden komplett überdeckt (bei Deckkraft 100), d.h., Bildinformationen der darunter liegenden werden nicht verwendet.

Die Deckkrafteinstellung auf der rechten Seite oben dient als Ergänzung zum Überblendmodus. Mit ihr kann man die darunter liegenden Ebenen durchscheinen lassen. Eine Deckkraft von 50 bedeutet, dass die Ebene halbdurchlässig ist und deshalb die darunter liegenden Ebenen zur Hälfte hindurchscheinen. Mit einer Deckkraft von 100 im Überblendmodus *Normal* überdeckt die Ebene die darunter liegenden komplett.

Abb. 4–158 Einzelbilder für Doppelbelichtung in Lightroom

Über die Deckkraft-Einstellung lassen sich mehrere Fotos zu einer Mehrfachbelichtung zusammensetzen. Dazu stellt man z. B. für zwei Einzelbilder die obere Ebene auf 50 % Deckkraft, die untere bleibt bei 100 %. Bei drei Einzelbildern würde man die obere auf 33 % Deckkraft stellen, die mittlere auf 50 % und die untere auf 100 % usw.

Abb. 4–159 Fertige Doppelbelichtung (mit erhöhtem Kontrast)

Ebenenmasken

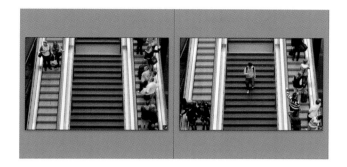

Abb. 4–160 *Einzelbilder fürs Hindurchzeichnen in Lightroom*

Eine weitere Möglichkeit zur Kombination mehrerer Ebenen ist die Arbeit mit Ebenenmasken. Mit diesen Masken lässt sich die Deckkraft nicht global für die ganze Ebene, sondern lokal – Pixel für Pixel – bestimmen. Auf diese Weise kann man z. B. nur bestimmte Details der oberen Ebene verwenden und die restlichen der unteren Ebene.

Dies kann in mehreren Situationen sinnvoll sein: Wenn man z. B. zwei Menschen fotografiert und der Gesichtsausdruck des einen ist in einem Foto besser, der des anderen im anderen Foto, dann kann man das Gesicht aus dem einen Foto in das andere Foto hindurchzeichnen.

Um eine Maske für eine Ebene anzulegen, wird die Ebene in der Palette ausgewählt und der Button *Ebenenmaske hinzufügen* unten in der Palette (Kreis im Rechteck) angeklickt. Daraufhin kann man die Maske per Mausklick in der Palette auswählen und per Alt-Mausklick im Fenster des Dokuments direkt anzeigen.

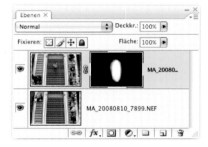

Abb. 4–161 *Ebenen-Palette mit Ebenenmaske*

Die Maske funktioniert genau wie ein Graustufendokument. Weiße Stellen symbolisieren komplette Durchlässigkeit, schwarze Stellen komplette Undurchlässigkeit, die dazwischenliegenden Graustufen die den Grauwerten entsprechenden Zwischenstufen.

Um nur einen kleinen Teil der Ebene zu verwenden, füllt man die gesamte Maske mit dem Füllwerkzeug (G-Taste) mit Schwarz und zeichnet mit dem Pinsel-Werkzeug (B-Taste) weiße Stellen an die entsprechenden Bildbereiche. Pinselspitzen mit weichen Rändern, in der horizontalen Werkzeugleiste ganz oben auswählbar, sorgen dabei für weiche Übergänge zwischen Schwarz und Weiß.

Am Ende ist es entweder möglich, die erstellten Ebenen und Ebenenmasken in der TIFF- bzw. PSD-Datei zu speichern oder eine »flache« Version zu erstellen, in der alle Ebenen zu einer einzigen verschmolzen werden *(Ebene → Auf Hintergrundebene reduzieren)*. Letzteres führt zwar zu kleineren Dateien, die Ebeneninformationen gehen jedoch verloren. In Fällen, in denen bereits einige Arbeit in die Erstellung der Ebenen investiert wurde, ist es also sinnvoll, die Ebenen nicht zu verschmelzen. Auf diese Weise kann man eine bereits erstellte Datei in Photoshop im Nachhinein öffnen und zum Beispiel Änderungen an der Deckkraft oder an den Ebenenmasken vornehmen.

Abb. 4–162 Fertiges
hindurchgezeichnetes Bild

Nichtdestruktive Bildbearbeitung in Photoshop

Auch in Photoshop gibt es Konzepte zur nichtdestruktiven Bildbearbeitung. Schon etwas älter sind die Einstellungsebenen, mit denen sich Werkzeuge wie die Gradationskurve als Ebene über das Bild legen und beliebig oft nachträglich verändern lassen, ohne dass das häufige Ändern an sich zu Qualitätseinbußen führt.

Mit den neueren Smart-Filtern wurde dieses Konzept auch auf den Bereich der meisten Filter (z. B. Schärfung, Gauß'scher Weichzeichner) ausgedehnt. Und mit Smart-Objekten lassen sich sogar ganze Raw-Dateien als Ebene in eine Datei einbinden. Deren Konvertierungseinstellungen lassen sich nachträglich ebenfalls beliebig oft ändern.

5 Ausgabemodule und Export

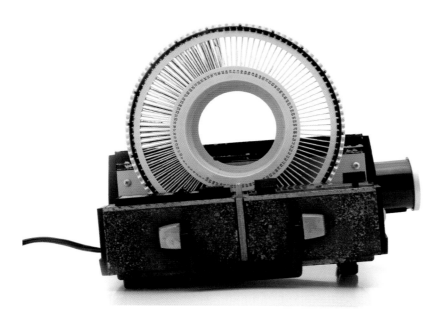

5.1 Einleitung

Die drei Ausgabemodule und der Export sind dazu da, mehr oder weniger große Mengen von Bildern schnell und automatisch auszugeben. Letztendlich handelt es sich dabei nur um Stapelverarbeitungsfunktionen, wie es sie schon lange in anderen Programmen gibt. Doch unterscheiden sie sich (bis auf den Export) von ihnen durch Aufmachung und Bedienungsweise sowie durch ihre prominente Position innerhalb des Programms.

Im allerersten Teil dieses Kapitels gehe ich ausführlicher auf einige Konzepte ein, die in allen drei Ausgabemodulen gleich sind, z. B. die Vorlagenverwaltung oder die Benutzung von Erkennungstafel und Farbwähler. Es ist daher sinnvoll, diesen Teil zuerst zu lesen.

Anschließend geht es um die Erstellung von Diashows zu verschiedenen Zwecken, z. B. zur Ansicht oder Bewertung von Bildern oder um eine richtige Präsentation mit Musik zu erstellen. Die Dia-»Folie« lässt sich dazu mit statischen und dynamischen Elementen gestalten.

Der nächste Teil behandelt das Drucken-Modul und zeigt, wie Einzelseiten und Kontaktbögen gedruckt werden, wie das Ausgabe-Farbmanagement und die Druckertreibereinstellungen funktionieren und wie man einen »Proof« in Photoshop macht.

Im vierten Teil geht es um das Webmodul, also darum, wie man mit Lightroom eine Webgalerie anfertigt, worin die Unterschiede zwischen HTML- und Flash-Seiten bestehen, wie die FTP-Einstellungen funktionieren, sodass Lightroom sie mit einem Knopfdruck direkt auf den Server laden kann, und wie man zusätzliche 3rd-Party-Galerien mit anderem »Look & Feel« installiert.

Das Kapitel endet mit Lightrooms Exportfunktionalität, die mit den drei Ausgabemodulen wesensverwandt (durch die Stapelverarbeitung) ist und daher auch an dieser Stelle behandelt wird. Der Export ist die wichtigste Funktion zum universellen Sichtbarmachen der Fotos außerhalb von Lightroom. Er lässt sich außerdem um Zusatzmodule (Plugins) erweitern. Zusätzlich lassen sich exportierte Fotos in Kombination mit Photoshops Funktionen zur Stapelverarbeitung *(Aktionen* und *Droplets)* vollautomatisch nachbearbeiten.

5.2 Überblick: Arbeiten in den Ausgabemodulen

Abb. 5–1 Grundsätzlich sind alle drei Ausgabemodule gleich aufgebaut, hier im Bild zu sehen ist das Diashow-Modul. In der Mitte sehen wir eine Vorschau des jeweiligen Drucks, der Webseite oder der Diashow. Außerdem kann man hier die Position von Hilfslinien, Rändern, Text mit der Maus verändern.
Über die Werkzeugleiste navigiert man über die Vor- und Zurück-Buttons zwischen den einzelnen Seiten. Außerdem lässt sich hier auswählen, welche Fotos aus dem Filmstreifen in die Ausgabe einbezogen werden.
Die linke Palettenspalte ist für die Erstellung und Verwaltung von Vorlagen vorgesehen. Außerdem befindet sich hier die aus dem Bibliotheksmodul bekannte Sammlungen-Palette.
Über die Paletten auf der rechten Seite tätigt man alle Einstellungen für Layout, Textüberlagerungen, sonstige Verzierungen sowie für die Ausgabe. Alles, was man hier einstellt, kann als Vorlage gespeichert werden.

5.2.1 Technologien

Stapelverarbeitung

Stapelverarbeitung bedeutet, dass man Einstellungen in der Regel für alle Bilder zusammen und nicht individuell für jedes Bild vornimmt. Individuelle Bilduntertitel und andere ausgegebene Informationen werden deshalb über das Auslesen der Metadaten des jeweiligen Bildes realisiert.

Für diese Regel gibt es jedoch bereits eine Ausnahme, die darauf hinweist, dass Lightroom in Zukunft vom reinen Stapelverarbeitungsprinzip abweichen könnte: Im Diashow- und im Drucken-Modul kann der genaue Ausschnitt von beschnittenen Bildern mit der Maus für jedes Bild einzeln festgelegt werden.

Funktionen zur automatischen Erstellung von Webseiten gibt es in vielen Programmen, z. B. in Bildverwaltungsprogrammen wie Microsoft Expression Media oder auch in Photoshop selbst. Gerade deshalb lässt sich am Webmodul ersehen, was Lightrooms Art und Weise von den üblichen abhebt.

Während sich in Photoshop der entsprechende Dialog so tief im »Automatisieren«-Untermenü versteckt, dass ihn die meisten Photoshop-Anwender nicht einmal kennen dürften, nimmt der Webseitenteil in Lightroom als eigenständiges Modul quasi ⅕ des Programms ein.

Entscheidender ist vielleicht die Art und Weise der Bedienung. In Photoshop handelt es sich um einen Stapelverarbeitungsdialog, der keine genaue Vorschau ermöglicht und deshalb ziemlich frustrierend sein kann.

In Lightroom hat man eigentlich dieselben Elemente, z. B. Vorgaben, Optionen, Quellenwahl, aber anders, intuitiver angeordnet. Vor allem wirkt sich jede Änderung direkt auf das viel größere Vorschaufenster aus … What you see is what you get. Und auch die Bildauswahl über den Filmstreifen ist wesentlich intuitiver.

Abb. 5–2 *Photoshops Webgalerie-Funktion*

Mediengerechte Ausgabeschärfung

Lightroom verfügt in allen drei Ausgabemodulen (und im Exportmodul) über eine leistungsfähige, aber weitgehend unsichtbare Schärfungsfunktionalität.

Lightroom arbeitet bewusst mit mehreren Schärfungsschritten an verschiedenen Stellen des Bildverarbeitungsprozesses. Demnach wird das Bild im Entwickeln-Modul mit den globalen und lokalen Schärfungswerkzeugen zwar auf seine eigentliche Schärfe gebracht, sodass es *in 1 : 1-Ansicht* wie gewünscht aussieht.

Jedoch benötigt ein Foto für die Ausgabe, zumal wenn es dazu in der Größe skaliert wird, einen zusätzlichen Schärfungsschritt. Dieser letzte Schärfungsschritt ist nicht mehr so sehr vom Geschmack des Betrachters abhängig, sondern mehr vom Typ des Ausgabemediums und von der Ausgabeauflösung.

Im Webmodul ist das Medium klar (Bildschirm), im Drucken-Modul lässt sich zwischen glänzendem und mattem Papier wählen, und im Exportieren-Dialog stehen alle drei zur Verfügung (im Diashow-Modul wird hingegen nicht geschärft).

Abb. 5–3 *Die Schärfungsoptionen im Drucken-Modul*

Zusätzlich lässt sich der Schärfungsgrad mit den Angaben *Niedrig*, *Standard* und *Hoch* an den eigenen Geschmack anpassen. Nach ein paar Tests sollte man hier seine Lieblingseinstellung gefunden haben, die man von da ab mit konsistenten Ergebnissen verwenden kann.

5.2.2 Erstellung von Ausgabeaufträgen

Vorlagenverwaltung

Für die Einstellungen von Diashows, Druckaufträgen und Webseiten lassen sich in den jeweiligen Modulen Vorlagen anlegen. Das Erstellen und Verwalten dieser Vorlagen funktioniert in jedem der drei Ausgabemodule gleich, über den Vorlagenbrowser und die Vorschau auf der linken Bildschirmseite.

Die Vorlagen lassen sich in Ordnern verwalten. Eine richtige Ordnerhierarchie ist nicht möglich, es gibt nur eine Stufe, es lassen sich also in Ordnern keine weiteren Unterordner erstellen. Der Inhalt des Ordners *Lightroom-Vorlagen* ist immer vorgegeben und nicht veränderbar.

Benutzerdefinierte Vorlagen lassen sich erstellen (Strg | Befehl-N), löschen (über die *Hinzufügen-* und *Entfernen*-Buttons) oder *mit den aktuellen Einstellungen aktualisieren* (im Kontextmenü einer Vorlage), d.h., ihr Zustand lässt sich verändern, ohne dass dafür eine neue Vorlage angelegt werden muss. Vorlagen lassen sich auch als Datei *exportieren* und *importieren,* ebenfalls über das Kontextmenü der jeweiligen Vorlage.

Bevor man Vorlagen erstellt, also während man z. B. noch an einem Layout arbeitet, kann man mittels Strg | Befehl-S (oder *Diashow/Drucken/ Web* → *Einstellungen speichern*) die momentanen Einstellungen sichern, zu denen man später wieder zurückspringen kann (über *Einstellungen auf die letzte Version zurücksetzen*). Hierzu muss nicht eigens eine Vorlage angelegt werden.

Vorlagen können an zwei verschiedenen Orten gesucht und gespeichert werden, global für alle Kataloge oder im Ordner des jeweiligen Katalogs. Das lässt sich auswählen unter *Voreinstellungen* → *Vorgaben* → *Vorgaben mit Katalog speichern*. Ist diese Option gesetzt, gelten die katalogspezifischen Vorlagen, andernfalls die globalen. Wird die Einstellung geändert, ändert sich auch der Inhalt des Vorlagenbrowsers entsprechend.

Abb. 5–4 *Vorlagenbrowser und Vorschau im Diashow-Modul*

Ausgabespezifische Sammlungen

Unterhalb der Vorlagenverwaltung befindet sich die Sammlungen-Palette, die aus dem Bibliotheksmodul hinlänglich bekannt ist. Seit Lightroom 2 ist sie auch in den Ausgabemodulen zu finden. Aber wozu benötigt man diese Palette hier?

Zum einen ist sie dazu da, dass man schneller bestimmte Sammlungen aufrufen kann, ohne dass man eigens das Modul wechseln muss. Zum anderen lassen sich von den Ausgabemodulen aus sogenannte ausgabespezifische Sammlungen speichern: Das heißt, wenn ich einige Fotos ausgewählt habe, ins Drucken-Modul gegangen bin, dort einige Einstellungen gemacht habe und diese mitsamt den Fotos (und nicht nur als Vorlage) speichern möchte, dann kann ich direkt vom Drucken-Modul aus eine neue Sammlung anlegen.

Schon seit Lightroom 1.0 speichern Sammlungen übrigens die zuletzt für sie gewählten Einstellungen aus dem Diashow-, Drucken- oder Webmodul. Man musste sie allerdings schon erstellt haben, bevor man ins entsprechende Modul wechselte.

Ausgabespezifische Sammlungen verfügen über ein kleines Icon, das anzeigt, in welchem Modul sie erstellt wurden. Ein Doppelklick auf die Sammlung öffnet automatisch das entsprechende Modul.

Bildauswahl und Reihenfolge

Eine der wichtigsten Einstellungen für die Ausgabemodule befindet sich in der Werkzeugleiste: Dort lässt sich unter *Verwenden* festlegen, welche Fotos aus dem Filmstreifen für die Diashow, den Druck oder die Webseite herangezogen werden.

Man kann wählen zwischen allen Fotos aus dem Filmstreifen, den selektierten oder den markierten Fotos, d.h. den Fotos, die mit einer Flaggenmarkierung versehen sind (auch hier zeigt sich wieder deren Nützlichkeit).

Die Reihenfolge der Fotos ergibt sich in allen Modulen ausschließlich aus der Reihenfolge der Fotos im Filmstreifen. Zu bedenken ist hierbei, dass eine benutzerdefinierte Reihenfolge (per Drag and Drop) nur innerhalb von Sammlungen möglich ist. Die Reihenfolge kann für alle Module wichtig sein, am wichtigsten ist sie natürlich fürs Diashow-Modul, da sie sich direkt auf die Reihenfolge der angezeigten Dias auswirkt.

5.2.3 Spezielle Gestaltungselemente

Farben/Farbwähler

In allen drei Ausgabemodulen gibt es die Möglichkeit, mit Farben zu arbeiten, z.B. um eine Diashow, eine Druckvorlage oder eine Webseite farbig zu gestalten. Um die Farben auszuwählen, gibt es Farbwähler. Dieser funktioniert ähnlich dem Farbwähler zur Tonung aus dem Entwickeln-Modul, hat jedoch ein paar Besonderheiten.

Abb. 5–5 *Sammlungen-Palette mit ausgabespezifischen Sammlungen (Webgalerien)*

Abb. 5–6 *Welche Fotos verwendet werden, lässt sich über die Werkzeugleiste festlegen.*

Abb. 5–7 *Der Farbwähler in den Ausgabemodulen*

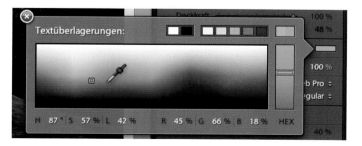

Der größte Unterschied ist, dass sich in den Ausgabemodulen nicht nur Farbton und Sättigung, sondern auch die Helligkeit der Farbe auswählen lassen. Das große Farbfeld besteht hierbei aus dem Farbtonspektrum von links nach rechts und dem Helligkeitsspektrum von unten nach oben. Die Sättigung hingegen lässt sich mit dem vertikalen Regler auf der rechten Seite auswählen.

Auch kann man die Farbe in RGB-Werten angeben (im Unterschied zum HSL-Modell). Dies geschieht allerdings nicht in Werten von 0–255, sondern von 0–100 %.

Durch Druck auf *HEX* lassen sich die RGB-Werte ebenfalls in hexadezimaler Schreibweise darstellen (jeder RGB-Wert nimmt in dieser Schreibweise zwei Zeichen ein, zusammen also sechs Zeichen). Dies ist praktisch für die Erstellung von Webseiten, für die man häufig mit Farben in hexadezimaler Schreibweise zu tun hat.

Ansonsten verhält sich der Farbwähler genau wie der aus dem Entwickeln-Modul (siehe Kapitel 4.3.4).

Erkennungstafeln

Mithilfe von Erkennungstafeln lässt sich das Lightroom-Logo oben links im Modulwähler durch den eigenen Namen oder das eigene Logo ersetzen (die Erkennungstafeln sind hauptsächlich für professionelle Fotografen mit Kundenkontakt gedacht). Erstellt und verwaltet werden sie im Editor für Erkennungstafeln, der über das Lightroom-Menü (Mac) bzw. das Bearbeiten-Menü (Windows) aufrufbar ist *(Einrichtung der Erkennungstafel)*.

Auch wenn Sie diese Funktion nicht benötigen, möchten Sie die Erkennungstafeln vielleicht in den Ausgabemodulen einsetzen. So lassen sich grafische oder Textlogos in Diashows einblenden, beim Drucken auf Kontaktbögen oder Einzelbildausdrucke legen und auf Webseiten platzieren.

Abb. 5–8 *Beispiel für eine grafische Erkennungstafel, die als Logo für eine Webgalerie verwendet wird*

5.3   Diashow

Die Diashow funktioniert ganz im Sinne des vorhin beschriebenen Stapelverarbeitungsprinzips. Es wird lediglich eine Diafolie gestaltet, eine »Platzhalter-Diafolie«, mit statischen Elementen, die auf jeder Folie gleich sind (z. B. Überschrift oder Erkennungstafel), und Platzhaltern für dynamische Elemente, die von Foto zu Foto unterschiedlich sind, z. B. den als Textelement angezeigten ISO-Wert und natürlich das Foto selbst.

Ebenfalls stapelmäßig behandelt werden die Anzeige- und die Überblendedauer. Sie ist für alle Folien dieselbe. Die Reihenfolge der Diashow ergibt sich aus ihrer Anordnung im Filmstreifen. Es kann also schon vorher im Rastermodus eine Anordnung – per Drag und Drop – weitgehend festgelegt und als Sammlung gespeichert werden.

5.3.1 Gestaltung der Platzhalterfolie

Positionierung und Beschnitt des Fotos

Das Problem bei der Positionierung von Fotos auf der Platzhalter-Diafolie ist, dass die Fotos unterschiedliche Seitenverhältnisse haben können (z. B. hoch- oder querformatig, 3 : 2 und 4 : 3), die Positionsbestimmung aber nur einmal, für alle Fotos gemeinsam, erfolgen soll. Das Problem wird dadurch gelöst, dass man lediglich einen Rahmen angibt, der für alle Fotos gilt. Die Fotos werden dann jeweils größtmöglich in den Rahmen eingepasst.

Über die Layout-Palette (wie alle folgenden Paletten befindet sie sich in der rechten Palettenspalte) definiert man jeweils den Abstand des Rahmens zum linken, rechten, oberen und unteren Rand der Diafolie (d.h. des Bildschirms oder des Projektors). Über die Option *Hilfslinien einblenden* lassen sich die vier Abstände auf der Arbeitsfläche ein- oder ausblenden.

Abb. 5–9 *Layout-Hilfslinien und ein ohne Beschnitt eingepasstes Hochformatfoto*

Normalerweise werden die Fotos in den Rahmen eingepasst, ohne sie zu beschneiden, wie in Abbildung 5–9 zu sehen. Über die Option *Zoomen, um Rahmen zu füllen* (in der Optionen-Palette) lässt sich bestimmen, ob das Foto mit oder ohne Beschnitt in den Rahmen eingefügt wird, wenn es nicht genau hineinpassen sollte. Ohne Beschnitt bleibt dann eventuell oben und unten bzw. links und rechts etwas Platz.

Um Hochkantbilder in eine querformatige Diashow auf diese Weise einzubeziehen, würden allerdings über 50 % des Bildes weggeschnitten, womit sie meiner Meinung nach fast unbrauchbar würden (siehe Abbildung 5–10). Um Bilder in unterschiedlichen Formaten (2 : 3 von DSLRs und 3 : 4 von Consumer-Digicams) zu mischen, finde ich die Option dagegen sinnvoll, da unterschiedliche Formate in einer Diashow störend wirken können.

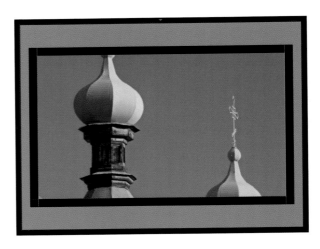

Alternativ zur Layout-Palette lassen sich die Abstände des Rahmens zu den Folienrändern auch in der Diafolie durch Ziehen der Hilfslinien mit der Maus verändern. Ebenso kann man mit der Maus bei gedrückter Leertaste ein beliebiges Foto auf der Diafolie hin und her schieben. Obwohl man hier scheinbar die Position eines einzelnen Fotos verändert, werden in Wirklichkeit die Rahmenlinien angepasst, was sich auf alle Fotos gleichermaßen auswirkt.

Die Positionsbestimmung ist eben immer nur – ganz dem Prinzip der Stapelverarbeitung entsprechend – für alle Fotos auf einmal möglich. Wenn die Option *Zoomen, um Rahmen zu füllen* verwendet wird, lässt sich der genaue Ausschnitt für die Fotos jedoch interessanterweise individuell bestimmen – durch Klicken und Ziehen mit der Maus.

Lightroom speichert übrigens alle Positions- und Größeninformationen im Diashow-Modul, auch die folgenden für Textelemente und andere Überlagerungen, in pixelunabhängiger Weise, auch wenn z. B. in der Layout-Palette Pixelwerte angezeigt werden. Diese Pixelunabhängigkeit vereinfacht die Übertragbarkeit des Layouts auf Monitore oder Projektoren mit unterschiedlichen Auflösungen (auch wenn dies nicht in jedem Fall ohne Anpassungen funktioniert).

Bildkontur, Schatten und Hintergrund

Die Ausstattung des Bildes mit Rand und Schatten über die Optionen-Palette und die Verzierung der Diafolie mit einem Hintergrundverlauf oder -bild über die Hintergrund-Palette sind weitgehend selbsterklärend. Ich habe jedoch einige Beispielbilder auf den folgenden Seiten untergebracht, die zeigen, welche Diafolien mit dem Einsatz dieser Gestaltungsmittel produziert werden können.

Abb. 5–11 Beispiel 1:
Ein Foto mit breitem weißen Rand
auf hellem Hintergrund

Werfen wir noch einen kurzen Blick auf die Hintergrund-Palette: Die drei Elemente, mit denen der Hintergrund gestaltet werden kann, sind **Hintergrundfarbe, -verlauf** und **-bild**. Wenn gar nichts ausgewählt ist, bleibt der Hintergrund schwarz. Die Verlaufsfunktion bildet den Verlauf zwischen eingestellter Hintergrundfarbe und Verlaufsfarbe.

Ansonsten ist das Hintergrundbild mit -verlauf oder -farbe kombinierbar. Dazu werden beide Elemente aktiviert und die Deckung des Bildes abgeschwächt. Da ein Hintergrundbild mit hoher Deckung sehr störend wirken kann, ist es ohnehin empfehlenswert, es mit einer hellen Hintergrundfarbe zu kombinieren und die Deckung auf unter 50 % zu bringen.

Die Gefahr dieser Verschönerungsmöglichkeiten liegt meiner Meinung nach darin, dass man schnell ins Kitschige abdriften kann. Schatten, Hintergrundverlauf und Hintergrundbild sind die Kandidaten, bei denen ich eher vorsichtig wäre.

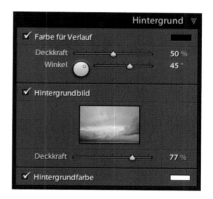

Abb. 5–12 Die Hintergrund-Palette

Abb. 5–13 Beispiel 2:
Zu kitschig? Eine Folie mit Hintergrundbild
(mit reduzierter Deckung und heller
Hintergrundfarbe)

Gestaltung der Folie mit zusätzlichen Elementen

Bewertungssterne

Textelement

Textelementinhalt

neues Textelement
(StrglBefehl-T)

Abb. 5–14 *Elemente im
Diashow-Modul*

In die Diafolien lassen sich frei positionierbare Elemente einblenden. Dies geschieht über die Überlagerungen-Palette und ist weitgehend selbsterklärend. Zu den Elementen gehören die Erkennungstafel, eine grafische Repräsentation der Bewertungssterne und Textelemente.

Von den Textelementen kann man beliebig viele anlegen, Erkennungstafel und Bewertungssterne lassen sich hingegen nur einmal pro Folie anzeigen. Wenn Textelemente bildspezifische Metadaten wie Belichtung oder Bildtitel anzeigen, sind sie dynamisch. In diesem Fall ist ihre Größe unter Umständen auch von Bild zu Bild unterschiedlich. Dies hat einige Implikationen für die Positionierung dynamischer Textelemente, wie wir gleich noch sehen werden.

Abb. 5–15 *Die Überlagerungen-Palette.
Für Textüberlagerungen bezieht sich die
Palette immer auf das gerade angewählte
Element.*

Abb. 5–16 *Beispiel 3: Folie mit statischem (oben) und
dynamischem Textelement (Bildtitel), Bewertungssternen
und hinter das Foto gerenderter Erkennungstafel*

Textelemente

Ein neues Textelement wird über das ABC-Symbol in der Werkzeugleiste hinzugefügt. Verändern lässt sich der Text nicht direkt, sondern nur über Textvorlagen.

Die Vorlage für das momentan ausgewählte Textelement lässt sich im Pop-up-Menü rechts neben dem ABC-Symbol wählen. Dort gibt es bereits einige fertige Textvorlagen für häufig verwendete Metadaten, z. B. Datum, Belichtung oder Dateiname.

Die einfachste Vorlage heißt *Benutzerdefiniert*. Sie stellt in der Werkzeugleiste ein Eingabefeld zur Verfügung, über das man einen statischen Text (z. B. eine Überschrift für die gesamte Diashow) direkt in die Werkzeugleiste eingeben kann, ohne dafür eine Vorlage erstellen zu müssen.

Über *Editieren* im Textvorlagen-Pop-up-Menü gelangt man schließlich in den Textvorlagen-Editor, mit dem sich eigene Vorlagen erstellen lassen. Man kann statischen Text, Platzhalter für Metadaten und das *Benutzerdefiniert*-Feld, das dann in der Werkzeugleiste ausfüllbar ist, frei kombinieren. Der Editor funktioniert dabei genau wie der Dateinamenvorlagen-Editor (siehe auch Kapitel 6.1).

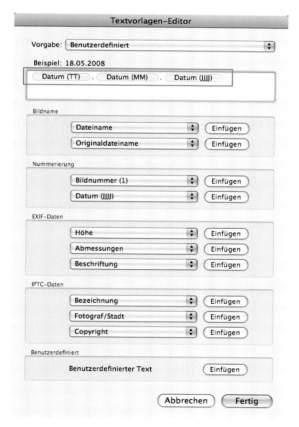

Abb. 5–17 Der Textvorlagen-Editor. Eingestellt ist ein deutsches Datumsformat (das es vorformatiert in Lightroom so nicht gibt). Es setzt sich aus den Einzelelementen Tag, Monat, Jahr und den Punkten dazwischen zusammen.

Dabei lassen sich fast alle Metadaten-Platzhalter verwenden, z. B. Datum, Fotograf, verwendetes Objektiv/Brennweite, Belichtung, ISO-Wert, Bildtitel und Bildbeschreibung sowie Stichwörter und Etiketten.

Positionierung von Elementen

Die Position jedes einzelnen Elements, egal ob Textelement, Erkennungstafel oder Bewertungssterne, lässt sich entweder relativ zum Rand der Diafolie/Bildschirmrand (absolute Positionierung) oder relativ zum Rand des Fotos (relative Positionierung) jeweils an acht Punkten festlegen (also insgesamt 16 Punkte).

Bei der absoluten Positionierung erscheint das Element also immer an derselben Stelle der Folie. Will man jedoch ein Element z. B. direkt unterhalb des Fotos anzeigen und verwendet unterschiedliche Bildformate oder hoch- und querformatige Fotos in einer Diashow, ist die relative Positionierung sinnvoller, bei der das Element direkt z. B. an der unteren Kante des Fotos ausgerichtet werden kann. Ich nenne diese Anknüpfungspunkte im Folgenden »Ankerpunkte«.

Für die Positionierung wird ein Element angeklickt und über die Arbeitsfläche gezogen. Das Objekt sucht sich dann selbstständig einen geeigneten Ankerpunkt, entweder am Foto oder an der Folie. Ein Klick auf den Ankerpunkt fixiert diesen (er wird gelb angezeigt), und die Position des Elements kann frei verändert werden. Auch der Ankerpunkt kann mit der Maus verschoben werden, jedoch nur wenn er vorher fixiert wurde.

Um Elemente nicht vorhersagbarer Größe korrekt zu positionieren, also dynamische Textelemente, ist auch der korrekte Anknüpfungspunkt auf der Seite des Elements wichtig. Diesen nenne ich hier Griffpunkt. Jedes Element hat wiederum acht mögliche Griffpunkte, an denen auch die Größe des Elements verändert werden kann.

Wenn ich zum Beispiel ein Textelement habe, dessen Länge für jedes Bild unterschiedlich ist (z. B. den Bildtitel), und ich will, dass es linksseitig zum Bild ausgerichtet ist, so muss auch einer der drei Griffpunkte auf der linken Seite aktiv sein, damit der Text jedes Mal richtig positioniert wird.

Das Problem ist, dass sich der Griffpunkt im Gegensatz zum Ankerpunkt nicht fixieren und/oder manuell festlegen lässt und so manche Textpositionen nicht realisierbar zu sein scheinen. Über einen etwas »fummeligen« Trick (siehe Kasten) kann man jedoch jede Positionierung erreichen.

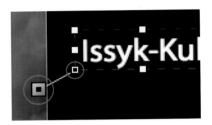

Abb. 5–18 *Anker- und Griffpunkte sind durch eine Linie miteinander verbunden. Der Ankerpunkt lässt sich durch Anklicken fixieren (er färbt sich orange), der Griffpunkt nicht.*

Dynamische Textelemente korrekt positionieren

In Abbildung 5–19 haben wir eine problematische Situation, was die Positionierung des Textelements betrifft. Die linke Seite, also der Anfang des Textes, soll fest positioniert, aber dennoch nicht mit dem Foto verknüpft sein, sondern mit dem rechten Rand. Als Griffpunkt des Textelements wurde jedoch automatisch der am Textende festgelegt.

Abb. 5–19 *Der aktive Griffpunkt befindet sich auf der rechten Seite …*

Zieht man den Ankerpunkt jedoch auf die linke Seite und bewegt das Textelement danach (mit der Maus) um nur einen Millimeter, sucht es sich einen neuen Griffpunkt am Textanfang (Abbildung 5–20).

Abb. 5–20 *… dann auf der linken …*

Zieht man den Ankerpunkt danach wieder nach rechts, bleibt der Griffpunkt auf der linken Seite erhalten, solange das Element danach nicht mehr mit der Maus bewegt wird. Das Element ist nach dieser umständlichen Fummelei immerhin so positioniert, wie ich es wollte, unterschiedliche Textlängen wirken sich nach rechts, nicht nach links aus (Abbildung 5–21).

Abb. 5–21 *… wo er am Schluss auch bleibt.*

5.3.2 Abspielen und Export

Titel-Palette

Mit der Titel-Palette kann man einstellen, ob man für die Diashow eine Titelfolie und/oder eine Schlussfolie haben möchte und, wenn ja, wie diese Folien aussehen sollen.

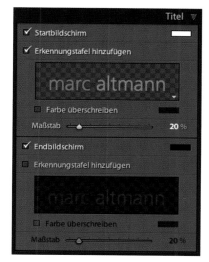

Startbildschirm/Endbildschirm: Hier kann man Titel- bzw. Schlussfolie separat ein- oder ausschalten. Per Farbwähler lässt sich jeweils eine Hintergrundfarbe wählen.

Erkennungstafel hinzufügen: Die beiden Folien lassen sich jeweils mit einer Erkennungstafel versehen. Die Erkennungstafeln lassen sich nicht positionieren (sie werden immer in der Mitte angezeigt), jedoch in ihrer Farbe anpassen und skalieren.

Abb. 5–22 *Titel-Palette*

Abb. 5–23 *Beispiel für eine Titelfolie*

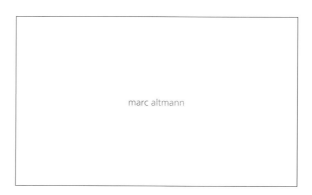

Obwohl die Gestaltungsmöglichkeiten für die Folien damit recht spartanisch sind, können sie doch einiges hermachen, besonders wenn eine Diashow mit der Titelfolie im Pause-Modus gestartet wird und vor dem Beginn der Show schon ein paar Minuten auf dem Bildschirm oder Projektor zu sehen ist (es lässt die Vorfreude auf die Show steigen).

Abspielen-Palette

Soundtrack

Abb. 5–24 *Die Abspielen-Palette*

Die Möglichkeiten der Musikbegleitung zur Diashow sind in Lightroom recht primitiv. Man kann lediglich ein oder mehrere Musikstücke angeben, und Lightroom spielt sie während der Show in der richtigen Reihenfolge ab. Die Vorgehensweise ist für Windows- und Mac-User unterschiedlich:

Windows-User geben einen Ordner mit MP3-Dateien in Lightroom an, der dann von vorne bis hinten abgespielt wird. Der Ordner sollte deshalb extra für die Diashow erstellt worden sein. Die Reihenfolge ergibt sich aus der alphabetischen Sortierung der Dateinamen, d.h., man benennt seine Dateien entsprechend mit zahlenmäßigen Präfixen, z. B. *01_InfectedMushroom-BPEmpire.mp3*.

Für Mac-User verwendet Lightroom hier eine iTunes-Playlist. Man erstellt in iTunes eine Playlist, z. B. mit dem Titel »Diashow«, bringt dort die Musikstücke in die richtige Reihenfolge und wählt diese Playlist dann in Lightroom aus. Die Verwendung von iTunes auf dem Mac hat immerhin den Vorteil, dass man DRM-geschützte Musik aus dem iTunes-Store in seiner Diashow verwenden kann. Außerdem kann man die Playlist in iTunes auf Wiederholung stellen.

Dialänge

Die Einstellungen für die Anzeigedauer eines Dias und die Überblendungsdauer von einem Dia zum nächsten gelten wie fast alle Einstellungen in diesem Modul für alle Dias gemeinsam. Die Dauer der Überblendung wird dabei von der reinen Anzeigedauer des Dias abgerechnet.

Es gibt leider keine Möglichkeit, die Gesamtdauer der Diashow automatisch an die Länge eines Musikstücks anzupassen. Man kann nicht einmal die gewünschte Gesamtdauer für die Diashow angeben. Dies muss man manuell ausrechnen. Dabei gilt: *Gesamtdauer der Diashow in Sekunden = Anzahl der Bilder * eingestellte Abspieldauer* (die Überblendzeit ist dafür egal).

Durch das Entfernen des Häkchens bei **Dialänge** wird die Diashow im Pause-Modus gestartet, sodass man gleich von Anfang an manuell steuern kann (durch Drücken der Leertaste während der Präsentation schaltet sie jedoch wieder in den automatischen Abspielmodus zurück).

Über **Farbe** lässt sich mit dem Farbwähler eine Übergangsfarbe für die Überblendungen auswählen. Lightroom überblendet dann nicht von Foto zu Foto, sondern von Foto zu Übergangsfarbe zu nächstem Foto.

Weitere Einstellungen

Abspielbildschirm: Der Palettenabschnitt zur Monitorauswahl erscheint nur bei angeschlossenem zweiten Monitor und auch nur dann, wenn nicht »Spiegelbetrieb« im Betriebssystem eingestellt ist. (Es gibt beim Zweimonitorbetrieb die Möglichkeit, dass beide Monitore dasselbe anzeigen – man spricht dabei von »spiegeln«.)

Willkürliche Reihenfolge: Hiermit werden die Fotos in Zufallsreihenfolge abgespielt anstatt in der Reihenfolge des Filmstreifens.

Wiederholen: Gibt an, ob die Diashow nach einem Durchgang beendet wird oder wieder von vorne anfängt.

---

1 : 1-Vorschauen für Diashow generieren

Während des Abspielens der Diashow greift Lightroom auf die vorhandenen Vorschau-Dateien zurück. Wenn davon keine in ausreichender Größe vorhanden sind, muss Lightroom sie während der Diashow generieren. Dies kann allerdings, je nach Ausstattung des Rechners und Abspielgeschwindigkeit, eine Diashow komplett durcheinanderbringen.

Aus diesem Grund ist es sehr sinnvoll, vor allem vor einer wichtigen Präsentation, die 1 : 1-Vorschauen vorher zu generieren (*Bibliothek → Vorschauen → 1 : 1-Vorschauen rendern* im Bibliotheksmodul). Sind die Vorschauen erst generiert, lässt sich die Diashow auch ohne Zugriff auf die Originaldateien abspielen.

Abspielen starten und Bedienung während des Abspielens

Mit Return oder mit Druck auf den Abspielen-Button lässt sich die Diashow starten. Welche Fotos abgespielt werden, richtet sich dabei nach der Einstellung in der Werkzeugleiste. In jedem Fall fängt die Diashow mit dem aktiven Foto im Filmstreifen, nicht notwendigerweise vorne, an.

Ein Druck auf die Esc-Taste oder die linke Maustaste beendet die Diashow. Die Maus lässt sich also nicht zum Weiterschalten oder Pausieren der Diashow verwenden. Dies ist schade, da man sich dadurch während eines Vortrags nicht die Bequemlichkeit einer Bluetooth-Maus zunutze machen kann (siehe jedoch den Kasten für die Bedienung mit der Apple-Remote-Fernbedienung).

Pausieren bzw. Fortsetzen lässt sich hingegen mit Druck auf die Leertaste. Mit Pfeil nach links oder Pfeil nach rechts lässt sich dann das vorherige oder das nächste Bild auswählen. So kann man im Pause-Modus navigieren, der ja auch dann eingestellt ist, wenn man *Dialänge* abgehakt hat. Die Tasten Home und End bringen einen schnell an den Anfang oder das Ende der Fotos.

Während der Diashow funktionieren alle Tastaturkürzel für die Bewertung oder Etikettierung von Bildern (P, X, U, 0 … 9 etc.). Wenn eine Flaggenmarkierung oder eine Bewertung gesetzt wird, werden diese kurz auf der linken unteren Seite eingeblendet.

Apple Remote mit iRed Lite konfigurieren

Besitzer von Macs mit Apple-Remote können diese Fernbedienung mit einer Reihe von Fremdprogrammen für Lightrooms Diashow-Wiedergabe konfigurieren und haben so eine bequeme Möglichkeit der Steuerung, z. B. mit dem kostenlosen iRed Lite[12].

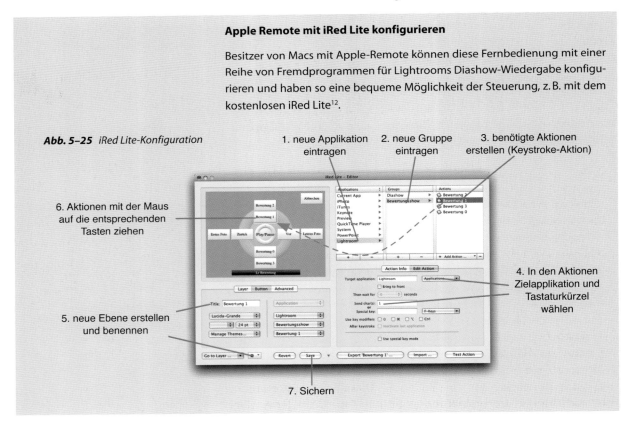

Abb. 5–25 iRed Lite-Konfiguration

1. neue Applikation eintragen
2. neue Gruppe eintragen
3. benötigte Aktionen erstellen (Keystroke-Aktion)
6. Aktionen mit der Maus auf die entsprechenden Tasten ziehen
4. In den Aktionen Zielapplikation und Tastaturkürzel wählen
5. neue Ebene erstellen und benennen
7. Sichern

---

12 http://www.filewell.com/iRedLite/

Um iRed für die Steuerung einer Diashow zu konfigurieren, muss man zuerst den Editor aufrufen. Hier trägt man darauf eine Reihe von neuen Aktionen ein. Diese Aktionen, die bestimmte Tastatureingaben (die Tastaturkürzel zur Bedienung der Diashow) an Lightroom schicken werden, werden dann auf die entsprechenden Tasten der Apple-Fernbedienung gelegt. Dazu wird ein neuer Tastenbelegungssatz (in iRed: Ebene) erstellt.

In Abbildung 5–26 sehen Sie die Ebene *Lightroom-Diashow* und welche Tasten in ihr mit welchen Aktionen verknüpft sind. Die äußersten Tasten bedeuten eine Aktion bei »Doppelklick« auf die Taste: Das heißt, bei zweimaligem Drücken von *Vor* springt Lightroom zum letzten Foto.

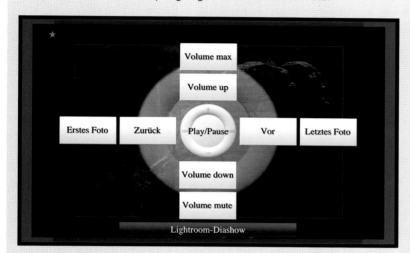

Abb. 5–26 *iRed Lite: Die Oben- und Unten-Tasten sind für iTunes konfiguriert, die restlichen für Lightroom.*

Natürlich lassen sich die Tasten auch ganz anders belegen. Das obige Beispiel eignet sich mehr für eine vertonte Diashow. Statt die Nach-oben- und Nach-unten-Tasten für die Lautstärke zu nutzen, könnte man damit genauso gut die Sternebewertung um eins erhöhen oder verringern.

Die Menütaste lässt sich in iRed nicht belegen. Sie dient zur Anzeige der momentanen Tastaturbelegung und Ebene. Zwischen den Ebenen lässt sich wechseln, indem man länger auf die Menütaste drückt und dann eine neue Ebene mit den Links- und Rechts-Tasten auswählt.

PDF-Export

Alternativ zur direkten Anzeige in Lightroom lässt sich die Diashow als PDF exportieren (über den Button unten links). Das PDF-Format bietet eben auch die Möglichkeit, eine Fullscreen-Diashow mit automatischer Weiterschaltung anzuzeigen. Nur die Musik und die Wahl der Anzeigedauer werden nicht gesichert. Ein Export ins QuickTime- oder Flash-Format ist bisher nicht möglich.

Im entsprechenden Dialog lassen sich zuerst die Bildgröße und -qualität einstellen. Die Folien werden als JPEGs in die PDF-Datei integriert, und die hier getätigten Einstellungen wirken sich natürlich stark auf die Dateigröße aus. Soll die Datei über E-Mail verschickt werden, sollte daher die JPEG-Qualität herabgesetzt werden auf z. B. 60. Die Bildgröße sollte am besten der des Zielmonitors entsprechen.

Abb. 5–27 Dialog PDF exportieren

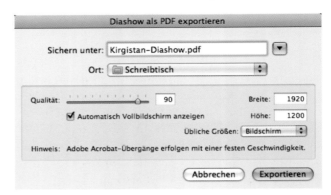

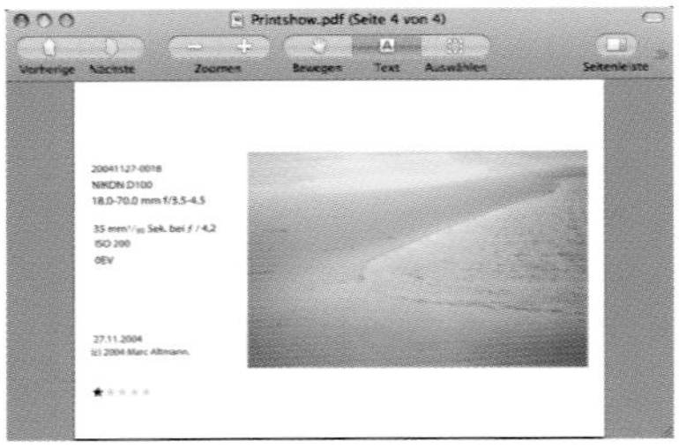

Die Kirgistan-Diashow aus dem Workflow-Teil mit 30 Fotos belegt im Format 1920 × 1200 bei 60er-JPEG-Qualität 6,2 MByte, also eine durchaus vertretbare Größe für E-Mails. In 100er-Qualität erreicht sie hingegen 65 MByte.

Die Einstellung *Automatisch Vollbildschirm anzeigen* funktioniert nur im Acrobat Reader, aber andere Programme haben eventuell eigene Fullscreen-Modi. Mac OS' Anzeigeprogramm Vorschau hat beispielsweise einen eigenen Diashow-Modus, der über *Darstellung → Diashow* oder die Tastenkombination Shift-Befehl-F aufrufbar ist.

Abb. 5–28 Über den Umweg des PDF-Exports von Diashows kann man übrigens Ausdrucke mit deutlich mehr Metadaten anfertigen, als das direkt im Drucken-Modul möglich ist. Schließlich kann man im Drucken-Modul nur eine einzelne Zeile mit Textelementen setzen. Allerdings ist die Prozedur recht umständlich, vor allem da man die Textzeilen im Diashow-Modul nicht automatisch ausrichten lassen kann. Für dieses Beispiel habe ich eine Ausgabegröße von 2970 × 2100 Pixeln angegeben, die dem Seitenverhältnis eines A4-Blatts genau entspricht.

JPEG-Export

Alternativ zum Export einer PDF-Datei lässt sich eine Diashow auch als Folge von JPEG-Dateien ausgeben (über den ebenfalls unten links gelegenen Button). Im Dateidialog werden Ausgabegröße und ein Ordnername angegeben, Lightroom erstellt dann in diesem Ordner für jede Folie eine nummerierte JPEG-Datei.

Der JPEG-Export ist vor allem dann sinnvoll, wenn man zwar die Layout-Funktionen des Diashow-Moduls nutzen, dabei allerdings ein anderes Abspielprogramm als Lightroom verwenden möchte (z. B. weil die Abspieloptionen von Lightroom nicht ausreichen).

Es gibt für Windows und für Mac OS viele Diashow-Programme, die deutlich komplexere Shows erzeugen können (Anpassung an Musik, für jedes Foto unterschiedliche Anzeigedauer, viele unterschiedliche Überblendeffekte usw.). In diese kann man die ausgegebenen JPEGs einfach importieren und daraufhin die eigentliche Diashow erzeugen.

5.3.3 Workflow-Teil

Eine Diashow außer Haus präsentieren
Es werden gezeigt: Diashow-Modul, Flaggenmarkierungen, Katalog-exportieren-Funktion, 1 : 1-Vorschauen rendern, Vorbereitung des Projektors

Ausgangssituation
Früher habe ich ab und zu Diashows mit einem echten Diaprojektor im Fotoclub gemacht, heute will ich eine Diashow mit Laptop und Projektor präsentieren. Da ich die Diashow an meinem Desktop-Rechner vorbereiten und auf meinem Laptop abspielen will, müssen Fotos und Einstellungen (z. B. Bildreihenfolge) irgendwie übertragen werden. Lightroom befindet sich zwar schon auf dem Laptop, die betreffenden Fotos allerdings noch nicht. Dies werde ich per Teilkatalogexport machen.

Schritt 1: Fotos finden und Sammlung erstellen
Meine Diashow soll Bilder von einer Fotoreise aus Kirgistan zeigen. Ich suche also per Textsuche (Strg | Befehl-F) das Stichwort »Kirgistan«. Zusätzlich beschränke ich die Auswahl über den Metadatenbrowser der Filterleiste auf alle querformatigen Fotos, weil ich finde, dass ein Wechsel von Quer- auf Hochformat in einer Diashow stört. Dies ist über das Metadatenfeld *Seitenverhältnis* möglich.

Abb. 5–29 *Filtern der Kirgistan-Fotos*

Als Nächstes gehe ich ins Diashow-Modul und erstelle dort eine neue Sammlung »Kirgistan-Diashow«, wobei ich die Fotos im Filmstreifen gleich in die Sammlung einbeziehe. Da ich im Diashow-Modul bin, wird sie als ausgabespezifische Sammlung generiert, sodass sie ein spezielles Symbol bekommt und per Doppelklick automatisch das Diashow-Modul geöffnet wird (leider kann man Sammlungen nicht nachträglich ausgabe-spezifisch machen).

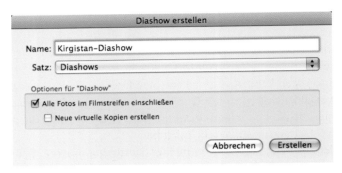

Abb. 5–30 *Erstellen der ausgabespezifischen Sammlung*

Zurück im Bibliotheksmodul entferne ich aus der Sammlung alle Fotos, die auf Anhieb nicht für die Diashow in Frage kommen (persönliche Fotos, Teilbilder für Panoramen, Ausschuss usw.).

Schritt 2: Feinauswahl

Die Feinauswahl meiner Fotos erfolgt über die Flaggenmarkierungen (P-Taste oder #-Taste). Auf diese Weise bin ich später noch flexibel und kann die Auswahl leicht abändern. Zusätzlich markiere ich noch einige Fotos als »abgelehnt« (X-Taste) und werfe sie am Ende aus der Sammlung heraus (Strg | Befehl-Delete), sodass die Anzahl der Fotos weiter schrumpft.

Über die Filterleiste oder den Filmstreifen kann ich die nicht markierten Fotos leicht ausblenden. Dies macht die Festlegung der Reihenfolge der Fotos einfacher. Dies mache ich ebenfalls größtenteils bereits im Bibliotheksmodul per Drag and Drop.

Abb. 5–31 *Reihenfolge in Sammlung festlegen*

Schritt 3: 1 : 1-Vorschauen erzeugen

Jetzt ist bereits ein guter Zeitpunkt, um die 1 : 1-Vorschauen zu rendern, die nachher ohnehin für das Abspielen der Diashow notwendig sind und im Folgenden bereits das Vorbereiten der Diashow beschleunigen können.

Beim Abspielen der Diashow greift Lightroom auf die Vorschaudateien zurück, und es ist besser, wenn Lightroom auf die vollformatigen Vorschauen zurückgreifen kann als nur auf die Standardvorschauen. Wenn die Standardvorschauen in niedriger Qualität und Größe erstellt wurden (dies wird unter *Datei → Katalogeinstellungen* festgelegt), ist der Unterschied zu den 1 : 1-Vorschauen deutlich sichtbar.

Ich habe letztlich noch 62 Fotos in meiner Sammlung, wovon 30 für die Diashow mit einer Flaggenmarkierung versehen sind. Ich selektiere jedoch alle 62, damit mir auch für jedes Foto eine Vorschau zur Verfügung steht, und gehe auf *Bibliothek → Vorschauen → 1 : 1-Vorschauen rendern*.

Das Erstellen der Vorschauen nimmt einige Minuten in Anspruch, während derer ich jedoch schon weiterarbeiten kann.

Schritt 4: Layout festlegen und Reihenfolge überprüfen

Ich wechsele also wieder ins Diashow-Modul und stelle in der Werkzeugleiste *Verwenden* auf *Markierte Fotos,* sodass nur die mit einer Flaggenmarkierung versehenen Fotos in die Diashow einbezogen werden.

Danach kümmere ich mich um das eigentliche Layout. Dafür wähle ich die Vorlage *Widescreen* aus dem Ordner Lightroom-Vorlagen. Sie zeigt mir alle Fotos auf schwarzem Hintergrund, ohne jegliche störende Textinformationen, Hintergrundverläufe oder Rahmen an. Die Fotos werden größtmöglich angezeigt, ohne sie zu beschneiden.

Abb. 5–32 *Widescreen-Vorlage*

Um die Reihenfolge zu überprüfen, ziehe ich mir den Filmstreifen so weit wie möglich nach oben, sodass die Thumbnails möglichst groß sind. Per Drag and Drop kann ich die Reihenfolge noch ändern. Auch gehe ich die Diashow mit den Pfeiltasten durch, um zu sehen, wie ein Folgebild auf das vorherige Bild wirkt (später werden sie ja sogar überblendet, daher ist es mir relativ wichtig).

Schritt 5: Probelauf

Noch viel besser als der Filmstreifen eignet sich dafür natürlich ein Probelauf. Dies geht im Vollbildmodus, indem man einfach auf den Abspielen-Button klickt oder auf Return drückt. Es geht aber auch direkt im Vorschaubereich mittels Alt-Return oder über den Play-Button in der Werkzeugleiste. Dabei kann man den Filmstreifen geöffnet lassen.

Die Diashow wird immer vom im Filmstreifen aktiven Foto aus gestartet. So kann ich auch nur einen Teil der Diashow per Probelauf durchgehen und so lange Veränderungen machen, bis letztendlich alles stimmt. Wenn alles fertig ist, gehe ich wieder zurück ins Bibliotheksmodul (G-Taste).

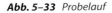

Abb. 5–33 *Probelauf*

Schritt 6: Übertragung auf den Laptop

Für die Übertragung der Bilder werde ich diese als Katalog exportieren. Dies ist am einfachsten, und auf diese Weise bleibt auch die Sortierung erhalten. Ich klicke direkt mit der rechten Maustaste auf die vorhin erstellte Sammlung und wähle *Diese Sammlung als Katalog exportieren*.

Ich deaktiviere *Negativdateien exportieren* und behalte *Verfügbare Vorschaubilder einschließen* bei. Dadurch werden keine Originaldateien mit kopiert, sodass ich auf die vorhin angelegten 1 : 1-Vorschauen angewiesen bin. Dies ist jedoch kein Problem, da Lightroom Diashows ohne Zugriff auf die Originale abspielen kann. Ich kann allerdings keine Änderungen an den Entwicklungseinstellungen mehr machen.

Abb. 5–34 *Im Katalogordner, den Lightroom exportiert hat, befinden sich nur die eigentliche Katalogdatei und die Vorschaubilder.*

Da die verwendeten Fotos recht groß sind (Scans vom Dia mit mehr als 20 Megapixeln), hat der Katalogordner letztlich eine Größe von knapp 600 MB. Ich übertrage die Dateien per Netzwerk auf meinen Laptop. Eine andere Möglichkeit wäre das Brennen einer CD oder DVD.

Nachdem ich den Katalogordner auf den Laptop transferiert habe, klicke ich dort einfach doppelt auf den Katalog, d.h. die lrcat-Datei im Ordner, den ich übertragen habe. Wenn alles funktioniert hat, sollten nach einem Doppelklick auf die Sammlung die Bilder in der richtigen Reihenfolge im Diashow-Modul angezeigt werden.

Schritt 7: Einstellungen vor Ort

Vor Ort oder besser auch schon nach der Übertragung teste ich, ob die Diashow funktioniert. Falls der Projektor als zweiter Monitor behandelt wird, ist es wichtig, den korrekten Bildschirm in der Abspielen-Palette auszuwählen.

Wenn möglich, teste ich auch, ob der Projektor Helligkeit und Kontrast der Fotos richtig wiedergibt. Ist dies nicht der Fall, versuche ich, es mit den Bildeinstellungen des Projektors zu korrigieren.

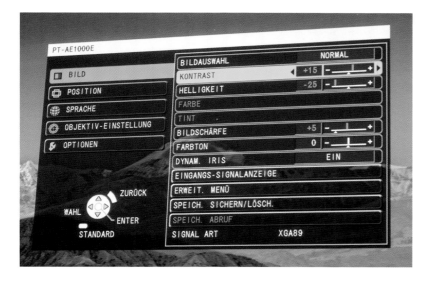

Abb. 5–35 *Bildeinstellungen des Projektors*

Schritt 8: Abspielen

Mein Diavortrag ist eine Reisereportage, bei der ich zu einzelnen Fotos etwas sagen werde und daher manuell weiterschalten möchte. Zum Abspielen habe ich in der Abspielen-Palette daher die *Dialänge* abgehakt, sodass die Show im Pause-Modus starten wird und ich mit den Pfeiltasten des Laptops das Bild weiterschalten kann.

Abschließend nehme ich mir noch die Zeit, im Bibliotheksmodul alle Fotos zu selektieren und ein beschreibendes Stichwort zu vergeben. Dies könnte in Zukunft nützlich sein, wenn ich später aus irgendeinem Grund genau wissen will, welche Fotos Bestandteil der Diashow waren. Ein Stichwort wie »Kirgistan-Diashow« oder »Kirgistan-Diashow Juli 2008« sollte ausreichen.

5.4   Drucken

5.4.1   Einleitung

Das Drucken-Modul ist für sehr unterschiedliche Druckaufgaben konzipiert. Sowohl im Entwurfsmodus gedruckte Kontaktbögen als auch hochwertige Einzelausdrucke können mit ihm erstellt werden. Als Stapelverarbeitungsfunktion ist es in Lightroom deutlich komfortabler als z. B. in Photoshop, mehrere Einzelbilder mit denselben Einstellungen zu drucken.

Abb. 5–36 *Übersicht über das Drucken-Modul*

Informationen (I)

Vorlagen (nach Papieren organisiert)

Papierformat (Shift-StrglBefehl-P)

Lineale (StrglBefehl-R)

Treibereinstellungen (Shift-Alt-StrglBefehl-P)

Drucken ((Alt)-StrglBefehl-P)

Seit Lightroom 2 ist nicht mehr nur der direkte Druck möglich. Die fertig gestalteten Druckseiten lassen sich auch als JPEG-Dateien ausgeben, sodass man sie mit einem anderen Programm drucken oder an einen Belichtungsdienst geben kann.

Im Drucken-Modul bekommt man es bei den Seiten- und Druckertreibereinstellungen zwangsläufig mit recht unübersichtlichen Betriebssystemdialogen zu tun. In erster Linie geht es dabei um das Thema Farbmanagement. Die richtigen Einstellungen sind einerseits in Lightroom, andererseits im Druckertreiber zu treffen, darum wird es verstärkt in diesem Kapitel gehen.

Gequälte Photoshop-User wird hierbei es freuen, dass Lightroom in der Lage ist, sämtliche Papier- und Druckertreibereinstellungen zusammen mit den Einstellungen des Drucken-Moduls in den Vorlagen zu speichern, sodass man alles zusammen auf einmal mit nur einem Klick wieder aufrufen kann.

5.4.2 Seiteneinrichtung für Druck und JPEG-Ausgabe

Seiteneinrichtung für den Druck

Die Papiergröße, Hoch- oder Querformat und die Breite der Druckränder wirken sich auf das weitere Seitenlayout aus. Daher ist das Papierformat eine der Einstellungen, die man zuerst festlegen sollte.

Abb. 5–37 In der Druckauftrag-Palette lässt sich zwischen Direktdruck und JPEG-Ausgabe (z. B. um Fotos an einen Belichtungsdienst zu schicken) wählen.

Der entsprechende Dialog wird über den Seite-einrichten-Button aufgerufen. Er befindet sich unten in der linken Palettenspalte und ist auch über Shift-Strg | Befehl-P erreichbar. Lightroom ruft dabei den bekannten Betriebssystemdialog auf. Hier werden Drucker, Papierformat und Ausrichtung ausgewählt.

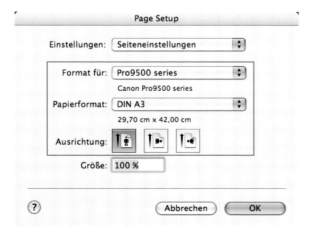

Abb. 5–38 Seiteneinrichtung unter Mac OS

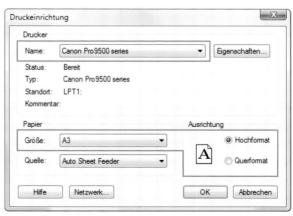

Abb. 5–39 Seiteneinrichtung unter Windows

Es ist sinnvoll, den Drucker zuerst einzustellen, da sich die Wahl unter Umständen auf die zur Verfügung stehenden Papierformate auswirkt. Das eingestellte Papierformat und dessen Ausrichtung wirken sich wiederum auf die Anzeige der Arbeitsfläche in Lightroom aus.

Vorlagen im Drucken-Modul

Die Vorlagen im Drucken-Modul speichern nicht nur die in den Paletten auf der rechten Seite vorgenommenen Einstellungen, sondern immer auch die *Seiteneinstellungen* und die *Druckeinstellungen,* die in den Betriebssystemdialogen vorgenommen werden. Dies stellt eine erhebliche Vereinfachung für den Druck dar, die ich in Lightroom nicht missen möchte.

Für einen besonders schnellen Zugriff auf häufig benötigte Einstellungsvarianten kann man für jede einzelne mögliche Kombination aus Palettenwerten, Seiteneinstellungen und Druckeinstellungen jeweils eine eigene Vorlage erstellen, also z. B. eine Vorlage für den Epson 2100 mit Premium-Glossy-Papier in Größe A4, eine weitere für denselben Drucker und dieselbe Papiersorte, aber in Größe A3, eine weitere für das Drucken von Kontaktbögen im Entwurfsmodus usw.

Hierdurch können mehr Vorlagen entstehen als in den anderen Ausgabemodulen. Daher kann eine systematische Benennung der Vorlagen (z. B. *Drucker_Papiersorte_Papiergröße* oder *Papiersorte_Papiergröße*) von Vorteil sein. Auch die Vorlagenordner lassen sich gut nutzen, um die Vorlagen zu organisieren, z. B. kann es durchaus sinnvoll sein, für jede Papiersorte einen Ordner anzulegen oder – wenn man mehrere Drucker hat – für jeden Drucker einen Ordner.

Abb. 5–40 *Mit einer Organisation nach Drucker ➝ Papiersorte ➝ Papiergröße behält man die Übersicht in den Vorlagen.*

Seiteneinrichtung für die JPEG-Ausgabe

Für die JPEG-Ausgabe kann es ungünstig sein, die normale Seitenkonfiguration zu benutzen. Die meisten Belichtungsdienste arbeiten nicht mit DIN-Formaten wie A4, sondern mit Formaten wie z. B. 20 × 30, 30 × 45 usw. Außerdem haben sie oft keinen Druckrand, den sie einhalten müssen.

Daher lassen sich für die JPEG-Ausgabe die Angaben in den Seiteneinstellungen auch durch neue Maße überschreiben. Dies geschieht in der Druckauftrag-Palette. Im JPEG-Modus verfügt die Palette über die Option *Benutzerdefinierte Dateiabmessungen,* die per Häkchen aktiviert werden kann (siehe Abbildung 5–41).

Die Seitenmaße werden dabei in einem physikalischen Maß wie z. B. cm, mm angegeben (mehr zu physikalischen und Pixelmaßen in Kapitel 5.6.2). Die Auflösung wird über *Dateiauflösung* festgelegt. Die Einheit für die physikalischen Maße lässt sich ändern, indem man die Einheit für die Lineale der Arbeitsfläche anpasst(!) Dies geschieht – je nachdem, welche

Abb. 5–41 *Seiteneinrichtung für die JPEG-Ausgabe über die Druckauftrag-Palette*

Layout-Engine eingestellt ist – in den Paletten *Layout* oder *Lineal, Raster und Hilfslinien.*

Die Seiteneinrichtung für die JPEG-Ausgabe kann auch auf dieselbe Art und Weise erfolgen wie für den Druck. Der hier vorgestellte Schritt ist also optional.

5.4.3 Gestaltung der Druckseite(n)

Lightroom verfügt über zwei verschiedene Layout-Engines, *Kontaktabzug/ Raster* und *Bildpaket,* zwischen denen sich in der Palette *Layout-Engine* ganz oben rechts umschalten lässt. Je nach Engine unterscheiden sich die meisten Paletten auf der rechten Seite stark voneinander.

Jede Layout-Engine hat ihr eigenes Konzept, wie sie die einzelnen Fotos auf das Drucklayout verteilt. *Kontaktabzug/Raster* z. B. erlaubt nur gleich große, dafür unterschiedliche Fotos auf einer Seite, während *Bildpaket* das gleiche Foto in unterschiedlichen Größen auf derselben Seite darstellt, weshalb diese Engine auch mehr für professionelle Fotografen gedacht ist, in diesem Fall für Porträtfotografen, die Porträtfotos in mehreren Größen ausgeben wollen.

Layoutmodus Kontaktabzug/Raster
Die Seite(n) des Druckauftrags werden über einen Raster strukturiert, über eine »Tabelle« mit Spalten und Zeilen. Es gibt keinen Wesensunterschied zwischen Kontaktbögen und normalen Einzelbildseiten, wie das z. B. in Photoshop der Fall ist.

Beides wird mit demselben Ansatz realisiert: Eine Anzahl von Fotos wird auf eine oder mehrere Druckseiten verteilt. Ob eine Druckseite dabei Platz für 40 kleine Miniaturen oder ein großes Foto hat, wird allein durch die Anzahl der Reihen und Spalten in der Layout-Palette bestimmt. Bei einer Einzelbildseite hat der Raster einfach jeweils nur eine Zeile und eine Spalte.

Es gibt jedoch eine Reihe vordefinierter Vorlagen im Vorlagenbrowser, die bereits gute Startpunkte für Einzelbildausdrucke, Kontaktbögen oder Seiten mit mehreren kleineren Bildern (z. B. vier Fotos auf einem A4-Blatt) abgeben.

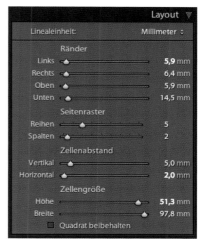

Abb. 5–42 *Layout-Palette*

Funktionsweise des Seitenrasters
Alle Einstellungen zum Raster werden in der Layout-Palette vorgenommen. Abgesehen von der Anzahl der Spalten und Zeilen finden sich dort die Seitenränder, die Abstände zwischen den Zellen und die Zellgrößen. Zellgrößen und Zellabstände beeinflussen sich gegenseitig. Auch der im Druckertreiber bzw. in den Papiereinstellungen eingestellte Druckrand beeinflusst den minimal einstellbaren Seitenrand. Die Zellgrößen lassen sich auch direkt mit der Maus im Vorschaubereich verändern.

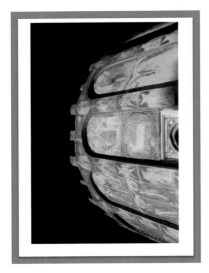

Abb. 5–43 *Drei Beispiele für Seitenraster*

Die Zellgröße ist jedoch nicht automatisch gleichbedeutend mit der Größe der Fotos. Die Zelle stellt nur eine Maximalbegrenzung dar, über die das jeweilige Foto nicht hinausreichen kann.

Die Option *Drehen und einpassen* in der Bildeinstellungen-Palette sorgt dafür, dass jedes Bild so gedreht wird, dass die Zelle optimal genutzt wird, ohne das Bild zu beschneiden. Wenn die Bilder nachher ausgeschnitten oder ganzseitig gedruckt werden sollen, ist dies die einzig sinnvolle Einstellung – schlecht ist sie hingegen bei Kontaktbögen, in denen Hoch- und Querformate erhalten bleiben sollen. Soll hingegen die ganze Zelle gefüllt und das Bild dabei auch gegebenenfalls beschnitten werden, muss in derselben Palette die Option *Zum Füllen zoomen* aktiviert werden. Dabei lässt sich der exakte Ausschnitt eines Bildes mit der Maus festlegen. Dies ist für jedes Bild individuell verschieden möglich.

Lightroom bietet in der Hilfslinien-Palette für den Gestaltungsvorgang eine Reihe von Hilfslinien bzw. temporären Einblendungen an, die nicht gedruckt werden. Hierüber lassen sich z. B. die tatsächlichen Abmessungen der Bilder (nicht der Zellen) für jedes Bild einzeln einblenden *(Abmessungen)*. Ebenfalls nützlich ist die Darstellung des im Druckertreiber bzw. unter *Papiereinstellungen* eingestellten Druckrands *(Seitenanschnitt)*.

Verteilung der Bilder auf das Raster

Bei einem Raster mit nur einer Zelle verteilt sich logischerweise ein Bild pro Seite, d.h., man hat nachher genauso viele Seiten wie Fotos. Bei mehreren Zellen pro Seite werden die Zellen normalerweise fortlaufend mit verschiedenen Bildern gefüllt. Mit der Option *Ein Foto pro Seite wiederholen* in der Bildeinstellungen-Palette kann man allerdings festlegen, dass die ganze Seite mit nur einem Foto bedruckt wird, egal wie viele Zellen auf einer Seite sind.

Abb. 5–44 *Bildeinstellungen-Palette*

Layoutmodus Bildpaket

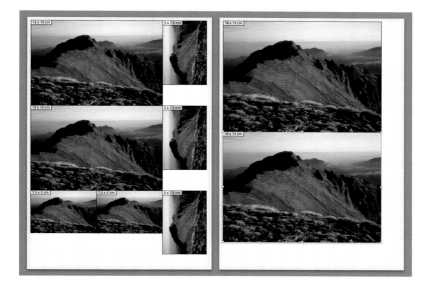

Abb. 5–45 *Layoutmodus Bildpaket*

Mit dem Layoutmodus *Bildpaket* lassen sich schnell und einfach mehrere unterschiedlich große Abzüge ein und desselben Fotos auf dieselbe Druckseite platzieren. Die Seite ist dabei kein starres Raster wie in der vorherigen Layout-Engine, sondern jeder Abzug lässt sich einzeln positionieren, drehen und in der Größe anpassen. Am einfachsten ist es jedoch, nach dem Hinzufügen der gewünschten Anzahl Abzüge diese mit der Auto-Layout-Funktion automatisch positionieren zu lassen.

Zellen-Palette

Das Layout im Bildpaket-Modus erfolgt über die Zellen-Palette und über die Arbeitsfläche selbst, über die man das Layout per Drag and Drop verändern kann.

Im Allgemeinen startet man im Bildpaket-Modus mit einer leeren Druckseite. Abzüge hinzufügen kann man mit einem der sechs Buttons, die bereits mit unterschiedlichen Abzuggrößen markiert sind.

Lightroom versucht, jeden neu hinzugefügten Abzug so platzsparend wie möglich auf der Seite unterzubringen, und kann einen Abzug dabei auch drehen. Abzüge lassen sich auch »duplizieren«, indem man bei gedrückter Alt-Taste einen Abzug anklickt und mit der Maus an eine andere Stelle zieht.

Bereits platzierte Abzüge lassen sich durch einfaches Ziehen mit der Maus auf der Druckseite umpositionieren. Eine mit der Maus markierte Fotozelle lässt sich in der Größe verändern, indem eine der vier Kanten oder eine der vier Ecken gegriffen und gezogen wird. Größenveränderungen sind jedoch ebenso über die Zellen-Palette möglich (*Ausgewählte Zelle anpassen*). Drehen lassen sich Abzüge über ihr Kontextmenü.

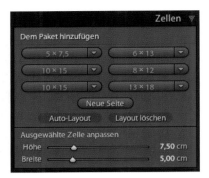

Abb. 5–46 *Die sechs Hinzufügen-Buttons der Zellen-Palette lassen sich (über die Dreiecke) frei konfigurieren und mit neuen Größen versehen.*

Wenn sich beim manuellen Umpositionieren Abzüge überlappen sollten, erscheint rechts oben auf der Druckseite ein kleines Warnsymbol. In diesem Fall kann man über den Auto-Layout-Knopf wieder ein vom Computer berechnetes Layout einstellen.

Layout löschen entfernt alle Abzüge auf einmal. Einzelne Abzüge können über die Delete-Taste oder über ihr Kontextmenü von der Druckseite entfernt werden.

Falls eine Druckseite nicht ausreichen sollte, lässt sich der Platz auf bis zu sechs Druckseiten (die alle mit Abzügen desselben Fotos gefüllt werden) erweitern (über den Button *Neue Seite* oder durch das fortgesetzte Hinzufügen von Abzügen).

Lineale, Raster und Hilfslinien

Die Palette *Lineale, Raster und Hilfslinien* enthält viele wichtige Einstellungen zur Arbeit im Bildpaket-Modus.

Als Erstes gibt es hier ein hinzuschaltbares Lineal und vor allem die Maßeinheit dieses Lineals, die sich auf die Abzuggrößen-Buttons auswirkt, mit denen man neue Abzüge zur Seite hinzufügt. Weiterhin lässt sich ein Raster, ähnlich wie Millimeterpapier, hinzuschalten. Dieser kann für ein genaues Seitenlayout sehr nützlich sein (im Zentimeter-Modus ist der Raster in 0,25-cm-Stufen eingeteilt).

Über *Ausrichten* lässt sich die »Haftung«, wenn Abzüge mit der Maus bewegt werden, dabei entweder auf die Linien dieses Rasters einstellen oder aber auf die Ränder bereits positionierter Zellen (sodass alle Abzüge zueinander ausgerichtet werden können).

Anschnitt stellt die Druckränder auf der Druckseite dar, während *Abmessungen* links oben in jedem einzelnen Abzug dessen Maße anzeigt.

Alle diese eingeblendeten Informationen sind nur zur Arbeitserleichterung vorhanden und werden nicht mit gedruckt.

Achtung: Wenn sich die Hilfslinien über die Buttons nicht einschalten lassen, sind vielleicht alle Hilfslinien per Menü ausgeschaltet worden. Probieren Sie den Menübefehl *Ansicht → Hilfslinien anzeigen* (Shift-Strg | Befehl-H).

Verzierungen (beide Layout-Engines)

In der Bildeinstellungen-Palette lässt sich das Foto jeweils mit einem zusätzlichen Rahmen versehen. Im Rastermodus lassen sich Farbe und Breite des Rahmens angeben; im Bildpaket-Modus können hingegen zwei Rahmen angegeben werden, ein äußerer und ein innerer, wobei nur für den inneren die Farbe wählbar ist.

In der Überlagerungen-Palette lässt sich eine Reihe zusätzlich zu druckender Elemente einstellen wie die Erkennungstafel, Schnittmarkierungen und Metadaten. Auch die Überlagerungen-Palette sieht je nach Layoutmodus leicht unterschiedlich aus.

Die **Erkennungstafel** lässt sich hier auf die Druckseite einblenden und dann per Drag und Drop wie gewünscht positionieren. Dabei lässt sie sich auch drehen und teilweise hinter den Fotos positionieren (sodass sie von den Fotos überdeckt wird). Es besteht auch die Möglichkeit, die Erkennungstafel auf jedes Foto auf der Seite zu rendern. Sie wird in diesem Fall immer mittig auf den Fotos positioniert und kann nur noch in der Größe verändert werden.

Weiterhin lassen sich einige Elemente drucken, welche die Seite zusätzlich aufwerten können. Im Rastermodus sind dies Seitennummern, Seiteninformationen und Schnittmarken, die fürs leichtere Ausschneiden von mehreren kleinen Bildern auf einer Seite gedacht sind. Sie sind aber nur sinnvoll, wenn die Option *Zum Füllen zoomen* benutzt wird, denn sie beziehen sich auf die Bildzellen selbst, nicht auf die gedruckten Fotos. *Seiteninformationen* druckt den verwendeten Schärfungsmodus, das Profil und den Druckernamen auf die linke untere Ecke. Dies kann nützlich sein, falls man gerade noch in der Testphase ist und die besten Schärfungs- und Farbprofileinstellungen sucht.

Im Bildpaket-Modus sucht man Seitennummern und -informationen vergebens. Hier kann man allerdings zwischen zwei verschiedenen Arten von Schnittmarkierungen wählen.

Abb. 5–47 Überlagerungen-Palette

Ebenfalls nur im Rastermodus vorhanden ist die Möglichkeit, unter **Fotoinfo** festzulegen, welche Metadaten zu den Fotos ausgedruckt werden sollen. Hierfür stellt Lightroom einige Standardfelder wie Datum oder Dateiname zur Verfügung. Mit dem Textvorlagen-Editor lassen sich aber auch individuelle Textabschnitte, sogar mit mehreren Metadaten-Platzhaltern in einer Zeile, zusammenbauen. Man kann allerdings nur eine einzelne Zeile Metadaten pro Foto drucken. Diese wird immer unterhalb des Bildes angezeigt und lässt sich lediglich in der Schriftgröße anpassen.

Abb. 5–48 Auch auf einer Zeile kann man viele Metadaten unterbringen, vorausgesetzt die Seite ist breit genug. Links unten die Seitenoptionen.

5.4.4 Druckauftrag-Palette

Je nach Ausgabemodus unterscheidet sich die Druckauftrag-Palette leicht. Ich werde im folgenden Abschnitt auf alle Einstellungen im Direktdruck-Modus eingehen und im Abschnitt danach nur noch die Unterschiede bei der JPEG-Ausgabe besprechen.

Abb. 5–49 *Druckauftrag-Palette für Direktdruck*

Ausgabe auf Drucker

Die Einstellungen für den direkten Druck werden einerseits hier, andererseits durch den Druckertreiber bestimmt. In der Druckauftrag-Palette wird festgelegt, wie Lightroom die Fotos vorbereiten soll, bevor es sie an den Drucker (bzw. an den Druckertreiber) schickt. Auf die Druckertreiber-Einstellungen gehe ich gesondert in Kapitel 5.4.5 ein.

Die Option **Drucken im Entwurfsmodus** in der Druckauftrag-Palette sorgt dafür, dass Lightroom für den Druck nicht erst jedes Foto einzeln entwickelt, sondern direkt die Vorschaudateien an den Druckertreiber schickt. In diesem Modus sind alle anderen Anpassungen in der Druckauftrag-Palette ausgeblendet. Dieser Modus ist in erster Linie für Kontaktbögen gedacht. Gerade bei Kontaktbögen, in denen unter Umständen 40 Miniaturen pro Seite gedruckt werden, beschleunigt dies den Druck enorm (wenige Sekunden statt Minuten).

Wenn *Drucken im Entwurfsmodus* aktiviert ist, werden die Druckseiten nicht skaliert, nicht geschärft, und Lightroom nimmt auch keine Farbraumkonvertierungen vor (d.h. der Farbraum der Vorschaudateien wird beibehalten). Die Farben können jedoch über die Einstellungen im Druckertreiber angepasst werden.

Für die **Druckauflösung** sollte man sich im Allgemeinen an der Ausgabeauflösung des Druckers orientieren. Damit meine ich, dass man einen *Teiler* der angegebenen Auflösung angeben sollte: Epson gibt für den R2400 z. B. eine Auflösung von 5760 × 1440 dpi an. Der größte Teiler davon, den man in Lightroom einstellen kann, ist 360 dpi (720 sind zu groß, es lassen sich maximal 480 einstellen). Der Canon Pro 9500 hat eine Auflösung von 4.800 × 2.400 dpi, hier würde ich also 300 dpi wählen.

Bei **Ausdruck schärfen** handelt es sich um die Ausgabeschärfung, die von den Schärfungseinstellungen im Entwickeln-Modul unabhängig ist, d.h. um eine zusätzliche Schärfung nur für den Druck.

Für die Schärfung wählt man den Papiertyp (Glanz oder Matt) und – je nach persönlicher Vorliebe – den Schärfungsgrad (Wenig, Standard oder Hoch). Lightroom berechnet dann die Schärfungsparameter anhand dieser Einstellungen – ein Druck auf mattem Papier muss z. B. stärker geschärft werden, damit derselbe Effekt erzielt wird – und der eingestellten Druckauflösung. Auf die drei Einstellungen Auflösung, Medientyp und Schärfungsgrad ist also zu achten, wenn Sie konsistente Schärfungsergebnisse haben wollen.

16-Bit-Ausgabe (nur Mac OS X Leopard): Normalerweise werden die Bilddaten in 8 Bit Farbtiefe an den Druckertreiber übergeben. Mac OS X unterstützt seit Version 10.5 Leopard auch das Drucken in 16 Bit Farbtiefe, wenn der zugehörige Druckertreiber dies ebenfalls unterstützt. Das Drucken im 16-Bit-Modus kann zu sanfteren Tonwertabstufungen im Druck führen.

Zur Zeit der Drucklegung dieses Buches waren nur wenige 16-Bit-Druckertreiber erhältlich, z.B. von Epson für seine professionellen und semiprofessionellen Fotodrucker. Auch sind für preiswerte Consumer-Drucker spezielle 16-Bit-Versionen mittelfristig wohl kaum zu erwarten.

Außerdem gibt es noch zwei Einstellungen zum Thema Farbmanagement, *Profil* (das zu verwendende Drucker-Farbprofil) und *Renderpriorität* (das Konvertierungsverfahren).

Abb. 5–50 *Profilauswahl*

Allgemeine vs. individuelle Ausgabeprofile

Bei den meisten Fotodruckern werden heutzutage Ausgabeprofile mitgeliefert, meist sogar verschiedene Profile für unterschiedliche Papiersorten. Oft werden sie auch auf den Internet-Seiten der Drucker- oder Papierhersteller angeboten. Diese allgemein für alle Exemplare eines Modells erstellten (»generischen«) Profile bieten – zumindest bei modernen Druckern – schon eine sehr gute Qualität.

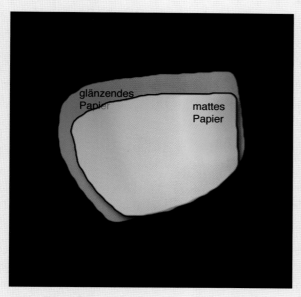

Abb. 5–51 *Glanzpapiere haben in der Regel einen größeren Farbraum als matte Papiere.*

Abb. 5–52 *Das Datacolor Spyder3 Print (hier im Bild der Vorgänger PrintFIX Pro) ist mit Straßenpreisen ab 360 Euro die preiswerteste Möglichkeit zur heimischen Druckerprofilierung. Ab 425 Euro erhält man die Version Spyder3 Studio, die zusätzlich das Monitorkalibriergerät Spyder3 enthält. Das X-Rite i1 Photo kostet in der Light-Version hingegen schon ca. 950 EUR.*

Noch besser sind individuelle Ausgabeprofile, die man selbst mithilfe eines entsprechenden Messgeräts und der dazugehörigen Software ähnlich wie bei der Monitorkalibrierung erstellen kann. Die Geräte sind allerdings deutlich teurer als Monitorkalibrierungslösungen.

Profil: Hier wählt man das Drucker-Farbprofil aus, in das Lightroom die Fotos konvertieren soll, bevor es sie zum Druckertreiber schickt. Um ein Ausgabeprofil auszuwählen, muss es vorher in die Profilliste eingetragen werden (über *Andere*). Erst dann erscheint es in der Auswahlliste.

Damit ein Profil von Lightroom gefunden werden kann, muss es sich im dafür vorgesehenen Ordner des Betriebssystems befinden. Viele Druckertreiber installieren bereits einige Profile am richtigen Ort. Manchmal, z.B. wenn man ein Farbprofil aus dem Internet geladen hat, muss man es jedoch selbst in den richtigen Ordner legen. Diese sind:

Mac OS X:
/Library/ColorSync/Profiles
 (für alle Benutzer)
/Benutzer/Benutzername/Library/ColorSync/Profiles
 (nur für *Benutzername*)

Windows XP und Vista:
WINDOWS\system32\spool\drivers\color

Renderpriorität: Hat man das Farbprofil ausgewählt, muss man sich noch für eines der beiden Farbkonvertierungsverfahren, *Farbmetrisch* oder *Perzeptiv,* entscheiden. Im Allgemeinen ist *Perzeptiv* besser für Fotos mit vielen stärker gesättigten Farben geeignet (siehe auch Kasten »Farbraumkonvertierung«), *Farbmetrisch* hingegen für nur schwach gesättigte Fotos.

Die beste Wahl ist aber stark abhängig vom zu druckenden Foto und dem Druckerprofil. Daher ist es sinnvoll, vor der Entscheidung einen *Softproof* zu machen, mit dem man die Wirkung der beiden Verfahren vergleichen kann. Bis diese Funktion in Lightroom zur Verfügung steht, muss man allerdings auf Photoshop ausweichen (siehe Kasten »Softproofs in Photoshop«).

Vom Drucker verwaltet: Mit dem Eintrag *Vom Drucker verwaltet* in der Profileinstellung führt Lightroom überhaupt keine Konvertierung durch. Stattdessen hat man die Möglichkeit, Farbanpassungen über die Druckertreibereinstellungen vorzunehmen, was in den meisten Fällen jedoch nicht die besten Ergebnisse bringt. Profilwahl und Renderpriorität sind in diesem Modus logischerweise nicht möglich.

Farbraumkonvertierung

Wenn man ein Bild, das in einem großen Farbraum (z. B. ProPhoto-RGB) vorliegt, in einen kleinen Farbraum konvertieren will (z. B. sRGB), gibt es dafür im
Wesentlichen zwei Konvertierungsverfahren.

Farbmetrisch (bzw. relativ farbmetrisch): Alle im kleineren Farbraum darstellbaren Farben bleiben erhalten, alle nicht darstellbaren werden quasi »abgeschnitten«, d.h., sie werden durch noch darstellbare Farben ersetzt. Hierbei
werden gehen Farbdetails verloren ähnlich wie beim Clipping durch Überbelichtung. Durch den Einsatz von *Dithering*, an den entsprechenden Stellen
eingestreute »Störpixel«, fallen diese Stellen aber nicht so stark auf.

Abb. 5–53 *Links ein Foto, so wie
es auf meinem Monitor dargestellt
wird. Lightroom nutzt für die
Monitorausgabe die relativ
farbmetrische Konvertierung, sodass
einige Bildbereiche unter »Clipping«
leiden. Rechts hingegen das Bild mit
insgesamt reduzierter Sättigung (dies
entspricht nicht ganz, aber in der
Art und Weise der perzeptiven
Konvertierung).*

Perzeptiv: Die Sättigungen *aller* Farben werden proportional verringert, im
Grunde wird der Farbraum wie ein Ballon geschrumpft. Dies nennt man *perzeptive* Farbumsetzung, weil die relativen Abstände zwischen den Farben bestehen bleiben und damit auch der Eindruck des Bildes möglichst erhalten
bleiben soll. Bei dieser Methode handelt es sich also um eine Kompression,
bei der theoretisch keine Informationen verloren gehen (theoretisch, weil es
praktisch in 16- und vor allem in 8-Bit-Dateien zu Rundungsfehlern kommt).

   Die perzeptive Methode empfiehlt sich, wenn das Bild viele Farben hat,
die nicht in den Zielfarbraum passen. Wenn die Farben ohnehin in den Zielfarbraum passen, ist es sinnvoller, die relativ farbmetrische Methode zu verwenden. Dann nämlich bleiben bei dieser Methode alle Farben erhalten, während sie bei der perzeptiven ebenfalls leicht geschrumpft würden, obwohl
dies für das Bild nicht nötig wäre (die Farbraumkonvertierung achtet aber
nicht darauf, welche Farben ein einzelnes Bild tatsächlich enthält).

Abb. 5–54 *Ein Bild aus einem großen Farbraum in einen kleinen zu konvertieren,
ist ähnlich schwierig, wie einen zu großen Fuß in einen zu kleinen Schuh zwängen zu
wollen. Aschenputtels Schwestern lösten dieses Problem im Märchen mit dem
Abschneiden von Ferse oder großer Zehe. Was nicht ganz unähnlich ist zur
»farbmetrischen« Methode. (© iStockphoto.com/Gloria-Leigh)*

Softproofs in Photoshop

Ein Softproof ist eine Simulation des Druckergebnisses auf dem Monitor. Dazu wird das Foto ins Druckerfarbprofil konvertiert und danach wieder zurück in den Monitorfarbraum. Anhand dieser Simulation lässt sich dann das geeignetere Konvertierungsverfahren (farbmetrisch oder perzeptiv) auswählen.

Lightroom verfügt derzeit noch nicht über Softproofing. Allerdings kann man den Proof mit Photoshop machen, da Lightroom und Photoshop dieselben Farbmanagementmethoden benutzen. Als Erstes wird dazu das Foto – im Farbraum ProPhoto-RGB – an Photoshop übergeben.

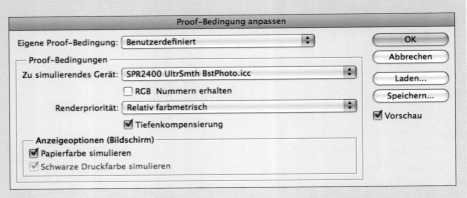

Abb. 5–55 *Proof-Bedingungen*
anpassen

Die Proof-Einstellungen von Photoshop befinden sich unter dem Menüpunkt *Ansicht → Proof einrichten → Benutzerdefiniert*. Unter *Zu simulierendes Gerät* wird zuerst das Druckerprofil eingestellt, mit dem später gedruckt werden soll. Bei *Renderpriorität* kommt *Perzeptiv* oder *Relativ farbmetrisch* (in Lightroom: *farbmetrisch*) in Frage.

Tiefenkompensierung sollte eingeschaltet, *RGB-Nummern erhalten* ausgeschaltet sein. *Papierfarbe simulieren* unter den Anzeigeoptionen kann zu einem realistischeren Proof führen. Dies ist aber Geschmackssache. Hier ist sinnvoll, einmal ein Bild zu drucken und dann zu sehen, ob der Proof mit oder ohne *Papierfarbe simulieren* am besten dem Ausdruck entspricht.

Ist die Proof-Ansicht konfiguriert, wird sie über Strg|Befehl-Y an- oder ausgeschaltet. Es ist der Sinn des Proofs herauszufinden, welche der beiden Renderprioritäten für die Farbanpassung geeigneter ist, ohne das Bild dafür drucken zu müssen. Also sollte man beide ausprobieren und danach entscheiden.

Es kann außerdem sinnvoll sein, im Ansicht-Menü die *Farbumfangwarnung* (Shift-Strg|Befehl-Y) kurz dazuzuschalten. Sie zeigt an, welche Bildbereiche von den Farben her nicht in das in den Proof-Einstellungen definierte Ausgabeprofil passen. Dies sind die Stellen, die man sich beim Vergleichen der beiden Renderprioritäten genauer anschauen sollte, insbesondere bei der farbmetrischen Konvertierung (denn hier finden die Veränderungen statt).

Abb. 5–56 *Die Farbumfangwarnung in Photoshop zeigt Bildbereiche, die nicht in den Zielfarbraum passen, grau an.*

Nach dem Proof kann das Foto von Lightroom aus mit dem korrekten Druckerprofil und der gewünschten Einstellung bei *Renderpriorität* gedruckt werden.

Ausgabe in JPEG-Datei

Im JPEG-Modus verfügt die Palette über zwei neue Einstellungen. Über **JPEG-Qualität** lässt sich die Komprimierung der JPEG-Dateien einstellen. Höhere Qualität bedeutet auch größere Dateien.

Unter **Benutzerdefinierte Dateiabmessungen** lässt sich das in den Seiteneinstellungen definierte Papierformat überschreiben. Dies ist sinnvoll, um mit Formaten arbeiten zu können, die in den Seiteneinstellungen nicht existieren. Wenn man Druckaufträge für Belichtungsdienste vorbereitet, hat man es häufig mit solchen Papierformaten zu tun (20 × 30, 30 × 45, keine Druckränder).

Die Maßeinheit der Seitenabmessungen richtet sich nach der Maßeinheit des Lineals, die sich in der Palette *Layout* bzw. *Lineale, Raster und Hilfslinien* verstellen lässt (siehe dort). Unter *Dateiauflösung* lässt sich die Ausgabeauflösung eingeben.

Auch für die JPEG-Ausgabe führt Lightroom eine Farbraumkonvertierung durch. Hier lässt sich also, wenn vorhanden, das Ausgabeprofil des Druckers oder des Belichtungsdienstes wählen. Die meisten Belichtungsdienste gehen jedoch von Bilddaten im sRGB-Farbraum aus. Im Zweifelsfall ist man mit sRGB also auf der sicheren Seite.

Manche semiprofessionelle Dienstleister lesen auch das in die Dateien eingebettete Profil aus und konvertieren die Bilddaten selbst in ihr eigenes Profil. In diesem Fall ist Adobe-RGB eine gute Profilwahl (ProPhoto-RGB wäre zu groß, da JPEG-Dateien nur in 8 Bit abgespeichert werden können).

Lightroom bettet das Ausgabeprofil übrigens immer in die JPEG-Datei ein, sodass die Farben eindeutig definiert sind.

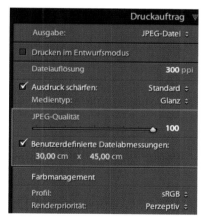

Abb. 5–57 *Druckauftrag-Palette für die JPEG-Ausgabe*

5.4.5 Druckertreibereinstellungen

Die Druckertreibereinstellungen werden zwar außerhalb von Lightroom in den jeweiligen Betriebssystemdialogen getätigt, sie sind aber keinesfalls zu vernachlässigen, wenn ein Druck in guter Qualität erzielt werden soll (mit der JPEG-Ausgabe haben sie hingegen gar nichts zu tun, für sie ist das folgende Kapitel irrelevant).

Alle Druckertreibereinstellungen lassen sich genau wie die Seiteneinrichtung in den Lightroom-Vorlagen speichern, sodass man in Ruhe die besten Einstellungen herausfinden und dann über Vorlagen konsistente Ergebnisse erzielen kann.

Unter Windows sind Druck- und Seiteneinstellungen unter dem gemeinsamen Knopf *Seite einrichten* (Shift-Strg-P) unten in der linken Palettenspalte zusammengefasst. Zu den Druckertreibereinstellungen gelangt man, indem man die Seiteneinrichtung aufruft und im folgenden Betriebssystemdialog neben dem Namen des Druckers auf *Eigenschaften* geht.

Unter Mac OS befindet sich in der linken Palettenspalte ein zusätzlicher Knopf *Druckeinstellungen* (Shift-Alt-Befehl-P). Hier lassen sich die Druckertreibereinstellungen im Betriebssystemdialog festlegen, ohne dass der Druck schon ausgeführt wird.

Die Druckertreibereinstellungen teilen sich normalerweise in Einstellungen zum Druck selbst (Qualität und Papiersorte) und in Einstellungen zum Farbmanagement bzw. zu Farbanpassungen, die der Druckertreiber vornimmt, bevor die Daten an den Drucker geschickt werden.

Einstellungen zum Druck

Da die Papiergröße und Ausrichtung schon gewählt wurden, geht es bei den Einstellungen zum Druck im Wesentlichen um Papiersorte und Druckqualität. Die meisten Drucker verfügen über mindestens diese beiden Einstellungen, auch wenn die Oberflächen sich bei den verschiedenen Herstellern und Modellen mitunter ziemlich unterscheiden.

Die Papiersorte sollte natürlich möglichst genau dem verwendeten Papier entsprechen. Dies ist allerdings nicht immer möglich, vor allem wenn man Papiere von Fremdherstellern verwenden möchte. Es sollte aber zumindest die Oberfläche des Papiers (glänzend oder matt) richtig berücksichtigt werden.

Die Druckqualität lässt sich meist in einer einfachen Einstellung (z. B. *Erstklassiges Foto drucken*) und alternativ in einer detaillierteren Einstellung mithilfe eines Reglers festlegen.

Die Höhe der Druckqualität hängt vom Verwendungszweck ab: Ein Einzelbild drucke ich immer in der höchsten Qualitätsstufe, einen Kontaktbogen hingegen nicht. Höhere Qualität bedeutet auch immer eine längere Wartezeit und evtl. mehr Tintenverbrauch.

Abb. 5–58 *Canon Pro 9500 unter Mac OS: Hinter diesen Seiten verbergen sich die vielen Einstellungen, die man im Druckertreiber vornehmen kann. Die Treibereinstellungen des Druckerherstellers befinden sich in der Regel zwischen Deckblatt und Zusammenfassung. Aber nicht alle davon sind wirklich wichtig.*

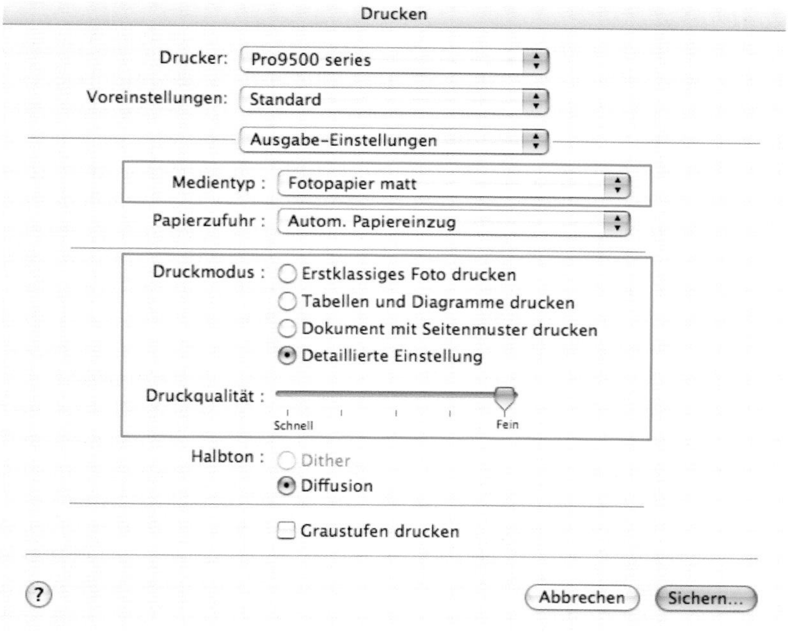

Abb. 5–59 *Canon Pro 9500: Druckqualität- und Papiereinstellungen*

Abb. 5–60 *Canon Pro 9500 unter*
Windows. Stellt man (in dieser leider
englischsprachigen Ausführung des
Druckertreibers) unter »Print Quality«
Custom ein, kann man die
Druckqualität …

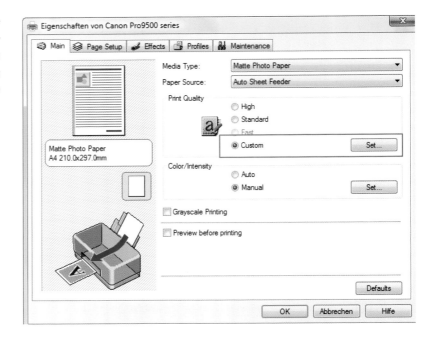

Abb. 5–61 *… über einen weiteren*
Dialog genau festlegen.

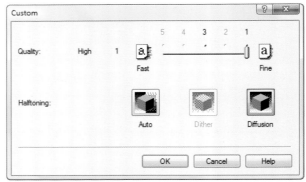

Einstellungen zum Farbmanagement

Jeder Druckertreiber bietet auch Einstellungen zur Farbanpassung. Genau wie bei den Einstellungen zum Druck auch, sehen sie von Hersteller zu Hersteller unterschiedlich aus.

Wenn Lightroom bereits die Profilkonvertierung durchführt, was im Allgemeinen die beste Lösung ist, muss im Druckertreiber lediglich eine weitere Farbanpassung verhindert werden, damit das Farbmanagement korrekt funktioniert. Dazu gibt es meist einen Knopf in den Treibereinstellungen, mit dem man die weitere Farbkorrektur ausschaltet.

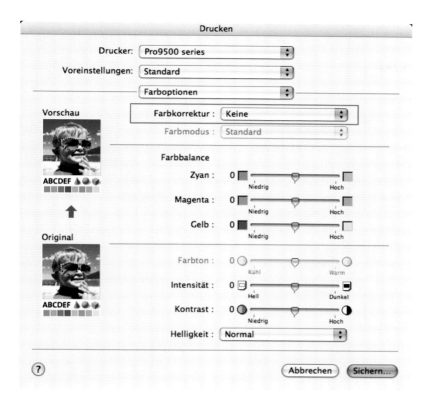

Abb. 5–62 *Farbeinstellungen Canon Pro 9500 unter Mac OS*

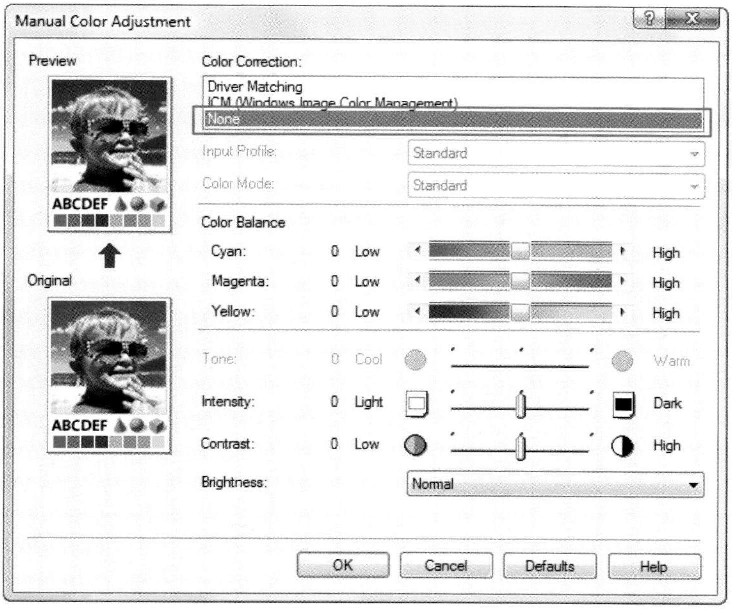

Abb. 5–63 *Unter Windows*

Beim Druck von Kontaktbögen im Entwurfsmodus hat man allerdings keine andere Wahl, als dem Treiber die Farbanpassung zu überlassen, da Lightroom im Entwurfsmodus keine Farbkonvertierung anbietet. Mit etwas Herumprobieren kann man hier sicher vernünftige Einstellungen im Druckertreiber finden.

Für Schwarz-Weiß-Fotos sieht die Lage ein bisschen anders aus, hängt dabei aber auch immer vom verwendeten Drucker und den Einstellungsmöglichkeiten im Druckertreiber ab. Der Epson R2400 beispielsweise verfügt über umfangreiche Anpassungsmöglichkeiten für Graustufenbilder. Ein gutes Farbprofil kann aber auch einen Schwarz-Weiß-Druck neutral und gut abgestuft ausgegeben werden, und nur auf diese Weise kann man auch die Teiltonungseinstellungen aus Lightrooms Entwickeln-Modul beim Drucken nutzen.

Der Vorteil von Profilen

Die Farbanpassung beim Druck muss nicht immer mit Farbmanagement geschehen. Die Druckertreiber der verschiedenen Hersteller bringen meistens auch ihre eigenen Systeme mit, um die Farben umzusetzen.

Theoretisch ist so ein System einem mit Farbprofilen arbeitenden Workflow immer unterlegen, in der Praxis sind viele vielleicht der Ansicht, dass es besser funktioniert. Dies liegt dann aber an schlechten Profilen oder Fehlern im Workflow.

Ein gutes Farbmanagement macht zwei Dinge:

1. Es konvertiert die Zahlen in der Bilddatei so, dass die auf dem Ausgabegerät darstellbaren Farben korrekt angezeigt werden, d.h. letztlich so, wie sie auf dem – ebenfalls profilierten – Monitor zu sehen waren.
2. Es kennt die Grenzen der Farbdarstellung des Gerätes genau und behandelt Farben, die nicht innerhalb dieser Grenzen fallen, auf eine bestimmte Art und Weise: mit der farbmetrischen oder der perzeptiven Umsetzung.

Einige Regler im Druckertreiber so einzustellen, dass die meisten Ausdrucke halbwegs dem auf dem Bildschirm Gezeigten entsprechen, kann nur – mehr schlecht als recht – Punkt 1 erfüllen; um Punkt 2 zu erfüllen, muss die Farbdarstellung des Geräts ausgemessen und in einem Profil beschrieben werden.

5.4.6 Druck-/Ausgabeprozess starten

Das eigentliche Drucken geschieht über den Drucken-Knopf unten rechts in der rechten Palettenspalte in Lightroom. Das Tastaturkürzel für den Druck ist wie überall Strg|Befehl-P. Über den Knopf *Eine Ausgabe drucken* (Alt-Strg|Befehl-P) kann man dabei den Drucken-Dialog des Betriebssystems überspringen und den Auftrag genau einmal drucken.

Ist die Ausgabe nicht auf Direktdruck, sondern auf JPEG-Dateien eingestellt, steht statt des Drucken-Knopfs der Knopf *In Datei ausgeben* zur Verfügung. Nach einem Klick auf diesen Knopf gibt man einen Ordnernamen an. Die einzelnen Seiten werden dann durchnummeriert in diesem Ordner gespeichert (bei nur einer auszugebenden Druckseite wird die Datei direkt, ohne umgebenden Ordner, gespeichert).

5.5 Webseiten

5.5.1 Einleitung

Im Webmodul lassen sich HTML- und Flash-Webgalerien erzeugen. Das Modul lässt sich dabei um weitere Galerietypen erweitern, die jeweils ebenfalls HTML oder Flash einsetzen. Mittlerweile gibt es einige sehr attraktive zusätzliche Galerietypen für Lightroom.

Standardmäßig lassen sich in Lightroom leider nur einzelne Galerieseiten erstellen, eine Haupt- oder Indexseite zu erstellen, die auf die einzelnen Galerien verweist, ist ohne Weiteres nicht möglich. Doch auch hier gibt es inzwischen einige Lösungen, welche die Erstellung von Indexseiten wesentlich erleichtern.

Abb. 5–64 *Webmodul in Lightroom*

5.5.2 Erstellung von Galerien

Galerietypen

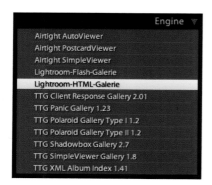

Abb. 5–65 *Engine-Palette mit mehreren zusätzlichen Galerietypen*

Die wichtigste Einstellmöglichkeit im Webmodul ist die Wahl des Galerietyps über die Engine-Palette. Nicht nur wird die generelle Bedienweise der Webseite durch diese Entscheidung bestimmt, auch die weiteren Einstellmöglichkeiten in der rechten Palettenspalte hängen teilweise vom eingestellten Galerietyp ab.

HTML vs. Flash

Lightroom-Galerien benutzen entweder HTML oder Flash als Technologie für den Seitenaufbau.

HTML-Galerien basieren auf einem allgemein akzeptierten Standard, der Hyper Text Markup Language (manchmal mit JavaScript-Elementen), und laufen auf jedem Browser. Dafür sind sie manchmal etwas spartanisch. Flash-Galerien basieren hingegen auf der proprietären Programmiersprache für Multimedia- und Webanwendungen von Adobe. Sie sehen meist schicker aus und/oder sind komfortabler zu bedienen als HTML-Galerien. Oft verbrauchen sie allerdings mehr Speicherplatz auf dem Webserver.

Weiterhin ist die »Sichtbarkeit« von Flash-Seiten etwas geringer als die von HTML-Seiten. Flash-Anwendungen können nur angezeigt werden, wenn der Browser mit dem Flash-Plugin von Adobe ausgerüstet ist. Die Durchdringung von Flash ist allerdings sehr hoch. Adobe gibt an, dass 97 % aller mit dem Internet verbundenen Computer Zugang zu Flash-Inhalten haben. Es ist also praktisch ein Standard auf dem Desktop-Computer. Das Gleiche versucht Adobe momentan für internet-fähige Mobiltelefone durchzusetzen. Hier bleibt die Entwicklung abzuwarten.

Die **Lightroom-HTML-Galerien** teilen sich in Übersichtsseiten mit »Thumbnails« und in Seiten, in denen die eigentlichen Bilder angezeigt werden, auf. Auf den Bildseiten kann man dann von Bild zu Bild weiter oder zurück zur Übersichtsseite gehen.

Die HTML-Seiten sind eventuell für Galerien mit vielen Bildern besser geeignet, da die Thumbnails automatisch auf mehreren Übersichtsseiten verteilt werden, während die Flash-Galerien alle Thumbnails in nur einem »Filmstreifen« unterbringen.

Erkennungstafel

Titel

Beschreibung

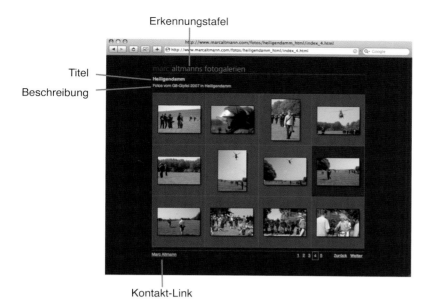

Kontakt-Link

Abb. 5–66 Die HTML-Übersichtsseite

Copyright-Wasserzeichen

Metadaten 1

Metadaten 2

Abb. 5–67 Die HTML-Einzelbildseite

Lightroom-Flash-Galerien vereinen diese beiden Sichten, indem ein Filmstreifen links, rechts oder unten angezeigt wird, gleichzeitig mit dem momentan groß angezeigten Bild. Von Bild zu Bild kann man in Flash-Galerien auch automatisch mit Überblendung wie in einer Diashow weiterschalten lassen. Der Filmstreifen kann auch ganz ausgeschaltet werden.

Flash-Galerien unterscheiden sich auch dadurch, dass Hoch- und Querformatbilder eine gemeinsame Höhe haben, d.h., insgesamt sind Hochformatbilder deutlich kleiner als Querformate. Bei HTML-Galerien ist das nicht der Fall. Dies entspricht ganz gut dem Diashow-Charakter der Flash-Galerien.

Ansichtsoptionen
(Diashow-Modus, Beschreibung)

Abb. 5–68 *Die Lightroom-Flash-Galerie*

Diashow-Modus
(Randleiste ausblenden)

Third-Party-Galerien: Lightroom enthielt ursprünglich nur die beiden obigen Galerietypen, seit Lightroom 1.3 werden zusätzlich drei Flash-Galerien von Webentwickler Felix Turner[13] mitgeliefert, die »Airtight«-Galerien. Darüber hinaus ist das Webmodul um beliebig viele Third-Party-Engines erweiterbar, die entweder HTML oder Flash für die Darstellung nutzen. Einige gibt es z. B. auf der Webseite *The Turning Gate*[14] von Matthew Campagna oder auf der »Lightroom Exchange«[15].

Eine neue Engine muss in den Unterordner *Web Galleries* des Lightroom-Vorgabenordners (Voreinstellungen unter *Vorgaben* → *Lightroom-Vorgabeordner anzeigen*) gelegt werden. Nach einem Neustart steht sie in der Palette zur Verfügung.

---

13   http://www.airtightinteractive.com/
14   http://theturninggate.net/
15   http://www.adobe.com/cfusion/exchange/ (danach auf »Lightroom«)

Abb. 5–69 *Über die Third-Party-Galerie TTG Client Response können Galeriebesucher Fotos auswählen oder Feedback geben.*

Für Third-Party-Galerien können – wie bei den anderen auch – Vorlagen mit konkreten Farb-, Größen-, Text- oder FTP-Einstellungen angelegt werden.

Index-Galerien

Eines der wichtigsten Dinge, die im Webmodul meiner Meinung nach fehlen, ist eine Möglichkeit, mehrere kleine Galerien zu verwalten und eine entsprechende Galerie-Hauptseite erzeugen zu können, die auf diese einzelnen Teilgalerien verweist. Dies kann man manuell nachholen, indem man diese Hauptseite außerhalb von Lightroom mit einem beliebigen Webseitenprogramm erstellt.

Einfacher und schöner geht es mit einer der auf PHP basierenden vollautomatischen Lösungen von *The Turning Gate*[16]. Man konfiguriert und installiert lediglich einmal die Indexseite, woraufhin diese automatisch jede neu hinzugefügte Einzelgalerie erkennt und in den Index aufnimmt. Die Seite wird dabei als neue Galerie-Engine implementiert, sodass sie wie jede andere Galerie vom Webmodul aus gestaltet wird.

Diese Galerien laufen allerdings nur auf einem Webserver mit PHP-Unterstützung. Außerdem lässt sich für die Teilgalerien nicht jeder beliebige Galerietyp verwenden. Der Galerietyp muss die automatische Indizierung durch die Indexseite unterstützen. Die beiden standardmäßigen Lightroom-Galerien funktionieren z. B. nicht damit, die meisten Third-Party-Galerien von The Turning Gate sind aber dementsprechend ausgerüstet.

---

16 http://theturninggate.net/

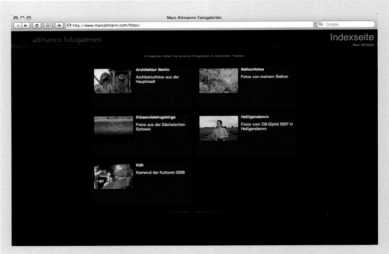

Abb. 5–70 *Miniaturen, Titel und Beschreibung der einzelnen Teilgalerien holt sich die Indexseite, hier der TTG XML Auto Index, automatisch*

Abb. 5–71 *Erscheinungsbild-Palette für Lightroom-HTML-Galerien*

Layoutmöglichkeiten

Lightroom-HTML-Galerien

Die Layouteinstellungen verbergen sich bei den Lightroom-HTML-Galerien in der Erscheinungsbild-Palette. Die meisten Einstellungen sind relativ selbsterklärend. Hier deshalb nur einige Hinweise.

Rasterseiten: Die Größe der Thumbnails ist hier nicht veränderbar. Es lässt sich nur die Größe der »Tabelle« bzw. des Rasters verändern, der die Thumbnails enthält, und damit die Anzahl der Thumbnails, die auf einer Seite dargestellt werden (von 9 bis 40). Von mehr als sechs Thumbnails pro Zeile würde ich aber abraten: Die Webseite würde zu breit für viele (Laptop-)Monitore.

Bildseiten: Auf den Einzelbildseiten kann man die Bildgröße exakt in Pixeln angeben (d.h. die längste Seite). Ich würde hier momentan auch nicht über 700 Pixel gehen, damit ein hochformatiges Bild auf Laptops mit 768er oder 800er vertikaler Auflösung noch vollständig darstellbar ist. Erwähnenswert ist die praktische Möglichkeit, auch einen breiteren Rand um das Foto zeichnen zu lassen ähnlich wie im Diashow-Modul.

Lightroom-Flash-Galerien

Layout: Hier bietet sich die Möglichkeit, die Thumbnails auf der linken Seite als vertikalen Filmstreifen oder unten als horizontalen Filmstreifen zum Scrollen darstellen zu lassen; alternativ so, dass sich der Bildschirm 50/50 aufteilt in eine Seite mit Thumbnails, eine mit dem Einzelbild und schließlich gar keine Thumbnails, also nur das Einzelbild.

Große Bilder: Was die Größe der Einzelbilder angeht, gibt es einige Besonderheiten: Erstens ist die erzeugte Flash-Seite intelligent, d.h., es werden immer drei verschiedene Bildgrößen abgespeichert, und der Browser lädt immer die möglichst passende für die momentane Größe des Browser-Fensters aus. Zieht man das Fenster größer, lädt er u. U. eine der größeren Versionen nach. Die Größeneinstellung für Einzelbilder besagt daher nur, wie groß die größte Version ist, die gespeichert werden soll. Bei den Thumbnails oder *Miniaturbildern* ist dies anders. Sie werden immer so groß angezeigt, wie dies hier eingestellt wird. Zweitens werden hochformatige Bilder nur so hoch wie querformatige, d.h. von der Fläche her deutlich kleiner als querformatige, dargestellt.

Abb. 5–72 *Die Erscheinungsbild-Palette für Lightroom-Flash-Galerien*

Statische Texte und Erkennungstafel

Lightroom bietet mehrere Felder für statische Texte an, Platz für die Erkennungstafel und auf den Einzelbildseiten jeweils zwei bildspezifische Untertitel oder andere Informationen, die aus den Metadaten des jeweiligen Fotos entnommen werden. Die genaue Darstellung dieser Elemente hängt auch vom Galerietyp ab.

Bei den Lightroom-Flash-Galerien wird z. B. der Beschreibungstext *(Beschreibung der Sammlung)* nicht auf der Hauptseite dargestellt, sondern ist nur über das Seitenmenü *Ansicht → Über diese Fotos* zu sehen. Da bietet er dann aber Platz für einen wesentlich längeren Text, eine Reisebeschreibung o. Ä.

Abb. 5–73 *Site-Informationen-Palette*

Metadaten-Texte

In der Bildinformationen-Palette lassen sich die Metadaten-Textzeilen einstellen, mit denen man dynamische Bildinformationen anzeigen lassen kann. Hierfür lassen sich vordefinierte Vorlagen aus der Liste auswählen wie Bildtitel und Aufnahmedatum. Mit dem Textvorlagen-Editor lassen sich auch eigene Platzhaltertexte erstellen.

In der Lightroom-HTML-Galerie erscheint die erste Textzeile über dem Bild, die zweite darunter. In der Lightroom-Flash-Galerie befinden sich beide Texte unterhalb des Bildes.

Abb. 5–74 *Beschreibung in der Lightroom-Flash-Galerie*

Abb. 5–75 *Bildinformationen-Palette*

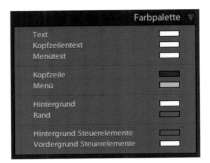

Abb. 5–76 *Farbpalette, hier für die Lightroom-Flash-Galerie*

Abb. 5–77 *Ausgabeeinstellungen-Palette*

Abb. 5–78 *Immer links unten im Bild ist das Copyright-Wasserzeichen.*

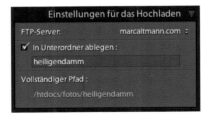

Abb. 5–79 *Palette Einstellungen für das Hochladen*

Farbpalette

In der Farbpalette lassen sich bestimmte Elemente der Webseite farblich anpassen. Man sollte aber eventuell einen Blick auf die bestehenden Vorlagen werfen. Dort wird man oft schon fündig und kann dann noch weitere farbliche Anpassungen vornehmen, z. B. den passepartoutähnlichen Hintergrund für die Einzelbildseiten der HTML-Galerien entfernen.

5.5.3   Export und Upload

Ausgabeeinstellungen-Palette

In der Ausgabeeinstellungen-Palette finden sich einige Einstellungen für den Export der Bilder, den Lightroom für die Erstellung der Webseite ausführen muss. Die Bilder werden fürs Web natürlich immer als JPEGs exportiert, dies lässt sich auch nicht ändern. Die Kompressionsstufe bzw. **Qualität** der JPEGs lässt sich hier jedoch festlegen.

Über **Metadaten** wird festgelegt, ob in die JPEGs sämtliche Metadaten (inkl. Stichwörter, GPS-Informationen etc.) der Fotos eingetragen werden sollen oder nur die Copyright-Informationen aus dem IPTC-Teil.

Direkt ins Foto »einbrennen« lassen sich die Copyright-Informationen per **Copyright-Wasserzeichen,** das links unten auf dem Foto platziert wird. Hierfür müssen diese natürlich auch im entsprechenden IPTC-Metadaten-Feld stehen.

Schärfen: Wie im Drucken-Modul besteht auch im Webmodul die Möglichkeit, die fertig berechneten und verkleinerten Fotos für die Ausgabe zu schärfen. Auszuwählen braucht man lediglich einen der drei Schärfungsgrade (Wenig, Standard, Hoch). Lightroom berechnet dann automatisch die richtigen Schärfungseinstellungen. Die Ergebnisse der Schärfung sind nicht im Vorschaufenster, sondern nur nach dem Export bzw. Upload der Webseite sichtbar.

Hochladen-Palette

Mithilfe dieser Palette lassen sich Einstellungen zum automatischen Upload von Dateien über den Hochladen-Button festlegen. Wenn Sie die HTML-Seiten lieber in einen Ordner exportieren und selbst hochladen möchten, brauchen Sie diese Einstellungen nicht.

Es gibt nur zwei Einstellungen: erstens den zu verwendenden **FTP-Server** (ein anderes Protokoll als FTP ist nicht möglich). FTP-Server werden über FTP-Konfigurationsvorgaben organisiert, die man erst erstellen muss und dann über diese Einstellung auswählen kann (siehe nächster Abschnitt).

Die zweite Einstellung ist der Name eines **Unterordners,** den man direkt in die Palette eingeben kann und der zum in der FTP-Konfigurationsvorgabe gespeicherten Pfad hinzugefügt wird. Der vollständige Pfad wird zur Kontrolle in der Palette nochmals angezeigt.

Farbmanagement im Web(-modul)

Das Web ist leider ein Ort, an dem Farbmanagement bisher keine große Rolle spielt. So verfügen die wenigsten Fotos im Internet über eingebettete Farbprofile. Lightroom ist in diesem Punkt recht vorbildlich: Zwar kann man sich den Farbraum für die Webausgabe nicht aussuchen (es ist immer sRGB), aber die JPEGs werden zumindest immer mit eingebettetem Farbprofil gesichert.

Nicht jeder Webbrowser beherrscht jedoch korrektes Farbmanagement: Mittlerweile unterstützen Apples Webbrowser Safari (auf Mac OS und Windows erhältlich) und auch der beliebte Open-Source-Browser Firefox (ab Version 3) eingebettete Farbprofile. Der Internet Explorer tut dies nicht.

Zumindest in Firefox 3.0 ist das Farbmanagement jedoch noch standardmäßig ausgeschaltet und muss nachträglich aktiviert werden. Dazu gibt man in die Adresszeile »about:config« ein, woraufhin man Zugriff auf alle internen Voreinstellungen von Firefox hat (siehe Abbildung 5–78). Da dies sehr viele sind, ist es sinnvoll, über die Eingabe von »color« in das Suchfeld die angezeigten Voreinstellungen zu begrenzen.

Abb. 5–80 *Über »about:config« lassen sich die internen Voreinstellungen von Firefox 3 ändern.*

Gesucht wird die Variable *gfx.color_management.enabled*. Wenn diese noch auf *false* stehen sollte, kann man sie mit einem Doppelklick auf *true* setzen. Damit ist das Farbmanagement aktiviert und steht nach einem Neustart des Browsers zur Verfügung.

Zur Verwaltung mehrerer Galerien in verschiedenen Ordnern ist dieses zweiteilige Verfahren ganz gut geeignet (siehe dazu auch den Workflow-Teil).

Wenn alles richtig eingestellt ist, kann die Webseite mit Druck auf **Hochladen** (hier gibt es kein Tastaturkürzel) erstellt und auf den Server geladen werden.

FTP-Konfigurationsvorgaben

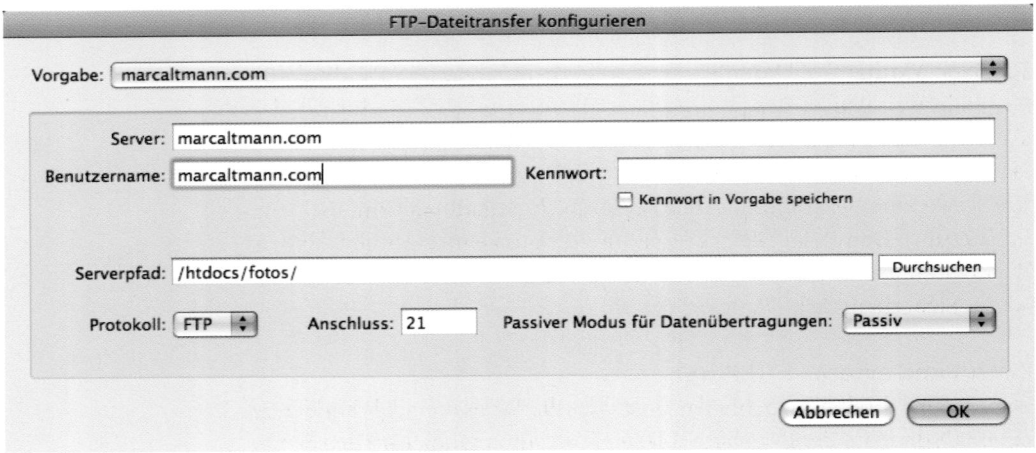

FTP–Dateitransfer konfigurieren

Vorgabe: marcaltmann.com

Server: marcaltmann.com
Benutzername: marcaltmann.com   Kennwort:
☐ Kennwort in Vorgabe speichern

Serverpfad: /htdocs/fotos/   Durchsuchen
Protokoll: FTP   Anschluss: 21   Passiver Modus für Datenübertragungen: Passiv

Abbrechen   OK

Abb. 5–81 *FTP-Konfigurationsvorgabe*

Gerade wenn mehrere Webseiten in unterschiedlichen Unterordnern verwaltet und diese ab und zu aktualisiert werden, ist es komfortabel, den Upload von Lightroom erledigen zu lassen. Hierfür muss eine FTP-Konfigurationsvorgabe erstellt werden.

Die drei wesentlichen Informationen, die man hierfür benötigt, sind *Server, Benutzername* und *Kennwort,* die irgendwo bei den Zugangsinformationen Ihres Webspace-Providers stehen sollten. Sie lassen sich in der Vorgabe unterbringen, wobei man sich aussuchen kann, ob das Passwort mitgespeichert wird oder ob es bei jedem Upload abgefragt werden soll. Das Passwort wird allerdings im Klartext, d.h. nicht verschlüsselt, in die Vorgabe eingetragen (weshalb ich selbst es nicht speichere).

Serverpfad: Hier trägt man den generellen Pfad ein, in dem nachher auch die Unterordner gespeichert werden, wenn man welche benutzt. Es ist sinnvoll, sich mittels »Durchsuchen« gleich mit dem Server verbinden zu lassen und den Ordner direkt auszuwählen. Bei mir ist der Pfad für alle Lightroom-Uploads *htdocs/fotos/* (*htdocs* ist das Standardverzeichnis für HTML-Webseiten auf den meisten Servern), ich kann dann über www.marcaltmann.com/fotos/ auf die Unterordner zugreifen (z. B. *ostsee, heiligendamm* etc.).

Protokoll: Hier lässt sich das normale FTP oder das sicherere sFTP wählen. Letzteres ist – wenn es vom Server unterstützt wird – zu empfehlen, da bei sFTP nicht nur die übertragenen Daten, sondern vor allem der Authentifizierungsprozess, d.h. die Passworteingabe, verschlüsselt übertragen wird, bei FTP hingegen im Klartext.

Anschluss (Port): »21« ist die Standardzugriffseinstellung für FTP-Server (»22« für sFTP), die für fast jeden FTP-Server funktionieren sollte. Wenn nicht, sollten Sie mit Ihrem Provider Verbindung aufnehmen.

Passiver Modus für Datenübertragungen (nur beim FTP-Protokoll): Normalerweise sollte der passive oder erweitert passive Modus bei den allermeisten FTP-Servern funktionieren. In seltenen Fällen erlaubt der Server jedoch nur eine nicht passive (aktive) FTP-Verbindung, bei welcher der Server eine Verbindung zum eigenen Rechner aufbaut (und nicht andersherum). Damit der Modus funktioniert, muss eine eventuell auf dem Rechner eingerichtete Firewall allerdings deaktiviert werden, was ein gewisses Sicherheitsrisiko darstellt.

Export und externe FTP-Programme

Neben dem direkten Hochladen lässt sich die Webseite auch einfach in einem Ordner auf der Festplatte ablegen und dann manuell auf den Server befördern. Dies ist zwar nicht so komfortabel, dafür hat man aber in der Regel eine bessere Übersicht über die Verzeichnisstruktur und den durch die Galerien belegten Platz.

Auch wenn man ein anderes Übertragungsverfahren als das von Lightroom angebotene FTP benutzen möchte, z. B. WebDAV, muss man die Galerien erst exportieren und ein separates Programm benutzen.

Alte Galerien oder auch alte, nicht mehr aktuelle Fotos einzelner Galerien werden von Lightroom aus übrigens nicht gelöscht. Diese müssen also von Zeit zu Zeit manuell mit FTP- bzw. WebDAV-Programmen gelöscht werden.

5.6   Export

5.6.1   Einleitung

Über den Export-Dialog lässt sich eine beliebige Menge von Bildern aus dem Lightroom-Katalog in einem bestimmten Dateiformat ausgeben, wobei die jeweiligen Entwicklungseinstellungen natürlich bereits angewendet werden. Hier kann man also endlich »reale« Bilder erzeugen, die »Abzüge«, die im Gegensatz zu den Lightroom-Vorschaudateien offiziell auf der Festplatte existieren.

Der Exportieren-Dialog lässt sich mithilfe von Plugins wesentlich erweitern. Ebenfalls erweitern lässt sich der Exportprozess um Photoshop-Droplets. Mithilfe von Droplets lassen sich in Photoshop Stapelverarbeitungsabläufe umsetzen. Lightroom kann am Ende seines eigenen Exportprozesses ein solches Droplet aufrufen und damit alle exportierten Fotos automatisch in Photoshop nachbearbeiten lassen.

Abb. 5–82 *Möglichkeiten für den Export*

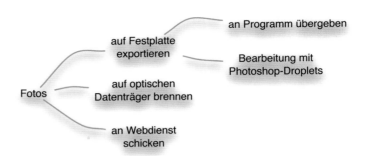

Es gibt noch eine Form des Exports, die nicht mit dem Exportieren-Dialog funktioniert, sondern über das Menü *Datei → Als Katalog exportieren*. Hierbei wird ein neuer Katalog erzeugt, der nur die ausgewählten Bilder enthält (eine Teilmenge). Diese Exportfunktion beschreibe ich im Kapitel über Kataloge (Kapitel 3.2.2).

5.6.2 Exportieren-Dialog

Überblick

Abb. 5–83 *Exportieren-Dialog*

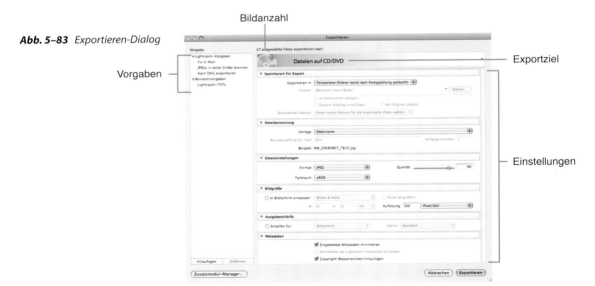

Der Exportieren-Dialog wird aufgerufen über den Exportieren-Button links unten im Bibliotheksmodul oder einfacher über Shift-Strg | Befehl-E. Normalerweise werden die selektierten Bilder exportiert. Wenn keines selektiert ist, werden alle im Filmstreifen bzw. in der Rasteransicht sichtbaren Bilder exportiert.

Der Dialog selbst enthält eine Reihe von Einstellungen für die auszugebenden Dateien. Diese sind z. T. abhängig vom eingestellten Exportziel.

Ganz oben rechts im Dialog befindet sich der Wahlschalter, mit dem sich das Exportziel festlegen lässt. Am Anfang verfügt der Exportieren-Dialog über zwei Ziele, *Dateien auf Datenträger* und *Dateien auf CD/DVD*. Außerdem lässt er sich über Plugins um neue Exportziele erweitern.

Um schneller auf bestimmte Exportabläufe zugreifen zu können, ist es sinnvoll, Vorgaben anzulegen, die in der Liste auf der linken Seite des Dialogs zu sehen sind. Vorgaben speichern immer Exportziel und Exporteinstellungen.

Ähnlich wie in den Ausgabemodulen lassen sich Vorgaben in »Ordnern« verwalten. Die Vorgaben lassen sich dann direkt, ohne dass der Exportieren-Dialog geöffnet werden muss, über *Datei* → *Mit Vorgabe exportieren* aufrufen. Auf die zuletzt gewählten Exporteinstellungen kann man einfach über *Datei* → *Mit Vorher exportieren* (Shift-Alt-Strg | Befehl-E) zugreifen.

Abb. 5–84 *Das Festlegen des Exportziels ist die erste und wichtigste Einstellung im Exportieren-Dialog (hier im Bild die beiden Standard- und zwei durch Plugins hinzugefügte Ziele).*

Export auf Festplatte

Speicherort

Abb. 5–85 *Speicherort und Dateibenennung*

Die Einstellungen zum Exportpfad sind relativ selbsterklärend.

Exportieren in: Hier lässt sich wählen zwischen der Angabe eines beliebigen Ordners und dem Ordner der jeweiligen Originalbilddatei. Letzteres bedeutet, dass die Fotos direkt ins Fotoarchiv exportiert werden, und ist damit eher ein Spezialfall.

Diesem Katalog hinzufügen: Wenn gewünscht kann Lightroom die exportierten Fotos anschließend dem Katalog hinzufügen, d.h. importieren. Wenn das Foto in den Ordner des Originals exportiert wurde (ohne Unterordner), lässt es sich gleich in einem Stapel mit dem Original gruppieren.

Bestehende Dateien: Gibt an, was Lightroom tun soll, wenn es am Ort des Exports bereits Dateien mit demselben Namen vorfindet, die es gerade exportieren will. Es gibt vier Möglichkeiten: Nachfragen, automatisch einen neuen eindeutigen Namen wählen (durch Anhängen einer Ziffer), ohne Warnung überschreiben oder das Foto überspringen und damit nicht exportieren.

Die richtige Wahl hängt wie immer vom Einsatzzweck ab. Wenn ich Dateien für den E-Mail-Versand exportiere, habe ich kein Problem damit, dass alte, irgendwann exportierte Dateien dabei überschrieben werden, weil ich sie in denselben Ordner exportiert habe.

Abb. 5–86 *Bei Nachfragen erkundigt sich Lightroom, wenn es auf bereits vorhandene Dateien trifft.*

Wenn ich jedoch in den Ordner der Originalbilddateien exportiere, kann das Überschreiben ohne Warnung gefährlich werden: Wenn ich hier keinen anderen Namen für die jeweils exportierte Datei angebe, würden evtl. meine Originale überschrieben (!). Im Zweifelsfall ist die Einstellung *Nachfragen* also durchaus sinnvoll (siehe Abbildung 5–86).

Dateibenennung

Die Dateinamengenerierung funktioniert wie z. B. im Importieren-Dialog auch über Dateinamenvorlagen. Man kann entweder über das Vorlagenmenü den Originaldateinamen verwenden oder eigene Vorlagen über den Dateinamenvorlagen-Editor erstellen (siehe Kapitel 6.1).

Für den Export virtueller Kopien kann hierbei das Metadatenfeld *Name der Kopie* wichtig sein. Man findet es in der Metadaten-Palette im Bibliotheksmodul. Virtuelle Kopien haben normalerweise denselben Dateinamen wie ihre jeweiligen Master-Fotos. Wenn also mehrere Dateien mit demselben Namen exportiert werden, hängt Lightroom standardmäßig eine laufende Nummer an den Namen. Stattdessen lässt sich auch der Kopienname benutzen. Er ist quasi ein zweiter »Dateiname«, der jedoch vorerst nur als Metadatum gespeichert wird. Mit dem Dateinamenvorlagen-Editor kann man die Dateinamengenerierung beim Export so einstellen, dass sich der neue Name aus dem Originalnamen und dem Namen der Kopie zusammensetzt.

Abb. 5–87 *Kombination von Dateiname und Name der Kopie im Exportieren-Dialog*

Das Schöne ist, dass eine neue virtuelle Kopie gleich einen neuen Kopiennamen mit Nummerierung erhält und man ihn nicht manuell vergeben muss. Die Kopien werden mit den Namen »Kopie 1«, »Kopie 2« usw. versehen.

Beim Verwenden des Originaldateinamens sollte man darauf achten, dass man nicht in den Ordner der Originaldateien exportiert und evtl. versehentlich eine Originaldatei überschreibt. Meines Erachtens ist es ohnehin sinnvoll, niemals den Originaldateinamen für exportierte Fotos zu verwenden (auch dann nicht, wenn die exportierte Datei eine andere Endung hat), sondern immer ein Suffix anzufügen. Auf diese Weise bleibt der Originalname der Originaldatei vorbehalten, sodass es niemals zu Verwechslungen kommen kann.

Dateieinstellungen

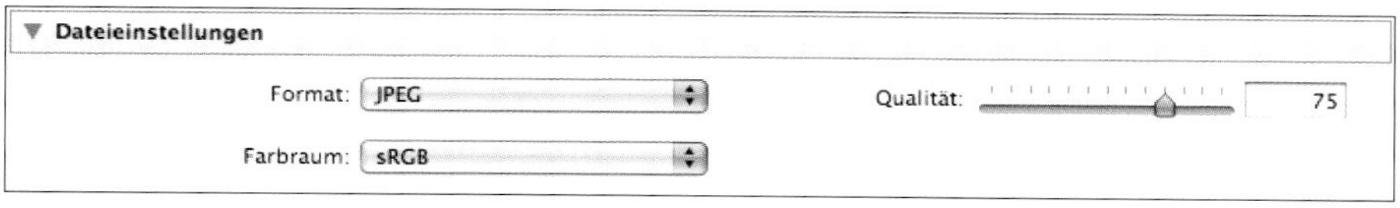

Die Dateieinstellungen unterteilen sich in Einstellungen zum Dateiformat (inklusive Komprimierungsoptionen) und in die Wahl von Farbraum und -tiefe.

Abb. 5–88 Dateiformat- und Farbraumoptionen in den Dateieinstellungen

Format: Lightroom kann Dateien in den Formaten *JPEG, TIFF, PSD, DNG* oder *Original* ausgeben. Die möglichen Komprimierungsoptionen sind überall unterschiedlich.

TIFF/PSD – TIFF-Dateien lassen sich mit dem LZW- oder ZIP-Verfahren verlustfrei komprimieren, wobei das ZIP-Verfahren effizienter komprimiert. Es gibt wenige Gründe, warum man auf die Komprimierung verzichten sollte. Einige ältere Programme können TIFF-Dateien mit ZIP-Komprimierung allerdings nicht lesen. Für PSD gibt es keine Komprimierung.

Die Wahl zwischen TIFF und PSD ist hauptsächlich Geschmackssache. Keines der beiden Formate hat qualitative Vor- oder Nachteile, TIFF-Dateien *mit* ZIP-Komprimierung sind jedoch kleiner als PSD-Dateien.

Im *JPEG-Format* ist die Komprimierung immer verlustbehaftet, die Qualität lässt sich von 0–100 einstellen. Je höher die Qualität, desto größer die Dateien, wobei sich eine Qualität von mind. 60 Punkten empfiehlt, sollte man nicht extremen Dateigrößenbeschränkungen unterliegen.

Das *DNG-Format* verfügt über dieselben Dateioptionen wie an anderen Stellen in Lightroom auch (siehe DNG-Teil im Fotoarchiv-Kapitel). Auch normale Bitmap-Bilder können als DNGs gesichert werden, dies ist allerdings selten sinnvoll.

Die Einstellung *Original* belässt die Fotos in ihren ursprünglichen Formaten. Sie führt keinen Export im eigentlichen Sinne durch, da sie keine Bilder »berechnet«, sondern die Originalbilddateien einfach kopiert. Den kopierten Bilddateien werden jedoch Lightrooms Entwicklungseinstellungen mitgegeben. Dies funktioniert genau wie bei der Metadatensynchronisation über *Metadaten in Dateien speichern* oder Strg | Befehl-S. In TIFF-, PSD- und JPEG-Dateien werden die Entwicklungseinstellungen jedoch nur eingebettet, wenn die entsprechende Option in den Katalogeinstellungen unter *Metadaten* gesetzt ist.

Die Funktion arbeitet ähnlich wie *Als Katalog exportieren,* nur ohne Katalog und mit dem entscheidenden Unterschied, dass virtuelle Kopien nicht mehr virtuell, sondern tatsächlich als Bilddateien vorhanden sind. Sie ist z. B. dann sinnvoll, wenn man Teile eines Katalogs an andere Programme wie z. B. Adobe Bridge oder Microsoft Expression Media übergeben will.

Bei **Farbraum** stehen die drei Standards: sRGB, Adobe-RGB und Pro-Photo-RGB zur Auswahl. Zusätzlich lassen sich seit Lightroom 2.0 weitere Farbprofile zu den Auswahlmöglichkeiten hinzufügen. Dies geschieht ähnlich wie im Drucken-Modul (siehe Kapitel 5.4.4). Auf diese Weise kann man vom Exportieren-Dialog aus z. B. direkt ins Ausgabeprofil eines Druckers oder Belichtungsdienstes konvertieren.

Bittiefe (oder Farbtiefe): *8/16 Bit* – eine Ausgabe in 16 Bit, wie Lightroom sie auch intern verwendet, ist im Allgemeinen empfehlenswert, wenn das Foto noch nachbearbeitet werden soll. Zudem gilt: Je größer der Farbraum ist, desto sinnvoller ist die Arbeit in 16 Bit Farbtiefe. Für einen riesigen Farbraum wie ProPhoto-RGB ist die 16-Bit-Bearbeitung also sehr wichtig. JPEG-Dateien werden immer in 8 Bit abgespeichert.

Zwischenfarbräume

Um Bilder über mehrere Arbeitsplätze hinweg bearbeiten zu können, verwendet man geräteunabhängige Farbprofile, sogenannte Arbeits-, Zwischen- oder synthetische Farbräume. So bleiben die Bilddateien unabhängig. Zur Anzeige auf dem Monitor oder zur Ausgabe auf dem Drucker werden sie dann in die entsprechenden Profile konvertiert.

Es gibt eine Reihe dieser Arbeitsfarbräume, aber nur drei davon sind wesentlich für die Arbeit mit Lightroom: sRGB, AdobeRGB und Pro-PhotoRGB.

sRGB orientiert sich relativ stark am normalen Röhrenmonitor. Und sRGB ist immer noch ein Quasistandard in der Bildbearbeitung und vor allem im Web, so sehr, dass man annehmen kann, dass eine Bilddatei ohne Farbprofil im sRGB-Farbraum vorliegt. sRGB fehlen jedoch wichtige Farben, die heutige Tintenstrahldrucker schon lange ausgeben können. Und auch moderne High-End-Displays reichen heute bereits weit über sRGB hinaus. Daher ist dieser Farbraum für alles andere als das Web nicht mehr gut geeignet.

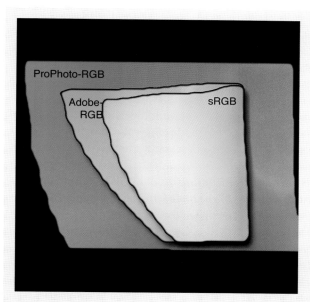

Abb. 5–89 *Zwischenfarbräume sRGB, Adobe RGB und ProPhoto RGB. Man sieht, dass die jeweils größeren Farbräume die kleineren komplett in sich aufnehmen.*

Adobe-RGB hat in den Bereichen Orange bis Magenta (siehe Illustration) dieselben Abmessungen wie sRGB, ist aber im Grün-Cyan-Bereich wesentlich größer. Er deckt damit wichtige Farben aus dem Bereich des professionellen Drucks, aber auch des Tintenstrahlfotodrucks zu Hause ab. High-End-Displays ab 1.000 Euro orientieren sich heute stärker an Adobe RGB als an sRGB, manche reichen sogar leicht über Adobe-RGB hinaus. Adobe RGB entwickelt sich zum neuen Standard für 8-Bit-Bilddateien und löst damit sRGB wohl über kurz oder lang ab.

ProPhoto-RGB hingegen übertrifft diese beiden Farbräume bei Weitem. Dieser Farbraum umfasst sogar bloß theoretische Farben, die für das menschliche Auge nicht sichtbar sind. Lightrooms interner Farbraum »Melissa-RGB« hat denselben Farbumfang wie ProPhoto-RGB. Doch seine Größe macht ihn ungeeignet für Bilder, die nur in 8 Bit Farbtiefe vorliegen: Da er so viele Farben aufnehmen kann, braucht er auch feinere Abstufungen zwischen den Farben, als 8 Bit hergeben. Er ist deshalb nur für 16-Bit-Bearbeitung geeignet.

Bildgröße

Abb. 5–90 *Bildgröße und Auflösung in*
den Bildgröße-Einstellungen

In Bildschirm einpassen: Mit dieser recht schlecht übersetzten Option (»Resize to fit« – eher »in der Größe anpassen«) lassen sich die Fotos für den Export an eine bestimmte Größe anpassen und dabei sowohl verkleinern als auch vergrößern. Eine Größenanpassung für mehrere Bilder gleichzeitig ist jedoch nicht ganz einfach. Schließlich kann man es mit unterschiedlichen Ausgangsgrößen, unterschiedlichen Seitenverhältnissen (2 : 3, 3 : 4 etc.) und vor allem unterschiedlichen Ausrichtungen (Quer-, Hochformat) zu tun haben. Um dieses Problem in den Griff zu bekommen, bietet Lightroom vier verschiedene Verfahren an, nach denen die Größe der Fotos verändert werden kann. Die Proportionen der Fotos bleiben dabei in jedem Fall erhalten.

Pixelmaße, Auflösung, physikalische Maße

Die Größe eines digitalen Fotos lässt sich am genauesten in Pixeln angeben. Die Bilddaten werden im Computer zunächst mit dieser abstrakten Einheit gespeichert. Pixel selbst haben keine physikalische Größe, bis sie irgendwo, auf einem Computermonitor, Projektor oder auf dem Papier, ausgegeben werden.

Die physikalische Größe wird bestimmt, indem die Auflösung festgelegt wird: 300 ppi oder dpi z. B. heißt 300 Pixel (bzw. Dots) per Inch, also 300 Pixel pro Zoll. Ein Pixel ist bei dieser Auflösung ungefähr 1/10 mm groß (und somit nicht mehr als solcher erkennbar).

Multipliziert man die Pixelmaße mit der Auflösung, erhält man die physikalischen Maße. Wenn ich z. B. ein 6-Megapixel-Bild aus meiner Kamera, es hat Pixelmaße von 3008 × 2000 Pixel, direkt in 300 dpi ausgeben möchte, erhalte ich ein Bild von ca. 17 × 25 cm Größe.

Mein Bildschirm hat eine Auflösung von 94 ppi, hochauflösende Laptop-Monitore haben teilweise eine Auflösung von bis zu 130 ppi, das Apple iPhone hat 160 ppi.

Druckausgabegeräte haben in der Regel eine Auflösung zwischen 240 und 360 dpi. Die sehr hohen Angaben, die Hersteller von Fotodruckern gerne machen (z. B. 5.760 × 1.440 dpi), beziehen sich auf die Druckpunkte der einzelnen Teilfarben, die effektive Auflösung ist daher erheblich geringer.

Mittels **Breite & Höhe** wird einfach ein Rahmen definiert, in den das Foto bestmöglichst eingepasst wird, ohne es zu beschneiden. Der Unterschied zwischen quer- und hochformatigen Fotos wird in diesem Modus jedoch nicht berücksichtigt. Wenn man also Fotos im Format 10 × 15 cm ausgeben möchte, muss der Rahmen 15 × 15 cm groß sein, damit Fotos beider Ausrichtungen in ihrer langen Kante 15 cm messen.

Breite & Höhe eignet sich dann, wenn das Zielformat bekannt ist, es aber keine Möglichkeit gibt, das Format um 90° zu drehen, z. B. bei einer vollformatigen Ausgabe auf dem Bildschirm.

Abmessungen erweitert den Modus *Breite & Höhe* um die Intelligenz, Quer- und Hochformate unterscheiden zu können und das größere der angegebenen Zielmaße automatisch der langen Kante des Fotos, das kleinere hingegen der kurzen Kante des Fotos zuzuordnen. Für Fotos im Format 10 × 15 reicht es also hier aus, 10 × 15 anzugeben.

Abmessungen eignet sich dann, wenn das Zielformat bekannt ist und gedreht werden kann, z. B. bei einem Bilderrahmen.

Lange Kante und **Kurze Kante** sind die einfachsten Optionen, in denen man jeweils nur den Zielwert für eine der beiden Kanten des Fotos angibt. Da die Proportionen immer erhalten bleiben, ergibt sich die Länge der anderen Kante entsprechend.

Lange/Kurze Kante eignet sich vor allem bei Fotos mit unregelmäßigen Seitenverhältnissen, z. B. bei Panoramen, bei denen eine der beiden Kanten einen bestimmten Wert haben soll und die andere variieren kann.

In allen vier Modi werden Bilder, die kleiner als die angegebenen Maße sind, automatisch auf diese vergrößert, man kann also seine Bilder für einen Belichtungsdienst auch hochskalieren. Die Einstellung **Nicht vergrößern** verhindert jedoch das Vergrößern von Bildern und lässt nur die Verkleinerung zu.

Die Bildgröße kann man in jedem Modus entweder in *Pixeln, cm* oder *Zoll* angeben. Wenn man die physikalischen Größenangaben Zentimeter oder Zoll benutzt, ist es wichtig, die Auflösung richtig anzugeben, damit die Bildabmessungen richtig berechnet werden können.

Mit **Auflösung** gibt man die physikalische Größe eines Pixels an. Dies ist entweder in Pixel pro Zoll oder in Pixel pro Zentimeter möglich. Die Einstellung zu setzen, ist immer dann wichtig, wenn man bei der Option *In Bildschirm einpassen* physikalische Größenangaben wie Zoll, Zentimeter oder Millimeter benutzen will. Aus Auflösung und physikalischer Größenangabe kann Lightroom dann die tatsächlichen Pixelmaße errechnen.

In erster Linie sind physikalische Maße beim Export der Fotos für den Druck oder einen Belichtungsdienst wichtig. Im Allgemeinen sollte die Auflösung dann der Auflösung des Druckers oder Belichters entsprechen und unter *In Bildschirm einpassen* die gewünschte physikalische Größe eingestellt werden. Unwesentlich ist die Angabe hingegen bei der Ausgabe fürs Web oder fürs Verschicken von Fotos per E-Mail. Hier ist es sinnvoller, unter *In Bildschirm einpassen* direkt die Pixelmaße anzugeben.

Darüber hinaus schreibt Lightroom den Auflösungswert als Metadatum in die Bilddatei, sodass andere Programme, die mit physikalischen Größen arbeiten, z. B. Textverarbeitungen, Layoutprogramme oder auch Photoshop für die Druckausgabe, die Fotos in der korrekten Größe anzeigen können. Dies geschieht auch dann, wenn die Bildgröße gar nicht über *In Bildschirm einpassen* verändert wird.

Ausgabeschärfe

Abb. 5–91 Einstellungen zur Ausgabeschärfung, links die Wahl des Mediums, rechts die Wahl des Schärfungsgrads

Ähnlich wie im Drucken- und im Webmodul kann Lightroom auch beim Export eine automatische Ausgabeschärfung vornehmen. Hierfür müssen lediglich Ausgabemedium und Schärfungsgrad angegeben werden, Lightroom berechnet dann die richtigen Schärfungseinstellungen anhand der in den Bildgröße-Einstellungen angegebenen Auflösung.

Damit die Schärfung korrekt funktioniert, muss also die Auflösung korrekt (d.h. dem Ausgabemedium entsprechend) angegeben werden. Dies gilt auch dann, wenn die exportierten Fotos in der Größe nicht verändert werden. Mehr zur tatsächlichen Auflösung von Monitoren und Druckausgabegeräten siehe Kasten »Pixelmaße, Auflösung, physikalische Maße«.

Schärfen für: Hier wird das Ausgabemedium angegeben. Neben der Einstellung »Bildschirm« gibt es auch die Möglichkeit, für die Ausgabe auf mattem oder glänzendem Papier zu schärfen.

Stärke: Lightroom stellt die bekannten drei Schärfungsgrade *Wenig, Standard, Hoch* zur Verfügung.

Da es im Drucken-Modul auch die Möglichkeit gibt, den Druck als JPEG-Datei auszugeben, stellt sich die Frage, wozu im Exportieren-Dialog überhaupt die Möglichkeit besteht, für mattes oder glänzendes Papier zu schärfen. Welches der beiden sollte man wann verwenden?

Das Drucken-Modul bietet eine Reihe von Layout-Funktionen und gibt immer ganze Druckseiten, nicht einzelne Fotos aus, wie es der Exportieren-Dialog tut. Wenn Sie also ein anderes Programm fürs Drucklayout benutzen wollen, sollten Sie die Fotos per Exportieren-Dialog ausgeben.

Metadaten

Die nützliche Funktion **Eingebettete Metadaten minimieren** sorgt dafür, dass bis auf Copyright-Informationen keinerlei Metadaten oder Stichwörter in das exportierte Bild geschrieben werden. Es kann ja sein, dass man ein Bild veröffentlichen will und Daten wie Stichwörter, GPS-Informationen nicht weitergeben möchte.

Wenn das Feld nicht aktiviert ist, werden hingegen alle Metadaten fürs exportierte Bild übernommen. Übrigens kann man dann auch am fertigen Bild alle in Lightroom vorgenommenen Entwicklungseinstellungen erkennen!

Abb. 5–92 Metadateneinbettung

Stichwörter als Lightroom-Hierarchie schreiben, also in den Stichwörtern die Hierarchie mitzuspeichern (in der Form »Tiere | Vögel | Amsel« anstelle von »Amsel«), klingt wie eine gute Sache. Allerdings werden die hierarchisierten Stichwörter nicht ins normale standardisierte XMP-Stichwortfeld geschrieben, sondern in ein spezielles Lightroom-Feld für hierarchische Stichwörter, das nur von Lightroom selbst und wenigen anderen Programmen interpretiert wird.

Copyright-Wasserzeichen hinzufügen fügt einen Copyright-Schriftzug aus den IPTC-Informationen des Bildes in die linke untere Ecke des Bildes ein. Die Größe lässt sich nicht beeinflussen.

Nachbearbeitung

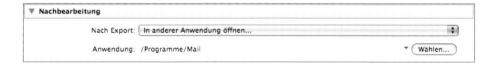

Über den Schalter **Nach Export** bietet Lightroom die Möglichkeit, nach dem Exportieren mit den Bildern weitere Aktionen auszuführen. Von Haus aus bietet Lightroom an, die Bilder nach dem Export im Finder/Explorer anzuzeigen oder sie in Photoshop bzw. den anderen in den Voreinstellungen angegebenen externen Bildbearbeitungsprogrammen zu öffnen.

Abb. 5–93 Nach dem Export

Darüber hinaus lässt sich ein weiteres beliebiges Programm zur Weiterverarbeitung angeben. Das muss nicht zwingend ein Bildbearbeitungsprogramm sein. Unter Mac OS kann man z. B. Apple Mail angeben, um Fotos direkt als E-Mail zu versenden (siehe Kasten »Übergabe an E-Mail-Programme«).

Es sei darauf hingewiesen, dass nicht alle Programme, die man als Nachbearbeitungsschritt auswählen kann, auch verstehen, dass Lightroom Bilddateien an sie übergeben möchte. In diesem Fall startet das Programm zwar, es öffnet aber keines der exportierten Fotos. Dies ist z. B. bei *Windows Mail* unter Windows Vista der Fall.

Abb. 5–94 *Ein Photoshop-Droplet im Ordner für Export-Aktionen*

Die Liste der Übergabemöglichkeiten lässt sich außerdem über *Export-Aktionen* erweitern. Dafür gibt es in Lightrooms Vorgabenordner den Unterordner *Export Actions* (erreichbar über die Nach-Export-Liste mit der Einstellung *Jetzt zum Ordner »Export Actions« wechseln*). Dateien in diesem Ordner werden automatisch in der Nach-Export-Liste aufgeführt.

Zwar lassen sich in den Ordner auch normale Programme oder Aliase/Verknüpfungen legen, die Export-Aktionen sind aber vor allem geeignet, um Photoshop-Droplets aufrufen zu können. Diese werden einfach in den Export-Aktionen-Ordner gelegt und können dann über die Liste ausgewählt werden (mehr dazu in Kapitel 5.6.3).

Übergabe an E-Mail-Programme

Mittels des Exportieren-Dialogs lassen sich exportierte Fotos auch gleich an ein Mailprogramm übergeben.

Auf dem Mac geht dies sehr einfach. Es wird einfach unter Nachbearbeitung das Programm »Mail« aus dem Programme-Ordner ausgewählt. Beim Exportieren öffnet sich dann direkt ein Fenster mit einer neuen E-Mail, dem nur noch Empfänger, Betreff und Text hinzugefügt werden müssen.

Auf dem PC ist dies schwieriger, da zumindest die gängigsten Mailprogramme (Outlook Express bzw. Vista Mail, Thunderbird) mit übergebenen Bilddateien nichts anfangen können, sodass das aufgerufene Programm gar nichts tut.

Um dieses Problem zu lösen, gibt es ein Programm namens MapiMailer, das zwischen Lightroom und das Standard-Mailprogramm geschaltet wird und die Bilddateien an Letzteres übergibt. Es ist mit englischer Anleitung kostenlos erhältlich[17].

In beiden Fällen ist es sinnvoll, eine neue Exportvorlage anzulegen oder die bereits bestehende E-Mail-Vorlage zu aktualisieren. Exportierte und gemailte Fotos verbleiben auf der Festplatte und sammeln sich im angegebenen Ordner, bis sie manuell gelöscht werden.

Export auf CD/DVD

Mit dem Exportziel CD/DVD werden Fotos direkt nach dem Exportieren auf ein optisches Medium gebrannt. Ansonsten gibt es nicht viele Unterschiede zum Exportziel »Datenträger« (Festplatte). Es stehen dieselben Export-Aktionen zur Verfügung wie für *Datenträger*, abgesehen vom letzten Element *Nachbearbeitung*.

Eine Besonderheit ist die Option, über *Exportieren in* einen temporären Ordner anzugeben, der nach dem Brennen automatisch gelöscht wird,

---

17   http//lightroom-extra.com/ (unter »Download«, dann unter »Other Goodies«)

sodass keine überflüssigen Dateien auf der Festplatte verbleiben. Lightroom beherrscht für das Brennen der optischen Medien übrigens »Disc Spanning«, also das automatische Verteilen von Fotos auf mehrere CDs/DVDs, sollte der Platz nicht für ein einzelnes Medium ausreichen.

Exportziel mit Zusatzmodulen

Zusatzmodule ermöglichen es, Webanwendungen wie Flickr oder Picasa-Web direkt als Exportziel in Lightroom zu integrieren, sodass die exportierten Fotos nicht nur automatisch hochgeladen werden, sondern auch der ganze Account (Zugangsinformationen, Wahl des Portfolios etc.) vom Exportieren-Dialog aus steuerbar ist. Damit dies funktioniert, müssen die Webanwendungen jedoch für die direkte Steuerung durch andere Programme ausgelegt sein, d.h., sie müssen über die entsprechenden Schnittstellen verfügen, sodass sie mit anderen Computern (nicht nur webseiten-surfenden Menschen) kommunizieren können.

Abb. 5–95 *Hier das Plugin für die Flickr-Webseite: Die rot umrandeten Elemente oben und unten sind zusätzliche Einstellungen speziell für Flickr. Dafür fehlt der Bereich für Nachbearbeitung. Einige Möglichkeiten sind eingeschränkt, z. B. lässt sich als Bildformat nur JPEG und als Farbraum nur sRGB wählen.*

Das Zusatzmodul kann den Exportieren-Dialog modifizieren, eigene Einstellungen hinzufügen und Standardeinstellungen einschränken oder ganz herausnehmen. Das Flickr-Plugin und viele andere Plugins für ähnliche Dienste wie z. B. Googles PicasaWeb wurden von Jeffrey Friedl erstellt und sind hier[18] erhältlich.

Zusatzmodule für die Nachbearbeitung

Neben den Zusatzmodulen für weitere Exportziele gibt es auch welche, die neue Nachbearbeitungsschritte zur Verfügung stellen. Ist ein solches Zusatzmodul installiert, erscheint links unten im Exportieren-Dialog eine neue Liste mit Nachbearbeitungsaktionen, die über den Hinzufügen-Button den aktuellen Exporteinstellungen hinzugefügt werden können.

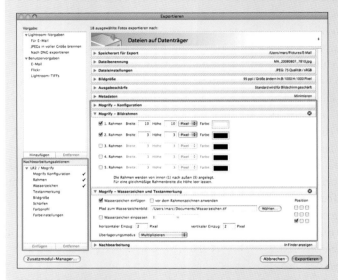

Abb. 5–96 *Hier wurde der Exportieren-Dialog um zusätzliche Nachbearbeitungsaktionen mittels des LR2/Mogrify-Plugins erweitert. Die einzelnen Aktionen können je nach Bedarf hinzugefügt oder entfernt werden.*

Das einzige mir bisher bekannte Nachbearbeitungs-Zusatzmodul ist LR2/Mogrify von Timothy Armes[19], das den Exportieren-Dialog um einige interessante Aktionen ergänzt, z. B.: Ränder, grafisches Wasserzeichen, Texteinblendungen und Farbanpassungen wie z. B. Sättigung, Kontrast etc. Es basiert auf dem Programm »Mogrify« aus dem Open-Source-Programmpaket ImageMagick[20].

---

18   http://regex.info/LightroomPlugins2/releases/
19   http://timothyarmes.com/links.php
20   http://www.imagemagick.org/

5.6.3 Export und Stapelverarbeitung in Photoshop

Aktionen und Droplets

Will man einfach nur alle exportierten Dateien in Photoshop öffnen, kann man das über den *Nach-Export*-Schalter im Nachbearbeitungsteil des Exportieren-Dialogs direkt einstellen. Es ist jedoch auch möglich, Photoshop automatisch weitere Veränderungen an den Bildern machen zu lassen. Dafür braucht man zwei Dinge: Aktionen und sogenannte Droplets.

Aktionen sind das relativ bekannte Werkzeug von Photoshop zur Aufzeichnung von Arbeitsabläufen. Eine andere Bezeichnung hierfür wäre »Makro«. Eine Reihe von Befehlen wie Skalierung des Bildes, Anwendung eines Filters oder Erstellen einer Ebene kann aufgezeichnet und danach auf anderen Bildern »abgespielt« werden.

Doch um eine Aktion automatisch auf *mehreren* Bildern abzuspielen, also bei der Stapelverarbeitung, braucht man mehr als nur die Aktion selbst. Man braucht eine Reihe zusätzlicher Informationen: Was soll mit den Zieldateien geschehen, wie, wo und unter welchem Namen sollen sie gespeichert werden? Was soll bei auftretenden Fehlern geschehen, und wie sollen Nachfragen gehandhabt werden?

All dies lässt sich z. B. in Photoshops Stapelverarbeitungs-Dialog einstellen (*Datei* → *Automatisieren* → *Stapelverarbeitung*). Dieser Dialog ist jedoch ungeeignet für die Zusammenarbeit mit Lightroom, weil man ihn manuell aufrufen muss.

Besser geeignet sind Droplets. Ein Droplet ist quasi ein gespeicherter Satz von Stapelverarbeitungseinstellungen. Der Droplet erstellen-Dialog (*Datei* → *Automatisieren* → *Droplet erstellen*) und der Stapelverarbeitungs-Dialog sehen deshalb auch fast gleich aus.

Ein Droplet enthält nicht nur die Stapelverarbeitungsinformationen, sondern auch die auszuführende Aktion selbst. Droplets sind daher quasi Behälter für Aktionen. In jedem Droplet hat eine Aktion Platz.

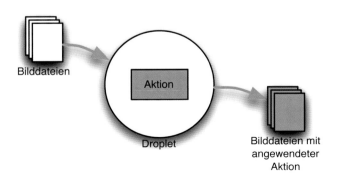

Abb. 5–97 *Eine Aktion braucht ein Droplet, um stapelverarbeitungsfähig zu werden.*

Aufgerufen wird der Verarbeitungsprozess dann, indem man ein oder mehrere Bilddateien auf das Droplet zieht bzw. das Droplet mit Dateien zusammen öffnet, worauf diese automatisch als Quellbilder behandelt werden. Dies macht sie ideal für die Nutzung mit Lightroom. Das Droplet wird einfach in den Export-Aktionen-Ordner gelegt und kann so automatisch nach dem Export mit den exportierten Dateien aufgerufen werden.

Erstellen von Aktionen und Droplets

Abb. 5–98 *Aktionen-Palette*

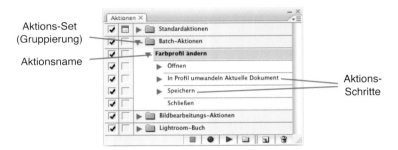

Vor dem Droplet muss die entsprechende Aktion erstellt werden. Beides geschieht in Photoshop. Aktionen werden über die Aktionen-Palette (Windows: F9, Mac: Alt-F9) erstellt. Am einfachsten geht dies per Aufzeichnung, die über Knöpfe gesteuert wird, die wie bei einem Kassettenrekorder aussehen.

Es können nachträglich Schritte gelöscht oder in den Einstellungen angepasst werden (Doppelklick auf betreffenden Schritt), und es können – durch Anklicken eines Schritts und Benutzung des Aufnahme-Buttons – auch zusätzliche Schritte nach dem aktivierten Schritt hinzugefügt werden.

Einen Öffnen-Schritt oder Speichern-Schritt muss die Aktion nicht enthalten, es sei denn, die Zielbilder sollen in einem anderen Dateiformat als dem Quellformat gespeichert werden, da beim Speichern die gewünschten Formateinstellungen (JPEG-Kompressionsstufe o. Ä.) festgelegt werden.

Viel ausführlicher will ich Aktionen hier gar nicht gar nicht besprechen. Ein ausführliches Beispiel inklusive Erstellung einer Aktion und eines Droplets finden Sie im Workflow-Teil dieses Kapitels.

Nachdem die Aktion erstellt wurde, kann über *Datei → Automatisieren → Droplet erstellen* das Droplet erzeugt werden. Nachdem das Droplet erstellt wurde, lässt es sich nicht mehr aktualisieren, und auch das Aktualisieren der Aktion ändert die im Droplet gespeicherte Aktion nicht. Trotzdem empfiehlt es sich, die Aktion nicht zu löschen. Sollte man Änderungen an Schärfung oder JPEG-Qualität vornehmen wollen, muss man so nicht wieder von vorne anfangen und kann nach der Änderung ein neues Droplet mit der Aktion erstellen.

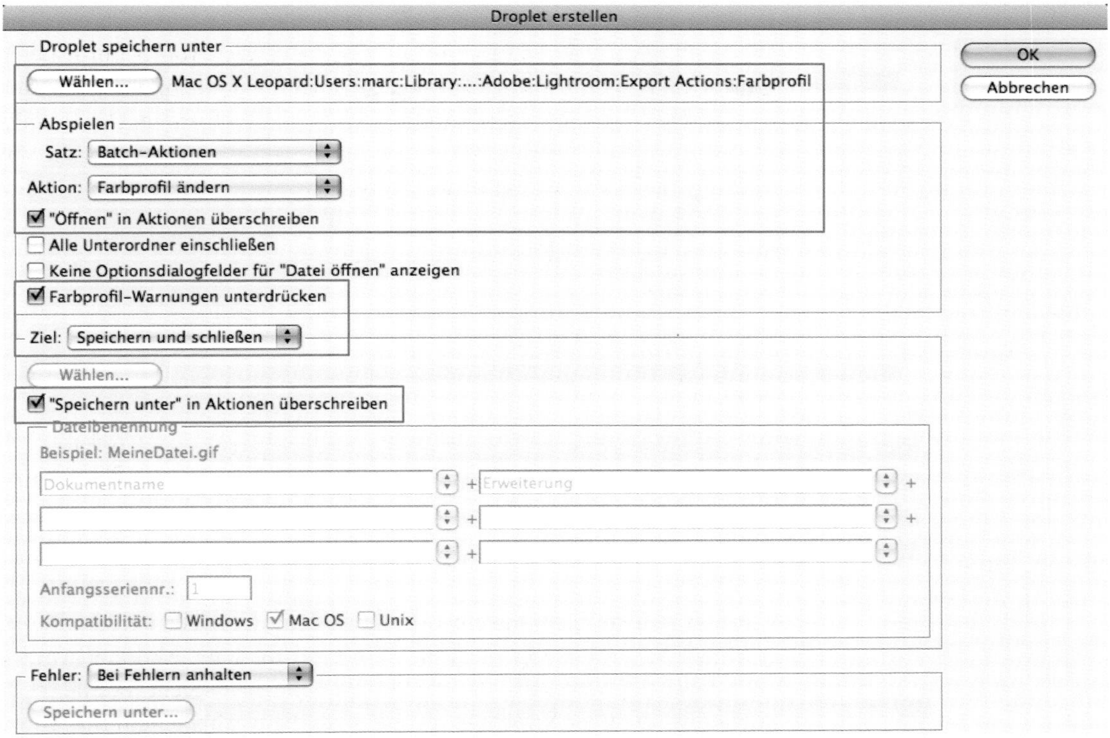

Im Droplet-erstellen-Dialog (Abbildung 5–99) gibt es einige wichtige Optionen. Wenn sie falsch gesetzt sind, funktioniert der Ablauf unter Umständen überhaupt nicht oder fehlerhaft. Diese Optionen sind in der Abbildung rot markiert.

In **Droplet speichern unter** wählt man den Sicherungspfad und den Namen des Droplets. Idealerweise für die Zusammenarbeit mit Lightroom ist dies direkt der Pfad des Export-Aktionen-Ordners.

Dann müssen natürlich der richtige Aktions**satz,** d.h. der Ordner, in dem sich die Aktion befindet, und die **Aktion,** die verwendet werden soll, ausgewählt werden.

Wenn in der Aktion ein Öffnen-Schritt aufgenommen wurde, muss die Option »**Öffnen« in Aktionen überschreiben** gesetzt werden. Ansonsten funktioniert das Droplet nicht richtig, es lädt dann nur die Bilddatei, die im Öffnen-Schritt steht, anstatt die Bilddateien für die Stapelverarbeitung zu laden. Enthält die Aktion keinen Öffnen-Schritt, darf die Option hingegen nicht aktiviert werden. Ansonsten werden gar keine Dateien geöffnet!

Wie man es macht, ist letztendlich egal. Für unsere Zwecke gibt es keinen Grund, einen Öffnen-Schritt einzubauen, also kann man ihn auch gleich weglassen bzw. in der Aktion löschen, falls er versehentlich mit aufgenommen wurde.

Abb. 5–99 Droplet-erstellen-Dialog

Farbprofil-Warnungen unterdrücken sollte angewählt sein, damit man nicht bei jedem Bild einzeln gefragt wird, wie Photoshop mit den eingebetteten Farbprofilen umgehen soll. Wichtig ist, die richtige Einstellung für RGB-Bilder in den Farbeinstellungen von Photoshop zu treffen: *Eingebettete Profile beibehalten.*

Hinweise Farbmanagement

Für die automatische Nachbearbeitung mit Photoshop ist es sinnvoll, sich mit dessen Farbmanagementeinstellungen auseinanderzusetzen. Siehe hierzu Kapitel 4.5.2, in dem ich ausführlich darauf eingehe.

Beim **Ziel** gibt es drei Möglichkeiten:

- *Ohne* sorgt dafür, dass die Dateien in Photoshop geöffnet bleiben. Dies ist zum Beispiel dann sinnvoll, wenn man nach der Stapelverarbeitung noch etwas anderes mit den Bildern machen will, z. B. die Bilder ausdrucken.
- Beim *Speichern und Schließen* werden die Quelldateien normalerweise überschrieben. Es sei denn, sie werden in einem anderen Dateiformat abgespeichert, dann haben sie eine andere Endung und werden neben den Quelldateien im selben Ordner gespeichert.
- Mittels *Ordner* kann man einen neuen Ordner für die Zieldateien angeben und auch ein neues Dateinamenschema.

Wenn sich das Dateiformat nicht ändert, würde ich *Speichern und Schließen* verwenden, was dazu führt, dass die Quelldateien überschrieben werden. Soll ein anderes Dateiformat ausgegeben werden, würde ich *Ordner verwenden* wählen und einen neuen Ordner angeben, sodass Quell- und Zieldateien nicht im selben Ordner vermischt werden.

»Speichern unter« in Aktionen überschreiben ist eine der wichtigsten und wiederum am schlechtesten benannten Optionen. Sie sorgt dafür, dass die Einstellungen des Speichern-Schrittes in der Aktion wie Dateiformat, Farbprofileinbettung oder JPEG-Kompressionsstufe für die Stapelverarbeitungsspeicherung übernommen werden. Wenn also am Ende die bearbeitete Datei in einem anderen Format oder mit anderen Formatoptionen als die Quelldatei gespeichert werden soll, muss ein Speichern-Schritt aufgenommen werden und *»Speichern unter« in Aktionen überschreiben* angewählt sein. Wenn die Dateien so wie die Quelldatei (selbes Format, selbe Optionen) gespeichert werden sollen, darf hingegen kein Speichern-Schritt aufgenommen werden und diese Option auch nicht angewählt sein.

5.6.4 Workflow-Teil

Export mit Droplet-Aufruf

Es werden gezeigt: Aktionen und Droplets in Photoshop, JPEG-Speicherung in Photoshop, Export-Aktionen und Exportvorgaben in Lightroom

Das Beispiel

Für dieses Beispiel will ich ein Photoshop-Droplet erstellen, das die Exportvoreinstellung *Nach DNG exportieren* erweitert. Diese Voreinstellung exportiert Fotos ins DNG-Format, egal in welchem Format sie sich vorher befanden. Es ist daher ratsam, sie nur mit Raw-Dateien zu benutzen.

In diesem Workflow-Beispiel will ich den Exportprozess mittels eines Droplets so erweitern, dass zu jedem als DNG exportierten Fotos ein zweites kleineres, geschärftes JPEG im sRGB-Farbraum gespeichert wird. Ich finde das Droplet recht praktisch, aber es ist im Grunde nicht so wichtig, was das Droplet genau macht. Vielmehr geht es in diesem Workflow-Teil um die Arbeitsweise von Droplets und Aktionen im Allgemeinen und wie sich ein Workflow mit Photoshop-Droplets aufbauen lässt.

Hinweis: Da für dieses Beispiel das Camera-Raw-Plugin und Photoshop für die Erstellung der JPEGs benutzt werden, ist es wichtig, dass eine hinreichend aktuelle Version des Plugins installiert ist. Für Lightroom 2.0 benötigt man mindestens Camera Raw 4.5, damit alle neuen Funktionen (z. B. lokale Korrekturen) unterstützt werden.

Schritt 1 – Beispielbild exportieren

Als Erstes brauchen wir zwar die Aktion selbst, aber um die Aktion aufzeichnen zu können, ist ein Bild erforderlich. Es ist immer gut, wenn das Bild, mit dem die Aktion aufgezeichnet wird, in etwa den Bildern entspricht, mit denen die Aktion später benutzt wird.

Also gehe ich in den Exportieren-Dialog und exportiere ein Bild mit den Einstellungen, wie ich sie auch später benutzen möchte, d.h., ich rufe die Voreinstellung *Nach DNG exportieren* auf. Der einzige Unterschied ist, dass ich jetzt unter *Nach Export* noch gar keine Aktion habe, später rufe ich an dieser Stelle das erstellte Droplet auf.

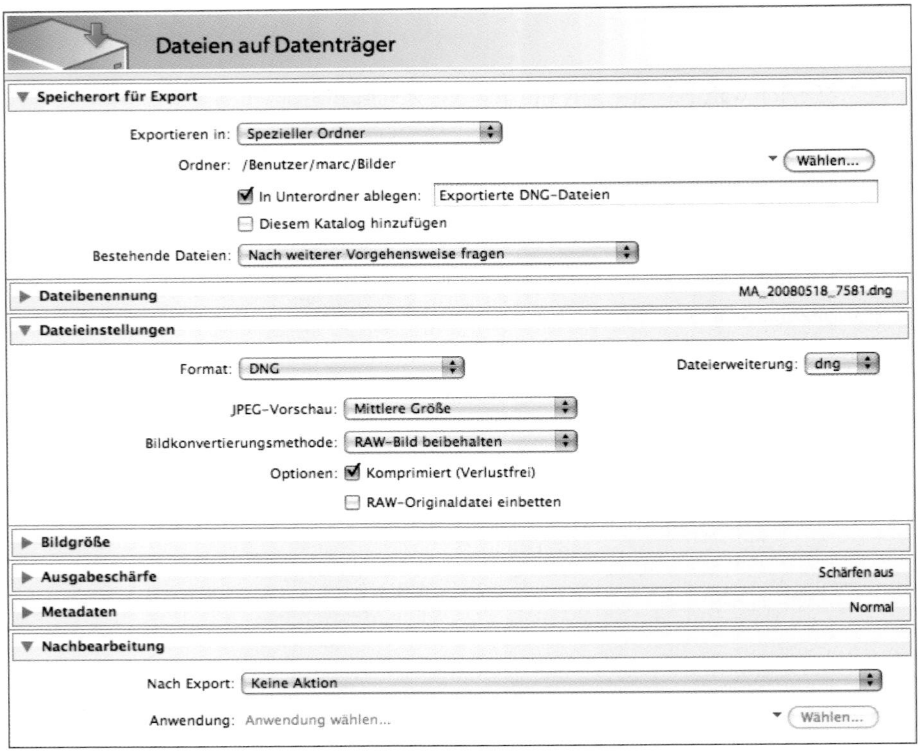

Abb. 5–100
Beispielbild exportieren

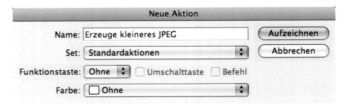

Schritt 2 – Neue Aktion anlegen

Ich starte Photoshop und lege in der Aktionen-Palette eine neue Aktion mit dem Namen »Erzeuge kleineres JPEG« an (im Aktionssatz *Standard-aktionen*). Die Aktion beginnt sofort mit der Aufzeichnung, d.h., jeder ab jetzt getätigte Schritt wird Bestandteil der Aktion.

Abb. 5–101 *Neue Aktion anlegen*

Schritt 3 – Öffnen über Camera Raw

Als Erstes füge ich einen Öffnen-Schritt hinzu. Dazu wähle ich *Datei →
Öffnen* und wähle mein eben exportiertes Beispiel-DNG aus. Das Camera-Raw-Plugin öffnet sich. Hier stelle ich in den Ausgabeoptionen (auf den kleinen blauen Schriftzug unten im Dialog klicken) bereits die meisten Eigenschaften für mein JPEG ein:

- Farbraum: sRGB
- Farbtiefe: 8 Bit/Kanal
- Größe: Ich wähle die kleinste Einstellung, welche die Kantenlängen des Originals halbiert, bei meiner 6-MP-Kamera ergeben sich also ca. 1.500 × 1.000 Pixel.
- Auflösung: 95 Pixel/Zoll (dies entspricht ungefähr der Auflösung der meisten Monitore)

Abb. 5–102 *Das Beispiel-Foto in Camera Raw*

Nachdem ich *Bild öffnen* gedrückt habe, wird das Bild konvertiert und an Photoshop übergeben. Das Wichtige für mich ist, dass der Schritt richtig aufgezeichnet wurde. Dazu schaue ich mir die Aktionen-Palette an, die jetzt bereits den Öffnen-Schritt enthält.

Durch einen Klick auf das kleine graue Dreieck kann ich mir die Optionen anzeigen lassen, die mit diesem Schritt aufgezeichnet wurden. Farbraum, Farbtiefe, Skalierung und Auflösung sollten sich alle hier wiederfinden (wenn gar keine Optionen angezeigt werden, kann es daran liegen, dass Sie das DNG nicht über *Datei* → *Öffnen,* sondern z. B. über *Letzte Dateien öffnen* aufgerufen haben).

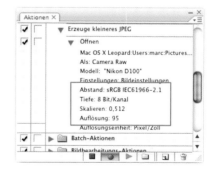

Abb. 5–103 *Ausgabeoptionen in der Aktion*

Schritt 4 – Schärfung

Als nächster Schritt erfolgt die Schärfung. Hierfür benutze ich den neueren Photoshop-Filter *Selektiver Scharfzeichner (Smart Sharpen),* ein einfaches *Unscharf maskieren* wäre aber fast genauso gut. Es geht schließlich nur darum, eine leichte Ausgabeschärfung für die Bildschirmausgabe zu erreichen.

Für meine Zwecke wähle ich also einen Radius von 0,8 und einen Betrag von 80 % und spare im Erweitert-Modus noch die extremen Schatten und Lichter von der Wirkung der Schärfung aus.

Abb. 5–104 *Schärfung über*
Selektiver Scharfzeichner

Schritt 5 – Speicherung als JPEG und Schließen

Jetzt kann das Beispielbild gespeichert werden. Dieser Schritt ist nur notwendig, um die Einstellungen wie Dateiformat, Farbprofileinbettung und Dateioptionen in der Aktion zu haben. Der Dateipfad und Dateiname sind egal, sie werden später ohnehin durch Pfad und Dateinamen der exportierten Bilddateien ersetzt (ähnlich dem Öffnen-Schritt oben).

Abb. 5–105 *Als JPEG speichern*

In diesem Fall speichere ich das Bild als JPEG und bette das Farbprofil auf jeden Fall mit ein. Das sRGB-Profil verbraucht nur ein paar KByte an zusätzlichem Speicherplatz.

Als vierten und letzten Schritt innerhalb der Aufnahme schließe ich die Datei und beende die Aufnahme durch Drücken auf den Stopp-Knopf unten in der Palette. Damit ist die Aktion fertig.

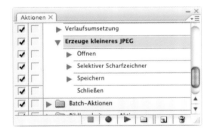

Abb. 5–106 *Die fertige Aktion*

Schritt 6 – Droplet-Erstellung

Jetzt kann ich das Droplet erstellen mit *Datei* ➔ *Automatisieren* ➔ *Droplet erstellen*. Im Dialog gebe ich bei *Droplet speichern unter* den Export-Aktionen-Ordner als Pfad an und »Zusatz-JPEG« als Dateiname. Außerdem wähle ich die soeben erstellte Aktion aus.

Die übrigen Einstellungen lassen sich aus Abbildung 5–107 ersehen. Wie man sieht, speichere ich die Zielbilder an Ort und Stelle der Originalbilder. Die Dateinamen werden bis auf die Endung vom Original übernommen.

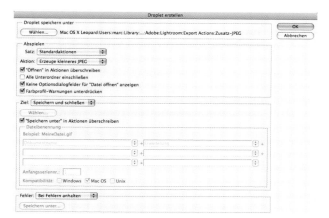

Abb. 5–107 *Droplet erstellen*

Die beiden Optionen »*Öffnen*« *in Aktionen überschreiben* und »*Speichern unter*« *in Aktionen überschreiben* müssen unbedingt angewählt sein, damit das Droplet funktioniert. Sie sorgen (trotz ihrer verwirrenden Namen) dafür, dass die aufgezeichneten Öffnen- und Speichern-Schritte nicht mit dem zum Aufzeichnen benutzten Beispiel-DNG abgespielt werden, sondern dieses durch die von Lightroom exportierten DNGs ersetzt wird. Die beim Öffnen und Speichern festgelegten Optionen (Camera-Raw-Optionen einerseits, JPEG-Sicherungsoptionen andererseits) bleiben jedoch erhalten.

Schritt 7 – Aufruf von Lightroom aus

Zurück in Lightroom rufe ich den Exportieren-Dialog erneut auf. Das Droplet sollte sich jetzt aus der Liste *Nach Export* auswählen lassen.

Damit sind die Einstellungen fertig. Ich sichere die Exporteinstellungen gleich als Vorgabe »Als DNG+JPEG exportieren«. Die Vorgabe ist dann direkt übers Menü *Datei* → *Mit Vorgabe exportieren* ohne Umweg über den Exportieren-Dialog erreichbar.

Für Abbildung 5–108 habe ich übrigens noch die Dateinamengenerierung angepasst, sodass noch ein kleines Suffix an den Originaldateinamen angehängt wird und somit die exportierten Dateien von meiner originalen Raw-Datei besser unterscheidbar sind.

	Name	Größe	Art
	MA_20080503_7399_exp.dng	4,2 MB	Digital-Negativ-Datei
	MA_20080503_7399_exp.jpg	784 KB	Adobe Photoshop JPEG-Datei
	MA_20080518_7581_exp.dng	5,3 MB	Digital-Negativ-Datei
	MA_20080518_7581_exp.jpg	1,3 MB	Adobe Photoshop JPEG-Datei
	MA_20080518_7582_exp.dng	5 MB	Digital-Negativ-Datei
	MA_20080518_7582_exp.jpg	796 KB	Adobe Photoshop JPEG-Datei

Exportierte DNG-Dateien

Abb. 5–108 *Die JPEG-Dateien werden in denselben Ordner wie das DNG gelegt. Sie unterschieden sich lediglich durch ihre Dateiendung.*

A Anhänge

A.1 Anhang A: Dateinamenvorlagen-Editor/ Textvorlagen-Editor

Wie für alle anderen Dinge gibt es in Lightroom auch Vorlagen für Dateinamen bzw. kurze Textschnipsel, die mit Metadaten-Platzhaltern arbeiten. Die Vorlagen sind für Stapelverarbeitungsprozesse gemacht, um vielen Fotos auf einmal unterschiedliche Dateinamen oder Texte (z. B. Untertitelungen) zu geben.

Die Bedienung mittels Dateinamenvorlagen-Editor bzw. Textvorlagen-Editor ist ziemlich intuitiv, die Namen der Platzhalter oft nicht. Hier eine Tabelle mit den Bedeutungen der einzelnen Platzhalter:

Name	Bedeutung
Dateiname	Momentaner Dateiname ohne Endung, z. B. MA_20070911_4565 (Import, Export, Text)
Dateinamensuffix	Wenn vorhanden, die Zahl am Ende des momentanen Dateinamens, z. B. 4565 (Import, Export, Text)
Importnummer	Nummer des Imports (feststehende Nummer) (Import)
Bildnummer	Aktuelles Bild im jeweiligen Export-, Umbenennungs- oder Ausgabeprozess, beim Import Gesamtnummer des importierten Bildes (Import, Export, Umbenennung, Text)
Folgenummer	Laufende Nummer, Startnummer kann in Feld eingegeben werden (Import, Export, Umbenennung)
Gesamtzahl	Gesamtzahl der Bilder im jeweiligen Import-, Export- oder Ausgabeprozess (feststehende Nummer) (Import, Export, Umbenennung, Text)
Datum	In allen möglichen Formaten, in Einzelteilen, H/M/S, julianischer Kalender (Import, Export, Text)
EXIF-Daten	(Import, Export, Text)
Benutzerdefinierter Text	Platzhalter für Text, der im Importieren-/Exportieren-Dialog bzw. in den Ausgabepaletten direkt eingegeben wird und für alle Fotos gleich ist (Import, Export, Text)
Ordnername	Name des Ordners, in dem das Foto sich befindet (nicht der ganze Pfad) (Export, Text)
Originaldateiname	Dateiname vor der Umbenennung in Lightroom (so wie die Dateien aus der Kamera kommen, z. B. DSC_4565) (Export, Text)
Originalsuffix (Nummer)	Suffix des Originaldateinames, z. B. »4565« (Export, Text)
Name der Kopie	Metadatenfeld für Kopienname, nützlich für virtuelle Kopien, z. B. »1 kopieren« (Export, Text)
IPTC-Daten	(Export, Text)

A.2   Anhang B: Zusatzmodule

A.2.1   Was sind Zusatzmodule?

Lightrooms Funktionalität ist an vielen Stellen des Programms durch Zusatzmodule, oder »Plugins«, erweiterbar. Durch sie lässt sich Lightrooms Funktionalität entscheidend vergrößern.

Zusatzmodule sind Mini-Programme, die in Lightroom eingebunden werden, einen beschränkten Zugriff auf die Daten in Lightrooms Katalog haben und bestimmte Funktionen in Lightroom selbstständig aufrufen können.

Die meisten Zusatzmodule beziehen sich auf den Export. Dort werden sie als alternative Exportziele eingetragen und können so Dateien direkt zu Online-Diensten wie Flickr oder PicasaWeb exportieren. Oder sie stellen zusätzliche Nachbearbeitungsschritte im Exportieren-Dialog zur Verfügung.

Neben dem Exportieren-Dialog gibt es in Lightroom vor allem zwei Stellen, an denen man Zugriff auf Zusatzmodul-Funktionen hat:

Zum einen das Untermenü *Zusatzmoduloptionen,* das einmal im Datei-Menü und ein weiteres Mal im Bibliothek-Menü vorhanden ist. Hier können Zusatzmodule eigene Dialoge mit weiteren Funktionalitäten unterbringen. Das Plugin *Lr/Enfuse*[21]*,* das mehrere unterschiedlich belichtete Fotos desselben Motivs zu einem Foto mit hohem Kontrastumfang zusammenrechnet, wird z. B. nicht über den Exportieren-Dialog, sondern übers Zusatzmoduloptionen-Menü aufgerufen.

Zum Zweiten können Zusatzmodule ihre eigenen Metadatenfelder anlegen. Diese sind in der Metadaten-Palette im Bibliotheksmodul in der Untermenge »Alle Zusatzmodul-Metadaten« zusammengefasst. Zusatzmodul-Metadaten lassen sich größtenteils wie alle anderen Metadaten verwenden. Das schließt die Textsuche in der Filterleiste ein, die Verwendung als Kriterium für Smart-Sammlungen und die Metadatensynchronisation bzw. die Verwendung in Metadatenvorgaben.

Zusatzmodul-Metadaten lassen sich jedoch nicht in den XMP-Daten der Originaldateien sichern. Sie existieren ausschließlich im Katalog.

A.2.2   Zusatzmodule verwalten

Um Zusatzmodule zu installieren, können Sie in folgendes Verzeichnis gelegt werden. Nach einem Neustart von Lightroom sind sie automatisch installiert:

Pfad unter Windows XP und Vista:
C:\Programme\Adobe\Adobe Photoshop Lightroom 2\Modules

---

21 http://timothyarmes.com/lrenfuse.php

Pfad unter Mac OS:

/Library/Application Support/Adobe/Lightroom/Modules
    (für alle Benutzer)
/Users/benutzer/Library/Application Support/Adobe/Lightroom/Modules
    (nur für »benutzer«)

Alternativ kann man auch den Zusatzmodul-Manager *(Datei → Zusatz-modul-Manager)* für die Installation benutzen (siehe Abbildung 6–1). Über den Hinzufügen-Button lässt sich ein Zusatzmodul installieren, egal wo es sich auf der Festplatte befindet (Lightroom muss allerdings auch in Zukunft auf die Stelle zugreifen können). Neben der Installation kann man mit dem Manager Zusatzmodule entfernen, updaten sowie aktivieren und deaktivieren.

Abb. 6–1 *Der Zusatzmodul-Manager*

Über den Button *Zusatzmodul-Exchange* unten links kommt man zur Webseite »Lightroom Exchange« von Adobe, der zentralen Anlaufstelle für Lightroom-Erweiterungen. Die meisten erhältlichen Zusatzmodule sollten auf dieser Webseite vertreten sein.

Wenn Sie selbst an der Entwicklung von Zusatzmodulen interessiert sind, finden Sie das SDK und dessen Dokumentation auf der entsprechen-den Adobe-Webseite[22].

A.3 Anhang C: Weiterführendes

A.3.1 Internet

▪ Generell empfehlenswert für Neuigkeiten rund um Lightroom und Photoshop sind die englischen Seiten Lightroom-News (http://lightroom-news.com/) und Photoshop-News (http://www.photoshop news.com/).

---

22 http://www.adobe.com/devnet/photoshoplightroom/

▨ Wer ausführlichere Informationen zu Lightroom sucht, wird vielleicht in den Adobe User to User Foren zum Thema Lightroom fündig (http://www.adobe.com/support/forums/, ebenfalls auf Englisch).

▨ Viele interessante Informationen über Entstehung und technologische Hintergründe von Lightroom sowie nützliche Tutorials findet man in den englischen Lightroom Podcasts von George Jardine, entweder unter http://www.mulita.com/blog/ oder per Suche nach »Lightroom« in iTunes.

▨ Ein wichtiger Ort für alle Arten von Erweiterungen für Lightroom (Entwicklungsvorgaben, Zusatzmodule, Webgalerie-Engines etc.) ist die Lightroom Exchange (http://www.adobe.com/de/exchange/, dann unter »Lightroom«).

▨ Mehr zur Entwicklungsgeschichte von Lightroom finden Sie in einem Artikel von Jeff Schewe auf Photoshop-News (http://photoshopnews. com/2006/01/09/the-shadowlandlightroom-development-story/).

A.3.2 Bücher

Persönlich kann ich vier amerikanische Bücher zu weiterführenden Themen sehr empfehlen. Nur eins davon liegt allerdings in deutscher Übersetzung vor:

▨ Peter Krogh: *The DAM Book. Digital Asset Management for Photographers* (O'Reilly Media 2005)

▨ Bruce Fraser, Chris Murphy, Fred Bunting: *Real World Color Management* (Addison Wesley Longman 2005)

▨ David Blatner, Conrad Chavez, Bruce Fraser: *Real World Adobe Photoshop CS3* (Addison Wesley Longman 2008)

▨ Bruce Fraser, Jeff Schewe: *Real World Camera Raw with Adobe Photoshop CS3* (Addison Wesley Longman 2007)

Die deutsche Version von *The DAM Book* lautet:

▨ Peter Krogh: *Professionelle Bildverwaltung für Fotografen. Organisation, Abläufe, Werkzeuge* (dpunkt.verlag 2007)

Zum Thema Farbmanagement gibt es im Deutschen mehrere Bücher, hier einige davon:

▨ Christoph Künne, Christoph Gamper: *Farbmanagement für Fotografen* (Addison Wesley 2006)

▨ Andreas Kunert: *Farbmanagement in der Digitalfotografie* (MITP-Verlag 2006)

▨ Tim Grey: *Farbmanagement für Fotografen* (dpunkt.verlag 2005)

Und zum Thema Photoshop seien genannt:

- Heico Neumeyer: *Adobe Photoshop CS3 Kompendium* (Markt und Technik 2007)
- Sibylle Mühlke: *Adobe Photoshop CS3. Das Praxisbuch zum Lernen und Nachschlagen* (Galileo Press 2007)
- Robert Klaßen: *Photoshop CS3. Der professionelle Einstieg* (Galileo Press 2007)
- Brad Hinkel, Steve Laskevitch: *Das Photoshop CS3-Handbuch für Fotografen* (dpunkt.verlag 2007)
- Scott Kelby: *Photoshop CS3 für digitale Fotografie* (Addison Wesley 2007)
- Meike Jarsetz: *Das Photoshop-Buch für digitale Fotografie. Aktuell zu Photoshop CS3* (Galileo Press 2007)

Stichwortverzeichnis

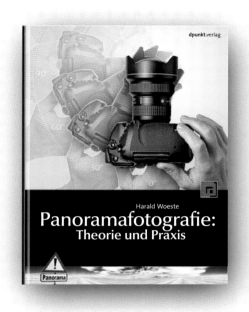

Harald Woeste

Panoramafotografie: Theorie und Praxis

Dieses Buch spricht alle an, die hochwertige Panoramen digital erstellen wollen. Zunächst werden die notwendigen Grundlagen erläutert, anschließend die Herausforderungen der Produktion an mehreren Beispielen dargestellt. Anhand eines stringenten Ablaufs werden die Leser durch die einzelnen Projekte geführt, von denen jedes seine individuellen Besonderheiten und Herausforderungen hat: bei der Aufnahme (Standort, Kamera, Stativ, Objektiv, Ausrüstung, Belichtung), der Produktion (Bildauswahl, Konvertierung, Korrektur) oder in der weiteren Aufbereitung für die Ausgabe.

2008, 144 Seiten, komplett in Farbe, Festeinband
€ 34,00 (D), € 35,00 (A), sFr 59,00
ISBN 978-3-89864-440-2

Matthias Matthai

Porträts gekonnt retuschieren mit Photoshop

Alle Schritte für eine zielgerichtete Schönheitsretusche von Personen mit Photoshop zeigt das Buch, ob Hautton, Augen, schmalere Hüften, Falten, perfekte Haut oder Umwandlung in ein Schwarzweißbild. Dargestellt wird der gesamte Workflow, wobei deutlich wird, welche Korrekturen in welcher Reihenfolge vorgenommen werden müssen. Neben den Anleitungen werden Hintergründe, Wirtschaftlichkeitsfaktoren und alternative Vorgehensweisen erklärt und zum Experimentieren angeregt. Für Fotografen, Auszubildende der Fotobranche, Fotohändler und alle, die sich der hochwertigen Nachbearbeitung widmen wollen.

2008, 292 Seiten, komplett in Farbe, Festeinband
€ 38,00 (D), € 39,10 (A), sFr 66,00
ISBN 978-3-89864-499-0

 dpunkt.verlag

Ringstr. 19B · 69115 Heidelberg · Tel.: +49.6221.14 83.0 · Fax: +49.6221.14 83.99 · www.dpunkt.de · hallo@dpunkt.de

George Barr

Besser Fotografieren

Die hohe Schule der kreativen Fotografie

Das Buch wendet sich an Fotografen, die eine neue Stufe der Qualität ihrer Fotos erreichen möchten. Der passionierte Fotograf George Barr bespricht die selten diskutierten, aber extrem wichtigen Aspekte erfolgreicher Fotografie. Sie lernen, wie Sie Ihr kreatives Potenzial ausschöpfen können und zu einem Meister Ihres Fach werden.

Themen sind: Das »Auge« entwickeln, Enttäuschungen verkraften, stärkere Bilder machen, das Objekt finden, die Szenerie erarbeiten, Bilder beschneiden u.v.m. Barr zeigt anhand vieler, wunderbarer Bespiele, worauf es wirklich ankommt.

2008, 224 Seiten, komplett in Farbe, Festeinband
€ 36,00 (D), € 37,10 (A), sFr 62,00
ISBN 978-3-89864-543-0

Torsten Andreas Hoffmann

Die Kunst der Schwarzweißfotografie

Eine Schule der Bildgestaltung im digitalen Zeitalter

In den letzten Jahren wurde das Augenmerk der meisten Fotolehrbücher darauf gelegt, den Leser mit den neuen Techniken der digitalen Fotografie und der Bildbearbeitungsprogramme vertraut zu machen. Dabei trat die Bildgestaltung in den Hintergrund.

In dem neuen Lehrbuch von Torsten Andreas Hoffmann geht die Aufmerksamkeit nun wieder zurück auf alle wesentlichen Aspekte, die für die Gestaltung guter Schwarzweißfotografien wichtig sind. Dabei wird die Technik der digitalen Fotografie so mit einbezogen, dass sie für den Leser einfach zu verstehen und gut praktisch umzusetzen ist.

2008, 272 Seiten, komplett in Farbe, Festeinband
€ 44,00 (D), € 45,30 (A), sFr 76,00
ISBN 978-3-89864-501-0

 dpunkt.verlag

Ringstr. 19B · 69115 Heidelberg · Tel.:+49.6221.14 83.0 · Fax:+49.6221.14 83.99 · www.dpunkt.de · hallo@dpunkt.de